张英洪

王丽红

刘雯等 ◎ 著

农村

集体经济和集体经济组织

调查研究

中国言实出版社

图书在版编目(CIP)数据

农村集体经济和集体经济组织调查研究 / 张英洪等
著. — 北京：中国言实出版社，2022.12
　ISBN 978-7-5171-4335-2

　Ⅰ.①农… Ⅱ.①张… Ⅲ.①农村经济－集体经济－
调查研究－中国 Ⅳ.①F321.32

中国国家版本馆 CIP 数据核字（2023）第 003985 号

农村集体经济和集体经济组织调查研究

责任编辑：张　朕
责任校对：李　颖

出版发行：中国言实出版社
　　　地　址：北京市朝阳区北苑路180号加利大厦5号楼105室
　　　邮　编：100101
　　　编辑部：北京市海淀区花园路6号院B座6层
　　　邮　编：100088
　　　电　话：010-64924853（总编室）　010-64924716（发行部）
　　　网　址：www.zgyscbs.cn　电子邮箱：zgyscbs@263.net

经　　销：新华书店
印　　刷：北京温林源印刷有限公司
版　　次：2023年4月第1版　　2023年4月第1次印刷
规　　格：710毫米×1000毫米　1/16　26.25印张
字　　数：330千字

定　　价：88.00元
书　　号：ISBN 978-7-5171-4335-2

前　言

　　调查研究是我们党的传家宝。习近平总书记强调指出，调查研究是谋事之基、成事之道，没有调查就没有发言权，没有调查就没有决策权；正确的决策离不开调查研究，正确的贯彻落实同样也离不开调查研究；调查研究是获得真知灼见的源头活水，是做好工作的基本功；要在全党大兴调查研究之风。习近平总书记这些重要指示，深刻阐明了调查研究的极端重要性，为全党大兴调查研究、做好各项工作提供了根本遵循。

　　在本书即将付梓出版之际，中共中央办公厅印发了《关于在全党大兴调查研究的工作方案》(以下简称《工作方案》)，要求各地区各部门结合实际认真贯彻落实。《工作方案》明确提出，广大党员、干部特别是领导干部要带头深入调查研究，扑下身子干实事、谋实招、求实效，使调查研究工作同中心工作和决策需要紧密结合起来，更好为科学决策服务。在调查研究中，要增进同人民群众的感情，真诚倾听群众呼声、真实反映群众愿望、真情关心群众疾苦，自觉向群众学习、向实践学习，一切从实际出发，理论联系实际，听真话、察实情，坚持真理、修正错误，有一是一、有二是二，既报喜又报忧，不唯书、不唯上、只唯实。必须坚持问题导向，增强问题意识，敢于正视问题、善于发现问题，以解决问题为根本目的，真正把情况摸清、把问题找准、把对策提实，不断提出真正解决问题的新思路新办法。《工作方案》要求各级党委(党组)要立足职能职责，围绕做好事关全局的战略性调研、破解复杂难题的对策性调研、新时代新情况的前瞻性调研、重大工作项目的跟踪性调研、典型案例的解剖式调研、推动落实的督查式调研，突出重点、直击要害，结合实际确定调研内容。

本人长期从事农村政策研究，开展调查研究是份内之事。做好调查研究的根本目的，在于真心实意地解决人民群众面临的急难愁盼的各种问题，推动观念更新、作风转变、政策调整、体制改革和社会文明进步。本书是我们研究团队围绕农村集体经济和集体经济组织这个主题开展调查研究的一些成果。

我们开展农村集体经济和集体经济组织方面的调查研究，是为了正视农村集体经济和集体经济组织的现实存在，探讨推进在计划经济中产生的农村集体经济和集体经济组织，如何与改革开放以来的社会主义市场经济以及工业化、城市化、城乡融合发展相适应，从而使农村集体经济和集体经济组织真正造福农民、振兴乡村。

收入本书的调查研究报告共21篇，其中，《撤村建居、农民财产权与新型集体经济——北京市丰台区卢沟桥乡三路居村调查》《首都乡村集体经济组织振兴路径研究》先后获第四届、第五届费孝通田野调查优秀奖，《城市化、村庄转型与集体经济组织崛起——北京市海淀区东升镇八家村及八家股份社调研报告》《从"蚁族"聚居村到现代都市区——北京市海淀区唐家岭村城市化转型的调查与思考》分别获全国农业农村政策与改革系统2022年优秀调研成果一等奖、二等奖。我们在深入调查和撰写这些调研报告中，深切地感受到，改革开放的伟大实践走在了前列，但我们现有的思想观念、政策体制、法治建设滞后于实践发展的需要。实践的发展与改革的滞后，是我们全面推进乡村振兴所面临的基本矛盾之一。

我们对农村集体经济和集体经济组织的研究还是初步的、探索性的，后续我们将继续跟踪调研，不断深化对农村集体经济和集体经济组织的持续研究。发展壮大农村集体经济，加强农村集体经济组织的规范化建设，其根本目的都是为了让广大农民成为乡村振兴的主力军、改革开放的参与者、发展成果的共享者，切实维护和发展农民的民主权利和财产权利，促进和实现农民的共同富裕，满足广大农民群众对美好生活的需要。这正是我们甘于调查、乐于研究的强大动力和核心价值所在。

在此，我们要特别感谢黄延信先生同意收录他撰写的《农村集体组织成员身份问题研究报告》，这为本书增色不少。我们还要特别感谢北京市农村经济研究中心的张光连、曹四发、吴志强、刘军萍等领导和同仁们对我们调研工作的大力支持，感谢参与调研座谈的许多基层党员干部和农民群众对我们调研工作的信任和配合，感谢中国言实出版社为出版本书所做的重要贡献。

本书存在的不足恳请广大读者朋友不吝指教。

张英洪

2023 年 3 月 30 日

CONTENTS | **目录**

上篇 农村集体经济

中篇　农村集体经济组织

下篇　专题调研报告

——北京市海淀区唐家岭村城市化转型的调查与思考

上　篇
农村集体经济

农村集体经济研究报告

一、农村集体经济的由来

农村集体经济是我国公有制经济的重要组成部分。我国现行《宪法》第六条规定："中华人民共和国的社会主义经济制度的基础是生产资料的社会主义公有制，即全民所有制和劳动群众集体所有制。"我国农村集体经济的由来，可以从以下三个层次加以理解：

第一个层次是农村集体经济的理论来源。我国农村集体经济直接来源于马克思主义的基本理论。1874 年，马克思在《巴枯宁〈国家制度与无政府状态〉一书摘要》中提出，凡是农民作为私有者大批存在的地方，无产阶级夺取政权以后，将以政府的身份采取措施，一开始就应当促进土地私有制向集体所有制的过渡，让农民自己通过经济的道路来实现这种过渡；但不能采取得罪农民的措施，例如宣布废除继承权或废除农民所有权。[1]马克思这段话提出了农民土地私有制向集体所有制过渡的命题。1881 年，在给《维·伊·查苏里奇的复信草稿》中，马克思指出："俄国农民习惯于劳动组合关系，这便于它从小土地经济过渡到集

---

[1]《马克思恩格斯全集》第18卷，北京：人民出版社1964年版，第695页。

体经济"，[1]把"促进土地私有制向集体所有制的过渡"的形式和"合作劳动"联系起来。马克思逝世后，1894年11月恩格斯在《法德农民问题》一文中对马克思所说的"向集体所有制的过渡"的方式作了明确的解释，他指出："当我们掌握了国家权力的时候，我们绝不会用暴力去剥夺小农（不论有无报偿，都是一样），像我们不得不如此对待大土地占有者那样。我们对小农的任务，首先是把他们的私人生产和私人占有，转变为合作社生产和合作社占有"。[2]在这里，恩格斯明确反对以暴力手段的方式去改造小农发展集体经济。不过，马克思主义创始人提出的集体所有制设想，此后成为共产党执政国家普遍的理想追求和实践活动。

第二个层次是农村集体经济的榜样来源。我国建立农村集体经济所有制，直接来源于被视为第一个社会主义国家的苏联的榜样示范。作为第一个夺得政权的共产党国家，苏联是第一个建立和实践集体经济的国家。1918年，列宁在《被剥削劳动人民权利宣言》中宣布："废除土地私有制。全部土地以及一切建筑物、农具和其他农业生产工具均为全体劳动人民的财产。"此后，以斯大林为代表的苏联共产党人，以行政强制手段建立集体农庄，推行农业全盘集体化。1927年，联共（布）十五大决议提出："在目前时期，把个体小农经济联合并改造为大规模集体经济这一任务应该作为党在农村中的基本任务。"[3]1930年，联共（布）中央提出在"一五"计划期间完成"绝大多数农户集体化的任务"，规定了从限制富农到消灭富农的政策，决定集体农庄为集体经济的基本形式。到1934年7月，苏联全盘农业集体化在全国基本完成。[4]苏联模式成为后起共产党执政国家学习和照搬的神圣榜样。

---

[1]《马克思恩格斯全集》第19卷，北京：人民出版社1963年版，第438页。

[2]《马克思恩格斯选集》第4卷，北京：人民出版社1972年版，第310页。

[3]《苏共决议汇编》第三分册，北京：人民出版社1956年版，第402页。

[4]陈爱玉著《邓小平关于农业的"两个飞跃"思想与实践》，北京：人民出版社2009年12月第1版，第58－63页。

第三个层次是农村集体经济的实践来源。新中国成立后，毛泽东号召全国上下"掀起一个学习苏联"的热潮，进行社会主义改造，在中国推行农业集体化运动实践，最终在农村建立了集体所有制。我国农业的集体化运动经过了四个发展阶段：一是1950年到1952年建立农业生产互助组。互助组一般由几户或十几户农民组成，组员的土地、耕畜、农具等生产资料和农产品仍为私有，各自独立经营；组员之间在劳动力、畜力、农具等方面实行的换工互助。农业生产互助组有临时互助组和常年互助组两种形式。互助组被称为社会主义的萌芽。二是1952年到1955年夏季，开始由互助组大办初级农业生产合作社，简称初级社。初级社建立在主要生产资料私有制基础上，社员将土地作价入股，统一经营，耕畜与大中农机具等生产资料归社统一使用，社员参加社内劳动初级社的总收入，在扣除当年生产费用、税金、公积金和公益金以后，所余部分按股分红给社员，作为社员的劳动报酬和土地等生产资料的报酬。初级社被视为半社会主义。三是1955年夏季到1956年，由初级社迅速发展为高级社。高级社是农业生产合作高级社的简称，社员私有土地无代价地转为集体所有，社员私有的耕畜、大中型农机具转为集体财产，高级社取消股份分红，总收入在扣除税金、生产费、公积金和公益金以后，根据按劳分配原则在社员之间进行分配。由于高级社实现了土地等主要生产资料的公有制和按劳分配，因此被视为具备了完全的社会主义性质。到1956年年底，农业生产合作社发展到75万个，其中初级社21万个、高级社54万个。参加高级社的农户占全国总农户的88%，标志着中国农村在生产资料所有制方面的社会主义改造基本完成。[1]高级社不属于合作经济，而是典型的集体所有制农业，是斯大林集体农庄的中国化。[2]四是1958年人民公社化运动。1956年完成的高级社，每社平均

[1]参见360百科：农业生产合作社，http://baike.so.com/doc/6523399.html。
[2]申龙均、李中华编著《农民合作社论》，社会科学文献出版社2009年9月版，第34页。

200 户左右。1958 年 3 月，中共中央政治局成都会议通过了《关于把小型的农业合作社适当地合并为大社的意见》，各地农村开始了小社并大社的工作，有的地方出现了"共产主义公社""人民公社"。1958 年 7 月 1 日《红旗》杂志第 3 期发表《全新的社会，全新的人》一文，明确提出"把一个合作社变成一个既有农业合作又有工业合作基层组织单位，实际上是农业和工业相结合的人民公社"。这是在报刊上第一次提"人民公社"的名字。8 月，中共中央政治局在北戴河召开扩大会议，会议通过了《中共中央关于在农村建立人民公社问题的决议》，全国迅速形成了人民公社化运动的热潮，在一个多月的时间里全国就基本上实现了人民公社化。到 1958 年底，全国 74 万多个农业生产合作社合并成为 2.6 万多个人民公社。人民公社的特点是"一大二公"，"大"是指规模大；"公"是指公有化程度高。1983 年 10 月 12 日，中共中央和国务院发布《关于实行政社分开建立乡政府的通知》，决定在农村设立乡政权，到 1985 年 6 月全部完成，原来的 5.6 万多个人民公社建成 9.2 万多个乡（镇），54 万多个大队建成 82 万多个村民委员会。至此，全国完全废除了人民公社制度。

二、农村集体经济的内涵、特征、属性与功能

农村集体经济可以划分为改革以前的传统农村集体经济和改革以来的新型农村集体经济，它们的内涵与特征有所不同。

（一）传统农村集体经济

相对于改革开放以来农村集体经济发展而言，我们可以将改革以前的农村集体经济称之为传统农村集体经济。传统的农村集体经济，在计划经济体制下，农村被划分和建立社区集体成员对社区土地集体所有制基础上，在集体组织的管理下实行集体劳动，与集体所有的生产资料相

结合所进行的投入产出的经济活动，并对经济活动成果在完成国家税收和征购任务后，留取集体积累，再向成员按劳分配。[1]传统农村集体经济是通过农业互助组——初级合作社——高级合作社——人民公社逐步形成的。初级合作社含有按股分红的成分，被视为半集体性质的经济；高级合作社取消了按股分红，并实现了集体成员的"人人平等、集中管理、共同劳动、按劳分配"，从而形成了具有"二全民"性质的集体经济；人民公社由若干高级合作社联合而成，同时又将原高级合作社划分为若干生产大队和生产小队，使集体的规模和经营范围更大、公有化的程度更高，逐步形成了所谓的"一大二公"，人民公社已不再是单纯的集体经济组织，而是"政社合一"及"工农商学兵合一"的一种集政权、工会、经济为一体的组织，形成了农村社会、经济、政治高度集中统一的管理体制。[2]

传统农村集体经济的基本特征主要是：第一，产权制度实行集体共同共有，否认社员个人所有权，导致集体企业的产权模糊，理论上人人有份，实际上人人无份；第二，实现形式单一，民主决策和民主管理流于形式，集体资产受到损失，遭到平调或侵犯；第三，经营机制不活，在用工制度、财务制度、营销制度、分配制度等方面越来越不适应市场要求，导致集体企业缺乏竞争活力，集体经济组织成员实际上成不了企业的主人；第四，集体企业的管理体制、经营机制由政府主管部门决定，人、物、财等权力掌握在主管部门手中，导致政企不分，企业成不了市场的主体。[3]

---

[1]韩松：《论农村集体经济内涵的法律界定》，载《暨南学报（哲学社会科学版）》2011年第5期。
[2]罗海平、叶祥松：《农村集体经济的性质与内涵研究》，载《经济问题》2008年第7期。
[3]孙仲彝：《新型集体经济的基本理念和改革实践》，载《上海市经济管理干部学院学报》2006年第6期。

（二）新型农村集体经济

改革开放以来，随着我国社会主义市场经济体制的确立和逐步完善，我国农村普遍推行家庭联产承包为主的农业生产责任制，打破了传统农村集体经济的统一经营模式，逐渐发展为新型的农村集体经济。新型农村集体经济是社会主义公有制和市场经济在农村的具体体现，它有两个层面的含义：第一，新型农村集体经济是相对于计划经济时期形成的传统农村集体经济而言的，泛指脱胎于"三级所有、队为基础"的传统农村集体经济体制下的一种新的生产关系，它既克服了资本与劳动的分离，保障了对社会主义基本价值的追求，继承了社会主义的本质特征，又扬弃了旧体制下农村集体经济只重计划而忽视市场的弊端和缺陷，把市场作为资源配置的主导机制，充分参与市场竞争，保证了发展效率；第二，新型农村集体经济特指改革开放以来适应社会主义市场经济的发展要求，基于农民的生产需求有组织地或自发联合而形成的合作经济组织，如农村股份合作制经济、农民专业合作经济等，它打破了"集体所有、统一经营"的单一模式，在市场经济条件下，新型农村集体经济以创新的组织原则、劳动关系、经营方式、分配制度等进一步解放和发展了生产力，焕发出蓬勃生机与活力。[1]新型农村集体经济以劳动者的劳动联合和劳动者的资本联合为主要经济纽带，实行按份共有和共同共有相结合的产权制度。[2] 这种以"两个联合""两种共有"为内涵的新型集体经济继承了马克思主义集体经济基本理论关于集体企业成员具有集体资产的个人所有权和关于集体企业对集体资产占有、支配、使用进行生产经营的思想，是在我国社会主义初级阶段对马克思主义集体经济理论的

---

[1]翟新花、赵宇霞：《新型农村集体经济中的农民发展》，载《理论探索》2012年第4期。
[2]中共十五大报告提出："劳动者的劳动联合和劳动者的资本联合为主的集体经济，尤其要提倡和鼓励。"这给集体经济赋予了新的内涵；我国《民法通则》第七十八条规定：共有财产"分为按份共有和共同共有。按份共有人按照各自的份额，对共有财产分享权利，分担义务。共同共有人对共有财产享有权利，承担义务。"

继承和创新。

新型农村集体经济的基本特征可概括为：第一，新型农村集体经济实行集体资产按份共有、共同共有，改变了集体资产名义上人人有份、实际上人人无份的弊端，使产权主体明晰，且有案可查；第二，新型农村集体经济改变了传统集体企业产权结构的封闭状态，使产权结构开放；第三，新型农村集体经济形成了民主决策管理体制，实行民主决策、民主管理、民主监督，在社会主义市场经济体制下自主经营、自负盈亏、自我发展，改变了传统集体企业政企不分状态；第四，新型农村集体经济实行按劳分配和按股分红相结合的分配制度，共享集体经济的发展成果和保险福利。[1]

（三）农村集体经济的本质属性与基本功能

在传统意义上，集体经济这一公有制形式是和社会主义性质联系在一起的。集体经济，是劳动群众集体所有制经济的简称，是生产资料归部分劳动者共同所有的一种社会主义公有制，是我国社会主义公有制经济制度的两大组成部分之一。

传统的农村集体经济是计划经济的产物。在传统农村集体经济中，生产资料和劳动产品归劳动群众集体共同所有，主要生产资料归集体所有、生产统一安排、劳动力统一调配、生产收入统一分配，从而消除集体成员直接占有、使用生产资料的权力。传统的经济学理论认为，界定经济活动的性质有三个因素：一是生产资料的所有制性质，如果生产资料归劳动者集体所有的才可以是集体经济，这是决定经济活动的性质属于集体经济的最基本要素；二是劳动者与生产资料的结合方式，劳动者以自己的私人劳动与自己所有的生产资料结合的属于劳动者的个体经济，劳动者的集体劳动与劳动者集体所有的生产资料结合的经济就是集体经

---

[1]孙仲彝：《新型集体经济的基本理念和改革实践》，载《上海市经济管理干部学院学报》2006年第6期。

济；三是产品分配，劳动产出按资本分配，主要归属于生产资料的所有者的是资本经济；经济积累归属于劳动者集体所有，对劳动者实行按劳分配的属于集体经济。因此，传统农村集体经济的本质属性就是生产资料属于劳动者集体所有，劳动者的集体劳动与集体所有的生产资料直接结合，积累归属集体所有，劳动者实行按劳分配。[1]

新型农村集体经济是劳动者的劳动联合与劳动者的资本联合相结合的经济，是以规模化与集约化的经营方式为特征、以实现农民共同富裕为目标，能够极大地解放与发展生产力的农村集体经济形式。一方面，新型集体经济要坚持社会主义原则，实行劳动者的平等、自愿的联合，坚持按劳分配为主体、坚持共同富裕的原则，以体现集体经济的性质。另一方面，它既是劳动者的劳动联合，又是劳动者的资本联合，鼓励劳动者投资入股，享有集体企业资产的所有权，使员工既是劳动者，又是所有者，既要以按劳分配为主要的分配形式，又要把按劳分配与按资分配有机结合起来；既要注重提高集体经济的效率，又要有效地实现分配中的社会公平，实现经济效率与社会公平同时并重，在此基础上实现共同富裕的目标。因此，这种集体经济是一种实行"外圆内方"的新型集体经济形式。[2]

而无论是传统农村集体经济还是新型农村集体经济，都对我国社会经济发展具有重大意义，其基本功能主要体现在以下几个方面：

第一，农村集体经济是农村社会政治稳定的重要根基。邓小平曾经指出："中国有百分之八十的人口在农村，中国稳定不稳定，首先要看这百分之八十稳定不稳定，城市搞得再漂亮，没有农村这一稳定的基础是不行的。"因此，农村的稳定是中国社会政治稳定的根基。而农村集体经

---

[1]韩松：《论农村集体经济内涵的法律界定》，载《暨南学报（哲学社会科学版）》2011年第5期。

[2]于金富、徐祥军：《实践邓小平"两个飞跃"思想，坚持发展集体经济》，载《马克思主义研究》2010年第10期。

济的发展可以稳定农业生产，保障农产品供给，促进农业可持续发展，同时有利于有效提高农民的组织化程度，进而确立农民在农村政治经济生活中的主体地位，从而推动农村政治文明建设，构建社会主义和谐农村。农村集体经济可以通过村集体利益的分配抑制农民两极分化趋势，有利于农村社会秩序稳定。[1]

第二，农村集体经济是实现共同富裕的主要载体。实现共同富裕是社会主义的根本目标，而达到这一目标的前提是消灭剥削，消除两极分化。单靠市场经济和非公有制经济是无法实现这一前提的，市场经济本身解决不了两极分化的问题，私营经济可以使一部分人先富裕起来，但它容易带来收入的两极分化。集体经济作为一种公有制经济，其生产资料归劳动者按份共有和共同共有，改变了依靠拥有生产资料占有他人劳动的状况，劳动者为自己劳动，劳动者创造的财富归劳动者共同享有，有利于劳动者逐步实现共同富裕。[2]

第三，农村集体经济是广大农民生存发展的基本保障。农村集体经济组织的物质生产和经济能力能够有效地协助国家对农户个体提供生活保障，这种保障责任依附于农村集体生产资料的归属权，而农村集体经济组织开展生产经营的根本目的就是为了满足其成员物质文化生活的需要。农村集体经济向组织内部成员提供的保障形式包括基本生活保障、居住权保障和辅助生活保障。基本生活保障包括农副产品的直接和间接分配；居住权保障主要指提供宅基地使用权；而辅助生活保障包括提供自留地、自留山使用权、道路通行、饮用水源、墓地使用权等。

---

[1]丰凤、廖小东：《农村集体经济的功能研究》，载《求索》2010年第3期。
[2]陈水乡：《北京市农村集体经济有效实现形式实践与探索》，中国农业出版社2011年，第60—61页。

三、农村集体经济与相关经济形态及组织辨析

（一）农村集体经济与合作经济

长期以来，我们一直把集体经济与合作经济混为一谈，认为集体经济就是合作经济，合作经济就是集体经济，甚至说集体经济是合作经济的高级形式。我国《宪法》就将合作经济赞同于集体经济。1982年《宪法》第八条规定："农村人民公社、农业生产合作社和其他生产、供销、信用、消费等各种形式的合作经济，是社会主义劳动群众集体所有制经济。"1993年将《宪法》第八条修改为："农村中的家庭联产承包为主的责任制和生产、供销、信用、消费等各种形式的合作经济，是社会主义劳动群众集体所有制经济。"1999年将第八条修改为："农村集体经济组织实行家庭承包经营为基础、统分结合的双层经营体制。农村中的生产、供销、信用、消费等各种形式的合作经济，是社会主义劳动群众集体所有制经济。"其实，集体经济与合作经济有很大的不同。

集体经济是所有制经济，相对于国有制、私有制而言，是在社会主义条件下生产资料归一部分劳动者所有的公有制经济，是"部分劳动群众结合在一起共同占有生产资料的一种公有制形式"，[1]农村集体经济是以土地等生产资料集体所有制为基础的公有制经济。

而合作经济不是所有制经济，它是一种经济组织形式，相对于股份制、合伙制而言，它并不特指某一种具体的所有制，而是社会经济发展到一定阶段中，劳动者自愿入股联合，实行民主管理，获得服务和利益的一种合作成员个人所有与合作成员共同所有相结合的经济形式，它的最大特征就是产权明晰、利益共享、风险共担以及民主管理。

集体经济与合作经济的主要区别体现在以下几方面：[2]

---

[1]谭芝灵：《新时期发展农村新型集体经济问题研究进展》，载《经济纵横》2010年第5期。
[2]卢立《浅议合作经济与集体经济的区别》，载中国农经信息网，2006年10月7日。

第一，建立基础不同。农村集体经济是一种社会主义生产资料公有制经济，以政治意识形态取向为基准。而合作经济是小生产者根据经济发展的需要自发建立起来的一种经济形式，是以经济取向为基础。集体经济是意识形态上追求公有制的产物，合作经济是经济发展客观需要的产物。

第二，产权明晰不同。集体经济是把铲除小农的小私有制作为起点，合作经济的起点是承认小农的私有财产。[1]集体经济产权实行共同共有，否认社员的私人产权，集体成员的产权不明晰，集体产权属于"人人共同、人人无份"。合作经济产权清晰，承认合作社成员的个人产权，实行按份共有。这是两种经济的最大区别。[2]

第三，经营主体不同。传统集体经济是由村组统一经营，农户没有生产经营自主权。合作经济是具有生产经营自主权者的自愿联合，农户就是独立的生产经营主体，拥有生产经营自主权。

第四，分配方式不同。传统集体经济坚持按劳分配，不承认按资分配，按劳分配是按照社员的工分进行分配，工分是按照劳动力本身的素质和出工的时间来记录，与劳动者本人的劳动成果没有直接关系。合作经济在分配上除了农户通过合作社销售农产品取得直接收益外，合作社本身取得的效益再对社员进行分红。二次分配是先将大部分收益按照农户交售的农产品数量进行分配，再将其余收益按照社员的股份进行分配。农村集体经济的分配方式由集体决策，上缴国家后的部分以"集体积累"的形式留取以壮大集体产权的经济总量，其余部分以"集体福利"的形式统一安排成员福利；合作经济的产出和盈利按照对产权和分工的契约返还给各合作主体。[3]

---

[1]陈锡文：《集体经济、合作经济与股份合作经济》，载《中国农村经济》1992年11月26日。
[2]阮文彪、杨名远：《小农户与大市场的矛盾整合——家庭经营基础上的农业合作制度创新名词解释》，载《中国改革》1998年第10期。
[3]王礼力：《农村合作经济理论与组织变迁研究》，西北农林科技大学2003年。

第五，民主管理及选择权不同。传统农村集体经济因产权不明晰，内部缺乏民主管理，常常蜕变为"干部经济"；合作经济因产权明晰，坚持实行民主管理。传统农村集体经济成员没有选择权，不存在"入社自愿、退社自由"；合作经济成员具有充分的自主选择权力，他们不受民族种族、地理位置、行政区划的束缚，实行"入社自愿，退社自由"。

（二）农村集体经济与社区合作经济

社区合作经济，也叫社区集体经济，是以社区为范围设置的、以土地集体所有制为基础的，以双层经营体制为体制特征，以管理土地和集体资产以及服务社员为主要职能的合作经济组织。[1]社区合作经济摒弃了人民公社时期政治、经济完全一体的模式，赋予了农村合作社个体的自主经济决策和经营权，实质上是传统集体经济体制在农村改革后一种新的实现形式。这种经济组织实际上并不是真正的合作经济组织，在这种体制下，除了土地集体所有以及集体统一提供部分服务外，一般情况下，集体并不承担农户家庭经营的风险，农户之间也没有在经营活动中实现新的联合，集体与农户之间的联系纽带是很脆弱的，这种体制从本质上讲仍没有摆脱集体经济的范畴。我国农村土地集体所有的性质，决定了社区合作经济组织作为集体土地的所有者主体和集体土地的管理者、作为其他集体财产的所有者代表、作为社区内公共物品的主要提供者、作为国家基层政权机构的延伸和补充，对于沟通政府与农民的联系，完成政府赋予的社会经济目标，巩固农村基层政权等具有不可替代的作用。[2]

1986年中央一号文件指出"地区性合作经济组织，应当进一步完善统一经营与分散经营相结合的双层经营体制。……有些地方没有把一家一户办不好或不好办的事认真抓起来，群众是不满意的"。[3]社区合作经

---

[1] 张梅：《我国农村社区合作经济组织改革与发展问题研究》，东北农业大学2002年。
[2] 韩俊：《关于农村集体经济与合作经济的若干理论与政策问题》，载《中国农村经济》1998年第12期。
[3]《中共中央、国务院关于一九八六年农村工作的部署》（〔1986〕1号）。

济是农村集体经济的重要发展和创新阶段，通过双层经营体制，重视合作社对农户的服务，提高了农户的生产能力，激发了农户的经济参与热情，在农村社区合作方面也有效推动了效率的提高，在农户——集体双层体制相结合与补充的基础上奠定了我国农村和农业向商品经济和现代化推进的重要一步。

（三）农村集体经济与社区股份合作经济

随着我国农村城市化和工业化的不断推进，在社区合作经济的基础上，沿海经济发达地区首先产生了社区股份合作经济形式。农村社区股份合作经济就是在坚持土地集体所有和集体资产不可分割的前提下，按照合作制原则，借鉴股份制形式，将集体资产折股量化到人，把原村组集体经济组织改造成为股份合作社，确定社区农民对集体资产的民主管理权和利益分配权。它主要包括以下两个特点：一是"公""私"兼顾的制度。从产权的角度讲，农村社区股份合作制把部分集体资产量化到个人，量化的只是收益的分配权，股份的所有权仍然归集体，集体经济的公有制属性没有发生根本变化。与原来相比，私人占有了分配权，"公私兼顾，以公为主"。二是将股份制与合作制相融合。在财产地位、社会地位、权利地位方面，股份合作制的特点是"合作制"的，在收益分配方面，是"股份制"的。[1]

与农村集体经济相比，社区股份合作经济具有明显的特点，主要体现在：一是在产权结构上，保留农户个体的资产和收益，不强调集体按劳分配，由合作社认定入股农户资质，由农户决定股份购买额度，遵循"均衡持股，按份共有"原则，股权比较平均，且非常分散，每个股东占有的股权比例很低，入股额度和分红比例受到合作社限制；二是在股权流转上有严格的限制但并非不能流转；三是在治理结构上，集体决策不再由农村集体经济组织施行，而是由股东（社员）大会、董事会、监事

---

[1]刘爽、郭淑缓、李志伟《农村社区股份合作制研究》，载《农业经济》2012年第2期。

会（理事会）、总经理等分级实施；四是收益分配上不再是单一的按劳分配，而是坚持按股分配与按劳分配相结合的原则。股份制农村合作社兼具传统农村合作社和股份公司的特点，对农村社区合作经济有了新的发展。比传统的合作制更具灵活性，更有利于农村集体经济发展。

（四）农村集体经济与专业合作经济

在市场经济条件下，专业合作经济是由从事同类农产品生产经营的农民、经济组织和其他人员为提高组织化程度，自愿参加、共同组建的以农户经营为基础，以某一产业或产品为纽带，以增加成员收入、提高市场竞争能力为目的，在技术、资金、信息、购销、加工、储运等环节，实行自我合作、自我服务、自我管理、自我发展、自我受益的合作经济组织。[1]专业合作经济的基础仍然是家庭承包经营，以联产承包责任制为制度依据，具有民办性、合作性、专业性、企业性、网络性等特征，同时，还具有自愿性、互助共济性、民主管理性、非营利性、以利润返还性分红为主等性质。其主要功能是在不直接干预农户经营的前提下，为农户提供信息、技术、资金、生产、销售等方面的服务。2007年7月1日，《中华人民共和国农民专业合作社法》正式实施，标志着我国专业合作经济进入了法制化发展轨道。

专业合作经济与农村集体经济既有一定的相似性又有一定的区别。相似性体现在它们都属于农民群众的集体组织，都以农民为主体。区别主要体现在：首先，从生产资料的占用和使用形式上看，专业合作经济的生产资料是在所有权不变的基础上的共同使用，而集体经济的生产资料是集体占有；其次，从形成基础上看，专业合作经济侧重自愿组合、而非行政主导、强制推动；再次，从覆盖范围上看，农民专业合作组织可以跨县跨乡跨村，不受行政区域限制，可以让农民在更大范围内进行

---

[1] 刘雅静、张荣林：《我国农民专业合作经济组织发展问题研究》，载《山东大学学报》2007年第3期。

合作，集体经济组织是社区性的，受行政区划的限制；第四，从经营方式和分配方式上看，农民专业合作组织是在约定的项目、范围、程度内实行统一经营，按照股份、投资额或成员惠顾量分配为主。农村集体经济实行以土地家庭承包为基础的统分结合的经营方式，同时以固定分配、按劳分配为主。另外，农村专业合作经济的优点是合作者之间生产劳动异质性强，但联系更紧密，利于发挥个人专长，提高农户个体技术熟练程度，同时专门的生产设备等往往由专业合作经济组织提供，不仅降低了农户个体的成本投入，也有利于生产规模的扩大。但缺点是合作经济形成固有的经济生产模式后一旦遇到产业转型或决策失误，会对合作组织中的所有农户产生严重影响，不能像其他农村集体经济一样将较为松散的结构拆分以灵活应对环境变化。

（五）农村集体经济与村民委员会

村民委员会是乡（镇）所辖的行政村的村民选举产生的群众性自治组织，是村民自我管理、自我教育、自我服务的基层群众性自治组织，在内容上包括民主选举、民主决策、民主管理、民主监督。村民委员会以实现村民自治、维护村民权益为目的，依法享有村民自治权，并能够系统、有序地运转，具有地域性、群众性、自治性和法定性等特点。[1]村民委员会按照《中华人民共和国村民委员会组织法》依法运行。《村民委员会组织法》于1998年11月4日经第九届全国人民代表大会常务委员会第五次会议通过，2010年10月28日第十一届全国人民代表大会常务委员会第十七次会议修订。（2018年12月29日第十三届全国人民代表大会常务委员会第七次会议修正——编者注）在国家层面，农村集体经济尚无明确的立法。

农村集体经济组织和村民委员会是我国农村社会中并存的两种极

---

[1]黄荣荣：《村民委员会的性质、职权及其在行政法上的定位》，载《经济与发展》2009年第6期。

其重要的社会主体，分别代表了基层经济主体和行政主体，两者都具有基础性的重要作用。理清两者之间的关系是推进我国农村经济体制改革的关键。首先，两者具有一定的相同点，均以行政建制村或自然村为地域范围，该地域范围内的农民个体自动成为其成员；[1]其次，在一定程度上，两者可以相互并列，也可相互取代。根据《村民委员会组织法》第5条第2款规定："村民委员会应当尊重集体经济组织依法独立进行经济活动的自主权，维护以家庭承包经营为基础、统分结合的双层经营体制，保障集体经济组织和村民、承包经营户、联户或者合伙的合法的财产权和其他合法的权利和利益。"由此可见，农村集体经济组织与村民委员会是相互独立的组织，后者对前者的经济活动有监督和保障职能。本条第3款规定："村民委员会依照法律规定，管理本村属于村农民集体所有的土地和其他财产，教育村民合理利用自然资源，保护和改善生态环境"，可见村民委员会在集体土地等资产的管理方面，有时可取代农村集体经济组织。《土地承包法》第12条规定，在发包土地方面，农村集体经济组织和村民委员会是一种平行、并列关系，两者均可对外发包集体所有的土地和依法由集体使用的国有土地；[2]再次，两者具有一定的区别。第一，农村集体经济组织的存在主旨是以土地为根，以土地等财产的集体所有为本。而村民委员会存在的主旨是以村民为根，以自治为本。第二，从职能上看，农村集体经济组织比较抽象，法律更多地看中其在土地等资产集体所有制上的形式和概念，对其作为农村集体经济组织的实体性职能和特征关注不足。而村民委员会具有浓重的民主政治色彩，兼有成员自治、公共管理、社会服务与保障和集体财产的管理与经营等多种职

---

[1]董红、王有强：《村民委员会与农村集体经济组织关系的思考》，载《调研世界》2009年第1期。

[2]罗猛：《村民委员会与集体经济组织的性质定位与职能重构》，载《学术交流》2005年第5期。

能，是目前我国社会主体中法律特征最复杂、职能最多的一类主体。[1]

（六）农村集体经济与农村基层党组织

农村基层党组织是执政的中国共产党在农村的基层组织，担负着全面领导农村物质文明建设、政治文明建设和精神文明建设的重大历史使命。农村基层党组织直接居于农民群众之中，同农民群众有着最直接最广泛的接触，在农村各类组织和各项工作中，都处于领导核心的位置，而发展农村集体经济，促进农民收入，是农村基层党组织一项长期、艰巨的任务，而集体经济能否得到发展是农村基层党组织建设成功与否的重要标志。

农村基层党组织是农村集体经济发展壮大的政治保障。加强农村基层党组织建设，对于把党的路线、方针政策贯彻落实到农民群众中去，密切党和政府同农民群众的血肉联系，引导农民群众坚定地走社会主义道路，保证农村的稳定和发展，具有重要意义。当基层党组织建设搞得好，党的农村工作和政策能够落到实处，领导班子通过扎实作风和开拓精神带领群众积极投入建设和生产，农村集体经济发展状况往往很好，经济实力较强，群众生活水平高，村庄秩序好；当农村基层党组织不能团结务实，对群众缺乏积极影响和凝聚力，领导班子没有起到带头作用时，党的群众路线就难以贯彻和落实，农村集体经济发展也受到影响，导致群众生活水平较低，公共秩序混乱。[2]

发展壮大农村集体经济，是增强基层党组织凝聚力、战斗力的物质基础和重要保证。加强基层党组织建设的目的是为了增强村党支部的凝聚力、号召力、战斗力，而农村集体经济实力是和村党支部的凝聚力、号召力、战斗力密切联系在一起的。农村集体经济薄弱，无力为农户提

---

[1]王国忠：《论村民委员会和农村集体经济组织的职能及相互关系》，载《黑龙江省政法管理干部学院学报》2004年第6期。

[2]彭海红：《当前中国农村集体经济的特点及其发展条件、途径》，载《理论导刊》2011年第11期。

供服务，就会逐渐失去群众的信任，党支部说话办事就没有信服力；而农村集体经济发展好，村级组织经济有实力，服务有手段，党组织一呼百应，显示出强大的凝聚力、号召力和战斗力。因此，发展壮大村级集体经济，不仅仅是个经济问题，同时也是一个十分重大的政治问题，直接关系农村工作大局，直接关系党的执政地位的巩固。[1]

四、关于农村集体经济的观点综述

学术理论界对发展农村集体经济有许多研究，大体上有三种基本观点：一是否定发展农村集体经济；二是坚持和发展农村集体经济；三是发展新型农村集体经济。

（一）否定农村集体经济

有的学者认为集体经济有其严重的弊端，应当抛弃传统集体经济。例如胡鞍钢认为，农业集体化的思路和实践不符合我国实际情况，强化了农业的劳动密集程度，提高土地生产率，却无法提高劳动生产率，只能扩大劳动供给，却无法发生结构改变，这就出现了以"边际报酬递减"为基本特征的农业"过密化"，因为束缚了农民群众的积极性。[2]还有学者认为，传统的农村集体经济弊端突出，主要体现在：公权越位干预私权；公权覆盖私权后，放大了集体经济成员权利合理性"无解"的难题；公共品分配与私人物品分配交织在一起，既造成了私人物品分配的平均主义，又破坏了公共品分配的普惠原则，产生了分配的"双重扭曲"；传统集体经济的公权扩展结构造成广泛的"无责任负债"现象；传统集体经济存在一种"内部人控制"自增强机制，产生显性的和隐性的两种监督成本，因而"可以不要集体经济"。但集体产权有其存在的必要性。

---

[1]陈建国：《坚定不移地发展壮大农村集体经济，不断增强基层党组织的凝聚力、战斗力》，载《党员干部之友》2001年第5期。
[2]胡鞍钢：《中国政治经济史论(1949—1976)》，北京：清华大学出版社2007年。

"从理论上说，集体产权有其存在的根据，甚至可以说它会伴随人类社会永久存在。但集体经济则完全不同，它只是一定历史时期的政治产物。我们需要集体产权，但不需要集体经济。集体产权具有合理性，并不等于集体经济具有合理性。……解决传统集体经济问题的根本出路，是彻底与目前这种集体经济切割开来，在适当范围里保留集体产权，树立全新的公有制为主导的观念。"[1]有的学者主张"社会主义私有制"，社会主义私有制是指公共权力对行使私有财产权利所产生的"外部性"进行调整的产权制度。换句话说，现代社会的私人权利没有绝对的排他性，政府可以按照公共利益的要求对它予以限制。[2]私有制可分为古典私有制和社会私有制，社会私有制和古典私有制完全不同，凭借私人土地所有权对他人不再有生杀予夺的控制力，从更大的范围来看，土地作为一种获取财富的手段，在收入分配中已经不具有决定性的意义。[3]现代的社会私有制完全可以和社会主义结合起来。有的学者认为，产权不明晰的所谓集体经济，过去全世界只有三个半国家实施，也就是苏联、中国、朝鲜三个国家加上半个是越南的北部（当时称北越），苏联是老师，其他国家都是跟苏联学的。农村集体经济的改革方向是，将其改成产权明晰的社区股份合作制。[4]

（二）坚持和发展农村集体经济

学术理论界多数学者仍然肯定农村集体经济发展的必然性和重要性，坚持进一步发展和完善农村集体经济。有的人认为发展和改革农村集体经济是基于我国国情决定的不可避免的农村发展道路，我国农村要稳定，要发展，要现代化，必须改革和完善农村集体经济形式，推进农

---

[1]党国英：《可以不要集体经济，不可不要集体产权》，载《南方农村报》2013年3月21日。

[2]党国英：《"社会主义私有制"考》，载《中国新闻周刊》2013年的2期。

[3]党国英：《关于土地私有制教条的误读》，载《中国乡村发现》2012年第2期。

[4]卢立：《浅议集体经济与合作经济的区别》，载http://bbs.news.163.com/bbs/country/99731668.html。

村产业化、工业化和城镇化。[1]有的认为农村集体经济是社会主义本质的体现，是在农村经济发展运行机制中起主导作用的主体经济。它既不同于旧集体经济，又与发达国家的"农户＋合作社"经济有所区别，是新型的兼顾三者利益的集体经济。要统一认识，把发展集体经济作为一项战略任务；健全组织，为农村集体经济的发展提供可靠保证；稳妥前进，在强调发展集体经济时，要从当地实际出发；加强管理，防止集体资产流失；强化立法，使集体经济发展步入法制化轨道。[2]有的认为集体经济是公有制经济的有机组成部分，集体所有制经济在我国的发展带有必然性。社会主义制度的本质决定了它必然发展，社会主义现代化建设和劳动者共同致富的现实要求决定了应该重视集体经济的发展。要进一步发展和完善农村集体经济，首先要了解集体经济的发展要求，推动集体经济发展。应坚持"两个毫不动摇"，不应搞"一个毫不动摇"，应坚持公有制为主体，在鼓励支持引导非公有制经济发展的同时，进一步促进集体经济发展；其次，要采取多种形式发展集体经济。一定要从当地实际情况出发，哪一种形式更适合群众要求，更能促进生产发展，就采取什么形式。不要用一个模子套，不要搞固定僵化的模式。发展集体经济还要遵守群众自愿、依法和分工合作互助原则；再次，要建立科学的管理制度，加强管理监督。集体经济组织要制定完善的民主管理制度、民主选举制度、民主决策制度、民主监督制度、生产管理制度、财务管理制度、收入分配制度等，严格管理。只有这样，才能把大家团结在一起，拧成一股绳，保证集体经济健康发展。[3]

---

[1]张文茂：《社会主义新农村建设需要改革和发展农村集体经济》，载《中国特色社会主义研究》2006年第5期。

[2]刘佑萍：《坚持发展农村集体经济的总方向》，载《农村合作经济经营管理》1996年第9期。

[3]宗寒：《进一步发展集体所有制经济》，载《学习论坛》2013年第1期。

（三）发展新型农村集体经济

改革开放以后，涌现出了"劳动者的劳动联合和劳动者的资本联合"为特征的新型集体经济。众多学者认为新型农村集体经济是对传统农村集体经济的改革、继承与发展。有的人认为，新型农村集体经济有着新的内涵，可概括为"五个新"：一是体制新，在市场经济新体制下，农村集体经济一方面要遵循市场经济的游戏规则，同时也是市场经济主体之一；二是机制新，过去是统一经营，只有一个积极性。现在是以家庭经营为基础的，有统有分的双层经营，有利于发挥集体和家庭两个积极性；三是制度新，包括产权制度、管理制度和分配制度等都与过去有本质的创新。一些农村集体经济组织深化改革后产权明晰，实行了多种形式的股份合作制，形成统分结合、综合经营、产权明晰、自愿互利、管理民主的合作经济组织；四是内容新，已经远远超过当初农业生产合作的范围，而是农林牧副渔全面发展，工商建运服综合经营；五是目标新，不仅要发展生产，还要全面建设社会主义新农村。[1] 有的认为，新型集体经济是融合股份制与合作制优势的新的经济形式，实行劳动联合经济理论研究与资本联合，既坚持合作制的原则，使劳动者对企业具有控制权，又灵活地向社会筹资，把股份制中最有活力的资本联合引进到企业，具有旺盛的生命力。发展新型集体经济，既是集体企业组织制度的创新，也是对马克思主义集体经济理论的发展。[2] 有的认为，发展新型农村集体经济，是适应市场经济发展的需要，有助于进一步缩小城乡差距和加强农村基层组织建设，是实现农村社会全面进步的重要保证。推进新型农村集体经济改革，首先应把握所有制性质不变、自愿入股、股权平等、规范运作、稳步推

[1] 焦守田：《发展农村新型集体经济打牢新农村的建设基础》，载《城郊发展》2006年第2期。

[2] 刘刚、姚康镛：《发展新型集体经济是对马克思主义集体经济理论的发展》，载《上海市经济学会学术年刊》2008年。

进的原则；其次要重点抓住清产核资、设置股权、量化股份、建章立制等几个环节；再次要处理好政府推动与村民自治的关系、股东利益与集体利益的关系、产权制度改革与基层组织建设的关系等；最后要完善现代企业管理制度、资产管理及财务公开制度、积累制度和利益分配制度等。[1]有的认为新型农村集体经济是当前促进农业现代化更好、更快、更高效发展的经济形式，中国特色农业现代化建设的关键问题之一是要大力发展新型农村集体经济。在发展过程中，一是要转变观念，强化新型集体经济意识；二是要建立和完善相关组织机构，领导和指导新型集体经济的健康发展；三是要制定支持集体经济发展的财政政策；四是抓好试点进行典型示范，要因地制宜，不能强行推广；五是要完善有关集体经济发展的法律法规，完善集体经济的产权制度，健全农村新型集体财产的监管体系，依法管理和促进农村新型集体经济的发展。[2]有的学者认为，要以新型集体经济为引领，发展多层次集体经济。[3]有的学者提出，要尽快将农村集体经济组织改造为新型合作经济组织。[4]

本文是《北京市农村集体经济发展与政策选择研究》第一部分的主要内容

执笔人：张英洪、张颜、李一男、徐秀军

2014年1月5日

---

[1]李奇、李明刚：《建设社会主义新农村背景下的新型农村集体经济构建》，载《科学发展观与中国特色社会主义——全国社会科学院系统邓小平理论研究中心第十一届年会暨学术研讨会论文集》2006年。

[2]陆福兴：《浅议发展新型农村集体经济》，载《农村工作通讯》2008年第11期。

[3]潘名山、王安康：《新型集体经济》，上海财经大学出版社2010年6月第一版，第81页。

[4]薛兴利：《应尽快把农村集体经济组织改造为新型合作经济组织》，载《科学发展观：理论模式实践——山东省社会科学界2006年学术年会文集》，2006年12月。

北京郊区 100 个集体经济薄弱村现状调查

2021 年 4 月以来，北京市农业农村局与北京市农村经济研究中心组成联合调查组，组织 80 多名研究人员，在全市选取 100 个集体经济薄弱村开展专题调研，进一步了解和掌握郊区农村集体经济薄弱地区发展现状与问题，为市委、市政府加大政策倾斜、资金扶持和统筹推进力度，制定深化农村集体经济体制改革和促进农业农村高质量发展的专项政策提供信息和决策依据。现将调研情况报告如下。

一、基本情况

2020 年，全市农村集体资产总额达 9633 亿元，占全国总量的 10% 以上，但是空间分布不均衡，2/3 集中在朝阳、海淀、丰台、石景山地区，并直接影响了农民地区收入差距。2019 年，从年集体经营性收入低于 10 万元的集体经济薄弱村中选取了 93 个村进行村级扶持壮大集体经济试点，现已全部实现经营性收入超过 10 万元的目标，并规范和健全了村集体经济发展的运行机制。

目前，全市有 590 个需要纳入扶持的集体经济薄弱村，计划在"十四五"期间基本消除。2021 年 5 月初，建立了区党委、政府为责任主体，乡镇党委、政府为项目申报和实施主体，村党组织和集体经济组织为执行主体的工作机制，全力推进集体经济薄弱村增收工作。

本次调查对象是通过 Stata 计量软件随机抽样方式，综合村庄区位分布、集体经营性收入等指标，从 590 个集体经济薄弱村中随机选取的 100 个村级集体经济组织。被访村分布于门头沟区 9 个，房山区 9 个，昌平区 1 个，大兴区 1 个，平谷区 18 个，怀柔区 20 个，密云区 30 个，延庆区 12 个。被调查村在联合调查组、区调查专项小组指导下填写《集体经济薄弱村调查问卷》，由联合调查组进行数据汇总分析。

二、主要问题

受到老龄化、林果业利润空间缩小、农地利用碎片化、产业资源与基础设施薄弱、农地生态功能的规划刚性约束的"推力"以及劳动力社平工资上升吸引下的人口与劳动力外流的"拉力"双向因素影响，郊区农户家庭经营日趋弱化，以家庭承包经营为基础、统分结合的双层经营体制要进一步加强"统"，实施产业统筹。调查问卷显示有 66% 的被访村认为需要跨村联合，"统"的层级亟待向镇级提升。

（一）村庄人力资源匮乏，人口结构老化

1. 村干部老龄化明显，任职时间偏短，管理人才短缺

党建引领是基层社会治理的核心。但是，100 个集体经济薄弱村的村书记平均年龄已有 50.8 岁（村主任 50.7 岁，村股份经济合作社社长 51.1 岁），而平均连续任职仅 5.39 年（村主任为 5.02 年，村股份经济合作社社长为 4.69 年），多数没有干满两届。村书记、村主任、村股份社社长三职"一肩挑"的占 93%，与全市水平持平。27% 的薄弱村由第一书记或驻村工作队协助管理本村事务，管理人才依然有较大缺口。

2. 村庄农居混杂，农业户籍常住人口进入深度老龄化阶段，且人口净流出明显，残疾人现象突出

村庄平均人口规模为 270.5 户 602.1 人。其中，农业户籍人口 409.2 人，占 67.96%。这意味着传统农区"农民种地"的功能日趋弱化，正在向亦城亦乡的多元功能方向转化。

在村常住人口进入深度老龄化阶段。薄弱村平均有 60 周岁以上老人 161.3 人，占村庄人口总数的 26.79%，进入中度老龄化阶段（标准为 20%）。其中，农业户籍老人 130.3 人，占农业户籍人口的 31.84%，进入重度老龄化阶段（标准为 30%）。长期在本村居住的农业户籍老人 115.7 人，占农业户籍长期在村居住人口的 39.8%，进入深度老龄化阶段（标准为 35%）。

村庄人口处于净流出态势。农业户籍中长期在本村居住的，平均 134 户 290.7 人，占农业户籍人口总数的 71.04%；外流人口近 30%，随着村庄空心化，生产功能将逐步萎缩。

残疾人已经成为一个相当普遍的现象。村均残疾人 60.3 人，占村庄人口总数的 10.01%。农业户籍中长期在本村居住的残疾人村均 46.6 人，占农业户籍常住人口总数的 16.03%。

3. 劳动力就业以第三产业和第一产业为主，一产就业的 50 岁以上劳动力占比近 60%

务农劳动力仍占有相当大的比重，但生产效率极低。薄弱村平均拥有 298 个就业劳动力，其中第一产业平均就业劳动力 117 个、第二产业 51.5 个、第三产业 129.5 个，分别占 39.26%、17.28%、43.46%。但是，务农劳动力生产率很低，劳均年产值为 0.73 万元，约相当于薄弱村中第二产业劳均生产率的 1/13，第三产业劳动力的 1/7。因此，如果考虑务农的机会成本，种养殖业肯定是要赔钱的。

一产就业劳动力老龄化严重。在实际就业劳动力中，大于 60 岁的

男劳动力与大于 55 岁的女劳动力占 21.47%。第一产业劳动力中，50 岁以上的占 59.32%，40 岁以下的仅占 11.29%。由此导致远郊区"有果无人摘，有田无人种"的粗放式经营现象，走向农业现代化必须培育新型农业经营主体。

外出务工是农民的主要就业渠道，占比为 47.08%。如图 1 所示。

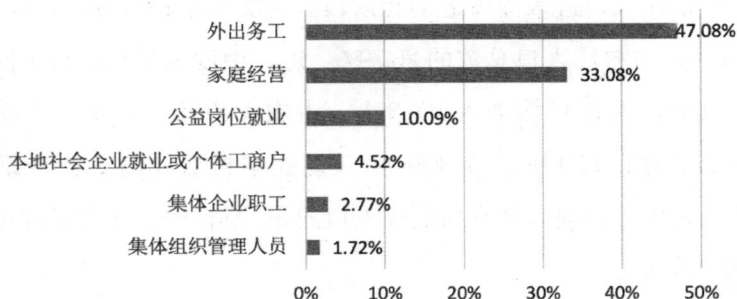

图 1　百村按就业渠道划分的劳动力就业结构

如图 2 所示，80% 的被访村表示外出打工是村民最主要的收入来源，且远高于村内农业收入。

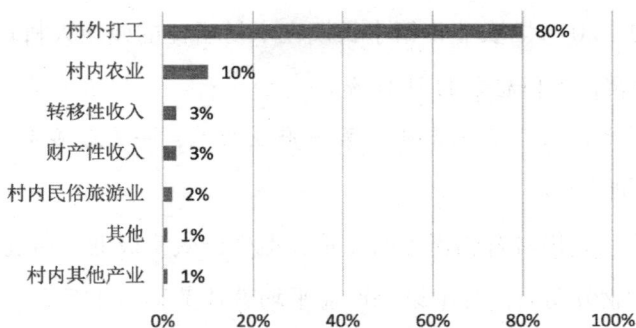

图 2　百村村民的主要收入来源

4. 村内社会保障与公共服务城乡二元反差明显

2020 年，薄弱村村均 130.8 人参加城镇职工基本养老保险，占村庄人口总数的 21.72%；132.1 人参加城镇职工基本医疗保险，占 21.94%。

218.4 人参加城乡居民基本养老保险，占 36.27%；312.5 人参加城乡居民基本医疗保险，占 51.90%。

仅有 29% 的薄弱村参加了农业保险，平均参加年限 7.04 年，平均参加种植业险种 1.3 个、养殖业险种 1.1 个、创新险种 1.7 个。已参加农业保险的薄弱村，均有意愿继续参加。

15.31% 的薄弱村在本村或者邻村无公用的社区卫生服务机构（包括社区卫生服务中心、卫生服务站、卫生室等）；84.61% 的薄弱村在本村或与邻村尚无公共养老院；11.11% 的薄弱村尚无公厕。

（二）村庄区位条件较差，农地碎片化，林地、农宅等资源闲置严重

1. 薄弱村主要位于山区或浅山区，多数地区交通不便

70% 的薄弱村位于山区，23% 位于浅山区，7% 位于平原区。薄弱村距本区城区平均 41.22 公里，距北京城区平均 94.86 公里。58.59% 的薄弱村认为本村地理位置不具有优越性。

2. 农用地中以林地、园地为主，耕地资源稀缺，农地流转率偏低，林下经济发展明显滞后

村均耕地 453.29 亩[1]，占农用地面积的 5.64%，流转比例 28%。村均园地 793.11 亩，占农用地面积的 9.87%，流转比例 7.94%，说明林果产业中，家庭经营模式仍有一定的适应性。村均林地 6343.13 亩，流转比例 4.28%。仅有 4 个村有林下经济，每村平均 243 亩。

3. 大部分村没有现状集体经营性建设用地，闲置农宅已具有规模性开发价值

村均现状集体经营性建设用地 15.06 亩，流转比例 4.71%。70 个薄弱村没有现状集体经营性建设用地。

村均农宅 212.86 套。有 25 个村发生农宅流转，流转比例 1.05%，

---

[1]怀柔区怀北镇新峰村整体纳入怀柔科学城建设规划，土地资源利用分析中不含该村，即占比分析的分母按99计算。

年平均流转价格 37831 元 / 套。70 个村有闲置农宅，共有 1816 套，占农宅总数的 8.71%。45 个村存在一户多宅，占农宅总数的 3.02%。69 个村存在一宅多户，占农宅总数的 9.48%。

表 1　百村集体土地资源构成

	村均面积（亩）	发生流转的村数（个）	流转面积比例（%）	平均流转价格（元 / 亩）
集体土地总面积	8514.91	—	—	—
农用地面积	8036.39	—	—	—
耕地	453.29	43	28.00	1108.54
园地	793.11	14	7.94	839.11
林地	6343.13	28	4.28	851.32
草地	292.28	1	0.65	615.00
水面	15.37	2	9.07	343.48
其他农用地	139.21	5	5.05	953.03
建设用地面积	266.47	—	—	—
集体经营性建设用地	15.06	3	4.71	1821.62
公共管理与公共服务用地	48.81	1	0.10	6000
宅基地	154.78	—	—	—
未利用地	212.06	—	—	—

（三）村集体家底较薄，村均集体资产为全市水平的 1/13，6% 的村集体已经资不抵债

村均资产总额由 2019 年的 820.72 万元（不及 2019 年全国 868.3 万元，更不及全市 10621.3 万元水平）增长到 2020 年的 870.38 万元，增长幅度为 6.1%。

2019 年村均集体净资产额为 479.21 万元，2020 年达到 522.85 万元，增长率为 9%。2019 年，房山区霞云岭乡龙门台村、密云区北庄镇土门村等 6 个村集体净资产为负。

（四）产业结构主要以农业为主，一二三产业融合发展滞后

2020 年，百村第一产业产值占 62.95%。从细分产业看，林果业产值占比最高，为 39.66%；其次是休闲农业与乡村旅游业，占 18.41%；再次是以玉米为主的大田作物，占 14.73%；其他依次是以蔬菜为主的经济作物（6.82%）、其他制造业（7.43%）、建筑业（7.17%）、其他服务业（3.67%）、养殖业（1.74%）、农产品加工业（0.37%）。

按照九部门细分产业比较，林果业是目前集体经济薄弱村的首要收入来源，但也面临着利润收窄的"天花板"效应。以平谷区刘家店镇大桃记账户为例，2012 年至 2018 年大桃单位生产成本从每公斤 2.8 元增加到 3.0 元，销售价格从每公斤 7.8 元下降到 5.9 元，销售利润从每公斤 5.0 元下降到 2.9 元，即单位生产成本增加了 7.8%，销售单价和销售利润却分别波动下降了 24.4% 和 43%（见图 3）。平谷大桃产业在外埠激烈的市场竞争环境下，带动农民增收作用逐渐削弱。

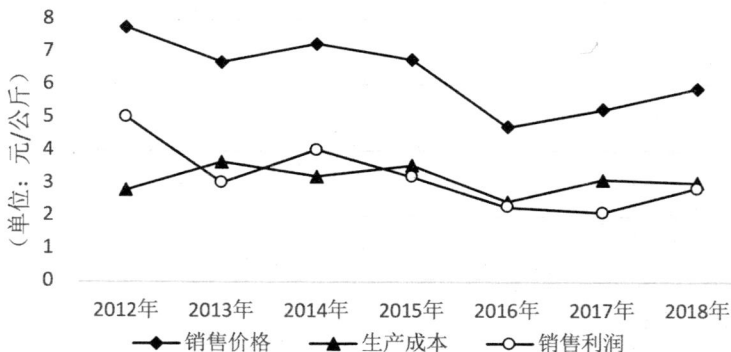

图 3　平谷区刘家店镇大桃单位成本、售价、利润变动趋势

（五）转移支付收入超 70%，以运行维护性支出为主，有 40% 的村收不抵支

1. 收入主要来自财政转移性收入

村均集体经济组织收入由 2019 年的 54.79 万元增加至 2020 年的 66.04 万元，上涨 20.53%。如图 4 所示，2019、2020 年政府政策性补助经费占比均为最高，2019 年村级公益事业专项补助经费与党组织服务群众经费两项转移支付性收入合计占比为 72.74%，2020 年上升到 79.34%。2019 年和 2020 年分别仅有 2 个和 3 个村有集体产业运营收入。

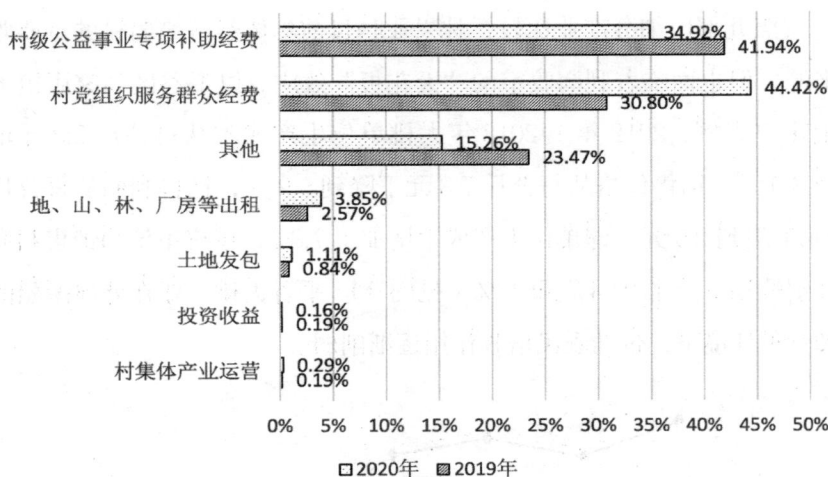

图 4　2019 年、2020 年百村村级集体经济组织主要收入构成

2. 支出主要用于公共服务运行维护

村集体经济组织支出均值由 2019 年的 53.54 万元增加至 2020 年的 60.08 万元，上涨 12.22%。如图 5 所示，2019 年、2020 年村均公共服务运行维护费支出占比最高，大部分为环境整治、社区治安、维修维护等支出。

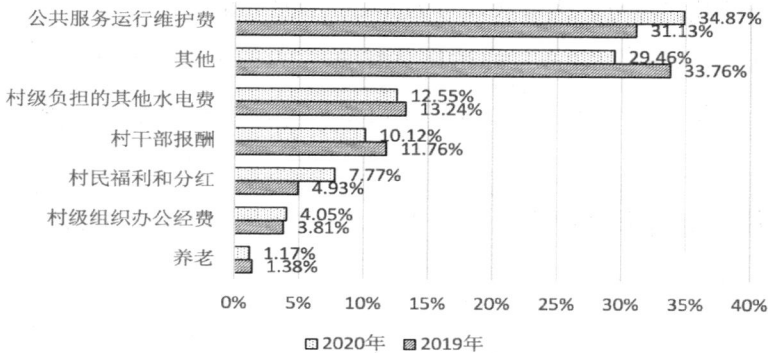

图 5　2019 年、2020 年百村村级集体经济组织运转经费支出构成

3. 收不抵支村占比近 40%，以山区为主

2019 年，有 40 个村收不抵支[1]，2020 年减少为 37 个。2019 年收不抵支村占样本村数量最高的三个区分别是房山区（77.78%）、平谷区（61.11%）、怀柔区（35%），2020 年分别是房山区（100%）、平谷区（61.11%）、密云区（30%）。

如图 6 所示，收不抵支村大部分位于山区，2019 年占 65.00%，2020 年占 67.57%；浅山区分别占 27.50%、21.62%；平原区分别占7.50%、10.81%。

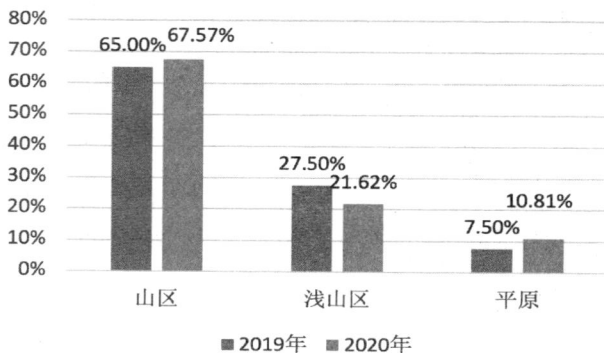

图 6　2019 年、2020 年收不抵支村的村庄区位

[1] 考虑到疫情因素，本报告更多采用2019年数据。另外，昌平区仅有一个样本村，该村2019年收不抵支，未纳入横向比较。

33

4. 集体经济对农民增收带动力不强，且提升困难

根据"三资"平台，被访村 2019 年农户收益为 1055.1 万元，2020 年为 1083.8 万元，增加 2.72%。农户从集体经济组织中所获取总额分别为 65.1 万元、67.5 万元，占总体农户收入的比重两年均为 6.2%，说明集体经济对农民增收带动力不强，且提升空间已经面临"天花板效应"。

三、发展意愿

（一）主要制约因素：缺产业发展资金、缺基础设施、缺扶持政策

如图 7 所示，被访村认为本村集体产业发展的三个"主要制约因素"（多选，不按重要性排序）依次是缺少产业发展资金（21.0%）、基础设施薄弱（16.6%）和缺少产业发展扶持政策（14.5%），占比合计 52.1%。

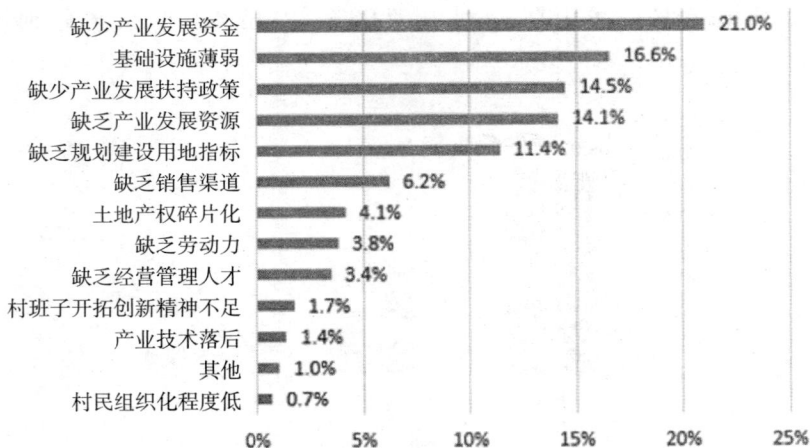

缺少产业发展资金	21.0%
基础设施薄弱	16.6%
缺少产业发展扶持政策	14.5%
缺乏产业发展资源	14.1%
缺乏规划建设用地指标	11.4%
缺乏销售渠道	6.2%
土地产权碎片化	4.1%
缺乏劳动力	3.8%
缺乏经营管理人才	3.4%
村班子开拓创新精神不足	1.7%
产业技术落后	1.4%
其他	1.0%
村民组织化程度低	0.7%

图 7　百村集体产业发展主要制约因素（多选）

从重要性排序来看，如图 8 所示，"最突出制约因素"依次是缺乏

产业发展资源（35.4%）、基础设施薄弱（19.2%）和缺少产业发展资金（17.2%），占比合计为 71.8%。山区薄弱村集体产业发展最突出的制约因素依次是缺乏产业发展资源、基础设施薄弱和缺少产业发展资金；浅山区薄弱村受基础设施薄弱的制约更大，缺乏产业发展资源、资金及规划建设用地指标影响也较大；平原区薄弱村最大的制约因素是缺乏产业发展资源。

产业发展资源缺乏成为当前集体经济薄弱村，特别是在山区和平原地区发展的最突出制约因素，根本原因是首都进入后工业化社会阶段，作为特大城市对郊区农村功能定位及规划管控趋严，如严禁煤炭等矿藏开采，拆除大棚房、违规别墅，生态沟域限制发展餐饮业等等。当前京郊薄弱村发展的出路是从村庄在城市功能中的定位出发，努力找到自身的发展空间，而不是再像工业化时期经历不停的市场竞争试错方式来寻找和开发产业资源。

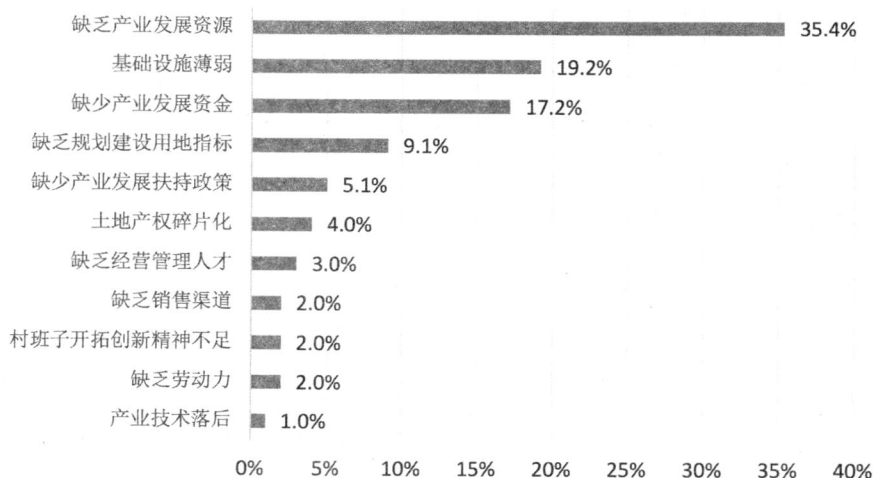

图 8　百村集体产业发展最突出的制约因素

表 2　不同区位薄弱村集体产业发展最突出的制约因素

最突出的制约因素	山区村	浅山区村	平原区村
缺乏产业发展资源	35.7%	18.2%	85.7%
基础设施薄弱	18.6%	27.3%	—
缺少产业发展资金	18.6%	13.6%	14.3%
缺乏规划建设用地指标	8.6%	13.6%	—
缺少产业发展扶持政策	5.7%	4.5%	—
缺乏劳动力	2.9%	—	—
土地产权碎片化	2.9%	9.1%	—
村班子开拓创新精神不足	2.9%	—	—
缺乏经营管理人才	2.9%	4.5%	—
产业技术落后	1.4%	—	—
缺乏销售渠道	—	9.1%	—
合计	100%	100%	100%

（二）集体产业发展的方向

被访村大多位于生态涵养区（除大兴区 1 个村、房山区 1 个平原村外），以生态保护和绿色发展为主。被访村提升产业发展水平、增加产业收入的需求较强烈，但受到资源条件和产业发展政策等限制，产业结构存在一定的同质化。部分村表示村内缺少特色资源且现有资源多数掌握在农民个人手中，集体"有想法，没办法"。

如图 9 所示，被访村在未来计划发展的产业（多选）中，多数计划发展乡村观光休闲旅游业（35.0%）、林果业（23.3%）和种植业（杂粮、蔬菜、中草药、花卉、食用菌等经济作物）（20.8%），有 5 个村计划发展光伏发电产业。仅就平原村来看，未来产业发展以乡村观光休闲旅游业和种植业为主。从不同行政区来看，除大兴区、昌平区外，发展乡村观光休闲旅游业是各区薄弱村的首选，其中门头沟区意愿最强（66.7%），其次为房山区（39.1%）、平谷区（37.8%）。

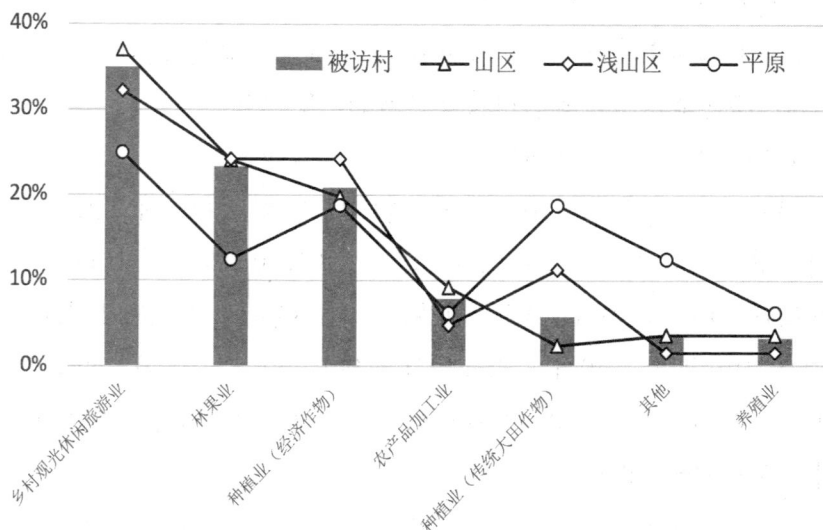

图 9　未来产业发展计划（多选）

84 个村将"乡村观光休闲旅游业"作为其未来计划发展产业的选择，其中 12 个村将其列为未来发展产业的唯一选择。主要有以下模式：一是依托特色资源，如红色资源、古村落、非遗项目等发展体验式休闲旅游产业。如怀柔区九渡河镇红庙村计划建设村非遗文化手工制作培训基地，开展灯笼制作、葫芦镶嵌等非遗传统手工艺品的互动体验和非遗项目中高级专业培训；房山区南窖乡南窖村是"中国传统村落"，计划借助明清古戏楼、古街、古寺、古宅和古树，发展登山、观光休闲、民宿等产业。二是依托周边景区等资源，发展乡村旅游、观光休闲产业。如密云区太师屯镇落洼村计划依托邻近古北水镇的地理优势发展民俗旅游，延庆区大庄科乡沙门村依托香草产业正在筹建香草产业观光园。三是利用山林资源，发展休闲观光、采摘。如平谷区金海湖镇向阳村依托7000 多亩林地、果园发展果品、中草药种植及果树认领、采摘等产业。

四是盘活利用闲置农村宅院，发展精品民宿或民俗旅游。如门头沟区斋堂镇黄岭西村、密云区北庄镇土门村等。

（三）山区搬迁：有搬迁意愿与已搬迁、正在搬迁村合计占65.7%，搬迁成为山区薄弱村转型发展的主要模式

1. 已搬迁和正在搬迁的村共 27 个，占比为 38.6%

被调查的 70 个位于山区的薄弱村中，已搬迁和正在搬迁的村共27 个，占比为 38.6%。已搬迁村共 21 个，占比为 30%，其中 12 个村为整村搬迁、15 个村为就地搬迁，共搬迁 2175 户 5388 人，搬迁时间主要集中在 2016 年至 2020 年。正在搬迁的村共 6 个，占比为 8.6%，涉及650 户 1524 人（其中 1 个村搬迁户数、人数尚未确定），均为就地搬迁，其中 3 个村为整村搬迁。

2. 有 27.1% 的山区村有搬迁意愿，与已搬迁、正在搬迁村合计占65.7%

未搬迁的 43 个山区薄弱村中，认为不需要搬迁的村有 24 个，有搬迁意愿的村 19 个，需要搬迁的原因主要是村庄处于生活条件恶劣区（居住分散、地理位置远、交通不便、缺乏发展资源等）或处于地质灾害易发区。其中，位于门头沟区、平谷区的薄弱村，由于位置偏远、交通不便、缺少资源等原因搬迁意愿更加强烈。

（四）主要政策需求：基础设施建设、财政资金和规划建设用地指标

1. 普遍希望在基础设施建设、财政资金和规划建设用地指标等方面获得支持

如图 10 所示，被访村认为本村实现未来产业发展计划，"需要的支持"（多选）依次为产业基础设施（25.5%）、财政投入（20.2%）和规划建设用地指标（19.9%）。72 个村希望获得产业基础设施方面的支持，主要是修建村庄道路、上下水管道及设施，修建田间路、灌溉设施及景观

路等；57 个村希望获得财政投入方面的支持。

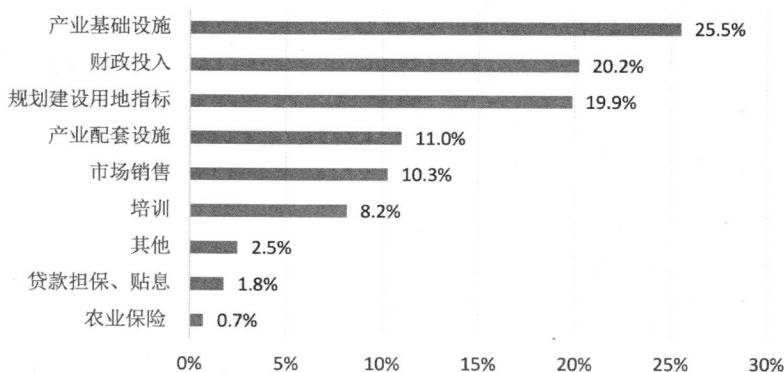

图 10 百村产业发展需求（多选）

2.最需要获得"规划建设用地指标"支持

如图 11 所示，薄弱村"最需要的支持"是规划建设用地指标
（46.5%），其次为产业基础设施（21.2%），再次为财政投入（18.2%），
占比合计 85.9%。对规划建设用地指标需求的强烈程度，依次为浅山区、
山区、平原区，这应与浅山区多数位于山前暖坡台地、具有更高的开发
价值有关。

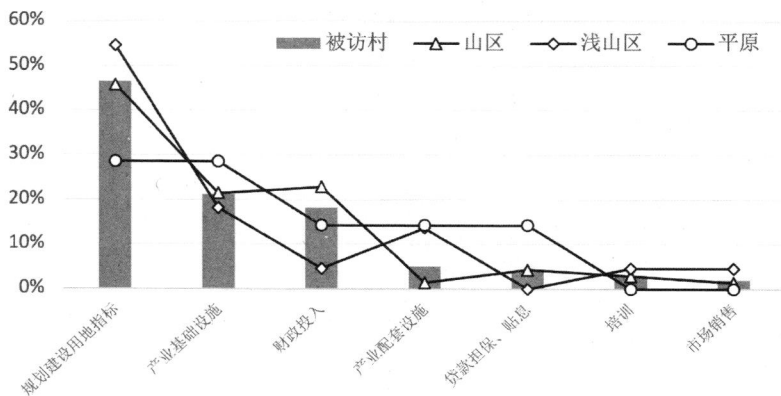

图 11 百村发展"最需要"的支持

56 个村提出了产业发展的规划建设用地指标需求，共 4136 亩，每村平均约 74 亩。其中，用于建设产业配套设施的指标需求约 3000 亩，如建设精品民宿、旅游接待管理用房、培训基地、厂房、储藏间等。其他指标主要用于满足村民居住需要及提升村庄人居环境水平，包括密云区、怀柔区的 5 个村计划将共约 110 亩建设用地指标用于险户搬迁建房等满足村民居住需求，平谷区 2 个村需要共 1000 亩建设用地指标用于美丽乡村建设，延庆区、房山区和平谷区 4 个村共需 45 亩，用于建设养老驿站、文化服务设施、停车场等基础设施。

3. 对人才、市场销售方面的帮扶需求较高

在调研座谈中，部分村表示村里亟需专业技术、服务及管理人才。从问卷看，被访村中有 32 个村提出了"培训"需求，主要是农业实用技术培训（果树种植管理、养蜂技术等）、旅游服务技能培训、经营管理能力培训和转移就业技能培训四类，部分村为单一培训需求，有的村则需要多种类型的培训。其中，有农业实用技术培训需求的村共 18 个，有旅游服务技能培训需求的村 16 个，有经营管理能力培训需求的村 14 个。如图 12 所示。

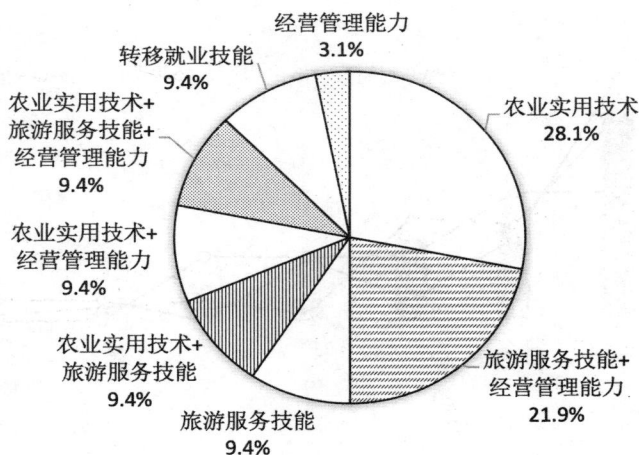

图 12 百村产业发展需要的培训类型

29 个村提出了希望相关部门帮助解决"市场销售"的需求。其中，大部分薄弱村的诉求是促进农商对接、拓宽销售渠道、提高销售价格等，5 个村提出希望相关部门帮助本村打造民宿或农产品特色品牌，个别村提出发展订单农业或政府、村、企联动推广乡村旅游产品和农产品的需求。

四、转化集体经济薄弱村的思路与实施路径

（一）逻辑原点：立足首都城市功能定位谋划薄弱村产业发展，破解"三个错位"

与全国农村地区不同，北京市郊区村庄发展具有后工业化阶段与特大城市辐射带动两个基本特点，要从满足城市需求把握村庄功能定位，发展现代服务业，而不能再用工业化时代的发展思路，一般化地研究依靠资源上项目。薄弱村现象的实质是京郊工业化转型完成了，社会结构没有转型，本应用于社会转型的规划建设用地指标即土地发展权已经透支了。当前，只有通过加强"统"来集约出发展权，培育新的产业资源这一条大路可走。关键是走出时间、空间与体制上的"三个错位"，认清薄弱村转型发展的逻辑原点，按照"政府主导、集体主体、分类推进、统筹实施"的原则，有效推进"转薄"工作。

1. 立足后工业化发展阶段，解决"时间错位"

2019 年，北京市人均 GDP16.4 万元，折合 2.45 万美元，属于典型的发达国家或地区收入水平。由此导致的消费结构高端化，需要产业结构的高端化相匹配。北京市三次产业结构比重为 0.3∶16.2∶83.5，去工业化、去农业化基本完成，农业农地承担的产业功能必须要向现代服务业方向转型发展，要在战略意义上放弃从产业化农业或农产品加工业方向上促进农民增收的传统思路。

2. 立足首都超大城市功能，解决"空间错位"

在中心城区、新城对郊区辐射日益增强，规划管控进一步精细，导致村庄功能依附化，除了落实首都核心功能外，自由发挥空间大幅度收窄。加之，在存量减量发展条件下，农村经济发展面临着强"天花板"约束效应，需要统筹实施村庄有机更新，完善空间与产业布局，集约出土地发展权，重点发展宜居服务、文化创意服务、会议会展服务、医疗保健养老服务、观光休闲旅游为主的都市服务型农业等。

3. 变开发商主导的"分割式发展"为集体经济组织主导的"统筹发展"，解决"体制错位"

开发商主导的城乡接合部、小城镇建设、新型农村社区建设，容易"挑肥拣瘦""吃肉吐骨头"，成本畸高，导致推进滞后，最终留下大量"旧村庄"。解决这些历史遗留问题，首先需要转变发展方式，通过城乡统筹、区镇统筹，从"统"的层面健全统分结合的双层经营体制，优化空间与产业布局，并辅之以财政、金融、规划等配套政策。

（二）实施路径：借力山区搬迁，精研村庄功能定位，推进"城市化、城镇化、新村社区化"

1. 借助郊区新城或边缘组团建设消除薄弱村

这类村庄一般位于中心城、新城或边缘组团的规划建成区范围内，区位条件相对较好。随着大规模征占地，重大项目、功能区等建设，面临着整村拆迁，农民上楼。在完成社保体制城乡并轨后，要适时放宽征地补偿款的使用范围，提高集体经济组织成员的福利和分红水平。如怀柔科学城建设中，新峰村在征地过程中形成的大量集体资产，可以通过稳健经营，成为未来集体经济组织成员城市化过程中永久的利益依托。要探索与山区搬迁相互结合，让部分远郊山区村庄一步迈入城市化快车道。

2. 通过小城镇镇区集聚产业和人口带动薄弱村转化

一般是位于重点镇、一般镇中心区规划范围内，或不在中心区需要独立完成城镇化的薄弱村。这类村的主要任务是培育集聚资源要素与产业的增长极,是培育乡镇经济中心的关键点,需要在规划、基础设施投资、人才引进等领域进行政策倾斜。山区搬迁等撤并类村庄要与小城镇建设紧密结合起来。如平谷区镇罗营镇的上营村,重点是通过集体建设用地集约利用,培育小城镇集聚内核和增长点。

3. 通过新型农村社区建设落实首都功能带动薄弱村转化

一般是镇域总体规划中的保留村,总体上处于人口外流趋势,但具备一定的产业聚集功能,如养老、宜居性服务业等,可以吸引城里人长期或经常前来居住。或者属于古村落,具有一定的历史文化保存价值,如房山区的南窖村、黄山店村是一个比较成功的典型,盘活宅基地资源是其转型发展的关键一步,目前景区、民宿以及培训等各类产业年收入总计已达 1.4 亿元。

另外,有相当数量的村庄通过山区搬迁政策就地就近求发展带动薄弱村转化。在城镇化进程中,村庄常住人口持续性下降、生活功能趋于弱化地区,未来将逐渐演化成若干护林点、林场等。如房山区佛庄子乡山川村,农业户籍人口 272 人,长期在村里居住的仅有 45 人,相当于83.5% 的农业户籍人口净流出。此类村庄已经缺乏产业发展的基本要素,未来需要进行乡镇统筹,甚至区级统筹,借助山区搬迁政策,实施村民异地上楼安置,村庄原址进行绿化。

五、扶持转化集体经济薄弱村的对策建议

(一)建立健全村级集体经济"统"为主导的经营体制,并逐步向乡级延伸,实施"体制统筹"

理顺村级集体经济以"统"为主导的经营体制,并逐步成立乡镇级联社,提升"统"的层级和资源统筹配置的综合效率。

一是政社分开。集体经济组织作为集体资产的所有者，负责规划空间与产业布局、发展模式、方向及重点。村委会主要负责村内公益性服务事业。镇政府与乡级集体经济组织关系是监管与被监管的关系，保障集体经济组织的自主经营管理权利。

二是产权方与经营方分开。乡村两级集体（即"社"）作为产权主体，要坚持公有制的产权不可分割性及封闭性。原则上，只负责资源整合，不直接作为经营主体直接参与市场竞争，而是按照"社＋公司"的组织形式，通过下设若干个专业公司（或专业合作社）作为经营方，形成直接参与市场竞争、合作、产权开放、有限责任的市场主体。

（二）设立区级农地流转基金与专项补贴政策，以乡村两级集体经济组织为主体整合农地资源，实施"空间统筹"

市区两级财政部门制定农地流转基金，重点鼓励和支持集体经济薄弱地区，以乡村两级集体经济组织为实施主体，进行农地资源碎片化整合，促进农地规模经营和农业科技进步。落实集体经济组织土地占有和规划权、土地发包和调整权、收益权以及处置权等基本权益。对实施农地规模化流转的集体经济组织在资金奖励、项目建设、用水用电等方面进行扶持。对于全部流出土地的老年农民，村集体经济组织按月发放生活补贴。

制定土地流转指导价，规避集体经济组织在农地资源整合中可能面临的坐地要价。利用农村产权交易所，采取公开招投标方式提高农地对外流转价格。通过农地流转补贴，对管理规范、示范带动能力强、符合产业转型升级方向的各类农业经营主体进行扶持。

（三）设立区级现代服务业产业引导基金与区级休闲旅游行业协会，引领镇村联动发展，实施"产业统筹"

充分发挥区级主导作用，设立专项引导基金。参照门头沟发展精品民宿经验，由各区成立区休闲旅游现代服务业产业引导基金。目前，重点支持乡村两级集体经济组织主导的民宿产业发展。针对民宿产业发展中的低端化、"一家一户"、"小、散、低"现象，鼓励探索集体经济主导模式。同时，成立区级民宿旅游（专业）协会组织，系统整合区域产业资源，打造区域性的民宿品牌。作为区域龙头，带动林下经济、大田作物种植、蔬菜种植产业进行有机衔接与整合。

赋予集体经济组织林地养护、基础设施和公益事业等领域的特许经营权。乡联社或村股份社下设乡级绿化养护公司与公共服务经营公司，村集体可以薄弱村支持资金参股，负责全市各区镇村以平原造林、山区生态养护为主的生态环境服务及竞争性较弱的基础设施维护的公共服务业。按照全市200万亩林地，每亩地2600元/年林木养护费测算，52亿元的总支出，再扣除50%成本（常年看护费与杂草清理费），集体经济组织可以获得约26亿元的收入。通过区镇统筹，可以解决600个集体经济薄弱村经营性收入10万元达标问题。

（四）进行村庄画像，分类推进乡村经济社会有机更新，差异化满足一二三产业融合用地需求，实施"政策统筹"

重新进行村庄画像，系统开展村庄功能定位研究，用功能引导产业，而不是相反。对于非保留村，财政果断买单，对于要继续发展的村赋予土地发展权。要把集体产业发展纳入在功能引导下的乡村社会可持续发展的总目标之下。

以盘活闲置农宅为重点，集成财政、规划、金融等多项政策，由集体经济组织主导，采取原址提升、就地翻建、整体改造、集中联建等多种方式，开展自主改造。整理集约出的建设用地指标，解决一二三产业融合中的配套设施建设用地需求，加快农业科技园区、休闲观光园区以及精品农业园区等项目建设。

针对合规不售类的违章建筑，稳慎探索在拆除一定比例前提下变更所有权到集体经济组织，壮大集体资产，并按照原产权主体优先原则，对社会资本发包经营。尽量减少"一刀切"式拆迁，最大限度地减少社会资源浪费。

课题调研负责人：张光连、姚杰章、刘军萍、熊文武
责任人：陈雪原、张英洪
执笔人：陈雪原、孙梦洁、王洪雨、郭轲
2021 年 10 月 12 日

北京市农村集体经济薄弱村产业
发展问题研究

北京市集体经济薄弱村是指集体经济年经营收入低于 10 万元的村级集体经济组织。集体经济薄弱村是首都高质量发展的突出短板，是"十四五"时期首都乡村振兴的重要突破口。推动农村集体经济薄弱村产业振兴是解决首都城乡发展不平衡、农村发展不充分的牛鼻子，是实现首都高质量发展的必然要求，是实现首都农业农村现代化的重要物质基础和实现共同富裕的根本保证。

一、北京市集体经济薄弱村的现状与特征

2018 年 11 月，中共中央组织部、财政部、农业农村部印发《关于坚持和加强农村基层党组织领导扶持壮大村级集体经济的通知》，2019 年 6 月，农业农村部印发了《关于进一步做好贫困地区集体经济薄弱村发展提升工作的通知》要求，非贫困地区也要对本地区集体经济薄弱村发展提升进行指导和扶持。2019 年 7 月，北京市委组织部、市委农工委、市财政局、市农业农村局印发《关于坚持和加强农村基层组织领导扶持壮大村级集体经济的意见》和《关于开展扶持壮大集体经济试点工作的

通知》，提出到 2022 年底前实现全市村级集体经济组织集体经济收入全部超过 50 万元，同时，从 2018 年集体经营性收入低于 10 万元的 900 个村集体经济组织中选取了 93 个村开展试点工作，为消除集体经济薄弱村提供了经验。"十四五"时期，北京市将基本消除集体经济薄弱村。

北京市农村集体经济薄弱村的消除与再生是动态变化的。2019 年北京市农业农村局根据农村"三资"监管平台中 2018 年的数据，划定农村集体经济薄弱村 900 个，2019 年有 483 个村集体经营性收入超过 10 万元，然而 2019 年又新增了 508 个农村集体经营收入小于 10 万元的村。2020 年根据北京市农村"三资"监管平台中 2019 年数据，北京市有 834 个村集体经济组织经营性收入低于 10 万元。2020 年，有 227 个村集体经营性收入超过了 10 万元，但又新增 211 个村集体经营性收入低于 10 万元。由于 2019 年和 2020 年北京市农村集体经济薄弱村的确定是根据上一年度农村"三资"监管平台统计的年经营收入低于 10 万元的集体经济组织数量确定的，但是据调研，这样确定的薄弱村中包括了事实上的薄弱村、因统计口径原因导致的"薄弱村"和因"村账乡管"制度导致的"薄弱村"。鉴于此，2021 年北京市对"十四五"时期需要帮扶的集体经济薄弱村进行重新精准识别，初步确定了 590 个。

根据 2020 年确定集体经济薄弱村的情况，北京市集体经济薄弱村的总量和分布情况呈现出"二八八"的特征。一是两成左右的村级集体经济组织的年经营性收入低于 10 万元。2020 年，在北京市 3944 个村级集体经济组织中，有 834 个村集体经济年经营性收入低于 10 万元，占全市村级集体经济组织的 21%。二是八成左右的集体经济薄弱村年集体经营性收入低于 5 万元。2020 年北京市集体经济薄弱村集体经营性收入低于 5 万元的达到 664 个，占全市集体经济薄弱村的 80%。三是八成左右的集体经济薄弱村分布在生态涵养区。昌平、门头沟、房山、平谷、怀柔、密云、延庆 7 个区的集体经济薄弱村数量达到 682 个，占全市集体经济薄弱村总数的82%。其中，密云区有集体经济薄弱村205个，占密云区村级集体经济组织的62%，占全市集体经济薄弱村的24.6%，占生态涵养区集体经济薄弱村的30%。

二、集体经济薄弱村产业发展面临的主要问题与原因

（一）集体经济薄弱村产业发展面临的主要问题

1. 集体企业发展十分滞后。从生态涵养区集体企业资产总额可以看到，北京市集体经济薄弱村的集体企业发展十分滞后。2019年，在北京市生态涵养区中，门头沟集体企业资产总额为6.7亿元，占该区农村集体资产总额的6.1%；平谷区集体企业资产总额为3.93亿元，占该区农村集体资产总额的5.4%；怀柔区村级集体企业资产总额为0.85亿元，占该区农村集体资产总额的2.2%；延庆区村级集体企业资产总额为0.35亿元，占该区农村集体资产总额的0.5%；密云区村级集体企业资产总额为−0.4亿元。

2. 集体产业发展十分薄弱。2019年，北京市集体经济收入中的主营业务收入占比为52.4%，然而，昌平、平谷、怀柔、密云、延庆的集体经济收入中主营业务收入占比分别为6.7%、6.9%、5.1%、2.8%和1.3%，其他业务收入分别达到57.8%、35.0%、45.1%、28.5%和49.1%，营业外收入占比分别达到21.2%、47.7%、48.3%、68.7%和47.9%。门头沟和房山区集体主营业务收入占比相对较高，分别为49.5%、79.6%，但门头沟区集体经济薄弱村发展产业以种植业和乡村旅游业为主，种植业面临着高成本低产出的发展瓶颈，乡村旅游业受到疫情的影响较大。房山区集体经济薄弱村部分经营收入主要来源于一次性收取的租赁费用，缺乏收入来源的稳定性和持续性。

3. 产业融合度十分欠缺。一是集体经济薄弱村产业发展的融合度还

不够高，主要集中于传统的种植业或者简单的资源对外租赁，或者简单的观光休闲和乡村旅游业。二是集体经济薄弱村产业发展与满足市民日益增长的物质文化需求还有较大差距。三是集体经济薄弱村没有将首都乡村特有的资源优势进行优化配置。

（二）原因分析

从内因和外因两个层面来看，当前集体经济薄弱村产业发展难的主要原因有两个方面：

1. 集体经济薄弱村的集体产业发展受到较强的体制机制制约。一是集体产权制度改革仍然不够到位，村级集体经济组织仍然缺乏市场主体地位，集体经济组织的相对封闭性与市场的开放性之间的矛盾制约了集体经济薄弱村资源要素与社会人才、资本的有效流动。二是生态涵养区政策不够完善，补偿资金使用不够科学，效益发挥不充分。在生态涵养区保护政策的硬约束下，生态涵养区村级集体经济组织一直没有找到政策允许的产业发展方向。三是乡村地区将作为建设用地减量的重点区域，对发展观光休闲、农产品加工等二三产业所需建设用地在一定程度上受到了约束。

2. 集体经济薄弱村内在发展动力和能力不足。一是长久以来的各类补贴政策，使很多集体经济薄弱村形成了"等、靠、要"的思维定式，缺乏自力更生、谋求自身产业可持续发展的内在动力。二是近年来部分农民生活富裕与集体经济发展明显脱钩，出现了"富了和尚，穷了庙"的现象，村庄治理经费主要依靠"张口饭"，村集体经济在共同富裕和乡村治理的经济基础作用受到挑战，农户和村"两委"发展集体经济的内生动力不足。三是多数集体经济薄弱村发展缺少领头羊，村干部老龄化、受教育水平相对较低，有的不会用电脑、不会用微信，很难适应现代市场竞争的要求，更缺乏现代经营理念和经营能力。第一书记在推进集体经济薄弱村发展中发挥重要的作用，利用其政策资源优势为村集体经济组织争取了多方支持，然而这种支持仍然是外来的、暂时的、不可持续的。

三、北京市集体经济薄弱村产业发展路径的对策建议

集体经济薄弱村产业发展需要紧扣首都"四个中心"的城市战略定位，围绕承接非首都功能，优化集体经济薄弱村产业发展制度环境，围绕服务超大城市居民消费需求，挖掘首都集体经济薄弱村独特的文化、生态、政治、科技资源优势，因地制宜地培育集体经济薄弱村的新产业新业态，形成集体经济薄弱村可持续发展的新根基新动力。

（一）坚持整体思维，将集体经济发展纳入新发展格局之中。思路决定出路，认识决定高度。一是在思想认识上，应重新认识集体经济在全市经济中的地位和作用。各级党委和政府应从指导思想上做到对加强农村集体经济组织建设的硬重视而不是软重视，从根本上认识到推动京郊集体经济组织振兴和新型集体经济发展对北京市率先基本实现社会主义现代化、构建"国际一流的和谐宜居之都"的重大意义。二是在发展战略上，应将发展集体经济纳入到率先探索构建新发展格局的有效路径之中。当前，北京市已经在率先构建新发展格局的紧要处布好"子"，京郊集体经济应在首都高质量发展的总体战略部署中抓住新发展机遇，共享构建新发展格局的政策红利，推动集体经济乘势而上，加快"换鸟"步伐。三是在具体战术上，应充分尊重市场发展规律，发挥首都城乡要素双向流动、资源互补、城乡互动对集体经济的带动作用。通过市属宣传部门及影响力大的媒体单位，宣传推广集体经济薄弱村的产业特色、资源要素优势、发展需求等进行对外宣传，推动有帮扶任务的企事业单位与乡村经济集体经济组织自由结对，提高项目合作匹配度。以乡（镇）联社为主体，推动乡村集体经济薄弱村与乡镇域内其他集体经

济组织联合发展，在保持集体经济薄弱村控股的前提下，允许薄弱村集体经济组织与结对帮扶的龙头企业开展股份合作，成立新型市场经营主体，使之成为人才进入集体经济组织的入口。

（二）推动改革创新，优化集体经济薄弱村产业发展的制度环境。良法是善治的基础，好的制度环境是集体经济高质量发展的基石。建议从以下五个方面优化集体经济薄弱村产业发展的制度环境：一是深化集体经济薄弱村的集体产权制度改革，适度放宽"村账乡管"制度，给予集体经济组织市场主体地位，加快完善新型集体经济组织的法人治理结构，完善集体资产股权权能，逐步兑现成员在参与管理、退出、继承、抵押等方面的权能，推进乡村集体经济组织股份分红，完善集体经济产业发展的利益共享机制。二是创新解决集体经济薄弱村产业发展用地需求。通过规划预留建设用地指标、点状供地等途径，拓展生态控制区和限制建设区集体经济发展空间。三是建立优秀人才到农村集体经济薄弱村的集体经济组织和集体企业就业创业的激励机制。在集体经济薄弱村试点建立集体经济组织吸引人才机制，在集体经济组织和乡村集体企业实行开放式用人制度，加快建立健全职业经理人聘任机制和激励与约束机制，形成科学合理的薪酬制度，推行合同制，吸引人才，促进人力资源向集体经济组织合理流动。四是创造留住人才的社会保障制度，推动城乡就业、医疗、养老等社会保障制度接轨，使在农村集体经济组织和乡村集体企业就业创业人员能够享受到与在国有企业就业创业人员同等的医疗、养老等社会保障待遇。五是建立支持集体经济薄弱村发展的长效财政金融支持制度。着眼乡村振兴发展需要，坚持把集体经济薄弱村作为重点保障领域，优化生态补偿机制，加大支持力度，创新投融资机制，加快形成财政优先保障、金融重点倾斜、社会积极参与的多元投入格局，合理确定投资规模、筹资渠道、负债水平，形成可持续发展的长效机制。

（三）以需求为导向，促进农村集体经济薄弱村产业与城市融合发展。需求牵引供给，供给创造新需求。首都农村集体经济薄弱村产业发展的供给侧要细分需求市场，在满足个性化需求上做大文章。针对特定消费群体对教育、体育、健康、医疗、养老、亲子等多层面的新需求，大力推动农村集体产业与市民生活需求深度融合，推进农村一三产业深度融合，创造乡村消费新场景，将京郊乡村变成首都市民的御用后花园。一是大力发展教育农园。弘扬"耕读传家"的传统农耕文明，鼓励集体经济薄弱村与高校、各类型教育机构合作，发展中小学生科普基地、体验式菜田、耕读教育学堂等融合型产业。二是推动集体经济薄弱村扩大医疗健康产品供给，创建中医农业示范区，支持集体经济薄弱村发展基础好、有特色、比较优势显著的中医农业及相关延伸产业。三是满足老年市民回归田园的需求，充分利用集体经济薄弱村闲置农宅，发展田园养老、乡村旅居养老产业。四是围绕市民的体育、健康和亲子活动的需求，依托集体经济薄弱村的特色资源，打破观光休闲和乡村旅游对季节的依赖过强的瓶颈，发展以体育娱乐、亲子游戏、乡村美食相融合的娱乐型乡村旅游新业态，将户外拓展、攀岩、越野等多种形式的体育活动融入乡村民宿产业发展之中。

（四）整合优势资源，形成集体经济薄弱村产业发展新动力。打铁还需自身硬，做实做强集体产业基础，才能行稳致远。集体经济薄弱村产业发展需要整合首都乡村所独有的生态资源、文化资源、科技资源、政治资源，将这些资源优势融会贯通到乡村特色产业中，推动形成一批独具首都特色的文化生态智慧特色乡村集体产业。一是充分发挥乡村生态优势，促进集体经济薄弱村生态价值向经济价值转变。借鉴浙江、福建等地经验，构建一套具有首都特点的、行之有效的生态产品价值实现制度体系，打造集农田、湖泊、河流、湿地、森林等多种自然生态要素于一体的生态价值实现空间布局，以集体经济组织与社会经营主体合作的方式，构建生态资源管理、开发和运营的平台。二是激活乡村文化资源，推动知本、资本与乡村文化资源、乡村集体产业有机结合，将没有激活的文化要素转化为可以支撑当地村集体经济特色产业发展的核心竞争力，融入乡村集体产业发展的全产业链。三是围绕"国际交往中心"建设，优先推动集体经济薄弱村的景区化建设，整体提升集体经济薄弱村承办国际交往活动的能力，发展具有国际标准接待能力的国际乡村精品文化旅游业。四是依托首都科技创新中心优势，优先在集体经济薄弱村布局新基建，推动乡村集体产业数字化，将数字经济注入乡村集体产业。

北京市第 87 期处级副职公务员任职培训班第二研修小组

指导老师：鹿春江

负责人：王丽红

成员：张义彬、吴启超、王英杰、李源茂、周彤

执笔人：王丽红

2021 年 5 月 14 日

北京市农村集体经济发展问题研究

发展壮大农村集体经济有利于系统地解决城乡发展不平衡、农村发展不充分的矛盾，实现首都城乡融合发展、推进首都乡村全面振兴、带动农民共同富裕的目标。本报告旨在明晰北京市农村集体经济发展的历史脉络，认清首都新型农村集体经济发展的现状和问题，把握首都新型农村集体经济发展面临的机遇和挑战，提出在全面乡村振兴背景下推动首都农村集体经济发展的对策建议。

一、北京市农村集体经济发展的历史脉络

农村集体经济是我国公有制经济的重要组成部分，是我国农村经济的重要形式。《宪法》规定："中华人民共和国的社会主义经济制度的基础是生产资料的社会主义公有制，即全民所有制和劳动群众集体所有制。"农村集体经济是劳动群众集体所有制经济的简称，是生产资料归部分劳动者共同所有的一种社会主义公有制经济。北京市农村集体经济发展经历了以下四个阶段：

（一）合作化和集体化时期京郊农村集体经济的起步阶段（1951—1978 年）

1.农业合作化运动时期，京郊农村集体经济以提高农业生产力主要

目标。在1951—1957年京郊农业合作化运动的六年中，京郊农村实现了由小农个体经济到农业合作集体经济的变革，保持了农业生产的稳定增长，从互助组到初级社，兼顾了农民的个体积极性和合作积极性，贯彻了自愿互利的原则，注意协调农民各个阶层的利益。1951年京郊一产增加值从1949年的0.6亿元增加到1.1亿元，1957年京郊一产增加值达到3.5亿元，北京市农村经济总收入达到12657.6万元。

2. 农村工业化推动了社队企业的萌芽与发展。1958年至1966年是社队企业的萌芽时期。1958年8月，京郊在创办人民公社的同时，组织农民投入全民大炼钢铁运动。1958年12月，中共八届六中全会《关于人民公社若干问题的决议》强调"人民公社必须大办工业"，同时提出公社要逐步实现农村工业化。1958年北京市委决定成立区县工业办公室，各区县和公社也都相继建立了工业管理机构，发动群众掀起了大办工业的高潮。许多社、队因陋就简，利用农副产品和矿产资源，充分调动各种能工巧匠，办起了磨坊、粉坊、油坊、豆腐坊、酿酒厂、缝纫厂、制鞋厂、编织厂、小烘炉、小砖瓦厂、小煤窑、石灰窑、木器厂、农机具修配厂、土化肥厂等一批社办、队办企业。社办、队办企业最初被称为"公社企业"，后被称为"社队企业"，社队企业成为农村工业的代名词。1960年京郊社队企业总收入达到7217万元，占1960年人民公社三级总收入的19.9%。

3. 城市资源要素助推社队企业在曲折中发展。由于"大跃进"高潮中办起来的一批社队企业具有很大的盲目性，并占用了大量的农业生产劳动力，1961年中共中央决定对国民经济实行"调整、巩固、充实、提高"的方针，北京郊区对社队企业进行了调整，大批社队企业的劳动力清退回到农业生产第一线，对平调原农业社和社员的房屋、财产进行退赔，关停并转了一批企业，社队企业总收入大幅下滑。1963年，京郊社队企业总收入减少到3083万元，比1960年减少了68%。经过调整，农村非农产业有所恢复。在当时开展的农村社会主义教育运动中，北京市委市政府主要领导亲自帮助蹲点社队办工厂，陆续建立了一批社队企业。社队企业总收入增长到3477亿元，比1963年增长了12.8%。但是在"文化大革命"中，农村工副业被批判为"资本主义的温床"，农村社队企业被称为"地下工厂"，社队企业再次进入缓慢发展状态。1968年北京市为了支援郊区农业生产，组织工业支援农业服务队，实行"厂社挂钩，定点支农"。

4. 农业机械化带动了社队企业进一步发展。1970年和1971年，国家提出加快农业机械化，要求把农业机械化与发展社队企业结合起来，建立县、社、队三级农机修配网，发展"五小"工业，农村非农产业发展出现了转机。20世纪70年代初期，北京市先后组织了268家城市工矿企业，组成了1704个支农队（组），帮助农村完善三级农机修配网。有些支农单位把本企业的一些产品带到农机厂（站）加工生产，拓展了一些农村工副业点。

5. 农业学大寨期间，人才下乡为队社企业发展提供重要支持。自1973年开始，北京郊区普遍开展农业学大寨运动，派出城市机关、企业的干部轮流到农村去，开展农业学大寨运动，并帮助农村发展农业和工副业生产。1973年北京郊区农村社队办的企业达到2923家，从业人员8.1万人，实现总收入2.1亿元，占农村三级总收入的22.5%。1975年邓小平在国务院讨论《关于加快工业发展的若干问题》时指出"工业要支援农业，促进农业机械化是工业的重点。"1975年7月，北京市计委、建委、农林组、财贸组联合印发了《关于加强领导认真办好农村社队企业的试行办法》，把办好社队企业的有关政策措施具体化。但由于"左"倾错误并未解决，社队企业发展仍受到许多限制和干扰。1978年11月，北京市召开社队企业工作会议，进一步肯定了社队企业在农村经济发展中的作用，提出了"1980年郊区社队企业总收入占公社三级总收入比重比全国提前 5 年达到 50% 左右"的要求，进一步促进了社队企业发展。1978 年底，北京郊区社队企业发展到 4075 家，比 1973 年增长 39%；从业人员 22.6 万人，比 1963 年增长 178%；总收入 7.9 亿元，比 1973 年增长 2.7 倍，占农村三级总收入的比重由 1973 年的 22.5% 上升到 1978 年的 41.9%。

（二）改革开放初期乡村集体经济快速发展（1979—1995 年）

改革开放后，随着人民公社的解体，农村集体经济发展遭遇了新的挑战和冲击。但农村集体经济并没有随着人民公社的解体而终结。京郊农村集体经济在这一时期也迎来了较好的发展，具体来看可以分为两个阶段。

1. "异军突起"的低水平扩张阶段（1979—1985 年）

20 世纪 70 年代末期到 80 年代初期，京郊社队企业经历了历史性的转折，迎来了发展的黄金期。1979 年 7 月，国务院颁发《关于发展社队企业若干问题的规定（试行草案）》，国家首次用法规的形式颁发了关于发展社队企业的指导性文件。1979 年 9 月，党的十一届四中全会通过《关于加快农业发展若干问题的决定》，指出"社队企业要有一个大的发展"。中共北京市委和北京市人民政府认真贯彻落实中央关于发展社队企业、开展多种经营的指示精神，做出了一系列部署，鼓励支持郊区社队企业发展。一是成立北京市人民公社企业局（1984 年改名为北京市乡镇企业局）。二是 1980 年至 1982 年，在郊区农村开展了 3 次"致富大讨论"，解放思想、消除疑虑、明确方向，调动广大农村干部和农民发展社队企业。北京市委、市政府认真贯彻落实中央方针，多次指出社队企业是农村经济的支柱和命脉，充分肯定农村社队企业的重要地位和作用。三是积极调整社队企业发展方向。贯彻落实 1981 年 5 月国务院颁发的《关于社队企业贯彻国民经济调整方针的若干规定》，在调整中坚持了市场导向，即产销兴旺的企业，集中人力、物力、财力重点发展；产品有销路的积极发展，原料无来源、技术不过关、销路有困难的坚决调整下马；坚持发展利用当地资源的建材企业和农副产品加工业。四是改革经营机制，参照农业家庭联产承包责任制，建立企业承包经营责任制，实行"五定一奖"（定人员、定收入、定开支、定工资总额、定利润，按完成情况实行奖罚），调动了经营者和员工的积极性。五是建立健全企业财务管理制度，改变"统收统支"的办法，扩大企业自主权，调动企业的积极性。六是推动农工商综合经营，成立了一批农工商联合公司。到1984年，北京市社队企业发展到1.42万家，从业人员72.4万人，实现总收入37.6亿元，比1978年增长了3.8倍。

2. 上规模上水平阶段（1985—1995年）

20世纪80年代初，我国社队企业发展面临资金不足的问题，一些地方开始尝试吸收农民入股的方式筹集资金，1984年和1985年中央一号文件中明确"鼓励集体和农民本着自愿互利的原则，将资金集中起来，联合举办各种企业。""有些合作经济采用了股份经营、股份分红的办法，资金可以入股，生产资料和投入基本建设的劳动也可以计价入股，经营所得的一部分按股分红"。1984年3月，中共中央、国务院转发了农牧渔业部《关于开创社队企业新局面的报告》，明确社（乡）队（村）举办的企业、部分社员联营的合作企业、其他形式的合作工业和个体企业统称为乡镇企业。按照所有制类型划分，京郊乡镇企业可以分为乡办集体企业、村办集体企业、农户联合经营企业和农民个体版企业四种类型。乡村集体企业是乡办集体企业和村办集体企业的统称。1985年全市乡村集体企业总数为15962个，占乡镇企业总数的24.31%；乡村集体企业就业人数达到763031人，占乡镇企业总就业人数的87.7%；乡村集体企业总收入达到52.08亿元，占乡镇企业总收入的92.6%[1]。

---

[1]数据来源：国家统计局北京调查总队、北京市统计局编，《数说北京70年》，北京：中国统计出版社，2019年8月，第349页。

1987 年北京市政府印发了《关于进一步加快发展乡镇企业若干政策规定》和《关于鼓励科技人员支援乡镇企业的若干规定》，北京市政府领导还与国家 24 个部委领导分别对话，请他们对京郊乡镇企业发展在项目、资金、人才上给予支持和帮助。在一系列政策的出台和落实的推动下，京郊乡镇企业快速发展。1990 年全市乡村集体企业达到 18298 家，占乡镇企业总数的 17.63%；乡村集体企业就业人数为 88.53 万人，占乡镇企业总就业人数的 81.14%；乡村集体企业总收入达到 171.56 亿元，占乡镇企业总收入的 84.73%[1]。

1992—1995 年京郊乡村集体经济在深化改革开放中实现"双上"发展。进入 20 世纪 90 年代，京郊乡镇企业深化改革，乡村集体企业推行股份合作制改革试点，进行资产重组、技术改造、对外合作，推动乡村集体经济总体上平稳快速发展。1992 年邓小平南方谈话和中共十四大召开，确立了建设社会主义市场经济体制的目标。北京市委、北京市政府结合郊区实际，强调乡镇企业要扩大对外开放、加大改革力度，依靠科技进步，调整结构，通过质的改造和提高，上规模、上水平，增强竞争力；拓展国内国际两个市场，努力增加效益。具体情况如下：一是进行股份合作试点。1992 年开始围绕集体企业资产重组，探索产权制度改革，进行股份合作制试点。到 1995 年，全市先后组建了 2116 家股份制合作企业，总股本金达到 23.5 亿元。二是扩大企业规模，提高员工素质。1995 年，全市乡村集体企业固定资产投资总额达到 59.2 亿元，比 1990 年增长了 2.3 倍。平均每个企业拥有固定资产由 35.2 万元提高到 102.9 万元。总收入超过 1000 万元的企业达到 687 家，占乡村集体企业总数的 4.36%，突破了收入亿元的企业达到 18 家。全市乡村集体企业管理人员中大专学历和技术职称人员占比分别达到 18.9% 和 47.5%。三是加快

---

[1]数据来源：国家统计局北京调查总队、北京市统计局编，《数说北京70年》，北京：中国统计出版社，2019年8月，第349页。

科技进步。乡村集体工业企业技术改造累计完成 50 万元以上的投资项目 4444 项，完成投资总额 65.1 亿元，成为集体工业企业新增固定资产、新增工业产值的主要因素。四是发展外向型经济，到 1995 年底，全市乡村集体与外资合资兴办的企业达到 1521 家，外商投资总额达 9.8 亿美元，分别比 1990 年增长 7.9 倍和 9.7 倍。[1] 乡村集体兴办的工业企业，形成了 29 个大行业、50 个小行业，产品达到 5000 多个品种、10 万多个花色、规格。其中重点行业有机械电子、建筑材料、服装鞋帽、化工、纺织、食品、工艺品、采掘等 8 个行业，其产值综合约占乡、村集体工业产值总额的 80%。

（三）乡镇集体企业改制阶段（1996—2002 年）

自 1994 年开始北京市乡镇集体企业经济效益开始下降，到 1996 年开始进入低谷[2]。1996 年北京市提出乡镇企业改革的重点是进行企业制度创新，改变产权单一、产权封闭、企业消费失控、企业社会负担过重等问题。1997 年是京郊乡镇集体企业改制的重要一年，北京市委、市政府下发《关于进一步审核农村经济体制改革，落实农村经济政策若干问题的意见》，提出了"乡镇企业进行重组转制，通过重组转制解决结构性问题，通过转制解决体制性问题。"1997 年 3 月，北京市政府举办了郊区企业资产重组、人才交流洽谈会，京郊有 1242 家乡村集体企业参会，16 个市属局（总公司）及所属企业、国内 20 多个省市代表参会，还吸引了美国、日本、德国等 10 多个国家和地区的客商参会。参会企业通过合作、联营、出售、租赁、托管等形式招商引资、资产重组、引进名优产品和人才。1997 年 5 月，北京市又召开了郊区乡镇企业重组转制工作会，会议提出了"六个一批"的企业重组转制思路，即"引进一批、组

[1]北京市地方志编纂委员会著.北京志.农业卷.农村经济综合志.北京：北京出版社，2007.9: 168—169.

[2]熊文武，李理.京郊乡镇企业尚未摆脱徘徊局面.1997—2000调研参考资料汇编，北京：北京市农村经济研究中心，第60页—63页。

建一批，创新一批，放活一批，盘活一批，聘用一批"，实现企业重组转制，引进高起点增量，推动企业结构优化，增加经济总量。到1998年，全市乡村两级实行重组转制的企业达到5388家，占乡村企业总数的34.3%，其中，联营987家、中外合资272家、股份制和股份合作制892家、出售602家、租卖结合86家、租赁2549家。到2002年，全市共有11726家乡镇集体企业进行了重组转制，占乡村集体企业的95%。其中，实行股份制和股份合作制的有3279家，占转制企业的28%；实行租赁的企业5251家，占转制企业的44.8%，整体拍卖的1541家，占13.1%，兼并的158家，占1.3%，联营的971家，占8.3%，其他形式的526家，占4.5%。在乡镇企业改革过程中，直观的表象就是乡镇集体企业总数快速减少（图1），自2002年起，北京市乡镇集体企业占全市乡镇企业总数的比重下降至5%以下，真正体现"社队属性"的乡镇企业已经凤毛麟角，乡镇企业变成了一个单纯的地域修饰词。

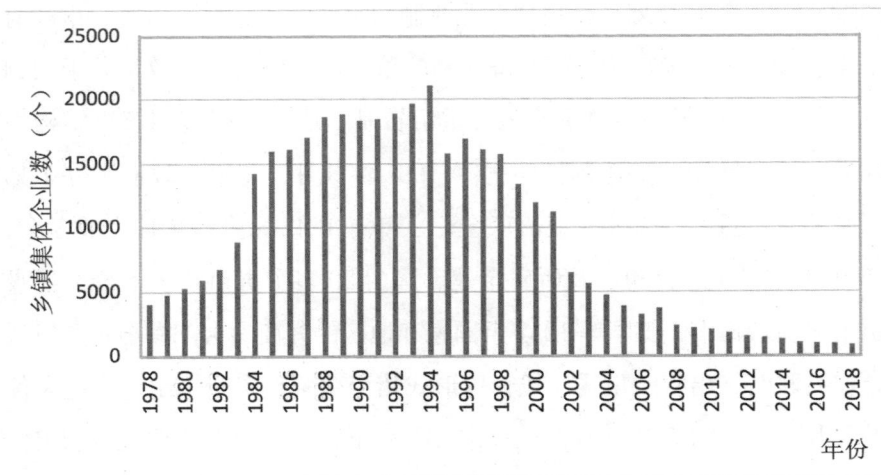

图1　北京市乡镇集体企业数量（1978—2018年）

数据来源：北京市统计局、国家统计局北京调查总队编，《数说北京70年》，第349页。

（四）农村集体经济转型发展阶段（2003年以来）

北京市农村集体经济产权制度改革从1992年开始在丰台区进行试点，接着在朝阳、海淀、昌平、大兴等近郊进行扩大试点，经过10余年的改革试点后，2003年北京农村集体经济产权制度改革试点全面启动，2003年—2007年北京市远郊区进入乡村集体经济产权制度改革全面试点阶段。2008年—2013年北京市农村集体经济产权制度改革全面推进，到2013年底全市农村集体产权制度改革完成96.9%。2014年以来，北京市农村集体经济产权制度改革进入全面深化的阶段，到2019年北京市基本完成村级集体经济产权制度改革。2003年以来，北京市农村集体经济产权制度改革实现了"资产变股权、农民变股东"，盘活了存量资产，转变农村集体经济的经营方式，激发了农村集体经济内生动力，建立与市场经济接轨的产权清晰、权责明确、政企分开、管理科学的新型农村集体经济组织。

通过农村集体产权制度改革，北京市农村集体资产总额快速增长，集体经济实力显著增强，农村集体经济活力明显增强，新兴了一批有市场活力的经济体，农村新型集体经济的产业发展与首都建设和服务首都发展紧密相连，具体来看，比较成功的有以下三种模式：一是搭上城市化的快车，抓住改革与政策红利，推动农村集体经济持续发展。北京市部分近郊新型农村集体经济组织直接参与城市建设，积极发展建筑业、房地产业、商业和服务业，成为城市建设和服务的重要主体，为新型农村集体经济注入了新的生命力。北京市丰台区、海淀区、朝阳区等环绕北京市三环和五环之间的大量商场、宾馆、饭店、写字楼都是新型乡镇集体经济组织开办的，一批居民小区也是新型乡镇集体经济组织开发建设的。二是依托本地区位优势，发展租赁经济，支撑集体经济高速发展。随着北京市城市化的快速发展，近郊地区农村集体所有土地的极差地租收益不断上涨，部分农村集体经济组织获得了土地增值收益和房屋租赁的租金收益，并在新型农村集体经济发展中占有重要的比例，还有部分农村集体经济组织通过集体经营性建设土地入市预留发展空间，例如大兴区西红门镇、瀛海镇抓住全国农村集体经营性建设用地入市试点的机遇，将农村集体建设用地入市过程中为村集体经济组织发展留下产业发展空间，推动集体建设用地入市后发展高精尖产业，丰富本地区市场链条，为乡村集体经济可持续发展提供动力。三是依托本地资源优势，发展实体产业经济，形成了全市乃至全国的著名品牌，焕发了持久的生命力。例如北京市丰台区花乡新发地村在产权制度改革以后，大力发展蔬菜批发市场，成为全国重要的蔬菜批发龙头企业，承担了北京市 80% 以上的农产品供应，2020 年的交易量为 1298 万吨，交易额为 1006 亿元人民币。在全国 4600 多家农产品批发市场中，新发地市场的交易量、交易额名列前茅，是首都名副其实的大"菜篮子"和大"果盘子"。顺义区赵全营镇北朗中村通过集体产权制度改革，建立了北京市北郎中农工贸集团，充分利用本地资源优势发展现代农业，并不断调整产业布局，形成了以花卉、籽种农业，农产品加工、物流配送业和生态、观光农业为主的产业结构，实现了一二三产业有机融合、相互促进、协调发展。北郎中农工贸集团被北京市政府评为北京市首批农业产业化重点龙头企业，2006 年以来"北郎中"品牌连续被评为北京市著名商标。

二、京郊新型农村集体经济发展的现状与问题

（一）经济规模庞大

2020 年，北京市农村集体资产总额达到 8868.7 亿元，比 2019 年增加 519.4 亿元，同比增长 6.22%，是 2006 年的 4.2 倍。其中，乡镇级集

体资产达到 3230.93 亿元，村级集体资产达到 5637.8 亿元，占全市总资产的比重分别为 36.4% 和 63.6%。根据农业农村部统计，2019 年我国村级集体资产总额为 50670 亿元，北京市村级集体资产总额占全国的比重为 8.25%[1]。

（二）空间分布的梯度显著

1. 全市农村集体经济组织五成以上分布在远郊平原区。从农村集体经济组织来看，位于中心城区的朝阳、海淀、丰台、石景山 4 个区农村集体经济组织数量为 348 个，占全市农村集体经济组织的比重为 8.4%。位于远郊平原的通州、顺义、大兴、昌平、房山农村集体经济组织数量为 2260 个，占全市的比重为 54.7%，位于生态涵养区的门头沟、平谷、怀柔、密云、延庆 5 个区农村集体经济组织数量为 1552 个，占全市的比重为 36.9%。

2. 农村集体资产分布呈现三个梯度。由于京郊农村集体资产主要是由农村集体土地资源转化而言，因此京郊农村集体资产在各区的分布总体上与京郊城市化进程的梯度性相类似，呈现出三个梯度。在新城版城市总体规划中被划入中心城区的朝阳区、海淀区、丰台区和石景山区的近郊 4 个区的农村集体资产总额达到 5752.1 亿元，占全市农村集体资产总额的 64.9%，处于远郊平原区的通州区、顺义区、大兴区、昌平区、房山区农村集体资产总额为 2645.4 亿元，占全市农村集体资产总额的 29.8%，处于生态涵养区的门头沟区、平谷区、密云区、怀柔区和延庆区的农村集体资产总额仅为 471.2 亿元，占全市农村集体资产总额的 5.3%。

---

[1] 农业农村部政策与改革司编，2019 年中国农村政策与改革统计年报，北京：中国农业出版社，2020 年 8 月，第 50 页。

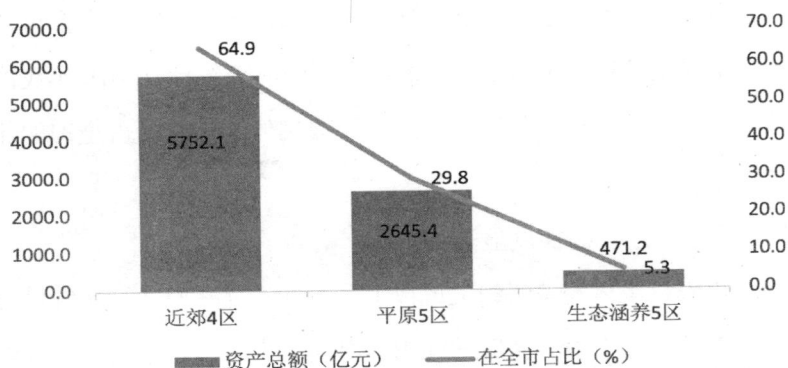

图2   2020年北京市农村集体资产在各区域分布情况

数据来源：北京市农业农村局，北京市农村经营管理统计资料（2020年），2021年10月。

3.集体经济产业形态呈现三个圈层。京郊农村集体经济产业结构与农村的工业化、城市化有很大的关联，农村集体经济的产业形态也呈现出较为突出的三个圈层的特点。第一个圈层为近郊的朝阳、海淀、丰台、石景山4区以及平原区城镇化较快的乡镇，较早地进入城乡互补的产业形态，一部分农村集体产业成为承接城市产业功能的重要载体，较好地融入城市现代产业聚群之中，比如丰台区卢沟桥乡的三路居村的集体产业以房地产、现代物业、金融科技等为主导产业。也有大部分的城乡接合部地区存在大量的以租赁为核心的产业形态，积聚着仓储物流、底商出租等业态。比如，大兴区西红门镇政府投资2.55亿元，购买17500平方米底商，由各搬迁村按购置价购买，集体每年获得稳定租金收益。第二个圈层即为远郊平原城乡结合地区或者远郊浅山区，农村集体经济主要为一二三产融合型产业，农产品加工、都市现代农业，比如密云区溪翁庄镇金叵罗村依托本村樱桃、小米等特色农业，通过发展有机种植、小米加工、农耕体验、精品民宿、农业节庆，推动乡村一二三产业深度融合，2020年全村实现旅游收入2000万元，村合作社股东分红 100 万元。第三个圈层即为远郊深山区，这部分地区主要处于生态涵养区，农村集体经济组织空壳化比较严重，且农村集体经济发展普遍受到生态红线的制约，大部分村庄的农村集体经济处于空心化状态，近年来少数村集体经济依托红色资源和绿色资源，以观光休闲和乡村旅游业为主导，盘活利用闲置农房，向一三产业融合的方向发展。比如，门头沟区清水镇洪水口村依托灵山古道等红色旅游资源和优美的自然资源优势，成立运输合作社、修配厂、矿泉水厂和灵山古道等八个不同产业的新型村集体企业，发展壮大农村集体经济，2020 年洪水口村集体经济纯收入达到 180 万元，股份分红达 8600 元 / 人。

（三）经营效益总体偏低且区域不平衡

1. 集体资产收益率有所上升，但仍然比较低。2020 年全市农村集体资产收益率为 0.42%，是 2019 年的 2 倍。其中，乡镇级农村集体资产收益率为 2.5%，村级农村集体资产收益率为 0.52%。从集体经济的不同经营主体来看，2020 年全市村级集体企业的资产收益率最高，为 1.96%（图 3）。

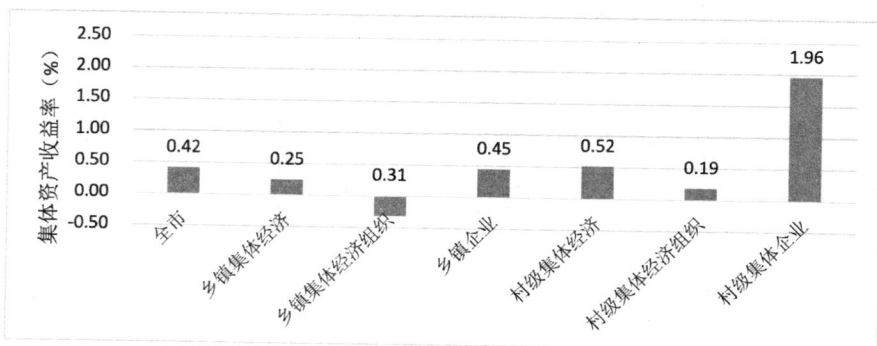

图 3　2020 年北京市各类经营主体农村集体经济资产收益率（%）

数据来源：北京市农业农村局，北京市农村经营管理统计资料（2020 年），2021 年 10 月。

2. 全市村级集体经济组织经营情况有所好转，但仍有 42.5% 的村级集体经济组织处于收不抵支的状态。2020 年全市共有 1677 个村级组织收不抵支，占比达到 42.5%，比 2019 年下降了 7.6 个百分点。其中丰台区、密云区、延庆区农村集体经济组织收不抵支的村占比超过村集体经济组织数量的 60%。平谷区、昌平区、通州区农村集体经济组织收不抵支的村占比超过村集体经济组织数量的 50%。大兴区收不抵支的村集体经济组织从 2019 年的 100 个下降到 0 个，是全市首个没有收不抵支村级集体经济组织的区。

3. 全市农村集体经济经营效益呈现较为突出的不平衡性。从区域来看，2020 年朝阳区、海淀区、丰台区、石景山区 4 个区农村集体经济资产收益率分别为 -0.12%、0.56%、1.12%、0.85%，通州区、顺义区、大兴区、昌平区、房山区 5 个区的集体经济资产收益率为 -1.59%、-1.15%、3.22%、-0.21%、0.08%，门头沟区、平谷区、怀柔区、延庆区、密云区 5 个区农村集体经济资产收益率为 0.22%、-0.52%、-0.67%、0.16%、0.09%。2020 年大兴区农村集体经济资产收益率位居全市第一，丰台区农村集体经济资产收益率位居全市第二，石景山区农村集体经济资产收益率位居全市第三，通州区农村集体经济资产收益率为全市最低。

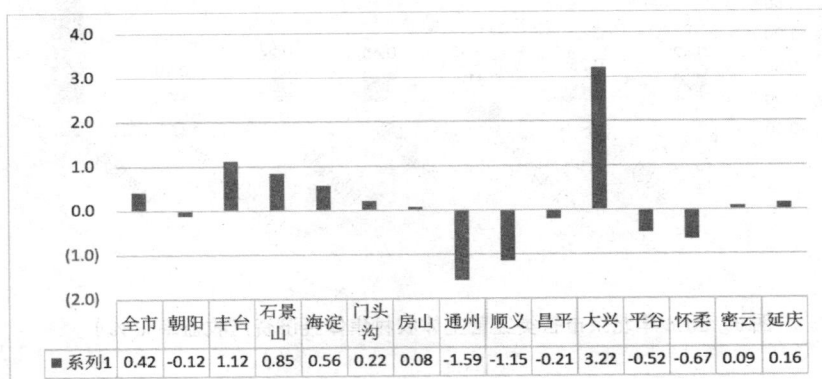

	全市	朝阳	丰台	石景山	海淀	门头沟	房山	通州	顺义	昌平	大兴	平谷	怀柔	密云	延庆
■系列1	0.42	-0.12	1.12	0.85	0.56	0.22	0.08	-1.59	-1.15	-0.21	3.22	-0.52	-0.67	0.09	0.16

图 4　2020 年北京市各区农村集体经济资产收益率（%）

数据来源：北京市农业农村局，北京市农村经营管理统计资料（2020 年），2021 年 10 月。

4.集体经济实体产业仍比较薄弱。北京市将农村集体经济年经营收入低于10万元的村级集体经济组织确定为集体经济薄弱村。截至2020年，北京市农村集体经济薄弱村占全市农村集体经济组织的两成左右，其中八成分布在生态涵养区。2020年，在北京市3944个村级集体经济组织中，有834个村集体经济年经营性收入低于10万元，占全市村级集体经济组织的21%。2020年北京市集体经济薄弱村集体经营性收入低于5万元的达到664个，占全市集体经济薄弱村的80%。八成左右的北京市农村集体经济薄弱村分布在生态涵养区。昌平、门头沟、房山、平谷、怀柔、密云、延庆7个区的集体经济薄弱村数量达到682个，占全市集体经济薄弱村总数的82%。其中，密云区有集体经济薄弱村205个，占密云区村级集体经济组织的62%，占全市集体经济薄弱村的24.6%，占生态涵养区集体经济薄弱村的30%。从2021年北京市农业农村局和北京市农研中心联合开展的100个农村集体经济薄弱村调查来看，集体经济薄弱村产业结构转型比较滞后，第一产业仍为主导产业，2020年100个村的第一产业产值占63%，第二产业产值仅占15%，主要是建筑业、其他制造业，农产品加工业严重缺乏。

（四）带动农民增收作用增强，但还有很大的提升空间

根据北京市农业农村局农村"三资"监管平台数据，2020年北京市农户从集体经济获取的人均所得6489元，占农户人均所得的比重为23.6%。其中，农户从乡村集体经济获取的报酬收入占农户报酬性收入的29.3%，集体福利性收入占农户财产性收入的36.7%。2011—2020年，北京市新型农村集体经济组织股份分红总额持续快速增长，分红的村从2011年的620个增加到2020年1433个，股金分红总额从2011年的20.6亿元增加到2020年的55.3亿元，增长了168.4%，获得分红的股东人数从58万人增加到2020年的131.4万人，人均分红从3525元增加到4208元。但从全市3927个完成乡村集体产权制度改革的经济组织、

341.3 万个股东来看，进行分红村数仅占 36.5%，参与分配的人数也仅占 38%，仍有 63.5% 的新型农村集体经济组织没有进行分红，62% 的股东没有获得分红收益。北京市集体经济薄弱村带动农民增收的能力尤为微弱，2020 年全市受访的 100 个集体经济薄弱村农户从集体经济获得的人均所得占农户所得的比重仅为 6.2%。

表 1　2011 年—2020 年北京市新型农村集体经济组织股份分红情况

（单位：个，亿元，万人，元 / 人）

年份	分红村数量	股份分红总金额	分配人数	人均分红
2011	620	20.6	58	3525
2012	1073	23.6	111	2124
2013	1267	34.8	133	2611
2014	1332	41.8	134	3108
2015	1334	45.0	134	3368
2016	1373	47.3	137	3467
2017	1356	48.7	131	3712
2018	1361	55.7	141	3943.8
2019	1354	53.7	131	4068.2
2020	1433	55.3	131.4	4208

数据来源：北京市农业农村局合作经济指导处。

三、京郊新型农村集体经济发展面临的机遇与挑战

（一）京郊新型农村集体经济发展的机遇

1. 空间重塑带来新机遇。近年以来，北京市积极推进京津冀协同发展战略，大力开展疏解整治促提升专项行动，到 2020 年，北京市基本完

成一般制造业企业集中退出、区域性批发市场大规模疏解任务[1]。此次疏整促行动已经持续了6年有余,目前仍在继续。可以说此次疏整促行动的决心空前、力度空前、效果空前。比如,2014—2016年,朝阳区共清理商品交易市场154家,退出工业企业184家,拆除再生资源回收场站53家,拆除3家仓储物流企业,拆除出租大院289个,共计腾退建筑面积655.4万平方米[2]。2016年大红门地区拆除物流仓储大院81处,疏解人口约1.2万人[3]。在疏解腾退的低级次市场、工业大院中,主要是集体产业项目。疏解整治促提升行动使那些历史上形成的、管理不规范、发展层级不适应首都核心功能的农村集体产业空间得到了有效释放,为布局首都高质量发展提供了新空间,倒逼农村集体产业向绿色高端高效转型。2021年6月朝阳区拆除了位于十八里店村铁路以南的仓储物流库房,占地面积11万平方米,腾退空间将建设集农业生产、科技、生态、观光等多功能于一体的农业产业综合园项目,该项目将有助于提升朝阳区南部地区都市农业发展水平,提高村集体的经济收入,解决村民就近就业等问题。

2.发展方向基本明确。"十四五"时期是北京落实首都城市战略定位、构建高精尖经济结构、推动京津冀产业协同发展的关键时期。北京市"十四五"时期发展规划和各个专项规划已经发布,为北京市农村集体产业发展指明了方向。一方面农村集体经济要为首都农业农村高质量发展提供支撑。按照《北京市"十四五"时期乡村振兴战略实施规划》[4],远

[1]2021年北京市政府工作报告.http://www.beijing.gov.cn/gongkai/jihua/zfgzbg/202102/t20210201_2249908.html.
[2]张世玉.包装功能疏解显成效,北京朝阳新闻网,2017年2月23日,https://chynews.bjchy.gov.cn/sub/news/419894/12876.htm.
[3]北京晨报.大红门拆除81处物流仓储大院共疏解人口约1.2万人.2016—06—29.http://finance.qianlong.com/2016/0629/712247.shtml.
[4]北京市人民政府关于印发《北京市"十四五"时期乡村振兴战略实施规划》的通知(京政发〔2021〕20号),北京市人民政府网站.2021年8月12日.http://www.gov.cn/xinwen/2021—08/12/content_5630961.htm.

郊农村集体经济组织和乡村集体企业应积极主动承接推进都市型现代农业高质量发展的重要任务，围绕抓好"米袋子""菜篮子"稳产保供、建设农业"中关村"、加快一二三产业融合发展等推进农村地区集体产业培育与发展，着力消除集体经济薄弱村。近郊农村集体经济应着力发展新型农村集体经济，以发展特色产业、盘活土地资源等为抓手，拓宽集体经济发展路径，推动集体产业转型升级，增强集体经济组织服务成员能力。另一方面，首都农村集体经济应主动服务首都"四个中心"城市功能定位，融入首都现代产业体系之中。近郊和中心城区农村集体经济应以《北京市"十四五"时期高精尖产业发展规划》[1]为指引，围绕构建北京市"2441"高精尖产业体系，依据各个产业的空间布局，主动引入"北京智造""北京服务"产业以及未来前沿产业。

3.重视程度日益提高。2019年7月北京市委组织部、市委农工委、市财政局、市农业农村局印发《关于坚持和加强农村基层组织领导扶持壮大村级集体经济的意见》和《关于开展扶持壮大集体经济试点工作的通知》，要求到2025年基本消除集体经济薄弱村。为此，北京市农业农村局开展集体经济薄弱村帮扶专项行动，北京市委组织部从各个市区相关部门派驻第一书记，北京市委农工委、市农业农村局联合市相关部门组织国有企业、市属高校开展农村集体经济薄弱村帮扶对接工作，这为补齐农村集体经济发展短板提供资金技术和智力支撑。北京市委、市政府领导高度重视农村集体经济发展工作，在多个调研报告上批示，要求落实和推动集体经济薄弱村发展各项工作。

4.发展势头日趋向好。从2006年—2020年京郊农村集体经济总收入的变化趋势来看，受"调转节"和"疏整促"等相关政策的影响，京郊农村集体经济经历了一个快速腾笼期，2014年和2016年京郊农村集

---

[1]张景华.北京"十四五"时期高精尖产业发展规划发布.光明日报，2021年8月29日，https://finance.sina.com.cn/tech/2021—08—29/doc—iktzqtyt2749406.shtml.

体经济总收入出现了两次"断崖式"下滑，2017—2019 年京郊农村集体经济总收入在 600 万—700 万元左右徘徊，2020 年京郊农村集体经济总收入仅为 2012 年的 44.9%。但是，近两年来北京市农村集体经济总收入企稳微增，2020 年北京市农村集体经济总收入达到 679.8 亿元，比 2019 年增加 6.1 亿元，同比增长 0.9%，扭转了 2013 年以来农村集体经济总收入持续下滑的局面。这表明，北京市农村集体经济发展势头开始向好，农村集体经济发展的新产业、新业态在快速培育和发展。

（二）京郊新型农村集体经济发展面临的困难与挑战

1. 体制机制约束。一是农村集体产权制度改革需要进一步深化。当前农村集体产权的封闭性与市场的开放性之间的矛盾制约了乡村资源要素与社会人才、资本的有效流动。二是村级集体经济组织仍然缺乏市场主体地位，作为特别法人的集体经济组织市场地位仍缺乏具体实现路径，市场经营需求与行政许可供给难以衔接，特别是在金融信贷、资源开发、资本合作等方面存在较强的制度壁垒。三是集体经济组织管理体制不顺畅，集体经济组织与村两委、乡镇政府之间的政社不分、职责不明在一定程度上制约了集体经济组织的建设和集体经济的发展。四是农村集体建设用地入市仍存在许多具体操作层面的问题，农村宅基地改革仍比较滞后，土地征收制度在一定程度上剥夺了农村集体经济组织平等地参与首都经济建设的权益。2004 年以来施行的《北京市建设征地补偿办法》确定的"逢征必转"政策，给城市化地区农村集体经济组织带来巨大的经济负担。五是农村征地补偿款的管理制度改革滞后，限制了农村集体资产的有效运营，全市 1750 亿元的征地补充款只能存在银行收取利息[1]，获得的收益极低，而村集体经济组织还要承担成员福利、分红、公益事业等责任，这也是导致村集体经济收不抵支村占比仍超过 4 成的重要原因之一。

---

[1]胡睿宪.改革土地补偿费管理制度的建议，北京调研，2021（10）：58.

2. 政策供给不足。一是乡村地区将作为建设用地减量的重点区域，对发展观光休闲、农产品加工等二三产业所需建设用地在一定程度上受到了约束。二是农村集体经济发展缺乏税费政策的支持，新型农村集体经济组织进行分红要征收个人所得税，这就加大了集体经济带动农民增收的成本。三是缺乏人才引进方面的支持政策。集体经济组织和集体企业就业政策与国有企业不可同日而语，导致集体经济缺乏对高端人才的吸引力。四是生态涵养区政策不够完善，补偿资金使用不够科学。在生态涵养区保护政策的硬约束下，生态涵养区村级集体经济组织一直没有找到政策允许的产业发展方向。五是在城市化较快的地区，一大批撤销乡村行政建制的地区仍需要继续发展农村集体经济，这些地区面临农村集体经济组织如何管理的问题，亟待加快政策研究。

3. 经营主体虚化。一是大多数集体经济组织依附于基层党组织和村民自治组织，不能正常独立运行，其职能和作用常常被基层党组织和村民自治组织取而代之。很多村级集体经济组织更是名存实亡。二是不少农村集体经济组织内部管理不规范、运转不畅，没有开展正常的经营、管理业务。有的农村集体经济组织账面上除了已经承包给农户的承包土地数据外没有其他经营性资产，除了上级有关部门拨付的建设资金外也没有任何集体经营性收入。据调研，延庆区12个集体经济薄弱村及所在乡镇均存在着集体经济组织有名无实的情况。三是乡镇、村干部对农村集体经济发展的相关政策不熟悉，集体经济组织只有牌子和印章，没有真正的运营实体，集体经济组织章程也处于墙上挂挂的状态，集体经济组织的股东大会、股东代表大会没有真正发挥作用。四是乡村集体企业缺失，在生态涵养区农村集体企业或者农村集体领办专业合作社等都非常缺乏，据京郊100个集体经济薄弱村调查显示，只有2家村集体企业和28家村集体领办的农民专业合作社。

4. 经营人才短缺。我们在京郊100个农村集体经济薄弱村调研中发现，多数农村集体经济薄弱村发展缺少领头羊，村干部老龄化突出、受教育水平相对较低，有的不会用电脑、不会用微信，很难适应现代市场竞争的要求，更缺乏现代经营理念和经营能力。驻村的第一书记在推进集体经济薄弱村发展中发挥重要的作用，利用其政策资源优势为村集体经济组织争取了多方支持，然而这种支持仍然是外来的、暂时的、不可持续的。我们在海淀区、朝阳区等近郊农村集体经济发展较好的地区调研中了解到，农村集体经济发展也面临着经营管理人才短缺的问题，由于薪酬激励、社会保障、上升空间等方面的制约，乡村集体企业很难招进、留住人才。

四、思考与建议

北京市农村集体经济在京郊农村经济发展中占有重要的地位，是首都乡村产业振兴的重要内生动力源泉。可以说，抓住了新型农村集体经济发展这个核心，就拿到了撬动和整合首都超大城市优势资源进入农村的金钥匙。建议从思想认识、组织建设、体制机制、政策供给等四个层面提高新型农村集体经济发展的内外环境和条件，推进北京市新型农村集体经济加快转型发展。

（一）坚持法治化、市场化、公平化的发展理念

1.从国民经济体系的整体视角，认识京郊新型农村集体经济的地位。农村集体经济是我国国民经济的重要组成部分。改革开放以来，农村集体经济与国有经济、个体经济逐步形成了互补、竞争、互促的紧密关系。京郊农村集体经济为北京市的工业化、农业机械化、城市化、小城镇建设等都做出了重要贡献。新时代京郊新型农村集体经济发展对加快构建双循环新发展格局、推动首都高质量发展、全面推进具有首都特点的乡村振兴也具有重要作用。

2.从新时代首都高质量发展的视角，给予新型农村集体经济组织和乡村集体企业与国有企业相同的市场地位。农村集体经济是农村产业发展的重要力量，农村集体经济的发展经历了从发展一产到发展非农产业的跨越，乡村集体经济为农村和小城镇发展提供了重要的产业支撑和财政收入来源。然而，在城乡二元的制度安排下，农村集体经济的发展所面临的制度与政策环境与国有企业不可同日而语，这也成为制约乃至左右农村集体经济发展的重要因素。新时代应给予新型农村集体经济平等的市场主体地位、公平的政策制度待遇。

3.从推动实现共同富裕的视角，加快推动农村集体经济特别是农村集体经济薄弱村的发展。北京在推进实现共同富裕的道路上，应当也能够做出表率。但近些年来，北京市城乡居民收入差距较大，缩小城乡居民收入差距、促进共同富裕的任务还比较艰巨。在增加农民收入上，除了采取提高农村居民财政转移支付的输血式帮扶外，更重要的是培植和振兴乡村产业，提高乡村居民工资性、财产性收入，关键在于保障和实现农村集体土地房屋等财产权益、壮大新型农村集体经济，提高农村集体资产经营收入。

（二）推动集体经济组织建设突破性发展

1.进一步深化乡村集体产权制度改革。加快推动乡镇级集体经济产权制度改革，动态监测集体经济组织家底、明晰集体产权关系，建立"归属清晰、责权明确、保护严格、流转顺畅"的农村集体经济现代产权制度，探索乡村集体经济组织对集体土地等集体资源所有权的有效实现路径。健全新型集体经济组织的治理机制，强化对集体资产的监督管理，维护和发展农村集体和农民的财产权益。

2.重点推动乡（镇）联社建设。推动乡（镇）联社的实体化建设，使之从乡镇政府的集体资产管理部门分离出来，成为具有独立特别法人资格的实体单位，乡（镇）联社董事长人选由村股份合作社代表选举产生，区委、区政府审议通过。在乡镇党委的领导下，乡（镇）联社行使乡镇范围的行业管理和发展统筹，促进农村产业供给侧结构性改革和农村发展动能转换。三是以乡（镇）联社为主体，建立乡镇联社与农村股份经济合作社之间紧密的关系，使乡（镇）联社成为带动农村股份经济合作社共同进入市场的龙头经营主体，带动乡村集体经济薄弱村与乡镇域内其他集体经济组织联合发展。四是加快完善新型集体经济组织法人治理结构，完善乡村集体经济发展的利益共享机制，规范乡村集体经济组织股份分红，充分保护和实现农村集体经济组织和成员合法的财产权，增强集体经济组织成员的获得感。

3. 实行"农村集体经济组织+"行动。一是推动新型农村集体经济组织+乡村治理，促进集体经济组织向实发展，落实新型农村集体经济组织的市场主体地位，完善新型农村集体经济组织内部治理机制。二是推动新型农村集体经济组织+土地要素，明确农村集体土地的各项权益，实化和显化农村集体经济组织对农村集体土地所有权。三是推动新型农村集体经济组织+工商资本，通过股份合作等方式完善城乡资本合作运营机制，撬动城市资本要素向农村流动。四是推动新型农村集体经济组织+各类人才，通过下派各级党政机关干部、第一书记、派驻大学生选调生、经济专员等各类人才到农村集体经济组织的方式，支持农村集体经济组织人才振兴，吸引城市人才下乡。

（三）着力优化农村集体经济发展的制度环境

1. 加快集体经济发展的相关立法工作。改变集体经济发展立法严重滞后的局面，尽快制定有关集体经济发展的法律法规。在国家层面加快集体经济组织立法的同时，应当尽快修改《北京市农村集体资产管理条例》等地方性法规，研究制定《北京市农村集体经济组织条例》，建立体现扶持、有所差别的涉农税收制度，推进农村集体经济组织依法顺畅进入市场，推动农村集体产权依法有序交易。

2.进一步完善农村集体经济发展的管理体制。一是完善乡村集体资产管理与监督的体制机制。加强和巩固市、区、乡镇农村经管专业机构和队伍，借鉴海淀区经验，建立区级集体资产监管委员会，从体制机制上保障农村经管机构进行资产监管的权威性。二是优先推动中心城区集体经济组织的政经分离，明确集体经济组织与村委会的职责关系，将乡村合作社与乡镇政府、村委会分开，在党组织领导下各司其职，逐步剥离集体经济组织所承担的社区公共管理服务和公益建设职能，推动集体经济组织向市场主体的方向发展。三是明确集体资源和资产的所有权主体，构建和落实集体经济组织成员与农村集体经济组织之间的利益联结机制，保障集体经济组织成员的民主管理权和集体收益分配权，使集体经济发展的成果由集体成员共享。四是遵循市场经济规律，建立新型农村集体经济组织带头人报酬与农村集体经济收益相挂钩的收益分配机制，充分体现管理者才能的市场价值，调动新型农村集体经济组织带头人发展壮大农村集体经济的积极性。

3.加快破除城乡二元体制，建立健全城乡融合发展的体制机制。一是建立有利于农村集体经济组织发展的财政税收制度。支持农村集体经济组织发展乡村产业，使农村集体经济组织可以同等享受新型农业经营主体的各项优惠政策。支持农村集体经济组织带动农民共同富裕，减免集体股份分红的个人所得税。二是建立支持集体经济组织发展的金融制度。探索以集体经济组织为主体发展农村合作金融。针对农村集体经济组织的支付结算、现金管理、投资理财、融资信贷等方面的金融服务需求，制定为集体经济组织提供全方面金融服务与支持的制度。三是建立鼓励优秀人才到农村集体经济组织就业创业的政策制度。建立集体经济组织吸引外部人才的机制，在集体经济组织和乡村集体企业实行开放式用人制度，加快建立健全职业经理人聘任机制和约束与激励机制，形成科学合理的薪酬制度，推行合同制，吸引人才，促进人力资源向集体经济组织合理流动。四是推动城乡就业、医疗、养老等社会保障制度接轨，使在农村集体经济组织和乡村集体企业就业创业人员能够享受到与在国有企业就业创业人员同等的医疗、养老等社会保障待遇。

（四）优先破解"卡脖子"的政策难题

构建适应市场化、城镇化和城乡一体化发展的新型集体经济发展的政策体系，推动集体经济转型发展。一是制定《关于加强农村集体经济组织建设发展壮大新型集体经济的意见》等全市性的政策文件，为新时代首都乡村集体经济组织建设和新型集体经济发展提供有力的政策指导和支持。二是加快解决集体经济产业发展用地需求。通过规划预留建设用地指标、点状供地等途径，拓展生态控制区和限制建设区集体经济发展空间。三是进一步完善生态涵养区政策，落实《北京市生态涵养区生态保护和绿色发展条例》，在生态保护和有效治理的同时注重绿色发展，加快研究制定生态涵养区适宜产业发展的政策，引导生态涵养区农村集体经济转变发展思路。建立生态产品价值实现制度体系，打造集农田、湖泊、河流、湿地、森林等多种自然生态要素于一体的生态价值实现空间布局，以集体经济组织与社会经营主体合作的方式，构建生态资源管理、开发和运营的平台，促进集体经济薄弱村生态价值向经济价值转变。四是推动全市产业发展禁限目录的调整，适度放宽对京郊乡村农产品加工业的限制，为乡村绿色产业发展和一二三产业融合发展提供政策支持。

执笔人：王丽红、张英洪

2021 年 12 月 16 日

北京市怀柔区发展壮大农村集体经济路径研究

发展壮大农村集体经济是乡村振兴的必然要求。作为北京的生态涵养区，怀柔区围绕全面落实新版《北京城市总体规划（2016 年—2035 年）》，着力优化以生态涵养为核心，以科技创新、会议休闲、影视文化为支撑的"1+3"发展格局，并将发展壮大农村集体经济作为推进乡村振兴战略、实现绿色创新发展、服务首都功能定位的重要内容。为摸清怀柔区农村集体经济发展现状，探索农村集体经济发展路径，怀柔区委研究室联合市农研中心对全区农村集体经济发展情况进行了调研，形成了本报告。

一、怀柔区农村集体经济发展现状

怀柔区现有 14 个乡镇、284 个行政村，共有村级集体经济组织 284 个、乡镇级集体经济组织 14 个、乡村两级集体所有制企业 35 家，涉及农户 7.4 万户、成员股东数 16.1 万人。由于历史、现实和区位等多种原因，目前怀柔区农村集体经济发展的基础比较薄弱。

（一）集体经营效益水平不高

近年来，怀柔区农村集体经济总收入呈不断下滑趋势，农村集体经济总收入从 2012 年的 108.7 亿元大幅下降到 2019 年的 6.88 亿元。2019 年，全区农村集体经济实现利润总额 -1.07 亿元。在 284 个村级组织中，收入在 10 万元以下（含无收入）的村有 89 个，占全区村级组织总数的 32.4%；其中有 10 个村列入全市 93 个扶持壮大农村集体经济试点村之中；收入在 10 万元以上（含 10 万元）至 50 万元（含 50 万元）的有 86 个村，占全区村级组织总数的 29.2%；收入在 50 万元至 100 万元的村有 32 个，占全区村级组织总数的 11.3%；收入在 100 万元以上的村有 77 个，占全区村级组织总数的 27.1%。284 个村级集体经济组织有 35 个资不抵债，占 12.3%；174 个收不抵支，占 61.2%；只有 5 个村实现分红，分红总额 1721.87 万元，其中成员股东分红 1420.19 万元，集体股东分红 301.68 万元。领取股金分红的成员股东数 3168 个，占全区成员股东数的 2%。

（二）集体资产规模不大、分布不平衡

截至 2019 年底，怀柔区农村集体经济各类账面资产 59.6 亿元，比上年下降 40.4%，占全市集体资产总量的 0.71%（全市农村集体经济账面资产 8349.3 亿元，约占全国的五分之一），在全市 14 个涉农区中排名靠后，在 5 个生态涵养区中也仅处于中后位。其中，村级账面资产 56.0 亿元，比上年增长 5.1%，占全区农村集体经济账面总资产的 94%；乡镇级账面资产 3.6 亿元，比上年下降 92.3%，占全区农村集体经济账面总资产的 6%。全区农村集体经济总体发展也很不平衡，位于怀柔城区周边部分划入新城、部分保留乡村形态的怀北镇、雁栖镇、怀柔镇的集体资产总量较高，其集体资产总和约占全区的 45%；位于新城单元内的杨宋镇、庙城镇、北房镇、龙山街道和泉河街道的集体资产总量居中，其集体资产总和约占全区的 32%；距离怀柔城区较远、地处深山区的桥梓镇、渤海镇、九渡河镇、琉璃庙镇、汤河口镇、宝山镇、长哨营满族乡、喇叭沟门满族乡等 8 个乡镇集体资产总量较低，其集体资产总和约占全区的23%。

（三）集体企业数量明显减少

近些年来，全区集体所有制企业的数量明显呈下降趋势。从村级企业来看，2016 年实行新农经报表制度以来，全区村集体企业数量从2015 年的 24 家下降到 2019 年的 10 家。这 10 家村企主要在杨宋镇和龙山街道东关村，其中，有 1 家经营畜牧业，有 2 家分别经营金属制品业和热力生产供应业，有 7 家分别经营房地产、零售批发、商务服务、电子产品和日用产品修理业。村级企业一二三产业比例为 1:2:7。从乡镇企业来看，2019 年全区共有 25 家乡镇企业，其中，16 家企业的公章财务章上交封存、企业已停止经营，2 家在业经营但无业务、无资金流，7 家正常营业。这 7 家企业中，有 4 家分别经营房屋建筑、黑色金属冶炼和压延加工、化学纤维制造和水力发电行业，有 3 家经营商务服务和批零业。乡镇企业二三产业比例为 4:3。

（四）集体建设用地空间较小

根据原市农经办 2014 年对全市农村集体土地资源清查的数据，怀柔全区集体土地总面积 306.8 万亩，其中农用地面积 266.7 万亩，建设用地13.3 万亩，未利用土地 26.8 万亩。在建设用地中，全区集体经营性建设用地为 2.96 万亩（包括村级经营性建设用地 28062.4 亩、镇级经营性建设用地 1508.6 亩），低于全市 13 个涉农区（不含石景山区）平均水平 6.3 万亩，在全市涉农区中排名第 10 位，在 5 个生态涵养区中排名第 3 位。

二、怀柔区农村集体经济发展存在的主要问题和制约因素

当前，怀柔区农村集体经济发展面临的问题比较突出，主要有以下

几个方面：

一是**集体主导产业薄弱**。缺乏主导产业是怀柔区农村集体经济发展存在的突出问题。从 2019 年全区农村集体经济收入结构来看，乡村两级集体经济组织均无主营业务收入，乡村两级集体企业主营业务收入总额 6537 万元，占全区农村集体经济总收入的 9.5%。全区农村集体经济主导产业收入贡献率不到 10%。全区农村集体经济 90.5% 的收入来源于征地拆迁补偿款、地上物补贴和专项工程款等各种财政资金以及少量的租金收入。

二是**集体产权改革尚不彻底**。自 2005 年在怀柔镇卢庄村开展农村集体经济产权制度改革试点以来，截至 2019 年底，全区已有 274 个村级集体经济组织完成集体产权制度改革任务，尚有 10 个村集体经济组织未完成改革任务；14 个乡镇、2 个街道尚未开展乡镇级集体产权制度改革工作。目前，全区 14 个乡镇的集体资产、账目等并入政府账目，已经没有经营性资产，原账目已经封存，其相关管理工作已纳入乡镇政府有关科室统一管理。乡镇集体经济与乡镇政府财务混在一起，财务不清、产权不明，缺乏统一的管理制度，农民作为乡镇级集体资产所有者的主体地位得不到体现，不仅影响了乡镇集体经济统筹发展，也损害了广大农民的财产权益。

三是**内部治理还不完善**。怀柔区改制后的新型集体经济组织普遍没有建立起规范的法人治理结构，其经营方式、发展模式没能发生根本转变，股份合作制优势未能充分显现出来。主要体现在三个方面：一是作为特殊法人的集体经济组织的市场地位仍缺乏具体实现路径，市场经营需求与行政许可供给难以衔接。以北房镇为例，由于该镇毗邻科学城，正在探索以镇集体经济组织的名义寻找科学城建设合作点，但遇到的问题之一就是北房镇合作经济联合社的市场主体地位难以落地。尽管该镇合作经济联合社持有农村集体经济组织登记证书，但由于缺少相应的农村集体经济组织法律法规对于特殊法人的明确规定，使得集体经济组织进入市场经营审批环节存在依据不足、难以操作的问题。二是激励机制难以建立，集体经济发展动力不足。当前怀柔区普遍采取村书记兼任集体经济组织董事长，董（理）事会根据发展需要聘请职业经理人并授权其负责经营管理活动。但从实际运转来看，村书记工资补助已经在全市政策框架下被固化，缺乏经营发展集体经济的激励机制，不少村干部"等靠要"的思想较为严重，企业经营者和广大农村集体经济组织成员很难像干个体那样来干集体。据统计，全区乡村两级集体经济组织无职业经理人负责经营管理活动。三是收益分配不规范，集体经济可持续发展难以为继。虽然全市已明确提出各地要进一步规范收益分配，加快由实物分配向按股份分配转变，逐步减少实物分配，不得举债进行分配。但在实际运行中，各地依然存在实行实物福利分配特别是举债分配的现象。如 2019 年龙山街道东大街村虽"收不抵支"负债 560.2 万元，但仍坚持给村民发放福利；怀柔镇大中富乐村"收不抵支"负债 424 万元，但仍承担对村民的相关福利支出，每年福利支出将近 1700 万元。

四是社会性负担仍然较多。据统计，2019 年怀柔区村级集体经济组织共承担各类公共服务以及相关税费等社会性负担 511.5 万元，这对于本身发展就很薄弱的村集体经济组织来说无疑是雪上加霜。例如，2018 年北房镇村级集体经济组织总收入为 4217.5 万元，总成本费用 4618.1 万元，其中承担的社会性负担为 124.5 万元；汤河口镇庄户沟门村、汤河口镇黄花甸子村在 2019 年新农村建设中分别一次性支出 2500 万元和 710 万元。

怀柔区发展农村集体经济除了受自身基础薄弱的影响外，还受到诸多外在因素的制约。

一是发展空间受限，政策制约多。《怀柔分区规划（2017 年—2035 年）》划定了生态控制线和城市开发边界，将全区划分为生态控制区、集中建设区和限制建设区，分别占全区总面积的 93.5%、3.5% 和 3%。其中生态控制区约 297.75 万亩，以生态保育、生态建设和生态修复为主，重在加强水源涵养、流域治理、林地保育、废弃矿山修复，其产业政策必须服从于生态涵养区的定位。限制建设区的核心任务是减量和治理，主要是引导限制建设区内的现状村庄适度集并，腾退疏解低效产业，腾退后的用地优先还绿。集中建设区是怀柔区建设发展的核心区域，大约 11.1 万亩，分布在怀柔新城、怀柔科学城、雁栖湖国际会都和影视产业示范区，主要任务是推进集中建设区内现状村庄城镇化和存量建设用地更新改造。依据怀柔分区规划和功能定位，处在生态控制区和限制建设区的大部分农村集体经济组织面临着生态涵养区相关政策制约的发展难题。如位于怀柔水库一级保护区内仍有 9 个村庄，约有 2000 多户 5000 多人。根据《北京市水污染防治条例》规定，一级保护区内禁止新建、改建、扩建与供水设施和保护水源无关的建设项目。为保护水源，这 9 个村庄的集体经济发展受到严重限制，均为区级低收入村。再如桥梓镇口头村，处于怀柔水库二级保护区，该村确定了"景区 + 产业"融合发展的产业格局，但是在发展民俗旅游中遇到了不少政策障碍，受环保等规定限制，该村民俗户办不了营业执照，严重制约了村集体发展乡村旅游等产业。

二是经营人才匮乏，带动能力弱。怀柔区属于典型的人口流出型远郊区，本身不具有中心城区的人才聚集优势，加上乡村地区集体经济缺乏市场化的薪酬机制，使得村集体或村企很难吸引到优秀的经营管理人才，而人才的匮乏又严重制约了农村集体经济的发展。主要表现为：第一，村干部年龄偏大。村党组织书记和村"两委"干部平均年龄在52 岁左右，60 岁以上的村党组织书记和村"两委"干部分别留任 44 名和 156 名，村干部老化、后继乏人问题比较突出。第二，村干部学历偏低。村党组织书记和村"两委"干部高中及高中以下学历分别占到

52.1% 和 71.6%，整体学历层次与发展壮大集体经济的发展要求不相适应。第三，市场经营能力不足。在全区 1364 名村"两委"干部中，外出回乡任职人员 279 人，具有管理层任职经历的仅占两成，大部分为个体经营者或外出务工人员，市场经营能力有一定的局限性。第四，缺乏吸引人才返乡创业发展集体经济的相关政策。近年来全区无本科及以上学历人才回乡任职，村集体经济带头人队伍中具有企业家精神、创新和管理技能的人才极其缺乏。

三是产业用地缺失，发展动能少。根据《怀柔分区规划（2017—2035 年）》，到 2035 年全区城乡建设用地规模控制在 14.5875 万亩以内（其中 1875 亩专项用于支持怀柔科学城建设，3000 亩为战略留白）。2016 年怀柔城乡建设用地规模为 15.36 万亩，离既定目标需要缩减 7725 亩。《怀柔分区规划（2017—2035 年）》已经明确城乡建设用地减量类型和减量途径，即以违法建设拆除、农村集体工矿用地整治、废弃矿山修复治理、生态环境建设、实施土地一级开发、棚户区改造、美丽乡村建设及居民点整理等多种途径实现减量目标。为确保怀柔新城、怀柔科学城等核心区域和重点项目的发展用地需求（怀柔科学城规划范围 10.26 万亩、雁栖湖国际会都规划范围 3.15 万亩、怀柔影视产业示范区规划范围 2.7 万亩），乡村地区是建设用地减量的重点区域。这对于农村集体经济发展观光休闲、农产品加工等二、三产业所需的建设用地，都是硬约束。大多数乡镇对于辖区内不同性质的土地底数并不清楚，这种状况不利于乡镇对集体土地资源的盘整和统筹利用。

三、发展壮大怀柔区农村集体经济的思考与建议

怀柔区发展壮大农村集体经济，应当紧密结合全区功能定位、科学城建设、京津冀协同发展、实施乡村振兴战略的新要求，走出一条体现

生态涵养区特点的新型农村集体经济发展之路。

（一）立足全区功能定位，突出生态优势谋发展，构建生态文明建设型集体经济

怀柔区应立足于"绿水青山就是金山银山"的区位优势，大力培育发展具有怀柔特色、体现生态文明建设要求的"绿字号""土字号""乡字号"农村集体经济产业业态和产品服务品牌。

一是重点发展乡村休闲旅游和医养健康产业。在集体经济发展定位上，要紧紧围绕生态涵养这个核心，着力引导集体经济组织和集体企业投资发展乡村旅游、乡村民宿、林下经济等新业态，依托绿水青山发展生态产业，推进乡村产业融合发展，使怀柔农村集体经济发展成为践行"两山"理念的生动实践，成为推动生态产业化、产业生态化的先行典范。特别是要从新冠肺炎疫情中总结经验教训，深化农业供给侧结构性改革，规划和发展大健康产业，推动医疗保健、养老养生、影视文化、休闲旅游、体育健身等多业态深度融合发展，加强农村公共卫生事业建设，扩大医疗健康产品供给，将医养健康产业与乡村休闲旅游一道培育成农村集体经济发展的重要支柱产业。

二是实施乡村旅游规模化、精品化工程。牢牢把握京津冀协同发展的历史机遇，积极主动地将全区农村集体经济发展融入到京津冀协同发展战略之中去谋划与落实，进一步扩大与河北赤城、丰宁、滦平等地的合作与联动，拓展乡村旅游和乡村产业发展的全新视野，联合推出跨区域沟域旅游环线，串联特色项目，构建乡村旅游集群片区，形成跨区域、大尺度、高水平的生态发展空间和乡村旅游线路和景区。用好市级生态沟域发展政策，结合长城文化带规划，强化生态沟域单元发展，打造一批覆盖京冀的乡村旅游精品工程，促进乡村旅游的转型升级发展。

三是支持板栗、核桃等怀柔地域特色农产品的生产流通。引导和鼓励农村集体经济组织及集体企业围绕板栗、核桃等怀柔地域特色农产品

加强种植、生产、加工和销售。坚持走"质量兴农"之路，大力发展生态有机农业，突出农产品质量安全，保障"舌尖上的安全"，将优质安全的生态有机产品作为乡村集体产业发展的金字招牌。实施"互联网+"集体经济建设工程，加强集体经济组织和集体企业的信息化建设，为集体经济组织和集体企业提供通信代理、直购直销等线上线下服务，发展规模化、组织化、绿色化、信息化的"种养+"模式，打通特色农产品市场渠道。支持集体经济组织和集体企业发展农产品精深加工，延长农产品产业链条，增加农副产品的附加价值，提高集体经济总体收入水平。

四是拓展生态控制区和限制建设区集体经济发展空间。对于处于怀柔水库和怀柔段京密引水渠一级保护区的村庄，要按照有关规划实行有序搬迁，切实维护被搬迁村集体经济组织和村民的正当利益，并给予迁建村集体经济组织发展的资金和政策支持。对于处于怀柔水库和怀柔段京密引水渠二级保护区的村庄，应当对发展乡村旅游产业带来的水污染影响进行科学评估和决策，杜绝"一刀切"禁止发展乡村旅游的简单做法。对于允许一二三产业融合发展的乡村地区，要用好相关产业用地政策，在编制和实施乡（镇）域规划时，统筹安排农村公共设施、民生工程、农业生产、农业科研、生态旅游等用地需求，预留规划城乡建设用地指标，确保零星分散的单独选址农业设施、乡村旅游设施等建设用地需求。要从中美贸易摩擦、新冠肺炎疫情等黑天鹅事件中吸取教训，增强粮食安全意识，不搞瞎折腾，不搞"一刀切"，不把养猪养鸡与环保、美丽乡村建设对立起来，不以环保为借口搞"无猪无鸡区""无猪无鸡乡""无猪无鸡村"，积极引导集体经济组织和集体企业重点加强粮食、蔬菜、生猪等产能恢复。当前，市农业农村局已经牵头印发了《北京市生猪产业优化提升发展和保障猪肉市场稳定供应工作方案》和《2020年北京市各涉农区粮食和蔬菜生产目标》，给各区下达了生产任务。怀柔区被纳入京内一级应急生猪保障供应体系京东北产业片区，与平谷区、顺义区和密云区一并承担我市生猪产业应急保障供应主产区功能，要求该片区通过新建、改建、扩建，建成50家左右标准化、规模化、高级别生物安全生猪养殖场，确保到2022年实现年供应商品猪56.3万头以上。同时，怀柔区2020年还要承担42000亩16744吨粮食生产和9783.7亩17441.8吨蔬菜（含食用菌）的生产目标任务。要加强"菜篮子"的有效供给保障，尊重和保障集体经济组织和村民从事生态农业和生态养殖的自主权，促进设施农业健康有序发展，切实提高基本农产品的自给能力和质量安全。

（二）结合怀柔科学城建设，紧扣科技创新拓思路，发展科技支撑服务型集体经济

紧密围绕怀柔科学城建设的时代契机，加快探索推进农村集体经济融入怀柔科学城建设发展的政策体系、组织形式和实施路径，大力发展科技农业，走科技创新、科技兴农发展之路，不断提高农村集体经济发展的科技含量，培育和发挥农村集体经济组织及集体企业在怀柔科学城建设中的生力军作用。

一是在村级层面，探索村级集体经济组织以自主开发、合资合作、投资入股和就业参与等方式，积极参与科学城开发建设。可借鉴江苏省苏州市、常州市农村集体经济"抱团、联合、异地"六字经验发展"异地置业"，支持村集体联合组建经济实体，在科学城北区、南区、东区形成的三片职住相宜的创新城区以新组建的经济实体联合购买商业用房，并委托实体统一对外出租经营，租金收入由各村按股份比例分享；支持村集体异地开展公益性或准公益性项目建设，建好后由政府回租，建立村集体出资建设、政府或使用单位租赁经营、村集体获得租金的合作模式。同时，要借怀柔科学城建设的东风，加强对农村集体经济发展的科技要素投入，开展集体经济组织和集体企业经营管理人员的科技培训，提高科技在集体经济发展中的贡献率，为农村集体经济的发展插上科技

的翅膀。

二是在乡镇级层面，探索"联村联营、片区统筹"的合作共赢发展模式。在怀柔科学城建设中，可借鉴大兴区的有关经验，成立镇级实体资产管理公司，负责统筹考虑全镇范围内旧村改造、项目开发。根据科学城开发建设的实际情况，将相关镇划为若干片区，每片委托成立一个以片区内各村为成员单位的分公司，作为集体资产管理分公司，建立相应的新型集体经济联合组织，作为组织平台、融资平台、项目申报平台，进行土地利用的区片整治，以资产管理分公司之名，组建以开发、运营、租赁、投资发展等不同功能形式的混合所有制企业，参与科学城的园区建设、基础设施建设和生态环境建设，维护和发展农村集体经济以及村民的切身利益。

三是探索乡镇统筹利用集体建设用地模式。可选取北房镇作为农村集体经济发展试点区，参照朝阳区的崔各庄、金盏、孙河三个乡的土地股份合作制改革经验，尽快启动和推进镇级集体经济产权制度改革，成立北房镇土地股份联合社，采取土地股份合作制方式，鼓励所辖村庄利用本村集体土地使用权作为股份投入乡镇土地股份联合社。借鉴大兴区集体建设用地入市试点的相关经验，乡镇土地股份联合社以出让、租赁、入股等方式，负责统一开发利用各村集体建设用地用于为科学城建设产业园区、配套公租房等项目。所有收益按照各村持有的土地股份分配，实现集体经营性建设用地规模化、集群化发展，从而使农村集体经济的发展顺利搭上怀柔科学城建设的时代快车。

（三）适应"疏整促"要求，围绕功能疏解做文章，培育首都功能承接型集体经济

根据新版《北京城市总体规划（2016年—2035年）》，怀柔等生态涵养区是首都重要的生态屏障和水源保护地，主要任务是保障首都生态安全，建设宜居宜业宜游的生态发展示范区。为此，怀柔区应围绕建设

宜居宜业宜游的生态发展示范区的定位和要求，处理好中心城区减量发展与郊区农村增量发展的关系，抢抓中心城区功能疏解的重大历史机遇，主动谋划，规划和引导集体经济组织及集体企业积极对接从中心城区疏解出来的相关功能，发展体现首都"四个中心"功能定位、承接首都功能疏解的新型集体经济。

一是大手笔谋划分担与承接中心城区首都"四个中心"功能。北京城市战略定位是全国的政治中心、文化中心、国际交往中心、科技创新中心。但这"四个中心"的战略定位承载地并不局限于中心城区，怀柔区可以利用自身得天独厚的生态涵养区优势，积极主动扛起分担与承接中心城区首都"四个中心"功能的责任。事实上，怀柔雁栖湖国际会都就已承接了 APEC 会议、"一带一路"国际合作高峰论坛等国际会议，承担了首都政治中心、国际交往中心的部分功能；怀柔科学城的开发建设就体现和彰显了首都科技创新中心的功能与作用；怀柔影视文化的建设与发展，也是对首都文化中心功能的呈现与拓展；等等。在支撑和服务"四个中心"建设中，怀柔区应当提升发展壮大农村集体经济的格局和层次，科学规划与积极推动农村集体经济组织及集体企业参与首都"四个中心"功能的建设，主动承接从中心城区疏解出来的相关功能。随着大国外交形式的多样化和个性化发展，怀柔还可以以农村集体经济组织为载体，谋划建设中国式的"安纳伯格庄园"，为国家领导人的个性化、田园式外交活动提供美丽而迷人的外交活动新舞台。可以通过发展集体农庄、合作农场、高端民宿等，为国际交往提供更多的田园牧歌式的怀柔乡村场地，使怀柔的美丽乡村成为辅助中心城区开展国际交往等功能的重要场所，成为拓展与展示首都"四个中心"功能建设的新窗口和大舞台。

二是大幅度实现城乡基本公共服务均等化、便利化。加快健全普惠共享、城乡一体的基本公共服务体系，结合美丽乡村建设和农村人居环境整治，加大乡村基础设施和公共服务设施建设力度，加强乡村地区基本公共服务供给，全力优化乡村地区营商环境，全面提高乡村地区承载非首都功能的能力。既要为集体经济组织、集体企业、广大村民提供基本公共服务，又要使集体经济组织、集体企业、广大村民全面参与到基本公共服务的建设和供给上来，使集体经济组织、集体企业和广大村民既是基本公共服务的享有者，同时也是基本公共服务的建设者和受益者。

三是大力度加强怀柔特色小城镇建设。顺应疏解北京非首都功能和逆城镇化发展趋势，创新体制机制，充分发挥集体经济组织和集体企业在特色小城镇建设中的重要作用，统筹规划建设企业总部小镇、国际组织小镇、科研大学小镇、文化体育小镇、健康养生小镇等特色各异的小城镇，使特色小城镇既承担首都中心城区疏解的部分功能，又助推乡村振兴和集体经济的发展。要使特色小城镇建设的过程同时成为集体经济发展的过程，使小城镇建设与集体经济发展相互促进、相得益彰。

（四）着眼全面深化改革，强化市场导向激活力，形成内在动力驱动型集体经济

在社会主义市场经济条件下发展壮大集体经济，必须充分发挥市场在资源配置中的基础性作用，引导和规范集体经济组织和集体企业按照市场经济发展规律进入市场，成为市场经营的主体。为此，应当以市场为导向，以法治为保障，全面深化改革，实现农村集体经济发展从外部"输血"型发展向内部"造血"型发展的历史性跨越。

一是要加快构建法治化、规范化的集体经济发展制度环境。发展壮大农村集体经济，不仅要从政治上高度重视，而且要从法治上强化保障，法治是最好的营商环境和发展环境，建议加强集体经济组织和集体经济发展方面的地方立法，完善政策法规，加快清理有关限制集体经济组织和集体企业发展的体制弊端和政策障碍，制定新时期扶持集体经济发展的政策体系，加大对集体经济发展的政策支持力度，率先将集体经济组

织建设和集体经济发展纳入法治的轨道，加快构建法治化、便利化的集体经济发展的制度环境。既要赋予集体经济组织和集体企业平等的市场主体地位，又要针对集体经济组织作为特别法人的民法地位予以相应的政策支持与保护。在赋予集体经济组织和集体企业平等市场主体地位上，要像重视国有经济那样重视集体经济，像监管国有资产那样监管集体资产，像支持国有企业那样支持集体企业，像保护国有企业员工那样保护集体企业员工。在落实集体经济组织特别法人地位上，要像抓基层党组织建设那样抓集体经济组织建设，像抓基层自治组织建设那样抓集体经济组织建设，在完成集体经济产权制度改革的基础上，建立健全新型集体经济组织的法人治理结构。在市场经营活动中，区别对待集体经济组织及其所属的集体企业，实现市场经济条件下集体经济组织封闭性与开放性的有机统一。

二是全面深化农村集体经济产权制度改革。按照《中共中央国务院关于稳步推进农村集体产权制度改革的意见》以及《关于进一步深化本市农村集体产权制度改革发展壮大农村集体经济的若干意见》（京农发〔2017〕33号）要求，加快推进和完成农村集体经济产权制度改革，构建归属清晰、权能完整、流转顺畅、保护严格的农村集体产权制度，保护和发展农民作为农村集体经济组织成员的合法权益，为集体经济的发展壮大提供切实的保障。对于村级集体经济组织，要因地制宜地推进剩余10个村的集体产权制度改革，强化农村集体经济组织规范管理，建立健全新型集体经济组织的法人治理结构，建立规范内部激励机制，理顺利益分配关系。大力推进按股分红，严格控制举债分配。明确集体资产股份采取集体成员内部转让（赠与）等方式退出，与时俱进地开展集体资产股份权能有序继承和抵押、担保，积极拓展集体资产股权质押权能。对于乡镇集体经济组织，先选择有积极性、有条件的乡镇推进乡镇级集体产权制度改革试点，在取得试点改革的经验后逐步推开。在明晰乡镇和村两级集体产权关系的基础上，通过多种形式的股份合作，统筹发展集体产业，维护股民权益。根据新的《土地管理法》的规定，开展农村集体经营性建设用地入市实践，尽快落实生态资产确权和生态产品交易，启动自然资源资产产权确权登记工作，促进农村集体生态资源的资产化、可量化、可经营。

三是创新体制机制，吸纳更多人才、科技、资金、管理、信息等优质资源要素参与发展集体经济。加快建立健全有利于集体经济组织和集体企业吸纳人才、科技、资金、管理、信息等要素的体制机制和政策体系，充分利用市场化方式，加大人才、资金等要素支持力度。在全面推行向集体经济薄弱村选派第一书记的基础上，鼓励和引导大学生等年轻外来人才到集体经济组织和集体企业就业、创业，同等保护其各项合法权益。可借鉴陕西省袁家村的股份合作经验，坚持集体经济的产权主体地位，在集体经济组织成员入股的基础上，创新设置交叉股、混合股、限制股等允许集体经济组织成员以外的人员购买的股种，吸引外界人才、资源入股，建立社会化、多元化、复合型的股权结构，打通农村集体经济组织与外界的资金、人才、经营联系，解决集体经济缺人才、缺资金、缺管理的问题。充分利用交叉股、混合股、限制股的制衡作用，解决农民和集体、本村和外来人口之间的利益分配问题，将各主体间的利益冲突关系调整为利益捆绑关系，使得各主体间的目标利益完全一致，形成"你中有我、我中有你"的平台经济。深化农村金融体制改革，加强农业保险体系建设，着力解决集体经济发展中融资难、风险大等问题，降低集体经济组织和集体企业的市场风险。鼓励建立政府性融资担保公司或设立风险补偿资金，扶持发展经营风险小、长远效益好的物业经济、物流经济等村级集体经济项目。统筹市区两级帮扶资金精准扶持壮大试点村集体经济。此外，应当实行村集体经济组织和村民自治组织的账务分离，积极探索剥离农村集体经济组织社会性负担的有效途径，进一步规范村集体经济组织承担的村级公益事业费用的使用和管理，村内公共服务、公益事业等公共管理支出应当纳入财政预算，农村集体经济组织应当逐步减少甚至不再直接承担村内公共管理成本。

课题组组长：张英洪、缐佳鑫

课题组成员：李元元、毕珊、刘雯、李婷婷

执笔人：刘雯、张英洪、李元元、毕珊

2020 年 5 月 6 日

北京市延庆区集体经济薄弱村
发展调研报告

  2021 年 4 月，北京市委农工委、市农业农村局与市农研中心组成联合调查组，开展 100 个集体经济薄弱村专题调研。按照联合调研组的统一安排，4 月 19 日—20 日，北京市农村集体经济薄弱村发展问题联合调查组第四组的第 1 小队、第 4 小队和第 5 小队的 12 人分别到延庆区康庄镇小曹营村，旧县镇常里营村，刘斌堡乡营盘村，香营乡上垵村，张山营镇苏庄村，千家店镇沙梁子村，大庄科乡东太平庄村、沙门村、旺泉沟村和珍珠泉乡称沟湾村、桃条沟村、下水沟村进行入村走访和座谈。入村调研结束后，调研小组对各村问卷进行了反复核实和分析，现将调研情况报告如下。

一、基本情况

  延庆区 2020 年 1—11 月集体经营性收入低于 10 万元的村共有 87 个，分布在 14 个乡镇（八达岭镇无），主要集中在东部 4 个山区乡镇（大庄科乡、千家店镇、四海镇、珍珠泉乡），共 42 个村，占 48.3%。本次调研选取延庆区 12 个集体经济薄弱村进行调查，占延庆区集体经济薄弱村的 13.8%，其中大庄科乡和珍珠泉乡共 6 个村，占东部 4 个山区乡镇集体经济薄弱村的 14.3%。

（一）12 个村的资源要素情况

1. 八成左右的集体土地是林地，集体经营性建设用地仅占集体土地的 0.5%。12 个村集体土地总面积 8.67 万亩，其中耕地面积 0.74 万亩，占集体土地总面积的 8.57%；园地面积 0.54 万亩，占集体土地总面积的 6.26%；林地面积 6.95 万亩，占集体土地总面积的 80%；集体建设用地面积 0.17 万亩，占集体土地总面积的 2.12%，其中集体经营性建设用地仅占集体土地的 0.5%。

表 1　12 个受访村土地资源情况（亩，%）

乡镇	村	耕地	园地	林地	其他农用地	小计	建设用地	未利用地	总面积
康庄镇	小曹营村	660	—	3	17	680	129	17	826
旧县镇	常里营村	1620	17	173	556	2367	165	97	2628
刘斌堡乡	营盘村	1662	187	8544	6	10399	259	24	10682
香营乡	上垅村	388	498	5834	23	6743	124	33	6900
张山营镇	苏庄村	1280	832	987	311	3410	273	810	4493
千家店镇	沙梁子村	683	1370	18479	8	20540	375	414	21328
大庄科乡	东太平庄	66	440	6500	3	7009	77	7	7093
	沙门村	136	212	1512	3	1863	34	0	1897
	旺泉沟村	5	659	5072	0	5735	32	305	6072
珍珠泉乡	称沟湾村	587	438	6989	11	8026	131	5	8162
	桃条沟村	27	317	11863	0	12207	64	91	12362
	下水沟村	331	463	3511	3	4309	56	41	4406
合计		7445	5433	69467	941	83289	1719	1844	86849	—
占比		8.57	6.26	79.99	1.08	95.90	2.12	1.98	—	—

2. 农民老龄化程度达到 36.7%。12 个受访村共有村民 1678 户 3330 人，其中村民最多的村庄是千家店镇沙梁子村，有村民 366 户 775 人；村民最少的村庄是大庄科乡沙门村，仅有村民 22 户 57 人。12 个受访村共有农户 1150 户，占村民总户数的 68.5%，有农民 2540 人，占村

民总数的 76.3%。12 个受访村的集体经济组织成员共有 2663 人，比农民数量多 180 人。12 个受访村共有就业劳动力 1974 人，占村民总数的 59.3%。12 个受访村人口老龄化程度比较高，60 岁以上的村民共有 985 人，占村民总数的 29.6%；60 岁以上的农民共有 912 人，占农民总数的 36.7%；60 岁以上的集体经济组织成员共有 915 人，占村集体经济组织成员的 34.4%。从劳动力就业的产业分布来看，一产就业 744 人，占劳动力的比重为 37.7%；二产就业 331 人，占劳动力的比重为 16.8%；三产就业 784 人，占劳动力的比重为 39.7%。从劳动力就业渠道来看，外出务工人员 652 人，占劳动力的比重为 33%；公益性岗位就业 375 人，占劳动力的比重为 19%；家庭经营人员 280 人，占劳动力的比重为 14.2%；集体经济组织管理人员 88 人，占劳动力的比重为 4.5%；集体企业就业人员 60 人，占劳动力的比重为 3%。

3. 集体账面资产比较薄弱。2020 年第四季度延庆区 12 个受访的集体经济薄弱村的账面集体资产总额为 8472.9 万元，除康庄镇小曹营村和苏庄村有征地补偿款以外，其他村集体资产总额均低于 1000 万元，其中下水沟村集体资产总额为 209.7 万元，为 12 个村集体资产总额最低的村（图 1）。

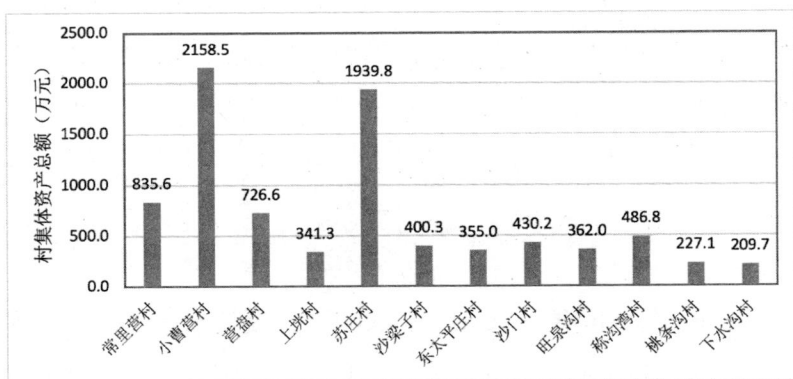

图 1　2020 年延庆区 12 个受访村集体资产总额（万元）

数据来源：北京市农村"三资"监管平台。

（二）12个村集体经济发展现状

延庆区 12 个受访村 2020 年集体经济总收入为 437.8 万元，其中集体企业总收入为 0 元。12 个村集体经济总收入中，主营业务收入和投资收益均为 0 元，其他业务收入为 42.1 万元，营业外收入为 395.7 万元。在营业外收入中，补贴收入为 294.5 万元，占 12 个村集体经济总收入的比重为 67.3%。12 个受访村中有 5 个村的补贴收入占集体经济总收入的比重超过 90%，分别为旧县镇常里营村（91.9%）、刘斌堡乡营盘村（91.7%）、千家店镇沙梁子村（96.3%）、大庄科乡旺泉沟村（96.3%）、珍珠泉乡称沟湾村（98.8%）。

二、集体经济薄弱村发展的主要制约因素及原因分析

（一）主要制约因素

集体经济薄弱村发展面临的最大问题是产业空心化。导致集体产业发展空心化的主要原因是集体产业发展面临着公共服务、资金、政策、劳动力、销售渠道等五个方面的制约。一是缺少有利于集体产业发展的基础设施。旧县镇常里营村，刘斌堡乡营盘村，香营乡上垏村，大庄科乡沙门村、旺泉沟村，珍珠泉乡下水沟村等 6 个村提出集体产业发展的基础设施不足。二是缺少集体产业发展的资金。旧县镇常里营村，千家店镇沙梁子村，大庄科乡东太平庄村、沙门村，珍珠泉乡称沟湾村等 5 个村提出集体产业发展缺乏资金的问题。三是缺少产业发展的扶持政策。康庄镇小曹营村，千家店镇沙梁子村，珍珠泉乡称沟湾村、桃条沟村 4 个村提出缺少产业发展的扶持政策。四是缺乏有效劳动力资源。大庄科乡东太平庄村、旺泉沟村和珍珠泉乡下水沟村 3 个村提出缺乏有效劳动力的问题。五是缺乏农产品销售渠道。刘斌堡乡营盘村，大庄科乡东太平庄村、沙门村 3 个村提出缺乏产品销售渠道。

（二）原因分析

1.较强的体制机制约束是导致集体经济薄弱村产生的根本原因。一是农村集体产权不清，农村集体资产产权归属不清晰、权责不明确、保护不严格，严重损害了农村集体经济组织及其成员的财产权利。农村集体产权制度改革不到位、不及时，集体经济组织与成员之间的产权不清，成员变动后没有及时调整，集体资产被村干部等村内少数人控制。在统分结合的双层经营体制下，农村集体经济组织对集体土地的所有权没有得到有效的保护和实现，生态涵养区农村基本上村集体将全部集体土地都承包到户了，但近年来由于老龄化、劳动力转移就业等原因，大部分集体土地处于撂荒或者低效经营的状态，村集体经济组织要统一经营起来，需要高价从农户手中流转。二是生态涵养区政策不够完善，补偿资金使用不够科学，主要是将生态涵养区的村和农户由财政转移支付"养"起来，而不是从发展的角度对生态涵养区进行保护。在生态涵养区保护政策的硬约束下，生态涵养区村级集体经济组织一直没有找到政策允许的产业发展方向。2019年北京市八成左右的集体经济薄弱村分布在生态涵养区。延庆区村级集体经济组织共有376个，其中有87个村集体经济组织的经营收入低于10万元，占比23.1%。三是乡村地区作为建设用地减量的重点区域，生态涵养区农村集体经济组织对发展观光休闲、农产品加工等二三产业所需建设用地在一定程度上受到了约束。延庆区香营乡上垧村曾推动在村内打造国防教育基地，但由于用地指标的限制最终无法落地。称沟湾村有50亩集体建设用地，计划与社会资本合作开发，但由于政策限制已经闲置10年。还有的村有成熟的项目，但是没有集体经营性建设用地，发展受到限制。

2.部分村干部维稳心态大于发展冲动，对于发展集体经济的内生动力并不足。一是长久以来的各类补贴政策，使很多集体经济薄弱村形成了"等、靠、要"的思维定式，缺乏自力更生、谋求自身产业可持续发展的内在动力。二是近年来部分农民生活富裕与集体经济发展明显脱节，出现了"富了和尚，穷了庙"的现象，村庄治理经费主要依靠"张口饭"，村集体经济在共同富裕和乡村治理的经济基础作用受到挑战，农户和村"两委"发展集体经济的内生动力不足。

3. 多数集体经济薄弱村发展缺少领头羊。村干部老龄化、受教育水平相对较低，有的不会用电脑、不会用微信，很难适应现代市场竞争的要求，更缺乏现代经营理念和经营能力。调研显示，村支部书记（村主任）的年龄普遍偏大，12个受访村中大于55岁的村支部书记（村主任）有5人，45岁至54岁的村支部书记（村主任）有5人，45岁以下的村支部书记（村主任）只有2人。村支部书记（村主任）的学历相对较低，12个受访村中只有2位村支部书记（村主任）是大专学历，其余8位村支部书记（村主任）是高中（中专）学历，2位村支部书记（村主任）是初中学历。12个受访村的第一书记配比率为50%，仍然有6个村没有配备第一书记。

4. 缺乏乡村集体经济发展的实体。一方面，乡村集体经济组织处于虚化状态。12个受访村及所在的乡镇均存在乡镇集体经济组织和村级集体经济组织有名无实的情况。乡镇、村干部对集体经济发展的相关政策不熟悉，集体经济组织只有牌子和印章，没有真正的运营实体，集体经济组织章程也处于墙上挂挂的状态，集体经济组织的股东大会、股东代表大会没有真正发挥作用。另一方面，集体企业处于缺位状态。从问卷调查情况来看，12个村均没有村级集体企业，也没有私营企业，12个村中有6个村有农民专业合作社，共计9家，带动社员共245人，占12个村人口的7.35%。其中，香营乡上垙村的北京缙阳种植专业合作社2020年的经营收入为21.04万元，珍珠泉乡称沟湾村的北京京北珍珠山水大榛子专业合作社 2020 年的经营总收入为 2 万元，其余 7 家农民专业合作社 2020 年的经营收入均为 0 元。这 9 家农民专业合作社均不是村集体领办的农民专业合作社。

三、受访村发展集体经济的思路与政策需求

（一）受访村发展集体经济的主要思路

12 个受访村集体产业发展均具有一定的资源要素基础，也有不同的发展优势和空间。从受访村目前发展集体经济的思路来看，主导产业集中在发展特色种植业和观光休闲与乡村旅游业。有 7 个村计划发展杂粮、中草药材和蔬菜等特色种植业，占 12 个受访村的 58.3%；有 6 个村计划发展观光休闲与乡村旅游业，占 12 个受访村的 50%（图 2）。

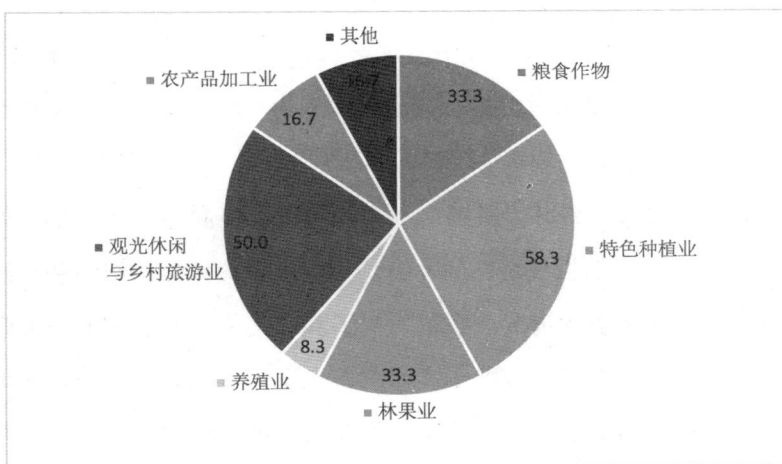

图 2　延庆区 12 个受访集体经济薄弱村产业发展思路

具体来看，计划发展特色种植业的村主要有 3 个类别：一是发展香草种植加工业。在延庆区委、区政府的大力支持下、在大庄科乡党委政府的持续推动下，大庄科乡整体打造香草产业全产业链，推动产学研深

度融合、推动一二三产业深度融合，目前已经带动了全区 10 个乡镇的 24 个村发展香草种植业。在沙门村发展香草精油提取加工业的带动下，旧县镇常里营村也在尝试发展香草产业。二是发展中草药种植业。千家店镇沙梁子村、珍珠泉乡称沟湾村均计划与观光休闲和乡村旅游业相结合发展中草药种植。三是杂粮作物种植业。香营乡上垙村、千家店镇沙梁子村、珍珠泉乡称沟湾村等计划种植谷子、藜麦、水果玉米、蔬菜等。计划发展观光休闲与乡村旅游业的主要是依托本村闲置农宅发展精品民宿。康庄镇小曹营村计划利用本村回迁房中 30 余套剩余房屋，发展高端日租民宿，并利用腾退的 100 亩宅基地还耕种植粮食作物。香营乡上垙村计划依托闲置农宅发展民俗户，种植杂粮，如谷子、藜麦。旧县镇常里营村计划在镇政府的帮助下发展光伏发电，与沙门村联合开展香草种植业，与隐居乡里合作发展老马精品民宿，但目前老马精品民宿主要是村内个人投资，与村集体经济组织未建立起利益联结机制。张山营镇苏庄村、大庄科乡旺泉沟村均依托周边的成熟景区资源发展观光休闲与乡村旅游业。

（二）政策需求

12 个受访村对发展集体经济的政策需求主要集中在财政投入、产业基础设施建设、产业配套设施建设、市场销售渠道四个方面。12 个受访村中有 7 个村提出了加大财政投入力度的需求，主要用于集体产业发展的启动经费；有 7 个村选择加强产业基础设施建设需求；有 4 个村选择加强产业配套设施建设；有 5 个村选择市场销售渠道帮扶。

四、思考与建议

发展壮大农村集体经济是实施乡村振兴战略的重要举措，是实现乡村治理有效的重要抓手，是实现共同富裕的重要路径。然而，当前农村集体经济发展面临着五个方面的制约因素，归根结底是由于体制上的强约束和内生动力不足，建议从以下四方面培植集体经济薄弱村可持续发展的根基。

（一）在体制机制和政策上改革放活。一是适应新发展阶段、新发展理念、新发展格局的要求，研究制定《关于加强农村集体经济组织建设，发展壮大新型集体经济的决定》，为新时代首都乡村集体经济组织建设和新型集体经济发展提供有力的政策指导和支持。二是在体制机制上保障乡村集体经济组织的市场主体地位，在推动农村集体经济组织赋码的基础上进一步打通乡村集体经济组织进行金融信贷、资源开发等方面的制度壁垒。在保持集体经济薄弱村控股的前提下，允许薄弱村集体经济组织与结对帮扶的龙头企业开展股份合作，成立新型市场经营主体，使之成为市场要素进入集体经济组织的入口。三是进一步完善生态涵养区政策，落实《北京市生态涵养区生态保护和绿色发展条例》，在生态保护和有效治理的同时注重绿色发展，加快研究制定生态涵养区适宜产业的发展政策，引导生态涵养区农村集体经济转变发展思路。建立生态产品价值实现制度体系，打造集农田、湖泊、河流、湿地、森林等多种自然生态要素于一体的生态价值实现空间布局，以集体经济组织与社会经营主体合作的方式，构建生态资源管理、开发和运营的平台，促进集体经济薄弱村生态价值向经济价值转变。四是创新解决集体经济薄弱村产业发展用地需求。通过规划预留建设用地指标、点状供地等途径，拓展生态控制区和限制建设区集体经济发展空间。

（二）在内生发展动能上激活主体。一是改变生态涵养区转移支付政策的方式，将"撒芝麻盐式"的"供养"型补贴资金进一步整合，用于绿色发展上来，同时突出集体经济薄弱村的主体地位和作用，进一步优化集体经济薄弱村帮扶资金的使用方式，激活集体经济薄弱村发展的内生动力，关键是激活农村集体经济组织内部的主动性。二是完善农村集体经济组织内部治理结构，落实集体经济分配收益制度，通过集体经济发展壮大，进一步提高农户从集体经济获取的所得占比，让集体经济组织成员有获得感，增强内部联结和凝聚力量。三是通过加大农村党员干部培训力量，提升农村集体经济组织带头人的经营管理水平，鼓励吸纳返乡农村青年人才到集体经济组织就业创业，充实农村集体经济薄弱村"乡土"人才队伍。

（三）在集体经济组织振兴上夯实基础。一是进一步深化农村集体经济薄弱村产权制度改革，动态监测集体经济组织家底、明晰集体产权关系，建立"归属清晰、责权明确、保护严格、流转顺畅"的农村集体经济现代产权制度，探索乡村集体经济组织对土地等集体资源所有权的有效实现路径。二是可以以大庄科乡联社为试点，推动乡（镇）联社的实体化，使之从乡镇政府的集体资产管理部门分离出来，成为具有独立特别法人资格的实体单位，乡（镇）联社董事长人选由村股份合作社代表选举产生，区党委、政府常委会审议通过。在乡镇党委的领导下，乡（镇）联社行使乡镇范围的行业管理和发展统筹，促进农业供给侧结构性改革和农村发展动能转换。三是以乡（镇）联社为主体，建立乡镇联社与农村股份经济合作社之间紧密的成员关系，使乡（镇）联社成为带动农村股份经济合作社共同进入市场的"头部"经营主体，带动乡村集体经济薄弱村与乡镇域内其他集体经济组织联合发展。四是加快完善新型集体经济组织的法人治理结构，完善乡村集体经济发展的利益共享机制，推进乡村集体经济组织股份分红，充分保护和实现农村集体经济组织和成员合法的财产权，增强集体经济组织成员的获得感。

（四）在绿色产业发展上狠下功夫。延庆区地处北京市生态涵养区，集体经济薄弱村发展的关键在于找到适宜生态涵养区的发展方向，在绿色发展上做文章，加强对农村集体经济薄弱村产业发展的引导。一是明确生态涵养区适宜发展的产业目录，构建生态涵养区全域有机农业产业体系，发展立体循环的生态型林下经济，推动生态旅游业、中医药康养业、数字经济等新型绿色产业发展。注重文化资源、生态资源与现代要素的有机结合，深入挖掘长城文化、红色文化、农耕文化、奥运文化，建设乡村博物馆，创造有价值的艺术乡村。二是完善集体经济薄弱村绿色发展的配套公共基础设施和产业基础设施，提高集体经济薄弱村交通基础设施水平，改善乡村基础教育、医疗卫生发展环境，提升基础教育和医疗水平。三是集体经济薄弱村应积极调整和转变自身发展思路，立足本区、本乡镇在首都城市"四个中心"功能定位中的地位和作用，适应新时代、新理念、新格局的发展需要，充分利用和发掘自身资源要素优势。

调研组组长：刘军萍

执笔人：王丽红

2021 年 7 月 29 日

北京市延庆区大庄科乡沙门村集体经济发展调研报告

2021年4月20日和6月22日，北京市农业农村局、北京市农研中心"农村集体经济薄弱村"联合调查组第四小组先后赴延庆区大庄科乡沙门村开展农村集体经济薄弱村专题调研，现将调研情况报告如下。

一、基本情况

沙门村位于延庆区大庄科乡西部[1]，东邻慈母川村，西邻景而沟村，南邻霹破石村，北面是燕羽山。沙门村是一个深山里的小村庄，距离北京城区70公里，距离延庆城区50公里。据调研，2020年全村共有22户57人，是延庆区大庄科乡最小的行政村。沙门村57人中有7人是残疾人、60周岁以上人口12人，占全村人口的21%。沙门村集体土地4423.2亩，其中农用地4344亩、建设用地79.2亩。农用地中耕地136亩、园地50亩、林地（含山场）4158亩。建设用地中宅基地78.3亩，公共设施服务用地0.9亩。沙门村是泥石流搬迁村，2014年该村居民全部搬

---

[1]延庆区大庄科乡位于延庆区东南部深山区，东南与怀柔区九渡河镇为邻，南与昌平区十三陵镇接壤，西、北与本区井庄镇、永宁镇毗邻。全乡有29个行政村、40个自然村。

迁到村边新居。目前沙门村共有 17 套农宅，一宅多户的有 5 户，占地面积 3720 平方米，目前没有闲置农宅流转情况。村内耕地 136 亩已经全部流转，其中 6 亩用于平原造林，其余 130 亩耕地转入村内农民专业合作社，用于种植香草。村内园地 50 亩主要由一家一户分散经营，用于种植核桃、板栗、山楂等。目前，村民收入主要依靠村内林果产业和香草产业。

二、沙门村产业发展的现状与成效

近年来，在大庄科乡党委、政府的大力支持下，在北京农学院香草专家和沙门村书记的共同努力下，黄土梁村的 1 亩香草试验田变成了带动延庆区 10 余个乡镇 2000 亩的香草产业，小香草已经变成了大产业，真正践行了"绿水青山就是金山银山"。沙门村香草低收入产业项目在第二届"全球减贫案例征集活动"2020 全球减贫伙伴研讨会上获得首批 34 个最佳案例。农业农村部将沙门村设为农村干部培训管理学院实习教育基地。

（一）独特自然环境为特色产业发展奠定了基础。大庄科乡是一个独立的小盆地，气候特殊，植被覆盖率高，生态优良，乡域年平均气温 8℃，无霜期 180 天左右。年平均降水量 596.7 毫米，日照时数 2385.6 小时，年蒸发量约 1600.5 毫米。在这样的乡域环境下，沙门村具备了独特的自然生态环境优势。沙门村平均海拔 1000 米左右，气温较低，昼夜温差大，夜间平均气温 0℃，白天最高气温 30℃，酸性的砂壤土，土质肥沃[1]，山泉水甘甜清冽，水质极佳[2]。

（二）香草专家落户沙门村，孕育出了新产业。2017 年，在北

---

[1]资料来源：http://bj.bendibao.com/tour/2016421/223041_3.shtm.

[2]资料来源：《北农教授进村入户京郊农民增收致富》，2021年5月21日.https://news.bua.edu.cn/info/1002/22427.htm.

京农学院派驻大庄科乡黄土梁村"第一书记"李志敏和北京农学院香草专家谷继成教授的帮助下,黄土梁村成功试种了 1 亩金盏菊、玫瑰天竺葵、柠檬香茅、薄荷等 7 个香草品种。2017 年下半年,应沙门村书记闫贵发的邀请,李志敏书记和谷继成教授来到沙门村调研。谷继成教授非常敏锐地发现这个村庄的气候、土壤、水资源条件都非常适合种植香草,李志敏书记发现这个村的民风淳朴、开放,很容易接受新鲜事物,并且闫贵发书记具有很强的实干精神,他带领的村"两委"班子经协商,决定为谷教授免费提供 3 个大棚,用于香草育苗。就这样,在良好的自然生态环境和良好乡村民风的吸引下,香草专家落户沙门村,与远见务实的村书记联起手来,在沙门村建立香草研发中心,发展香草种植和继续开展精油提炼技术研发。2019 年,谷继成教授专研了 20 多年的香草精油提炼技术在沙门村试验成功。据测试,精油加工设备出油量达到国内领先水平,这为香草精油加工业发展打开了新天地。目前谷继成教授的香草加工设备已经申请了专利产品,并成立了北京大庄科香草实业有限公司,注册了"燕羽山"精油品牌,购进精油加工设备 164 套,同时与上海彤颜实业有限公司、北京果香源生物科技有限公司达成框架合作协议,与上海遇鑫公司等达成销售协议,解决了精油产品的市场销售渠道问题。闫贵发书记成立了燕羽山种植专业合作社,带领村民发展香草种植业,带动本村和周边村民共同走上了芳香致富路。

(三)五位一体模式下的香草全产业链发展。2018—2020 年,大庄科乡党委、政府以北京农学院香草专家的核心技术为支撑,以沙门村为圆心,陆续投入低收入项目资金 1275 万元,截至 2020 年底,形成固定资产 1135 万元,建立和完善了香草研发中心、乡级香草种苗培育基地、村级香草种植基地、香草手工坊、香草文化馆、香草体验馆等香草产业基础设施和配套设施,不断推动大庄科乡香草全产业链发展。

香草产业逐步形成了"政府 + 研究所 + 企业 + 合作社 + 农户"的五

位一体发展模式。政府负责规划指导、政策扶持，研究所提供技术指导，公司负责加工、包装和销售，合作社负责统筹村内集体资源，组织农户培育香草，以及与企业对接，农户提供土地和劳动。据调研，沙门村的北京燕羽山种植专业合作社不但带动了本村农户增收，而且将全乡6个村150多名村民吸纳到香草产业链中。通过"政府＋研究所＋企业＋合作社＋农户"的发展模式，辐射带动大庄科、永宁、井庄、四海、刘斌堡、旧县、大榆树、珍珠泉、张山营、沈家营等10个乡镇，2020年种植面积973亩，2021年种植面积扩大到2000亩。

目前沙门村大多数村民都从事一产，其中50岁以上的劳动力占比超过40%，村民主要收入为从事农业的经营性收入、加入合作社参与香草育苗的工资性收入等。2020年沙门村人均收入达到4.58万元，其中工资性收入1万元、土地流转收入3万元、育苗收入0.18万元、精油回收0.4万元。参与种植香草的大庄科乡各村预计年增收200万元。目前沙门村也正筹备建立香草精油提取加工业和一二三产相融合的产业观光园，大力发展旅游业，进一步带动村民增收。

三、沙门村集体经济发展现状及薄弱的原因

根据北京市农村"三资"监管平台数据，2020年该村集体经济总资产为430.2万元，集体经济总收入16.1万元，主要来源于营业外收入，其中财政补助收入10万元，主营业务收入、其他业务收入和投资收益均为0元。然而，沙门村与其他集体经济薄弱村不同的是本村产业发展势头良好，农民收入也从2万元增加到4万余元，但是乡村集体经营性收入仍然低于10万元。究其原因主要有两个：

（一）香草产业发展与集体经济没有建立起关联。香草产业发展运营模式为"政府＋研究所＋企业＋合作社＋农户"，在这个产业主

体链条中没有乡村集体经济组织。其中的合作社即燕羽山农民专业合作社，负责统筹村内集体资源。据调研，该合作社注册地为村集体公益性用地和办公用房。但是按照《农民专业合作社法》，农民专业合作社并没有统筹村内集体资源的职能，一般的农民专业合作社也不具备统筹村内集体资源的能力。沙门村燕羽山农民专业合作社之所以能够统筹村内集体资源，根本原因是该合作社法人是村书记。据了解，其他农民专业合作社也有类似的做法，这种做法的根本原因是集体经济组织的主体虚化，村集体资产的产权主体不明晰，村集体经济组织被排斥在产业发展之外，出现"个人富、集体穷"的现象，导致财政补贴资金和村集体资产也存在精英俘获的风险。

（二）乡村集体经济组织虚化。2000 年前后，北京市远郊区实行乡镇机构"三改二"改革，即保留乡镇党委和乡镇政府，撤销农工商联合总公司，在乡镇政府内设置集体资产管理委员会。这一改革对京郊乡村集体经济组织，特别是乡镇集体经济组织的影响非常大，乡（镇）联社变得有名无实。沙门村香草产业发展之所以没有与集体经济建立起关联的重要原因是乡村集体经济组织虚化。据调研，延庆区 12 个集体经济薄弱村及所在乡镇均存在着集体经济组织有名无实的情况。乡镇、村干部对集体经济发展的相关政策不熟悉，集体经济组织只有牌子和印章，没有真正的运营实体，集体经济组织章程也处于墙上挂挂的状态，集体经济组织的股东大会、股东代表大会没有真正发挥作用。沙门村集体经济组织与其他山区村一样，也是由村委会代行职能。村股份经济合作社社长由村书记、主任一肩挑。该村书记从 2001 年任村主任，2007 年 6 月任村书记（兼主任），2011 年 6 月至今兼任村书记、主任、股份经济合作社理事长。村委共有 6 人，也负责股份经济合作社管理工作。

四、沙门村产业发展面临的问题与政策需求

（一）由于禁限目录限制，产业链无法形成闭环。在大庄科乡香草产业发展的计划中，是将香草产业做成集香草研发、培育、种植、加工、销售的全产业链。目前香草种植业已经初步形成规模，香草精油提取技术也取得了关键性突破。北京市重点实验室农业应用新技术实验室出具证明，水蒸馏植物精油技术对环境没有负面影响。然而，关于香草精油提取的加工业属于化学制品制造业，《北京市新增产业的禁止和限制目录 (2018 年版)》针对生态涵养区的规定十分严格，明确规定制造业中除研发、中试、设计、营销、财务、技术服务、总部管理等非生产制造环节、本地农业废弃物生产有机肥用于就地改良土壤的、市级以上开发区和产业园区的例外，其他制造业项目均在禁限范围。这样的规定导致北京市生态涵养区的产业发展受到严重制约。延庆区 2000 亩香草种植出来，如果不进行就地加工，而是转运到外省进行加工，不但增加运输成本和原料损耗，而且损失了加工环节的巨大收益。如果没有香草精油提取环节的跟进，也就没有办法形成现代产业体系，农户也无法分享全产业链收益，甚至导致香草种植业发展前景堪忧。因此，还需要进一步细化产业支持和限制政策。

（二）财政支持资金需求仍然比较迫切。一方面，产业发展需要更大范围的资金支持。目前财政资金对香草产业的支持主要侧重于固定资产投入和消耗性农资投入，其中固定资产投入是部分投资，需要村集体配套一部分自有资金，比如建设育苗大棚，财政支持了改造棚的资金，没有支持土地整理的资金。正是由于这个原因，香草产业园的发展与扩建导致沙门村有了 10 万元左右的负债，农民在香草产业园的务工收入也处于拖欠状态。另一方面，需要进一步加强产业基础设施建设支持。随

着香草种植规模的不断扩大，香草种植所需的配套基础设施明显不足，比如微灌设备。

五、思考与建议

大庄科乡、沙门村香草产业发展的实践证明，当合适的要素紧密结合就可以利用好绿水青山的优势资源，在生态涵养区保护政策之下，也可以有合适的产业发展道路。生态涵养区的乡村要发展必须以绿色发展理念为导向，依托自身的资源要素优势，才能找到政策允许的适合自身发展的道路。沙门村和谷继成教授的实践，让我们看到了生态涵养区绿色产业发展的希望，也看到了生态涵养区集体经济发展面临的问题，对开展全市集体经济薄弱村帮扶工作很有启发。推动生态涵养区集体经济薄弱村发展，需要从以下四个方面着力。

（一）加强政策和科技的双重支撑。一方面生态涵养区集体经济需要在绿色发展的大前提下，做好"绿水青山就是金山银山"这篇大文章；另一方面市政府相关部门需要为生态涵养区集体经济和乡村产业发展提供强有力的政策和科技支撑。一是加快研究制定生态涵养区适宜产业的发展政策，并为乡村产业自主发展留有一定空间，适度放宽对京郊乡村加工业的限制。二是在财政支持层面，应进一步整合支持生态涵养区产业发展和集体经济薄弱村发展的财政资金，在乡村基础设施、产业基础设施方面给予按需帮扶。三是在科技支持方面，应为科技工作者搭建一个科技人才走进田间的通道和平台，为科技转化为生产力提供更大力度的支持。以谷继成教授为例，谷继成教授20多年里一直在校园内从事芳香植物研究和教书育人工作。直到2017年，他遇到了北京农学院到大庄科乡黄土梁村任第一书记的李志敏，才走进了京郊田野大地。

2019年市委统战部部署"北京科技小院"落户大庄科乡黄土梁村，谷继成教授正是借助"北京科技小院"这个平台，将自己的实验室搬进了黄土梁村和沙门村，也为大庄科乡香草产业从0到1的质变，再到从1到N的巨变打下了基础。据了解，北京市已在9个区挂牌成立40家科技小院，辐射带动周边192个村，其中包括低收入村62个，辐射低收入户1700多户，解决1300多人就业，实现农民技术培训6500余人次。科技小院管理联盟成员单位也由10个增为12个。然而，这与590个集体经济薄弱村的数量相比，还有很大缺口。建议进一步扩大"北京科技小院"规模，加大对专家建设乡村试验田、实验室、开展技术推广等方面的经费支持和保障，让更多的实验室专家走进乡野，发现和孕育更多有潜力的符合集体经济薄弱村发展方向的乡村产业。

（二）提升乡村干部发展集体经济的理论与实践水平。在新时代全面推进首都特色乡村振兴战略中，各级党委和政府应从指导思想上做到对加强农村集体经济组织建设和发展壮大新型集体经济的真正重视，特别是乡村干部是推动乡镇、村集体经济组织建设的"操盘手"，更加需要从根本上认识到推动集体经济组织振兴的重大意义，将推动乡村集体经济组织规范发展落到实处。建议抓住乡村干部这个关键主体，提升乡村干部推动乡镇、村集体经济组织建设的观念和能力至关重要。一是通过专题培训班、专题座谈交流会等方式，开展系列集体经济组织建设与发展的专题培训，提高乡村干部推动农村集体经济组织建设与发展的思想认识和能力水平。二是创新结对帮扶工作机制，由组织部门通过干部交流的方式，让生态涵养区乡镇集体经济的负责人到朝阳、海淀、丰台、石景山、大兴的农经管理部门挂职锻炼，在实践中学习掌握集体经济组织规范发展的具体经验。三是总结和推广北京市各区、乡镇农村集体产权制度改革、农村集体经济组织规范化建设的先进经验，为各地区推动农村集体经济组织建设和集体经济发展拓展思路。

（三）推动生态涵养区集体经济组织实体化。一是进一步深化农村集体经济薄弱村产权制度改革，动态监测集体经济组织家底、明晰集体产权关系，建立"归属清晰、责权明确、保护严格、流转顺畅"的农村集体经济现代产权制度，探索乡村集体经济组织对土地等集体资源所有权的有效实现路径。二是推动乡联社的实体化，使乡联社从乡政府的集体资产管理部门分离出来，成为具有独立特别法人资格的实体单位，乡联社董事长人选由村股份合作社代表选举产生，区党委、政府常委会审议通过。在乡镇党委的领导下，乡联社行使乡镇范围的行业管理和发展统筹，促进农业供给侧结构性改革和农村发展动能转换。三是以乡联社为主体，建立乡镇联社与农村股份经济合作社之间紧密的成员关系，使乡联社成为带动农村股份经济合作社共同进入市场的"头部"经营主体，带动乡村集体经济薄弱村与乡镇域内其他集体经济组织联合发展。四是加快完善新型集体经济组织的法人治理结构，完善乡村集体经济发展的利益共享机制，推进乡村集体经济组织股份分红，充分保护和实现农村集体经济组织和成员合法的财产权，增强集体经济组织成员的获得感。

（四）重点做好产业发展中的利益分配机制设计。乡村振兴需要在共建共治共享的社会治理理念下，扎实推动共同富裕，不断增强人民群众的获得感、幸福感、安全感。在乡村产业振兴中，通过建立良好的利益共享机制，发挥好、保护好、实现好各类型主体的合法权益，使乡村集体经济组织与其他经营主体成为乡村产业振兴中的共建共治共享主体。以沙门村产业发展模式为例，应在做好集体产权制度改革的基础上，合理评估农村集体固定资产价值，并允许集体经济薄弱村财政支持资金转化为乡联社产业发展资金，以作价入股的方式分别入股公司和燕羽山农民专业合作社，并按照乡联社——企业——村股份经济合作社的结构进行按比例分享发展成果。沙门村股份经济合作社如果有村集体资产或资源参与产业发展，也应按照村股份经济合作社——企业——农民专业合作社——农户的结构进行按比例分享发展成果。

调研组组长：刘军萍

调研组成员：张英洪、徐建军、韩生、李明、王丽红、周雅希、王宗亮、李海燕、刘斌、谷继成、闫贵发

执笔人：王丽红

2021 年 7 月 29 日

北京市密云区不老屯镇半城子村集体经济发展调查

摘要：本报告以北京市密云区不老屯镇半城子村为例，探讨北京市生态涵养区深山村庄的集体经济发展困境，总结了半城子村集体经济发展存在"四有四无"问题，有林地无收入、有资产无经营、有风景无产业、有水库无水喝，认为半城子村集体经济发展受制于村集体经济组织没有正常运行，部门管理不精细，产业发展用地不配套，生态公益林补偿标准较低，水源保护政策极大地增加了集体经济发展的制度成本等问题，建议加强村集体经济组织规范化建设，充分发挥集体经济"统"的作用，妥善处置好各部门遗留在村庄的闲置资产，提供支撑乡村建设发展的用地保障，探索实现生态价值的市场化机制。

北京市密云区不老屯镇半城子村地处密云水库北部重要的水源涵养区，是原半城子乡政府所在地，兼具生态涵养区集体经济薄弱村的一般特征和因历史原因形成的个性特征。按照市农业农村局、市农研中心开展 100 个集体经济薄弱村专题调查的部署安排，2021 年 4 月 28 日，第一调查组第 1 小组赴密云区不老屯镇半城子村开展了集体经济薄弱村专题调研。

一、发展现状

（一）总体情况

半城子村北靠燕山山脉，南临密云水库，内衔半城子水库，属于饮用水水源二级保护区，距离密云城区 54 公里，距离北京市区 134 公里，风景秀丽，地表水充沛。

半城子村总人口为 765 人，其中农业户籍人口 653 人、非农业户籍人口 112 人。长期居住在村的人口在 226—360 人之间，平均年龄在 50 周岁以上，春夏秋在村居住较多，冬季较少。农户的收入主要来源于板栗种植、外出务工和公益林补偿、水源二级保护区补偿等转移性收入。村域面积为 12165 亩，其中农用地为 11834 亩、建设用地为 331 亩。农用地中有耕地 105 亩、林地 11707 亩、其他农用地 22 亩。建设用地中有宅基地 329 亩、公共管理与公共服务设施用地约 2 亩。全村共有农宅 265 套，其中闲置 50 套、一户多宅 4 套、一宅多户 23 套。

半城子村于 2010 年完成了集体经济产权制度改革，成立了半城子村股份经济合作社，现有村集体经济组织成员 653 人。村集体资产情况如下：一是资源性资产，村内的 40 亩耕地全部承包到户，实行家庭承包经营；2000 多亩商品林全部采取确权确地的方式承包到户，也实行家庭承包经营；9000 多亩生态公益林按照"均股不分山，均利不分林"的原则，采取"确权入股、确权确利"的方式，以村为单位明晰股本，确定股份份额，平均分配给本集体经济组织成员，该部分生态林没有进行开发利用，唯一收入来自全市山区生态公益林生态效益补偿（用于补偿做出生态贡献的山区农村集体组织和农民），每位集体经济组织成员每年获得 100—300 元的补偿费用。二是经营性资产，村集体拥有服装厂、机修厂、煤厂、兽医站等经营性资产，但是这些资产的原有用途早已停用，处于闲置状态。村里没有在营的集体企业、专业合作社，目前几乎没有集体产业。

截至 2020 年底，半城子村集体资产总额为 6352637.97 元，所有者权益为 4701515.6 元，负债为 1651122.37 元。2020 年，半城子村集体总收入为 970842.83 元，其中经营收入为 10346.81 元，补贴、补助收入为 960496.02 元。总支出为 1012655.49 元，其中管理费用为 69103.4 元，公益事业专项支出为 149679.94 元，投资项目预算支出 150000 元。

（二）主要特点

该村集体经济发展的现状呈现为"四有四无"。

1. 有林地无收入

该村林地面积约为 11000 亩，其中板栗林约占 2000 亩、生态林约占 9000 亩，是该村最大的农林资源。板栗林大约由 210 名农户分散承包经营，由于没有任何灌溉设施，且多年未引进新品种和新技术，板栗的品质一般，主要依靠收购商上门低价收购，销售所得除去剪枝、打药、打栗子等人工成本，再加上大小年产量因素，种植板栗基本上没有收入。此外，半城子村从事板栗种植的农户老化严重，平均年龄在 55 岁以上，这些农户的子女多在外打工，很多人都不知道自己家的承包地在哪里，树在哪里，回家务农的意愿几乎为零。板栗种植面临无人种植、无人管理的难题。生态林仅具有生态保护和水源涵养的功能，没有进行任何经济功能的开发利用，没有经营性收入。

2. 有资产无经营

半城子村原隶属于半城子乡，是原半城子乡政府所在地。1993 年起，随着半城子乡撤销、并入不老屯镇，半城子村归并不老屯镇管辖。由于半城子村原属于乡域范围，因此半城子村里保留了很多当时作为乡政府所在地遗留下来的公共设施和闲置厂房，这些资产的所有权一部分归属各级政府和相关部门所有，如原乡政府产权归不老屯镇政府、供销社产权归供销总社系统、信用社产权归北京农商银行系统、中学产权归教委系统、粮站产权归粮食集团、电管站产权归国家电网、半城子水库发电站产权归区水务局；一部分归村集体经济组织所有，包括原服装厂、机修厂、煤厂、兽医站等。这些资源大部分处于闲置状态，仅有少部分设施被简单出租使用。如村集体经济组织所有的服装厂、煤厂在很多年前就签订了永久性出租合同，现被人居住使用。随着村干部一茬茬地更换，已经无人监管这些资源的经营使用情况，也说不清楚租金收缴情况。

3. 有风景无产业

半城子村环抱半城子水库。水库被群山包围，常年有野生飞鸟、野鸭等栖息。绿水青山，环境优美，河道内有麦饭石沉积，被人们冠以"不老湖风景区"美誉。2020年，北京市河长制办公室评定半城子水库为"2020年度北京优美河湖"之一。但是良好的水库自然风光并没有带来乡村观光休闲产业的发展，村内没有任何农家乐、民宿、观光园等旅游休闲服务业态。

4. 有水库无水喝

半城子村地表水充沛，村内还有一个半城子水库，但是却守着水库没水喝、少水喝。村内用水全部来自自备井，需要通过电机泵抽水输往各家各户，由于电机泵长时间运转容易损坏，加之水井中的水量有限，因此村里每天供水的时间控制在1—2个小时。目前各户用水没有收费，集体每年要负担约7万元因抽水产生的电费。

二、主要问题及原因

半城子村集体经济发展存在内部管理运行不规范和外部诸多因素制约的问题。

（一）村集体经济组织没有正常运行

半城子村的集体经济组织与村委会混同管理，村集体经济组织没有独立正常运行，主要原因体现在三个方面：一是集体经济组织带头人身份问题。该村书记为镇派的事业编制干部，不是本村集体经济组织成员，于2021年1月开始担任村书记，同时兼任半城子村股份经济合作社社长。该书记具有旅游专业本科学历，有大学生村官、乡村旅游设计、村书记等工作经验，密云区本地人，农村工作经验丰富，市场意识较强，工作能力突出，本人很有意愿带领班子发展壮大集体经济，但由于该同志为镇派干部，任职时间由镇里把控，具有很大的不确定性，这种人员安排方式在一定程度上使得带头人很难就村集体经济发展做全盘规划和长久谋划。2019年该同志曾经担任过半城子村书记，但是刚干满一年就被调回镇里工作。这次是该同志第二次来半城子村担任书记。二是政经不分问题。村集体经济组织依附于党支部和村委会，没有正常开展有关经济管理与产业发展业务。党支部、村委会没有账户，共同使用村股份合作社的账户，实际上三个组织是一个账户、一本账目、混同管理。三是履职问题。从半城子村的集体经济发展情况来看，村股份经济合作社"统"的功能缺位，没有很好地发挥出管理集体资产、开发集体资源、发展集体经济、服务集体成员等方面的职能作用。

（二）部门管理不精细给集体经济发展设置障碍

半城子乡早在1993年就被撤销，至今已有近30年，按常理，各主管部门应及时处置这些原先服务于乡镇功能的系统内部资产，通过转移、变更和核销所有权、使用权，以及改变资产性质或用途，使得这些资产得到妥善处置。但实际上，近30年来无人问津闲置资产处置问题。以村内的半城子水库发电站为例，该水库早已停止发电功能，水库发电站也早已停止使用，已经闲置了20年以上。但在闲置过程中，作为水库产权部门和主管部门的密云区水务局还要花钱雇人看管废弃的水电站。半城子村因产权问题与用地性质，也无法改造利用废弃的水电站。这一方面造成了公共资源的巨大浪费，另一方面也给半城子村集体经济发展带来困扰。究其原因，存在部门管理不精细、随意性较大的问题。如2020年12月，中华全国供销总社印发了《供销合作社社有资产监督管理办法》，办法中提到资产处置的原则性要求，原文为"供销合作社所属事业单位应当建立健全资产管理制度，规范资产配置、使用和处置管理，落实资产保值增值责任"。但是并未详细规定资产处置的条件与方式，实际上资产处置无法落地。

（三）产业发展用地不配套

按照《密云分区规划（国土空间规划）（2017年—2035年）》，全区共划定城乡建设用地132.5平方公里（含战略留白用地10平方公里，支持怀柔科学城东区建设0.5平方公里），比2016年建设用地规模141平方公里缩减8.5平方公里。全区为实现城乡建设用地减量提质，引导城乡建设用地向城市开发边界内集中，严格控制城市开发边界以外新增城乡建设用地，重点实施集体产业用地、工矿用地减量，稳妥有序地推进农村居民点整理。生态控制区内地建设用地腾退后优先用于还绿，进一步扩大全区绿色空间规模。乡村地区是建设用地减量的重点区域。半城子村地处生态控制区，根据规划要求，半城子村很难新增建设用地，而原废弃厂房所在地也有可能成为减量的对象。就目前来看，村里因为不清楚地块性质，不敢进行资源开发利用，尽管村里想借助水库风景、废弃厂房资源进行综合性、统筹性开发旅游休闲服务产业，但是因为缺少产业用地的支持安排，一直未动手实施。

（四）集体生态公益林补偿标准较低

半城子村属于典型的生态涵养区乡村，紧挨着首都最重要的水源地，肩负着保障首都生态安全和保护水资源水环境的重任，围绕这类村庄的山、水、林、田、湖的政策制度安排明确有别于其他农村地区。在集体生态林资源上，尽管进行了林权改革，但是为了服务首都生态安全的大局，明晰份额后的林权份额并不能流转顺畅、显化价值，而是全部将使用权让渡给政府，由政府支付一定的生态公益林生态效益补偿费用。2010 年北京市政府印发了《关于建立山区生态公益林生态效益促进发展机制的通知》（京政发〔2010〕20 号），做出了建立山区森林生态效益补偿的决策，通过加大生态效益补偿和森林健康经营管理资金投入，进一步鼓励、支持山区农民参与生态公益林保护、建设和经营管理。目前，山区生态公益林生态效益促进发展资金为每年 70 元/亩，现有山区 120 余万农民直接年人均生态补偿收益约 360 元。按照这个标准计算，全市用于补偿集体和农户的山区生态公益林生态效益补偿金额为 4.32 亿元。另据北京市统计局公布的《2019 年北京都市型现代农业生态服务价值监测公报》，2019 年北京都市型现代农业生态服务价值年值为 3895.32 亿元，其中生态与环境价值 2226.44 亿元。全市 1077 万亩生态公益林是产生 2226.44 亿元生态与环境价值的主体，但是仅仅获得了 4.32 亿元的生态效益补偿，这两数之间数百倍的差距反映了集体经济组织在生态林资源中让渡了巨大的利益，为保护首都生态安全做出了巨大的牺牲。

（五）水源保护政策增加了集体经济发展的制度成本

密云区实行的是最严格的水资源管理制度，严格控制用水总量，严格执行对密云水库水源保护区范围的保护和管控要求。半城子村集体经济组织在当前水资源管理的制度框架下，承担了保护水源的直接成本与机会成本。第一，所有的林地资源没有灌溉体系，无论是商品林，还是生态林，都是靠天灌溉，影响了栗树产量，也为林下经济发展带来挑战。第二，由于严控地下水开采，半城子村用水时间和用水量受到限制，村民生活不方便，加重了村集体经济组织公共管理的负担。第三，由于地处饮用水源二级保护区内，尽管现有政策并未禁止二级保护区从事旅游等活动，但是在实际运行中，半城子村因为拿不到工商营业执照无法兴办农家乐、精品民宿等经济业态，无法合法经营乡村旅游产业。

三、政策建议

（一）加强村集体经济组织规范化建设

贯彻落实农业农村部印发的《农村集体经济组织示范章程（试行）》，推动半城子股份经济合作社内部治理的制度化、规范化、程序化。一是按照成员大会或成员代表大会、理事会、监事会等治理机制选举产生社长，实现集体经济组织的民主管理、规范经营，保障集体成员的知情权、参与权、决策权、监督权。二是厘清集体经济组织与党支部、村委会的职能关系和权责边界，实行党务、村务、社务分离，各类组织账户分开，剥离集体经济组织所承担的社区公共管理和公共服务职能，使半城子股份经济合作社专心致力于发展壮大集体经济。

（二）发挥"统"的作用，壮大集体经济

进一步提高集体经济组织在统分结合的双层经营体制中的"统"的力度。一是在当前政策制度框架下，加大对闲置农宅的开发力度，充分利用 50 套闲置农宅，统筹发展乡村民宿、休闲观光农业等；加大对集体成员生产经营的服务力度，成立板栗产销合作社，为栗农提供产前、产中、产后全方位社会化专业化服务，打通销售通路，组织栗树高效优质管护种植，妥善解决栗树无人管理、无人种植等问题；健全完善林场的灌溉设施，发展优质特色林下经济。二是在产业用地政策可落地、闲置资源可合法合规经营使用的条件下，统筹利用"不老湖风景区"、山场、林地、闲置厂房、闲置学校、闲置农宅等资源，通过自主开发、合资合作、投资入股和就业参与等方式联合社会资本，连片打造全村域休闲旅游服务产业。

（三）妥善处置好各部门遗留在村庄的闲置资产

一是各部门应尽快建立完善系统内部的资产管理制度，规范资产配

置、使用和处置方式，让遗留在村庄的部门闲置资产处置有据可依。二是梳理全市村庄的部门历史遗留资产的使用现状，集中解决这些资产处置问题。条件成熟时，有条件的部门可将遗留在村庄的闲置资产以合适的方式交由村集体经济组织统一使用经营，作为扶持壮大农村集体经济发展的具体措施。

（四）提供支撑乡村建设发展的用地保障

一是贯彻落实《北京市生态涵养区生态保护和绿色发展条例》，市规划和自然资源部门制定土地利用年度计划，应当优先保障生态涵养区公益事业、市政基础设施、险村险户搬迁等项目的建设用地需求。二是总结门头沟区点状供地试点做法，探索改革农村供地模式，解决依靠生态资源发展乡村文旅项目时存在的用地难问题。三是探索乡镇统筹利用集体建设用地模式。成立镇土地股份联合社，采取土地股份合作制方式，鼓励所辖村庄利用本村集体土地使用权作为股份投入乡镇土地股份联合社，连片打造乡村三产融合产业，所有收益按照各村持有的土地股份分配，实现集体经营性建设用地规模化、集群化发展。

（五）探索实现生态价值的市场化机制

根据市统计局对都市农业生态服务价值的估算与测量结果，完全靠政府财力提供标准合理的生态保护补偿，很不现实。应贯彻落实《北京市生态涵养区生态保护和绿色发展条例》，尽快探索生态补偿的市场化机制。一方面，以精细化治理方式代替"一刀切"式的保护方式，对生态涵养区的资源环境承载能力和国土空间开发适宜性进行科学化评价和精细化评估，分类评价不同类型经济活动或项目建设对于自然资源和生态环境保护的破坏程度与影响级别。根据评价结果，科学分类、有度有序开发符合生态涵养区功能的相关产业与项目建设。另一方面，建立健全市场化的生态保护补偿机制，加快构建更多体现生态产品价值、运用经济杠杆、采用市场办法的生态保护制度体系，推动用能权、用水权、碳排放权交易，促进符合条件的生态资源资产化、可量化、可经营。

调研组组长：张光连

调研小组成员：葛继新、张英洪、范宏、周庆林、曹洁、陈珊、富裕、马晓立、刘雯、肖焕军、杜成静、陈新美、王彩虹

执笔人：刘雯

2021 年 8 月 17 日

中　篇

农村集体经济组织

农村集体经济组织研究报告

通常意义上所说的农村集体经济组织，是指产生于20世纪50年代农业合作化运动、建立在农村集体土地所有制基础上的具有中国特色的乡村社区型综合性经济组织。从政策理论研究上说，农村集体经济组织可以从广义和狭义两个方面去理解和把握。广义上的农村集体经济组织包括农村社区型集体经济组织和非社区型农村合作经济组织，具体涵盖农村生产合作、供销合作、信用合作等各类具有综合性合作与专业性合作的农村集体经济组织和合作经济组织；狭义上的农村集体经济组织特指以农村土地集体所有制为基础的社区型综合性经济组织。本研究所指的农村集体经济组织为狭义上的农村集体经济组织，即建立在农村集体土地所有制基础上的具有中国特色的乡村社区型综合性经济组织。农村集体经济组织是个泛称概括，它在不同时期有不同的具体名称，在建立初期表现为农业生产合作社，当前主要表现为乡村经济（股份经济）合作社等。[1]

---

[1] 2017年11月23日上海市第十四届人民代表大会常务委员会第四十一次会议通过、自2018年4月1日施行的《上海市农村集体资产监督管理条例》界定的农村集体经济组织是指乡镇、村、组成员以生产资料集体所有制为基础建立的合作经营、民主管理、服务成员的组织。2020年8月21日黑龙江省第十三届人民代表大会常务委员会第二十次会议通过、自2020年10月1日起施行的《黑龙江省农村集体经济组织条例》第三条界定的农村集体经济组织是指在集体统一经营和家庭分散经营相结合的双层经营体制下，土地等生产资料归全体成员集体所有，具有公有制性质的农村社区性经济组织。

一、农村集体经济组织发展历程

我国农村集体经济组织发端于 20 世纪 50 年代我国农业合作化运动时期，孕育于互助组、形成于初级社、定型于高级社、强化于人民公社时期。1978 年改革以来，农村集体经济组织发生了许多重大变化，经历了人民公社解体初期农村集体经济组织、农村集体产权制度改革与新型集体经济组织发展等阶段。

（一）农村集体经济组织的产生

农村集体经济组织是中国共产党领导广大农民进行社会主义革命与社会主义建设的产物，是党组织农民的历史性结晶。1950 年 6 月 28 日，中央人民政府委员会第八次会议通过的《中华人民共和国土地改革法》规定："废除地主阶级封建剥削的土地所有制，实行农民的土地所有制，借以解放农村生产力，发展农业生产，为新中国的工业化开辟道路。"从 1950 年冬季开始，经过三年暴风骤雨般的土改运动，到 1952 年底，除一部分民族地区及中国台湾外，我国基本完成农村的土地改革。在整个土改中，共没收征收约 7 亿亩（约合 4700 万公顷）的土地，并将其分给了约 3 亿无地和少地的农民，占农村人口 92.1% 的贫农、中农，占有全部耕地的 91.4%；原来占有农村人口 7.9% 的地主富农，占有全部耕地的 8.6%。[1] 土地改革完成以后，一家一户分散的小农，迫切需要组织起来发展农业生产。于是，将亿万农民组织起来走社会主义道路，就成为党的重大关切。继土地改革运动后，党大力开展农业合作化运动。农村集体经济组织就是在农业合作化运动中孕育、产生和形成的。具体来说，农村集体经济组织的诞生主要走了三大步：第一步积极发展互助组，第二步大力发展初级社，第三步快速发展高级社。从 1951 年到 1956 年，

---

[1] 中共中央党史研究室著《中国共产党历史》（第二卷）上册，北京：中共党史出版社，2011 年第 1 版，第 100 页。

在短短几年之内，农业合作化运动跨越了三大步，从而形成和建立了我国历史上从未有过的具有独特性质的农村集体经济组织。

第一步积极发展互助组，互助组可以说孕育了农村集体经济组织的萌芽。1951年9月，中国共产党召开第一次农业互助合作会议，作出了《关于农业生产互助合作的决议（草案）》，并于12月15日下发各级党委试行。决议提出引导农民走互助合作道路的三种形式，即临时互助组、常年互助组、农业生产合作社。临时互助组也叫季节互助组，一般在农忙季节实行简单的换工互助，常年互助则是常年换工互助。[1] 截至1952年底，全国参加互助组的农户达到4536.4万户，占农户总数的近40%；到1955年参加互助组的农户达到6038.9万户，占农户总数的50.7%[2]。互助组是在农村生产资料私有制基础上产生和发展起来的，农民以自愿互利为原则，实行劳动和生产资料之间的互换，不涉及农户土地及其他生产资料所有权的变更，是具有集体性质的劳动组织和劳动形式。互助组是初级农业合作社（简称初级社）产生的重要基础。

第二步大力发展初级社，初级农业生产合作社标志着农村集体经济组织的正式诞生。初级农业生产合作社是农民在互助组的基础上自愿组织起来的具有半社会主义性质的集体经济组织。[3]1953年2月，党中央将1951年12月下发试行的《关于农业生产互助合作的决议（草案）》作了个别修改后以正式决议《中国共产党中央委员会关于农业生产互助合作的决议》印发给各地施行。这个决议要求条件比较成熟的地区重点发展以土地入股为特点的农业生产合作社。这是在土地私有基础上的农业生产合作社，后来被称为初级社。1955年11月9日全国人民代表大会常务委员会第二十四次会议通过《农业生产合作社示范章程草案》，第一

---

[1]互助组，http://www.360doc.com/content/20/0130/15/6017453_888684893.shtml.

[2]郭书田主编《毛泽东与中国农业》，北京：新华出版社，1995年1月第1版，第108—111页。

[3]陈锡文、罗丹、张征著《中国农村改革40年》，北京：人民出版社，2018年10月第1版，第84页。

条规定："农业生产合作社是劳动农民的集体经济组织，是农民在共产党和人民政府的领导和帮助下，按照自愿和互利的原则组织起来的；它统一地使用社员的土地、耕畜、农具等主要生产资料，并且逐步地把这些生产资料公有化；它组织社员进行共同的劳动，统一分配社员共同劳动的成果。"第三条规定，农业生产合作化的发展，分做初级和高级两个阶段。初级阶段的合作社属于半社会主义的性质。随着生产的发展和社员社会主义觉悟的提高，合作社就由初级阶段逐步地过渡到高级阶段，高级阶段的合作社属于完全的社会主义性质。在这种合作社里，社员的土地和合作社所需要的别的生产资料，都已经公有化了。该示范章程草案第一次明确提出逐步用生产资料的劳动群众集体所有制代替生产资料的私人所有制的农村所有制变革目标，并将农业生产合作社明确界定为劳动农民的集体经济组织。[1] 该示范章程草案最后一条即第82条特别说明"本章程主要地适用于初级阶段的农业生产合作社"。[2] 有的研究认为初级社是农村集体经济组织的"雏形"。[3] 但据《农业生产合作社示范章程草案》的明文规定，农业生产合作社已被明确定义为集体经济组织，初级和高级只是农业生产合作社发展的两个阶段。所以我们认为初级农业生产合作社的建立就已经标志着农村集体经济组织的正式诞生。初级农业生产合作社以土地入股为特点，其性质，一方面是在私有财产基础上，农民有土地私有权和其他生产资料的私有权，农民按入股的土地分配一定的收获量，并按入股的工具及牲畜取得合理的报酬；另一方面是在共同劳动的基础上，又有部分社会主义因素，如实行计工取酬，按劳分红，

---

[1] 张晓山著《乡村振兴战略》，广州：广东经济出版社，2020年6月第1版，第60页。
[2] 中华人民共和国国家农业委员会办公厅编《农业集体化重要文件汇编》（上），北京：中共中央党校出版社，1981年10月第1版，第479—501页。
[3] 陈锡文、罗丹、张征著《中国农村改革40年》，北京：人民出版社，2018年10月第1版，第84页。

并有某些公共的财产等。[1]1953 年全国初级社发展到 15053 个，参加农户 27.2 万户。最多时的 1956 年 1 月达到 139.4 万个，参加农户 10668 万户，占全国农户总数的 90%。后来大量初级社转变为高级社。到 1956 年底，全国 75.6 万个农业合作社中，初级农业生产合作社 21.6 万个，到 1957 年锐减到 3.6 万个。[2]

第三步快速发展高级社，高级农业生产合作社标志着农村集体经济组织的完成定型。从 1955 年夏季开始，根据毛泽东有关加快发展农业合作社的讲话精神，各地加速推进农业合作化运动，并强力推进从半社会主义性质的初级社向完全社会主义性质的高级社转变。1955 年 10 月 4 日至 11 日，中共七届六中全会（扩大）根据毛泽东《关于农业合作化问题》的报告，讨论通过了《关于农业合作化问题的决议》，并要求有条件的地方有重点地试办高级社，推动农业合作化运动急速发展。1956 年 6 月 30 日，第一届全国人民代表大会第三次会议通过《高级农业生产合作社示范章程》，第一条规定：“高级农业生产合作社是劳动农民在共产党和人民政府的领导和帮助下，在自愿和互利的基础上组织起来的社会主义的集体经济组织。”第二条规定：“农业生产合作社按照社会主义的原则，把社员私有的主要生产资料转为合作社集体所有，组织集体劳动。”第十三条规定：“入社的农民必须把私有的土地和耕畜、大型农具等主要生产资料转为合作社集体所有。”[3]高级社实行主要生产资料完全集体所有，社员的土地必须转为合作社集体所有，取消土地报酬（土地分红），耕畜和大型农具作价入社等等。到 1956 年底，加入农业生产合作社的社员总户数已达到全国农户总数的 96.3%，其中初级社户数

[1]中共中央党史研究室著《中国共产党历史》（第二卷）（上册），北京：中共党史出版社，2011 年 1 月第 1 版，第 220—221 页。
[2]参见初级农业生产合作，https://baike.so.com/doc/6386335—6599990.html.
[3]参见中国人大网，高级农业生产合作社示范章程，http://www.npc.gov.cn/wxzl/wxzl/2000—12/10/content_4304.htm.

占 8.5%，高级社户数占 87.8%。[1] 仅在一年之内，我国就基本完成了高级形式的农业合作化。农业合作化运动的完成，标志着我国基本完成了对个体农业的社会主义改造，实现了中国农村土地的公有化即土地的集体所有制，在广大农村普遍建立了集体经济组织和集体所有制经济。

（二）农村人民公社时期

1958 年开始的农村人民公社化运动，直接起因于大搞农田水利建设的需要，从而推动高级农业生产合作社由小社并成大社。1958 年 4 月 8 日，中央政治局会议批准了成都会议于 3 月 20 日通过的《中共中央关于把小型的农业合作社适当地合并为大社的意见》，提出把小型的农业合作社有计划合并为大型的合作社。此后各地在短时间内广泛开展了并社工作。1958 年 8 月 17 日，中央政治局扩大会议做出《关于在农村建立人民公社的决议》，决定把各地成立不久的高级农业生产合作社，普遍升级为大规模、政社合一的人民公社。1958 年 8 月 29 日，北戴河会议通过了《中共中央关于在农村建立人民公社问题的决议》，提出把规模较小的农业生产合作社合并和改变成为规模较大的、工农商学兵合一、政社合一、集体化程度更高的人民公社。从 1958 年 8 月到 1958 年 10 月底，全国 74 万个农业生产合作社合并成 26000 多个人民公社，入社农户占农户总数的 99% 以上。在不到两个月的时间内，全国农村建立不到两年的高级农业生产合作社多数被人民公社所代替，全国农村高速实现了人民公社化。[2]1958 年 12 月 10 日，中共八届六次全会通过《关于人民公社若干问题的决议》提出，人民公社实行统一领导、分级管理，公社的管理机构一般分为公社管理委员会、管理区（或生产大队）、生产队三

---

[1]中共中央党史研究室著《中国共产党历史》（第二卷）（上册），北京：中共党史出版社，2011年1月第1版，第220—221页。

[2]中共中央党史研究室著《中国共产党历史》（第二卷）（上册），北京：中共党史出版社，2011年1月第1版，第496—497页。

级。[1]至此，我国农村三级集体经济组织体系开始形成。[2]人民公社的主要特征是"一大二公""政社合一"。

"一大二公"是人民公社的基本特点。毛泽东在1958年8月中央政治局扩大会议上最早提出人民公社的特点是一曰大、二曰公。所谓"大"，就是规模大。全国原有74万多个农业生产合作社，每社约有一二百个农户，基本上是一村一社。而人民公社则平均每社由原来的28个合作社组成，有农户四五千个到一两万个，基本上是一乡一社，甚至数乡一社。所谓"公"，就是生产资料公有化程度高。[3]

"政社合一"是人民公社的体制安排。人民公社既是一级政权机构，又是一个经济组织，将政权机构与经济组织合二为一。1962年9月27日，中共八届十次全会通过《农村人民公社工作条例修正草案》（简称《农业六十条》）第一条规定："农村人民公社是政社合一的组织，是我国社会主义社会在农村中的基层单位，又是我国社会主义政权在农村中的基层单位。农村人民公社是适应生产发展的需要，在高级农业生产合作社的基础上联合组成的。它在一个很长的历史时期内，是社会主义的互助、互利的集体经济组织，实行各尽所能、按劳分配、多劳多得、不劳动者不得食的原则。"人民公社集基层政权组织、经济组织和社会组织于一体，兼具基层行政管理、社会生产经营职能的复合体。农村改革前的1978年，全国共有52731个人民公社，69万个生产大队，481.8万个生产队（小队）。到撤社建乡前的1982年，全国共有人民公社56331个、生产大队75万个、生产队589万个，比1978年分别增长了

---

[1]中华人民共和国国家农业委员会办公厅编《农业集体化重要文件汇编》（下），北京：中共中央党校出版社，1981年10月第1版，第122—123页。

[2]张云华《农村三级集体所有制亟须改革探索》，载《农村经营管理》2015年第5期。

[3]中共中央党史研究室著《中国共产党历史》（第二卷）（上册），北京：中共党史出版社，2011年1月第1版，第497页。

6.83%、8.70% 和 22.25%。[1]

我国农村人民公社一般实行三级管理、三级所有制。人民公社在建立初期，在全社范围内实行统一经营、统一核算、统一分配，但由此引发了"一平二调"（平均主义、无偿调拨）现象。1962 年 2 月 13 日，中共中央发出《关于改变农村人民公社基本核算单位问题的指示》，明确生产队为人民公社基本核算单位，并指出在我国绝大多数地区的农村人民公社以生产队为基本核算单位，实行以生产队为基础的三级集体所有制。农村基本核算单位改变为生产队以后，人民公社仍然是一个完整的集体经济组织，公社内部仍然实行统一领导、分级管理，生产队仍然是生产大队这一级经济组织的组成部分。《农村人民公社工作条例修正草案》第二条进一步明确："人民公社的基本核算单位是生产队。根据各地方不同的情况，人民公社的组织，可以是两级，即公社和生产队，也可以是三级，即公社、生产大队和生产队。""三级所有、队为基础"成为人民公社生产资料所有制形式的简明概括。"三级所有"是指农村生产资料分别属于人民公社、生产大队、生产队三级组织所有。"队为基础"是指生产队作为人民公社的基本核算单位。1975 年修订的《中华人民共和国宪法》第七条规定："农村人民公社是政社合一的组织。现阶段农村人民公社的集体所有制经济，一般实行三级所有、队为基础，即以生产队为基本核算单位的公社、生产大队和生产队三级所有。"

（三）人民公社解体初期的农村集体经济组织

农村人民公社自 1958 年正式建立到 1984 年基本结束，在我国存在了 26 年。1978 年党的十一届三中全会之后，我国进入了改革开放的新时期。为解决人民公社的体制弊端，各地开始探索政社分开、撤社建乡改革。1980 年 6 月 18 日，四川省广汉县向阳公社在全国第一个摘掉人民公社的牌子，换上乡人民政府的牌子，迈开了改革人民公社管理体制

---

[1]陈锡文、罗丹、张征著《中国农村改革40年》，北京：人民出版社，2018年10月第1版，第95页。

的第一步。[1]1982 年 12 月 4 日五届全国人大五次会议通过《中华人民共和国宪法》第八条规定："农村人民公社、农业生产合作社和其他生产、供销、信用、消费等各种形式的合作经济，是社会主义劳动群众集体所有制经济。参加农村集体经济组织的劳动者，有权在法律规定的范围内经营自留地、自留山、家庭副业和饲养自留畜。"1983 年 1 月 2 日，中共中央印发《当前农村经济政策的若干问题》（即改革以来中央第二个关于"三农"工作的一号文件）提出："人民公社的体制，要从两方面进行改革。这就是，实行生产责任制，特别是联产承包制；实行政社分设。政社合一的体制要有准备、有步骤地改为政社分设，准备好一批改变一批。在政社尚未分设以前，社队要认真地担负起应负的行政职能，保证政权工作的正常进行。在政社分设后，基层政权组织，依照宪法建立。"[2]1983 年 10 月 12 日，中共中央、国务院印发《关于实行政社分开建立乡政府的通知》（中发〔1983〕35 号），提出"当前的首要任务是把政社分开，建立乡政府，同时按乡建立乡党委"，并要求此项工作大体上在 1984 年底以前完成。到 1984 年底，全国共建乡 84340 个，建制镇 7280 多个，新建村民委员会 82.2 万个。[3]1985 年，全国共设立乡（包括民族自治乡和镇）人民政府 91590 个，设立村民委员会 94.9 万个，村民小组 588 万个。[4]

在撤社建乡中如何处理和发展农村集体经济组织，《关于实行政社分开建立乡政府的通知》（中发〔1983〕35 号）明确了两条：一是要根据生产的需要和群众的意愿逐步建立经济组织；二是有些以自然村为单

[1]刘政、陈武元《农村管理体制改革的初步尝试——四川省广汉县向阳公社改革"政社合一"体制的调查》，载《经济管理》1981年第4期。

[2]《中共中央 国务院关于"三农"工作的一号文件汇编（1982—2014）》，北京：人民出版社，2014年1月第1版，第26页。

[3]李永军《集体经济组织法人的历史变迁与法律结构》，载《比较法研究》2017年第4期。

[4]陈锡文、罗丹、张征著《中国农村改革40年》，北京：人民出版社，2018年10月第1版，第95页。

位建立了农业合作社等经济组织的地方，当地群众愿意实行两个机构一套班子，兼行经济组织和村民委员会的职能，也可同意试行。1984年中央一号文件《中共中央关于一九八四年农村工作的通知》提出，政社分设后，农村经济组织应根据生产发展的需要，在群众自愿的基础上设置，形式与规模可以多种多样，不要自上而下强制推行某一种模式；一般应设置以土地公有为基础的地区性合作经济组织，这种组织可以叫农业合作社、经济联合社或群众选定的其他名称，可以以村（大队或联队）为范围设置；也可以以生产队为单位设置，可以同村民委员会分立，也可以一套班子两块牌子。[1]在实践中，各地的具体做法不同，致使集体经济组织的形态、集体所有权的主体存在很大的差异。四川省广汉县向阳公社进行人民公社改革时的做法是成立工业公司管理企业，改社办工业为社队集资联办，干部群众投资入股；在农机站的基础上成立农业技术服务公司；在供销社的基础上成立商业公司。这三个公司联合成立农工商联合公司，系统管理原人民公社的生产经营和服务工作。[2]陕西省一般是将公社党委改建为乡党委，将公社管委会分建为乡政府和乡经济组织。乡经济组织的名称不统一，有的叫农工商联合公司，有的叫农工商联合社，有的叫经济委员会或经济管理委员会，有的仍叫人民公社，一般下设农工商各公司或者管理站等，名称虽然各异，但都是按行政地域将农工商各业统一在一起进行管理的，基本上维持了人民公社的经济体制。[3]北京市于1984年11月底前完成了人民公社政社分设体制改革，在原263个人民公社基础上建立了350个乡政府、4个区所，新建1个镇，建立了4423个村民委员会；原公社级经济组织大部分组建为农工商联合总

---

[1]《中共中央 国务院关于"三农"工作的一号文件汇编（1982—2014）》，北京：人民出版社，2014年1月第1版，第43页。

[2]刘文耀《伟大的创造：联产承包与撤社建乡——1977—1984年四川农村改革的回顾与思考》，载《四川党史》1998第6期。

[3]张宝通《政社分开与人民公社经济体制改革》，载《经济研究》1984年第5期。

公司。[1]广东省在原生产队或联队（自然村）一级设置经济合作社，在原大队（管理区）一级设置经济联合社，在原公社（乡镇）一级设置经济联合总社。[2]

由于认识不清等原因，一些地方在机构改革中撤销了农村集体经济组织。1998 年我国开始以撤乡并镇和精简机构为重点的乡镇机构改革，不少地方撤销了乡镇集体经济组织，由乡镇政府来直接管理全乡镇农民集体所有的资产和事务。例如北京市在乡镇机构改革中实行乡镇机构"三改二"改革，即保留乡镇党委和乡镇政府，撤销农工商联合总公司，在乡镇政府内设置集体资产管理委员会。2012 年北京市印发《关于进一步建立健全农村集体经济组织全面加强登记管理工作的通知》（京政农发〔2012〕12 号），对集体经济组织进行了规范，一些改制后的集体经济组织又重新建立了村合作社和乡（镇）联社。据统计，2019 年我国共有乡镇总数 36082 个，但建有乡镇级集体经济组织的却很少；总村数 583573 个，其中村集体经济组织 413370 个，占总村数的 70.8%；村委会代行村集体经济组织职能的村共有 170203 个，占总村数 29.2%；村民小组集体经济组织数为 759321 个，占全国村民小组总数 4838482 个的 15.7%。[3]

（四）农村集体产权制度改革与新型集体经济组织

随着改革的不断深入，特别是随着工业化、城镇化进程的不断加快，我国特大城市郊区和东部沿海经济发达地区开始率先探索以社区股份合作制为主要形式的农村集体经济组织产权制度改革，在实践创新中将传统农村集体经济组织改革发展为新型集体经济组织，实现了集体经济组织在市场化改革中的再生与重塑。据统计，截至 2012 年底，全

[1]北京市农村经济研究中心编《北京市农村改革发展60年大事记（1949—2009）》，北京：中国农业出版社，2010年12月第1版，第120页。

[2]参见《广东省农村社区合作经济组织暂行规定》，http://www.law—lib.com/law/law_view.asp?id=21041.

[3]农业农村部政策与改革司编《2019年中国农村政策与改革统计年报》，北京：中国农业出版社，2020年8月第1版，第3页。

国 58.9 万个村级集体经济组织账面资产总额（不含土地等资源性资产）
2.2 万亿元，村均 369.3 万元。此外，农村集体经济组织还拥有 62 亿亩
农用地等土地资源，其中耕地面积 13.9 亿亩（承包合同记载面积）、草
地 23.8 亿亩、林地 18.8 亿亩。大城市郊区和东部发达地区农村集体资产
数量更加庞大，广东、山东、浙江、北京、江苏等 5 省份的村级集体资
产总额高达 13172.1 亿元，占全国村集体资产总额的 60.5%，村均 865.4
万元。[1] 如何保障农村集体经济组织及其成员的合法财产权利，已成为农
村改革和城乡一体化发展的重大问题，而积极稳妥地推进农村集体产权
制度改革，就成为维护和发展农村集体经济组织及其成员财产权利、激
发农业农村发展活力的内在要求和有效途径。自 20 世纪 80 年代中后期
以来，我国农村集体产权制度改革主要分为两个方面推进：一方面是地
方层面的率先改革探索；另一方面是国家层面的统一规范指导。

一方面，在地方层面率先改革探索上。20 世纪 80 年代末 90 年代
初，广州市天河区沙河镇扬箕村、登峰村，上海市普陀区长征镇红旗
村、闵行区虹桥镇虹五村等地，在全国率先实行了村级集体经济股份合
作制改革，将集体资产以股权形式量化到人，按股权进行收益分配，建
立完善现代企业治理结构。[2]1992 年，广东省佛山市南海区掀起了农民
变股东、办工厂的新浪潮，南海地区村民将土地交给村集体成立经济合
作社或经济合作联社，利用区位优势将土地集合对外出租获取租金。[3]
1991 年 1 月 22 日，北京市委、市政府印发《关于加强乡村合作社建设，
巩固发展农村集体经济的决定》（京发〔1991〕2 号），提出村级集体经

---

[1]黄延信主编《农村集体产权制度改革实践与探索》，北京：中国农业出版社，2014年10
月第1版，第4页。
[2]参见陈天宝著《农村社区股份合作制改革及规范》，北京：中国农业大学出版社，2009
年1月第1版，第25页；方志权著《农村集体产权制度改革：实践探索与法律研究》，上海：
上海人民出版社，2015年12月第1版，第88页。
[3]于雅璁、王崇敏《农村集体经济组织：发展历程、检视与未来展望》，载《农村经济》
2020年第3期。

济组织为村合作社，乡镇集体经济组织为乡镇合作经济联合社，简称"乡（镇）联社"。当时北京市有293个乡镇经济联合社（同时保留农工商联合总公司的牌子），村经济合作社4159个（同时保留农工商联合公司的牌子），村合作社内部以原生产队为基础组建分社（农工商分公司）3080个。[1]1993年北京市丰台区南苑乡果园村、东罗园村和右安门村启动了社区股份合作制改革试点，积极探索走"撤村不撤社、资产变股权、农民当股东"的农村集体产权改革之路。[2]到2019年底，北京市完成3952个农村集体经济组织产权制度改革任务，其中乡镇级27个，村级3925个，村级完成比例为99.5%；全市335.7万农民当上新型农村集体经济组织的股东，其中乡镇级成员股东2.48万个，村级成员股东333.23万个；全年股金分红57.8亿元，其中村级分红53.7亿元，乡镇级分红4.1亿元。[3]

另一方面，在国家层面统一规范指导上。2007年10月9日，农业部印发《关于稳步推进农村集体经济组织产权制度改革试点的指导意见》，对农村集体经济组织产权制度改革试点工作提出规范的指导意见，强调农村集体经济组织产权制度改革要以股份合作为主要形式，以清产核资、资产量化、股权设置、股权界定、股权管理为主要内容。2014年11月22日，农业部、中农办、国家林业局印发经党中央、国务院审议通过的《积极发展农民股份合作赋予农民对集体资产股份权能改革试点方案》，重点围绕保障农民集体经济组织成员权利，积极发展农民股份合作，在赋予农民对集体资产股份占有、收益、有偿退出及抵押、担保、继承权等方面开展试点。2016年12月26日，中共中央、国

---

[1]曹四发、张英洪、王丽红《首都乡村集体经济组织振兴研究》，载《北京调研》2021年第5期。

[2]黄中廷著《农村集体经济产权制度改革研究》，北京：新华出版社，2007年2月第1版。

[3]北京市农业农村局编《北京市农村经营管理统计资料（2019年度）》，2020年6月第28页。

务院印发《关于稳步推进农村集体产权制度改革的意见》，强调"以明晰农村集体产权归属、维护农村集体经济组织成员权利为目的，以推进集体经营性资产改革为重点任务，以发展股份合作等多种形式的合作与联合为导向"，提出"有集体统一经营资产的村（组），特别是城中村、城郊村、经济发达村等，应建立健全农村集体经济组织"，"发挥好农村集体经济组织在管理集体资产、开发集体资源、发展集体经济、服务集体成员等方面的功能作用"。[1]2017 年 3 月 15 日，十二届全国人大五次会议通过《民法总则》，首次将农村集体经济组织确定为"特别法人"。2018 年十三届全国人大常委会立法规划将农村集体经济组织方面的立法列为第三类项目。2018 年中央组织部、财政部、农业农村部联合印发《关于坚持和加强农村基层党组织领导扶持壮大村级集体经济的通知》，计划到 2022 年在全国范围内扶持约 10 万个行政村发展壮大集体经济。2020 年 5 月 28 日十三届全国人大三次会议通过的《民法典》第 96 条进一步明确农村集体经济组织为"特别法人"，第 99 条规定农村集体经济组织依法取得法人资格。2020 年 11 月 4 日，农业农村部印发《农村集体经济组织示范章程（试行）》，对农村集体经济组织名称、集体资产、集体经济组织职能、成员及成员权利、组织机构及内部治理、资产经营和财务管理、变更及注销等相关事宜做了明确规定。

2015 年至 2019 年，全国组织开展了 4 批农村集体产权制度改革试点，共有 15 个省、89 个地市、442 个县整建制开展试点，覆盖全国 73% 左右的县级单位。2019 年全国已有 59.5 万个单位完成农村集体产权制度改革，其中镇级 380 个、村级 36.86 万个、组级 22.56 万个，全国 1.05% 的乡镇完成农村集体产权制度改革，63.2% 的村完成集体产权制度改革，4.7% 的村民小组完成集体产权制度改革。通过农村集体产权制度改革，

---

[1]《中共中央 国务院关于稳步推进农村集体产权制度改革的意见》，载中华人民共和国中央人民政府网，http://www.gov.cn/zhengce/2016—12/29/content_5154592.htm

2019 年全国共确认集体经济组织成员 6.06 亿人，其中镇级成员 592.8 万人，村级集体经济组织成员 5.64 亿人，组级集体经济组织成员 3677.3 万人。2019 年全国共有 46.5 万个完成产权制度改革的单位取得登记证书，占完成产权制度改革单位的 78.1%，其中，在农业农村部门登记赋码单位共有 45.2 万个，包括镇级集体经济组织有 257 个，村级集体经济组织有 33.6 万个，组级集体经济组织有 11.6 万个；在市场监督管理部门登记的单位数有 12668 个，包括乡镇级集体经济组织 126 个，村级集体经济组织 10029 个，组级集体经济组织 2513 个。[1] 分区域来看，东、中、西部地区各有 19.97 万个、11.92 万个、4.96 万个村完成产权制度改革，分别占各地区村数的 83.8%、66.6% 和 29.9%，占全国完成产权制度改革村数的 54.2%、32.3% 和 13.5%。东、中、西部地区完成产权制度改革的组分别为 3.25 万个、1.72 万个和 17.6 万个，分别占各地区村民小组的 2%、1% 和 12.5%，占全国完成产权制度改革组数的 14.4%、7.6% 和 78%。[2] 中央明确要求到 2021 年底基本完成农村集体产权制度改革试点任务。从各地改革试点来看，大规模清产核资工作基本结束，已进入建立集体经济组织、深化股份合作制改革的攻坚期。[3]

二、农村集体经济组织的基本特征与问题

（一）农村集体经济组织的基本特征

农村集体经济组织作为"特别法人"，有其鲜明的特征，主要体现

---

[1] 农业农村部政策与改革司编《2019年中国农村政策与改革统计年报》，北京：中国农业出版社，2020年8月，第57页、59页。

[2] 农业农村部政策与改革司编《2019年中国农村政策与改革统计年报》，北京：中国农业出版社，2020年8月，第110页。

[3] 参见郁静娴《全国超七成村完成农村集体产权制度改革》，载《人民日报》2020年8月23日第2版；《国务院关于农村集体产权制度改革情况的报告——2020年4月26日在第十三届全国人民代表大会常务委员会第十七次会议上》，载中国人大网：https://www.thepaper.cn/newsDetail_forward_8954912.

在性质上的政治性、范围上的社区性、地域上的唯一性、产权上的封闭性、成员上的身份性、功能上的综合性等方面。

1.性质上的政治性。农村集体经济组织虽然从名称上看属于经济组织，但却完全不同于一般的经济组织，而具有明显的政治性质。首先，农村集体经济组织是中国共产党执政后从政治上将农民组织起来的最重要的组织载体，承载着党的马列主义意识形态基因与公有制信仰，体现了党组织领导农民实现执政目标的价值追求。其次，农村集体经济组织既是我国实行社会主义土地公有制改造的产物，也是我国农村土地公有制即土地集体所有制的所有权行使主体。农村集体经济组织代表抽象的"农民集体"行使农村集体土地所有权，是我国除国家以外唯一合法拥有土地所有权的特别组织（在没有建立农村集体经济组织的村由村委会代行集体土地所有权）。农村集体经济组织是我国任何其他组织都无法比拟的特殊政治属性。[1]再次，农村集体经济组织长期以来承担农村社区有关基础设施和基本公共服务供给的部分公共职责。最后，农村集体经济组织与其他经济组织的不同之处，还在于目前不能适用《破产法》实行破产倒闭。[2]

2.范围上的社区性。农村集体经济组织是在农村特定社区范围内以集体土地所有制为基础，以一个自然村（组）、行政村、乡镇为覆盖范围

---

[1]《中华人民共和国土地管理法》第11条规定："农民集体所有的土地依法属于村农民集体所有的，由集体经济组织或者村民委员会经营、管理；已经分别属于村内两个以上农村集体经济组织的农民集体所有的，由村内各该农村集体经济组织或者村民小组经营、管理；已经属于乡（镇）农民集体所有的，由乡（镇）农村集体经济组织经营、管理。"参见《中华人民共和国土地管理法》，北京：法律出版社，2019年8月第1版，第19页。《中共中央 国务院关于加大统筹城乡发展力度进一步夯实农业农村发展基础的若干意见》（2010年中央一号文件）提出："力争用3年时间把农村集体土地所有权证确认到每个具有所有权的农民集体经济组织。"参见《中共中央 国务院关于"三农"工作的一号文件汇编（1982—2014）》，北京：人民出版社，2014年1月第1版，第213页。
[2]关于农村集体经济组织有关破产问题的讨论，参见陈锡文《从农村改革四十年看乡村振兴战略的提出》，载《行政管理改革》2018年第4期。张晓山、苑鹏、崔红志、陆雷、刘长全著《农村集体产权制度改革论纲》，北京：社会科学出版社，2019年8月第1版，第45—46页。于飞《"农民集体"与"集体经济组织"：谁为集体所有权人？——风险界定视角下两者关系再辨析》，载《财经法学》2016年第1期。

建立起来的社区型经济组织，这与供销合作社、信用合作社、专业合作社等合作经济组织以及各类企业组织有明显的不同。社区性是农村集体经济组织的重要特征之一。

3. 地域上的唯一性。农村集体经济组织是一个以自然村（组）、行政村、乡镇的集体所有土地为边界建立的地域性组织，在同一层级的乡村地域范围内，一般来说只能建立一个代表"农民集体"行使集体土地所有权的集体经济组织，不存在与之并列竞争的另一个同一层级的代行集体土地所有权的集体经济组织。在特定的社区地域范围内的同一层级，代行集体土地所有权的农村集体经济组织具有唯一性。也就是说，在某个特定的乡村社区地域范围内，同一层级只能建立一个具有法律上承认的代表"农民集体"行使集体土地所有权的经济组织。一些地方通过对集体经营性资产进行产权制度改革后建立的股份经济合作社，并不涉及土地等资源性资产，因而不能代表"农民集体"行使集体土地所有权，但可以代表"农民集体"行使相关的集体资产所有权，股份经济合作社并不具有唯一性。

4. 产权上的封闭性。建立在土地集体所有制基础上的集体经济组织的集体产权具有明显的封闭性特征，只有集体经济组织成员才享有集体土地承包权、宅基地使用权、集体收益分配权等权益，且土地承包权、宅基地使用权只能在本集体经济组织内部流转，集体经济组织成员以外的任何个人和组织都无权获得土地承包权、宅基地资格权、集体收益分配权等。集体经济组织资产的集体所有制性质不同于公有制（不管是共同共有还是按份共有），集体资产只能由集体成员共同占有，可以明确集体成员的股份或份额，但不可将集体资产分割到个人。[1]有的认为集体所

---

[1] 陈锡文《从农村改革四十年看乡村振兴战略的提出》，载《行政管理改革》2018年第4期。关于"共同共有"和"按份共有"是否属于私有经济的讨论，参见张晓山、苑鹏、崔红志、陆雷、刘长全著《农村集体产权制度改革论纲》，北京：社会科学出版社，2019年8月第1版，第43—44页。

有制类似总有制，但也并不等同总有制。[1]传统集体经济组织的产权还具有模糊性、虚置性特征，呈现所谓"人人都有，人人都没有"的状态。[2]

5. 成员上的身份性。集体经济组织成员具有明显的身份特征，其身份界定主要基于农业合作化历史、农业户籍、现实情况等因素。一般来说，集体经济组织成员身份的取得方式有原始取得、法律取得和民主程序取得等途径。例如，《广东省农村集体经济组织管理规定》界定的集体经济组织成员身份，一是原人民公社、生产大队、生产队的成员，户口保留在农村集体经济组织所在地，履行法律法规和组织章程规定义务的；二是实行以家庭承包经营为基础、统分结合的双层经营体制时起，集体经济组织成员所生的子女，户口在集体经济组织所在地，并履行法律法规和组织章程规定义务的；三是户口迁入、迁出集体经济组织所在地的公民，按照组织章程规定，经社委会或者理事会审查和成员大会表决确定其成员资格等。[3]农村集体经济组织成员的身份具有唯一性，任何人不得同时作为同一层级两个以上农村集体经济组织的成员。拥有集体经济组织成员身份的，在集体经济组织内享有平等的财产权利和民主权利。

6. 功能上的综合性。农村集体经济组织不仅具有经济功能，还具有基本公共服务供给、社区治理等综合性功能。2016 年 12 月 26 日中共中央、国务院发布《关于稳步推进农村集体产权制度改革的意见》指出，要"发挥好农村集体经济组织在管理集体资产、开发集体资源、发展集体经济、服务集体成员等方面的功能作用"。2020 年 11 月 4 日农业农村

---

[1] 方志权著《农村集体产权制度改革：实践探索与法律研究》，上海：上海人民出版社，2015年12月第1版，第8页；陈锡文、罗丹、张征著《中国农村改革40年》，北京：人民出版社，2018年10月第1版，第92—93页；李永军《集体经济组织法人的历史变迁与法律结构》，载《比较法研究》2017年第4期；王利明、周友军《成员集体所有在性质上类似于总有》，载《农村经营管理》2017年第9期。

[2] 秦晖《从"集体所有制"说开去》，http://www.hybsl.cn/zonghe/zuixinshiliao/2020—06—05/71516.html。

[3] 参见广东省人民政府关于修改《广东省农村集体经济组织管理规定》的决定，http://www.gd.gov.cn/gkmlpt/content/0/142/post_142014.html?jump=false#6。

部印发《农村集体经济组织示范章程（试行）》第 6 条规定，农村集体经济组织具有管理集体资产、开发集体资源、发展集体经济、服务集体成员等职能，具体开展如下业务：（1）保护利用本社成员集体所有或者国家所有依法由本社集体使用的农村土地等资源，并组织发包、出租、入股，以及集体经营性建设用地出让等；（2）经营管理本社成员集体所有或者国家所有依法由本社集体使用的经营性资产，并组织转让、出租、入股、抵押等；（3）管护运营本社成员集体所有或者国家所有依法由本社集体使用的非经营性资产；（4）提供本社成员生产经营所需的公共服务；（5）依法利用本社成员集体所有或者国家所有依法由本社集体使用的资产对外投资，参与经营管理等。除此之外，一些农村集体经济组织事实上还承担着农村社区公共产品供给、社区治理以及文化传承服务等公共性职责。

（二）农村集体经济组织存在的主要问题

农村集体经济组织诞生于 1950 年代农业合作化运动时期，有近 70 年的发展历史。虽然在不同时期、不同地区的农村集体经济组织在不同领域发挥了重要的作用，但从总体上看，由于种种原因，农村集体经济组织的改革与建设明显滞后，存在的问题也比较突出。

1.地位不明。农村集体经济组织虽然与基层党组织、村民自治组织构成我国当代村庄社会最重要的组织网络，但长期以来，农村集体经济组织的地位并不明确。一是法律地位不明。改革以来，《宪法》《村民委员会组织法》《农村土地承包法》《土地管理法》《物权法》《农业法》等法律都提到农村集体经济组织，比如《宪法》第八条规定："农村集体经济组织实行家庭承包经营为基础、统分结合的双层经营体制。农村中的生产、供销、信用、消费等各种形式的合作经济，是社会主义劳动群众集体所有制经济。"但我国至今缺乏《农村集体经济组织法》等专门法律明确集体经济组织的地位和作用。直到 2020 年 6 月，我国才召开农村集体经济组织法起草领导小组第一次全体会议，正式启动起草农村集体经济组织法相关工作。可以说，农村集体经济组织有宪法地位但缺乏专门的法律地位。二是市场地位不明。自1978年市场化改革以来，农村集体经济组织长期缺乏法人地位，虽然《宪法》第十七条规定"集体经济组织在遵守有关法律的前提下，有独立进行经济活动的自主权"。但由于相关立法的缺失，农村集体经济组织缺乏进入市场的法人资格，在社会主义市场经济中缺乏应有的市场主体地位。直到2017年3月通过的《民法总则》才首次将农村集体经济组织确定为"特别法人"。2020年5月通过的《民法典》进一步规定农村集体经济组织为"特别法人"，并依法取得法人资格。但涉及具体实施落实特别法人的专门法律法规尚未跟上，农村集体经济组织以市场主体身份进入市场的一些具体障碍并未消除。三是现实地位不明。在现实生活中，农村集体经济组织的地位也很不明确，大多数集体经济组织依附于基层党组织和村民自治组织，不能正常独立运行，其职能和作用常常被基层党组织和村民自治组织取而代之，农村集体经济组织的自主性阙如。在经济发达地区，一些集体经济组织同时成立公司，且以公司的名义进入市场开展生产经营活动。

2.产权不清。自从农村集体经济组织诞生以来，其产权的模糊性就始终存在。农村改革以前，"一大二公"的人民公社"一平二调"和"共产风"盛行，导致集体经济组织和农民的财产权利损失巨大。改革以来，农村集体资产产权归属不清晰、权责不明确、流转不顺畅、保护不严格等问题相当突出，严重损害了集体经济组织及其成员的财产权利。一是集体所有土地与国有土地权属不清。《宪法》第九条规定："矿藏、水流、森林、山岭、草原、荒地、滩涂等自然资源，都属于国家所有，即全民所有；由法律规定属于集体所有的森林和山岭、草原、荒地、滩涂除外。"第十条规定："城市的土地属于国家所有。农村和城市郊区的土地，除由法律规定属于国家所有的以外，属于集体所有；宅基地和自留地、自留山，也属于集体所有。"上述《宪法》条文只是原则性的规定，而集体土地与国有土地的边界往往比较模糊，比如各类自然资源的边界、各个城市与农村的边界都比较模糊，而相关精细化的土地确权工作则长期滞后，致使集体土地所有权的强度就明显弱于国有土地所有权。长期的征地模式又造成大量集体土地的国有化。二是农村集体经济组织与其他组织的产权边界不清。乡镇集体经济组织往往与乡镇党委政府、村委会的产权边界不明确，乡镇党委政府、村委会随意占有、使用集体资产的现象比较普遍。由于城镇化发展以及村庄撤并等冲击，农村集体经济组织之间的产权也存在不少模糊与纠纷之处。三是集体所有权主体界定不清。《宪法》和《土地管理法》等相关法律强调集体土地和其他集体资产归农民群众集体所有，但农民群众集体都是比较抽象的概念，缺乏具体的所有权主体的规定，从而造成了集体资产所有权归属主体的模糊性。比如《土地管理法》明确规定国家所有土地的所有权由国务院代表国家行使，但没有规定集体所有土地的所有权由哪个主体代表农民集体行使。相关法律只规定集体所有的土地属于农民集体所有，而农民集体只是一个抽象的概念集合，并不是一个具体的组织机构。此外，源于人民公社"三级所有"的历史传统，集体土地所有权在乡镇、村、自然村（组）的界定也比较模糊。特别是一些地方强行推行撤乡并村运动，进一步加剧了集体产权归属的混乱与矛盾。四是集体经济组织与集体经济组织成员之间的产权不清。在农村集体经济组织产权制度改革以前，集体经济组织成员身份不明确，集体资产家底不清楚，集体资产股份没有量化到户到人，集体资产监管不到位等问题突出，致使集体资产名义上"人人都有"，但实质上"人人都没有"，集体资产往往被村干部等少数人控制、少数人侵吞。

3. 政经不分。由于受人民公社"政社合一"体制的深刻影响，至今农村政经不分现象比较普遍。目前许多地方的农村集体经济组织的资产经营管理工作主要由村两委成员兼管，集体经济组织与村委会的账户混用，一些乡镇集体经济组织也没有与乡镇政府分开设立账户。据北京市农研中心课题组的调查，到2015年底，在北京市195个乡镇集体经济组织中就存在着三种主要类型：一是实行政社分开、乡镇集体资产账目单独设置、有独立经营活动的有20个（包括丰台区5个、海淀区7个、朝阳区8个），占全市乡镇总数的10%。二是建立隶属于乡镇政府集体资产管理委员会或办公室、账目单独设置的有94个（包括顺义、通州、门头沟、房山、密云5个区全部乡镇以及朝阳区13个乡、石景山1个镇），占全市乡镇总数的48.2%。这类乡镇虽实行账目单设，但集体经济组织的经营收益仍由乡镇政府支配使用。三是乡镇集体资产、账目等并入政府账目的有81个（包括昌平、大兴、怀柔、延庆、平谷5个区的全部乡镇），占全市乡镇总数的41.5%。[1]

4.名实不符。农村集体经济组织虽然有《宪法》和其他法律的规定，在政策上也得到不断地强调与重视，但在许多地方，农村集体经济组织可谓有名无实，或名不副实。有的地方在乡镇机构改革中将乡镇级集体经济组织纳入乡镇政府职能部门进行管理，集体资产转为乡镇政府所有，有的地方取消了乡镇集体经济组织机构，造成乡镇一级仅有集体资产账面数据，而没有集体经济组织实体。有的乡镇集体经济组织的理事长不是本乡镇集体经济组织成员，但因有党政机关干部不准在社会团体兼职的要求，出现乡镇联社的理事长由乡镇政府临时聘用人员担任的现象。很多地方的村级集体经济组织更是名存实亡，"有牌子，没组织。"有的村连集体经济组织的牌子也没有。不少农村集体经济组织内部管理不规范、运转不畅，没有开展正常的经营、管理业务。有的农村集体经济组织账面上除了已经承包给农户的承包土地数据外没有其他经营性资产，

[1]郭光磊主编《北京市农村集体产权制度改革研究》，北京：中国言实出版社，2016年8月第1版，第71—72页。

除了上级有关部门拨付的建设资金外也没有任何集体经营性收入。

5. 履职不全。农村集体经济组织具有"管理集体资产、开发集体资源、发展集体经济、服务集体成员"等职能，承担着社区综合性服务管理的多重职责。但长期以来，许多农村集体经济组织并没有充分履行有关法律和章程赋予的和明确集体经济组织的职责，没有充分发挥应有的功能作用。一是在集体资产管理上不到位。许多农村集体经济组织自身缺乏对集体资产进行管理的动力和机制，造成"小官巨贪"现象，导致集体资产的惊人流失。二是在集体资源开发上不充分。由于农村集体经济组织都建立在农村土地集体所有制基础之上，所以凡是有集体所有土地的地方都有集体土地资源，凡是有集体土地资源的地方都有开发利用的空间和潜力。但不少集体经济组织在集体资源开发利用上缺乏思路和办法，要么放任自流，要么束手无策，要么开发无方而破坏有术。三是在集体经济发展上不谋划。在改革进程中之所以产生一些农村集体经济"空壳村"和"薄弱村"，虽然有多种因素所致，但缺乏健全的集体经济组织和有能力的集体经济组织带头人去谋划与推动集体经济发展有很大关系。四是在集体成员服务上不作为。农村集体经济组织实行家庭承包经营为基础、统分结合的双层经营体制，这是改革开放以来我国《宪法》确立的农村基本经营体制，是党的农村政策的基石。但许多农村集体经济组织几乎完全放弃了有关法律和章程规定的为集体经济组织成员提供生产生活服务的职责。这突出体现在集体经济组织"统"的功能缺位上。农村家庭承包经营即"分"是农村双层经营体制的基础，集体统一经营即"统"是农村双层经营体制的关键。集体统一经营最重要的是要增强集体经济组织对农户的服务功能。而有的地方不但没有增强对农户的服务功能，反而以"统"的名义去削弱乃至取消"分"的错误认识与实践误区。

6. 经营不善。我国农村集体经济组织总体经营效益不佳。截至2019 年底，在全部 55.43 万个村中，没有经营收益或经营收益在 5 万元以下的"空壳村"有 32 万个，占总村数的 57.7%，经营收益 5 万元以上的村 23.5 万个，占总村数的 43.3%。其中，有 15.96 万个村没有集体经营性收入，占 28.8%；16.01 万个村的经营性收入低于 5 万元，占 28.9%；9.98 万个村的经营收入在 5 万元至 10 万元之间，占 18%；9.37 万个村的经营收入在 10 万元至 50 万元之间，占 16.9%；1.87 万个村的经营收入在 50 万元至 100 万元之间，占 3.4%；约 2.25 万个村的经营收入在 100 万元以上，占 4.1%。[1] 据调查，2019 年北京市有 1982 个村级集体经济组织收不抵支，占村级集体经济组织的 50.3%；全市村级集体经济组织资产负债率为 59.6%，其中乡镇集体经济组织资产负债率为 82.5%，村级集体经济组织资产负债率为 55.3%。[2]

三、新时代农村集体经济组织的重构

农村集体经济组织与农村基层党组织、村民自治组织一道，构成当代中国基层村庄社会最重要的组织架构。在中国特色社会主义新时代，把握新发展阶段，贯彻新发展理念，构建新发展格局，实施乡村振兴战略，必须从多方面重构农村集体经济组织，重点是要实现农村集体经济组织的价值重构、组织重构、产权重构、功能重构、治理重构。

（一）价值重构

在中国特色社会主义新时代，回顾农村集体经济组织在农业合作化运动、人民公社化运动中的经验教训，总结改革以来农村集体经济组织建设的成败得失，直面农村集体经济和集体经济组织在理论、政策、法律和现实中一个不能漠视的巨大现实存在，必须重新认识农村集体经济组织的重要价值，重构农村集体经济组织在农业农村现代化进程中的价

---

[1] 农业农村部政策与改革司编《中国农村政策与改革统计年报（2019）》，北京：中国农业出版社，2020年8月第1版，第33页。

[2] 北京市农业农村局编《北京市农村经营管理统计资料2019年度》，2020年6月，第36页。

值地位。

首先，农村集体经济组织是坚持集体所有制的重要组织载体。农村集体经济组织建立在农村土地集体所有制基础之上，同时又是除国家以外唯一拥有土地所有权即集体土地所有权的特别组织，其地位和作用具有不可替代的重要性。只要坚持农村土地集体所有制，就必须坚持和发展农村集体经济组织，并适应社会主义市场经济发展的需要，不断探索创新农村集体所有制的有效实现形式。

其次，农村集体经济组织是实现乡村振兴的重要力量。一方面，实现乡村组织振兴，必须实现乡村集体经济组织的振兴。要彻底改变一段时期以来高度重视农村基层党组织建设和村民自治组织建设而忽视农村集体经济组织建设现象，改变重视农民专业合作社建设而忽视农村集体经济组织建设的做法，要像重视农村基层党组织建设那样重视农村集体经济组织建设，像重视村民自治组织建设那样重视集体经济组织建设，像重视农民专业合作社建设那样重视农村集体经济组织建设。在实施乡村振兴战略中，使农村集体经济组织振兴与农村基层党组织振兴、村民自治组织振兴相辅相成，与农民专业合作发展相得益彰。另一方面，农村集体经济组织本身就是实现乡村产业振兴、人才振兴、文化振兴、生态振兴和组织振兴的重要力量和振兴主体，同时也是实现乡村善治的重要基础，必须在新形势下将农村集体经济组织体系、功能发挥、治理机制全面建设好、发展好。

再次，农村集体经济组织是实现乡村共同富裕的重要依托。实现共同富裕是社会主义的本质要求。中国共产党执政后在农村进行社会主义改造，推行农业合作化运动，建立土地归公的集体所有制，就是要消灭剥削，消除两极分化，实现全体农民的共同富裕。我们要全面推进农村集体产权制度改革，发展壮大集体经济，切实保障集体经济组织成员土地承包经营权、宅基地使用权、集体收益分配权以及参与集体经济组织管理的民主权利，着力促进共同富裕，使每一个集体经济组织成员在集体经济组织中都切身感受到获得感、幸福感、安全感。

（二）组织重构

20世纪80年代在人民公社解体、政社分设中，由于对集体经济组织认识比较模糊，致使农村三级集体经济组织的建设明显滞后，许多地方没有建立相应的集体经济组织。据统计，截至2019年，全国583573个村中，建立村级集体经济组织的413370个，占70.8%；村委会代行村集体经济组织职能的村170203个，占29.2%。在全国4838482个村民小组中，建立组集体经济组织的759321个，仅占15.7%。在36082个乡镇中，建立乡镇级集体经济组织的就更少了，因为数量过小而没有纳入统计表中。[1] 目前主要有北京、上海等特大城市和一些东部经济发达地区建立有乡镇级集体经济组织。如果要真正坚持农村集体所有制，维护和发展农民集体财产权利，提高农民的组织化程度，促进乡村治理现代化，必须高度重视并着力推进农村集体经济组织建设，建立健全农村三级集体经济组织体系。

一是要建立健全乡镇集体经济组织。基于人民公社三级所有的历史背景，乡镇一级形成和积累了一定规模的集体资产。但在撤社建乡以及历次乡镇机构改革中，由于忽视乡镇集体经济组织建设，造成乡镇集体资产长时期的重大流失和农民集体权益的严重损失。在乡村振兴战略实施进程中，要像各级组织部门抓基层党组织建设、民政部门抓村民自治建设那样，各级农业农村部门必须着力抓好集体经济组织建设。应当总结北京、上海、广东等地在乡镇集体经济组织建设以及乡镇集体产权制度改革方面的基本经验，在全国范围内加快建立健全乡镇集体经济组织，推进乡镇集体产权制度改革，从根本上改变绝大部分乡镇集体经济组织

---

[1]农业农村部政策与改革司编《2019年中国农村政策与改革统计年报》，北京：中国农业出版社，2020年8月第1版，第3页。

缺失的状况，维护乡镇集体经济组织成员的基本权利。乡镇集体经济组织建设的工作重点，就是要落实1984年中央一号文件就已经提出的"地区性合作经济组织应当把工作重点转移到组织为农户服务的工作上来"的要求，[1]发挥乡镇集体经济组织"统一服务"的重要功能。可以借鉴东亚地区农会组织建设的有益做法，着力将乡镇集体经济组织建设成为类似于东亚农会组织性质的全方位服务于农民生产生活的区域服务中心。

二是建立健全村级集体经济组织。在乡镇、村、组三级农村集体经济组织体系建设中，目前村级集体经济组织建设的成效相对较好一些。截至2019年，全国70.8%的村建立有村集体经济组织，63.2%的村完成了村级集体产权制度改革。但仍有29.2%的村由村委会代行村集体经济组织职能。[2]尚未建立村级集体经济组织的村，应当加快建立村集体经济组织机构，推进集体产权制度改革，摸清集体资产家底，界定集体成员身份，保障成员权利，加强股权管理，强化服务职责。对于已建立集体经济组织的村，应当进一步建立健全符合特别法人要求的治理结构，依照《农村集体经济组织示范章程（试行）》，修改完善章程，严格规范运行。

三是建立健全组级集体经济组织。农村人民公社建立以后确立了"三级所有，队为基础"的根本制度，生产队是基本的核算单位。人民公社解体以后，生产大队改为村民委员会，生产队改为村民小组，绝大部分组一级的集体经济组织开始萎缩甚至消失，但仍有部分组级集体经济组织得到坚持和发展。据统计，截至2019年底，全国建立有组级集体经济组织的村75.9万多个，占村民小组总数的15.7%；以组为单位完成集

---

[1]《中共中央 国务院关于"三农"工作的一号文件汇编（1982—2014）》，北京：人民出版社，2014年1月第1版，第46页。

[2]农业农村部政策与改革司编《2019年中国农村政策与改革统计年报》，北京：中国农业出版社，2020年8月第1版，第3页、第110页。

体产权制度改革的村民小组 22.56 万个，占村民小组总数的 4.7%。[1] 在有条件但尚未建立集体经济组织的村民小组，应当加快建立健全集体经济组织；在没有必要建立集体经济组织的村民小组，应当坚持实事求是，不必"一刀切"地建立组级集体经济组织，但必须加强村级集体经济组织建设，使村级集体经济组织能够有效维护村民小组成员的正当权益。

（三）产权重构

农村集体资产是农村集体经济组织成员的主要财产，是农业农村发展的重要物质基础。农村集体资产包括农民集体所有的土地等资源性资产，用于经营的房屋等经营性资产，用于公共服务等方面的非经营性资产。重构农村集体产权，就是要分类推进农村集体产权制度改革，维护农民合法权益，增加农民财产性收入，让广大农民分享改革发展成果，增强农民对集体的认同感、归属感、自豪感。对于重构农村集体产权的总体要求是，对土地等资源性资产进行确权登记颁证，对集体公益设施等非经营性资产建立健全运行管护机制，对集体经营性资产着力推进确权到户和股份合作制改革。

一是在农村承包地产权重构上。近年来国家已经明确的政策制度安排主要有：（1）按照农村承包土地"三权分置"的要求，落实集体所有权，稳定农户承包权，放活土地经营权，充分发挥"三权"的各自功能和整体效用，形成层次分明、结构合理、平等保护的格局。（2）土地集体所有权人对集体土地依法享有占有、使用、收益和处分的权利，土地承包权人对承包土地依法享有占有、使用和收益的权利，土地经营权人对流转土地依法享有在一定期限内占有、耕作并取得相应收益的权利。（3）赋予农民对承包地承包经营权抵押、担保权能。（4）保持土地承包关系稳定并长久不变，第二轮土地承包到期后再延长 30 年。（5）严格保

---

[1]农业农村部政策与改革司编《2019年中国农村政策与改革统计年报》，北京：中国农业出版社，2020年8月第1版，第3页、第110页。

护农户承包权，不得违法调整农户承包地，不得以退出土地承包权作为农民进城落户的条件。重构农村承包地产权，关键就是要贯彻落实农村承包土地"三权分置"办法，同等保护所有权、承包权、经营权，解决市场经济条件下承包土地的产权封闭性，使农村集体经济组织成员以外的人和组织可以依法流转获得土地经营权从事农业生产经营活动，维护农民权益，发展现代农业。

二是在农村宅基地产权重构上。近年来国家已经明确的政策制度安排主要有：（1）探索实行宅基地"三权分置"，落实宅基地集体所有权，保障宅基地农户资格权、农民房屋财产权，适度放活宅基地和农民房屋使用权。（2）农村村民一户只能拥有一处宅基地，面积不得超过本省、自治区、直辖市规定的标准。对历史形成的宅基地面积超标和"一户多宅"等问题，按照有关政策规定分类进行认定和处置。（3）鼓励村集体和农民盘活利用闲置宅基地和闲置住宅，通过自主经营、合作经营、委托经营等方式，依法依规发展农家乐、民宿、乡村旅游等。城镇居民、工商资本等租赁农房居住或开展经营的，租赁合同期限不得超过二十年。（4）对进城落户的农村村民，各地可以多渠道筹集资金，探索通过多种方式鼓励其自愿有偿退出宅基地。（5）充分保障宅基地农户资格权和农民房屋财产权。不得以各种名义违背农民意愿强制流转宅基地和强迫农民"上楼"，不得违法收回农户合法取得的宅基地，不得以退出宅基地作为农民进城落户的条件。（6）严禁城镇居民到农村购买宅基地，严禁下乡利用农村宅基地建设别墅大院和私人会馆。严禁借流转之名违法违规圈占、买卖宅基地。重构农村宅基地产权，关键就是要改革创新农村宅基地"三权分置"办法，改变长期以来对农村宅基地过度控制、对农村宅基地使用权流转严格限制的管控思维方式和习惯做法，必须适应实施乡村振兴战略和城乡融合发展的需要，突破农村宅基地管控的传统窠臼，发挥市场在农村宅基地资源配置中的决定性作用，同时更好地发挥政府的作用，实现农村宅基地产权的封闭性与开放性的有机统一，维护和发展农民宅基地和住房财产权益，为乡村振兴开辟利国利民的新道路。

三是在农村集体经营性建设用地产权重构上。近年来国家已经明确的政策制度安排主要有：（1）集体经营性建设用地，土地所有权人可以通过出让、出租等方式交由单位或者个人使用。（2）集体经营性建设用地出让、出租等，应当经本集体经济组织成员的村民会议三分之二以上成员或者三分之二以上村民代表的同意。（3）通过出让等方式取得的集体经营性建设用地使用权可以转让、互换、出资、赠与或者抵押。（4）集体经营性建设用地的出租，集体建设用地使用权的出让及其最高年限、转让、互换、出资、赠与、抵押等，参照同类用途的国有建设用地执行。（5）集体建设用地的使用者应当严格按照土地利用总体规划、城乡规划确定的用途使用土地。2019年8月26日十三届全国人大常委会第十二次会议审议通过、2020年1月1日起实施的新《土地管理法》，最大亮点是允许集体经营性建设用地入市，这是重构农村集体经营性建设用地产权最重要的法律突破。[1]重构农村集体经营性建设用地产权，关键就是要贯彻落实新《土地管理法》有关农村集体经营性建设用地入市的规定，建立健全农村集体经营性建设用地入市配套制度体系，保障农村集体经济组织土地发展权，维护和发展农民土地财产权、集体收益分配权。

四是在农村经营性集体资产产权重构上。近年来国家已经明确的政策制度安排主要有：（1）清产核资，对集体所有的各类资产进行全面清产核资，摸清农村集体经济组织家底。（2）明确集体资产所有权，把农村集体资产的所有权确权到不同层级的农村集体经济组织成员集体，并依法由农村集体经济组织代表集体行使所有权。（3）确认农村集体经济组织成员身份，统筹考虑户籍关系、农村土地承包关系、对集体积累的

---

[1] 参见《中华人民共和国土地管理法》，载中国人大网，

http://www.npc.gov.cn/npc/c30834/201909/d1e6c1a1eec345eba23796c6e8473347.shtml

贡献等因素，协调平衡各方利益，解决成员边界不清的问题。（4）以股份合作制为改革基本方式，将农村集体经营性资产以股份或者份额形式量化到本集体成员，作为其参加集体收益分配的基本依据。（5）股权设置应以成员股为主，是否设置集体股由本集体经济组织成员民主讨论决定。股权管理提倡实行不随人口增减变动而调整的方式。（6）保障农民集体资产股份权利，改革探索赋予农民对集体资产股份占有、收益、有偿退出及抵押、担保、继承权。农村集体产权制度改革从地方率先探索到全国统筹安排，这是我国重构集体经营性资产产权极为重要的制度创新。重构农村经营性集体资产产权，关键就是要贯彻落实中央有关农村集体产权制度改革的政策规定，以发展股份合作等多种形式的合作与联合为导向，全面完成和深化农村集体产权制度改革，加快构建归属清晰、权能完整、流转顺畅、保护严格的农村集体产权制度，有效保护和发展农民作为农村集体经济组织成员的合法权益。

（四）功能重构

农村集体经济组织作为社区型综合性经济组织，具有多重功能。中共中央、国务院《关于稳步推进农村集体产权制度改革的意见》以及《农村集体经济组织示范章程（试行）》都明确农村集体经济组织具有管理集体资产、开发集体资源、发展集体经济、服务集体成员等职能。

一是管理集体资产。首先，集体经济组织肩负履行管理集体资产的主体责任。集体经济组织是集体资产管理的主体，要坚持民主和公开原则，保障集体经济组织成员对集体资产的知情权、参与权、监督权、决策权，建立健全集体产权登记等资产管理基础性制度。其次，各级党委政府负有管理农村集体资产的领导职责。在工作上要将集体资产管理提上重要议事日程，在制度上将集体资产管理纳入法制建设轨道，在体制机制上不断深化集体资产管理改革，创新管理机制。再次，各级农业农村部门承担农村集体资产的指导和监督职责。重点是要推进集体资产管理的制度化、规范化、程序化、公开化、精细化、信息化等工作，指导、监督农村集体经济组织贯彻落实章程，维护和发展集体经济组织成员的财产权利和民主权利。

二是开发集体资源。农村集体资源十分丰富，集体资源开发利用的潜力巨大。首先，大力利用山水林田湖草等资源发展休闲农业和乡村旅游等业态。集体经济组织应当结合实际，因地制宜利用集体土地资源开展农业观光和乡村体验活动，建设田园综合体，建设农乐园，创建户外课堂等休闲农业和乡村旅游项目，为人们提供乡村体验。其次，合理开发利用闲置农宅发展多种形式的乡村民宿。集体经济组织既可以单独开发利用闲置农宅，也可以与社会资本合作开发利用闲置农宅。再次，积极开发利用农村集体建设用地，发展乡村特色产业和乡村公益事业。充分利用新修订的《土地管理法》允许农村集体建设用地入市的新契机，加强对集体建设用地利用的规划和开发等工作，立足实际，发展乡村自身特色产业和乡村公益事业。

三是发展集体经济。发展壮大集体经济，既是农村集体经济组织的重要职能，也是各级党委和政府高度重视与大力推动的重要工作。特别是近些年来，各级党委和政府制定和出台了一系列发展壮大农村集体经济的政策措施，取得了一定的成效。但由于多种因素的影响，农村集体经济发展面临的深层次问题不少，集体经济发展的内在动力不足比较明显，应当在战略认识上和体制机制上有新突破。首先，要像重视国有经济发展那样重视集体经济发展，像抓国有企业改革发展那样抓集体企业改革发展。要改变长期以来在思想观念和政策制度安排上重国有、轻集体的倾向，构建集体经济与国有经济、集体企业与国有企业同等重要、平等对待的政策制度体系。其次，加快集体经济发展的相关立法工作，改变集体经济发展立法严重滞后的局面，尽快制定有关集体经济发展的法律法规。再次，改革制约集体经济发展的体制机制，营造有利于集体经济发展壮大的制度环境。一要深化农村集体产权制度改革，发展新型农村集体经济，实现集体产权封闭性与开放性的有机统一；二要加快破除城乡二元体制，建立健全城乡融合发展的体制机制，实现城乡要素的双向流动和平等交换，发挥市场在农村资源配置中的决定性作用，更好地发挥政府的作用；三要保障集体经济组织成员的民主管理权和集体收益分配权，使集体经济发展的成果由集体成员共享。

四是服务集体成员。为集体成员提供生产生活各方面的服务，是集体经济组织建立与发展的根本目的。应当充分发挥集体经济组织"统"的功能，强化统一服务职能，重点将乡镇集体经济组织建设成为乡村枢纽型农民服务中心。2020年10月29日中共十九届五中全会通过《中共中央关于制定国民经济和社会发展第十四个五年规划和二〇三五年远景目标的建议》，提出实施乡村建设行动，把乡镇建成服务农民的区域中心。2021年4月29日十三届全国人大常委会第二十八次会议通过《中华人民共和国乡村振兴法》第二十一条规定"国家采取措施支持农村集体经济组织发展，为本集体成员提供生产生活服务"。第四十一条规定"地方各级人民政府应当加强乡镇人民政府社会管理和服务能力建设，把乡镇建成乡村治理中心、农村服务中心、乡村经济中心"。[1]乡镇要建成服务农民的区域中心和农村服务中心，至少应在如下两个方面着力：一方面，要强化乡镇政府基本公共服务提供。2017年2月，中共中央办公厅、国务院办公厅印发了《关于加强乡镇政府服务能力建设的意见》，对乡镇政府公共服务能力建设作了明确规定。另一方面，要强化乡镇集体经济组织生产经营服务提供。可以借鉴台湾乡镇农会组织的有益经验，把乡镇集体经济组织建设作为重点，制定《关于加强乡镇集体经济组织服务能力建设的意见》，形成以乡镇集体经济组织即乡镇联社为主导、以乡带村的服务新机制，全方位加强乡镇新型集体经济组织建设，在乡镇

---

[1]参见《中华人民共和国乡村振兴促进法》，载《农民日报》2021年4月30日。

集体经济组织内部设立生产合作、供销合作、信用合作、文化旅游、农业教育、对外联络等服务部门，实现生产合作、供销合作、信用合作，为集体成员的生产经营提供产前产中产后全方位社会化专业化服务。可以将有关部门分散提供的农资、农技、信息、金融、流通等农业社会化服务整合到农村集体经济组织之中，由农村集体经济组织这个服务平台向社员提供统一整地、统一供应种子、统一规范使用化肥农药、统一利用高科技设备、统一开展技术培训、统一聘请专业团队进行田间管理、统一信息服务、统一金融服务、统一市场销售服务等。鼓励和规范以乡镇集体经济组织为主体，承接农村交通、水利、基础设施维护、道路养护、绿化环卫管护等社区基础设施建设、劳务服务和政策工程项目，加强和提升相关服务质量，使乡镇集体经济组织成为农业社会化服务的主力军，成为服务农民生产生活的重要组织力量。

（五）治理重构

推进乡村治理体系和治理能力现代化，实现乡村善治，必须实现集体经济组织的治理重构，加快构建农村集体经济组织治理体系，提升集体经济组织的治理能力和治理效能。

一是加快推进农村集体经济组织系列立法工作，将农村集体经济组织建设管理纳入法治化体系。按照《民法典》确定的集体经济组织作为特别法人类型，加快推进国家《农村集体经济组织法》以及地方《农村集体经济组织条例》的立法进程。2020年6月，农村集体经济组织法起草领导小组第一次全体会议在京召开，标志着农村集体经济组织法起草相关工作正式启动。2020年8月21日，黑龙江省第十三届人民代表大会常务委员会第二十次会议通过、10月1日起施行的《黑龙江省农村集体经济组织条例》，明确了集体经济组织的市场经济主体地位、管理主体、股份合作体制和资产运营机制以及监督管理等一系列核心制度，对产权制度改革成果，以法规形式进行了固化。黑龙江省农村集体经济组织的地方立法走在全国前列，相关立法经验做法值得借鉴。在制定农村集体经济组织主体法律法规的同时，也要加强相关辅助法律法规以及配套法律法规建设，形成集体经济组织建设和集体经济发展的法律法规体系。

二是完善与落实农村集体经济组织内部治理机构，将农村集体经济组织内部治理纳入规范化轨道。在农村集体产权制度改革的基础上，建立健全新型农村集体经济组织法人治理结构，贯彻落实农业农村部印发的《农村集体经济组织示范章程（试行）》，加强集体经济组织的章程制定和修订工作，尽快实现农村集体经济组织内部治理的制度化、规范化、程序化，形成集体经济组织共建、共治、共享、共赢的治理局面，充分体现和保障每一个集体经济组织成员的主人翁地位，确保集体成员权利得到有效保障，集体成员意志得到充分体现。各级农业农村部门要加强对农村集体经济组织落实章程情况的指导与监督检查，确保章程规定的成员大会或成员代表大会、董事会、监事会等治理机制得到有序运行，确保实现农村集体经济组织的民主管理、规范经营，保障集体成员的知情权、参与权、决策权、监督权。

三是不断深化改革扩大开放，营造有利于农村集体经济组织振兴的体制环境。首先，在深化农村集体产权制度改革的基础上，建立健全有利于农村集体经济组织发展的特别法人财税制度，使农村集体经济组织同等享受新型农业经营主体的各项财政优惠政策，支持农村集体经济组织带动农民共同富裕，减免集体股份分红的个人所得税等相关税费。其次，建立健全有利于集体经济组织发展的金融制度。在战略上加强农村合作金融建设，积极探索以乡镇集体经济组织为主体发展农村合作金融，农村信用合作社可以在乡镇集体经济组织建立信贷部门和服务窗口，满足集体经济组织及其成员多方面的金融服务需求。再次，建立健全鼓励优秀人才到农村集体经济组织和集体企业就业创业的政策制度。建立集体经济组织吸引外部人才的体制机制，在集体经济组织和集体企业实行开放式用人制度，加快建立健全职业经理人聘任机制，形成科学合理的薪酬制度，促进人力资源向集体经济组织合理流动。推动城乡就业、医疗、养老等社会保障制度接轨，使在农村集体经济组织和集体企业就业创业人员能够享受到与在国有企业就业创业人员同等的医疗、养老等社会保障待遇。最后，积极推进政经分离。厘清乡镇集体经济组织与乡镇党委政府之间、村集体经济组织与村党支部、村委会之间的职能关系和权责边界，实行党务、村务、社务分离，各类组织账户分开，加强基层党组织的领导，强化乡镇政府公共产品供给职责，保障村民自治，剥离集体经济组织所承担的农村社区公共管理和公共服务职能，使农村基层各类组织依法依规各司其职，相互配合，协调发展。

执笔人：张英洪、王丽红、刘伟

2021 年 5 月 25 日

农村集体组织成员身份问题研究报告

一、为什么要确认集体经济组织成员

确认集体经济组织成员身份是贯彻实施国家有关法律的要求。我国农村实行集体所有制，但是，集体所有到底归谁所有？集体资产的所有权主体是谁？这是长期以来没有说清楚的理论问题，也是困扰集体经济发展的现实问题。我国 2007 年实施的《物权法》规定："农民集体所有的动产不动产归本集体成员集体所有"，从法律上解决了这个重大的理论、法理和实践问题。2021 年实施的《民法典》作出了同样的规定。根据《物权法》和《民法典》的这一规定，农民集体所有的动产和不动产的所有权主体是本集体经济组织的成员集体，不是集体经济组织，不是村民委员会，也不是全体村民。作为集体的成员则是有条件的、有数量的，不是随便什么人都可以是集体经济组织的成员。这就要求，明晰农村集体所有财产的归属，必须把集体经济组织的成员界定清楚，这样才能把集体所有真正落到实处，解决所有权主体虚置模糊的问题。

事实上，尽管我国农村长期实行集体所有制，但一直没有明确成员的条件和边界，导致农村集体财产归属不清。产权制度是市场经济的基石，适应建立高水平市场经济体制的要求，必须要确认成员身份和数量，明晰产权归属。确认农村集体经济组织成员身份的目的，核心是为将归属不清的集体资产折股量化、确权到户、建立归属清晰的农村集体产权制度奠定人口基础。

确认集体经济组织成员身份，是建立归属清晰的农村集体产权制度的要求。《中共中央国务院关于稳步推进农村集体产权制度改革意见》提出，通过改革，在农村建立归属清晰、权能完整、流转顺畅、保护严格的农村集体产权制度。确认成员的目的，是进一步明晰农民集体所有财产的归属，建立起集体资产与农民之间的直接联系，党的十八届三中全会决定提出的赋予农民更多财产权利的改革任务才能落到实处。如果不确认集体成员身份，并把农民集体所有的不动产和动产确权到每个成员家庭，集体所有的不动产和动产，在归属上仍然是不清晰的，而且老的成员过世了，农民集体所有的财产将会成为无主的。

二、由谁来确认集体经济组织成员身份

2016 年中央 37 号文件规定，要探索在群众民主协商基础上确认农村集体经济组织成员的具体程序、标准和管理办法。农村集体经济组织成员身份只能由与集体资产有关的农民民主协商确认。这是深化农村改革，建立归属清晰的农村集体产权制度的重大任务。集体资产归本集体成员集体所有的法律规定要求，必须清楚界定集体成员的身份和边界。过去长时期只讲集体经济，不讲成员是谁。从发展进程和逻辑上讲，集体资产不是天生就有的，是原先入社农户用家庭有财产入股形成的，那么，原入社农户家庭从入社开始到这次确认成员期间自然增加的家庭人口，原则上都具有集体成员身份。集体经济组织的财产本来是不同农户入股形成的，经过时间的推移，不同农户的人口数量发生了改变，而且各户对集体发展的贡献也不一样。在这种情况下，谁是成员谁不是成员，

应由与集体财产有关的农民坐下来商议确定，其他人无权干涉，政府不应该，也没有权力说谁是成员、谁不是成员，而应由这些农户按照他们协商的标准来确认。

三、确认集体经济组织成员的程序

首先是制定群众民主议事的规则。确认集体经济组织成员，涉及每个家庭与集体财产有关的个人的切身利益，在确定确认成员的时点、具体标准时，不同的个人会有不同的选择和考虑，在实行民主决策时，群众不可能百分之百同意，这时应如何解决？应先制定对所有群众一视同仁、普遍适用的、抽象的、民主的决策规则。就是要经群众民主投票决定，将来涉及民主投票时同意比率达到多少为一致通过。比如，如果群众投票决定，在民主投票时，同意率达到95%为全体一致同意。在针对每个具体事项投票表决时，一旦同意率达到95%即为全体一致同意，就不存在少数人不同意的问题。如果不制定抽象的、具有普遍约束力、对所有人员一律平等的投票规则，一旦投票与具体目标、具体事项联系起来，很可能会有群众从自身角度考虑投反对票，出现多数人同意而少数人不同意的情况。

其次，确定确认成员的时点。以前集体经济组织成员边界不清楚，现在想搞清楚就得有个时点，就是确定在这个时点现有的人，哪些人是成员、哪些人不是成员？在确定确认成员的时点问题上，集体资产多少及收益分配情况影响农户的选择。确认成员的时点选择越靠近现在，人员结构越复杂，确认成员的条件越难界定；时点选择越向前推，人员构成越简单，确认成员的条件就越容易界定。同时，在集体经营性资产少、年底没有收益分配的村，农户对确认成员的时点可能不太计较；如果集体经营性资产较多，年底收益分配可观，农户对确认成员的时点就会相对计较。人口多的农户，希望选择距现在近的时间作为确认成员的时点，这类家庭可以有较多的人口获得集体经济组织成员身份并分享收益；而人口少的农户，则选择尽可能将确认成员的时间向前推，从而把人口多的农户家的一部分人排除在成员之外，增加自己家庭人口占有集体资产的份额，并在年底分到较多收益。时点的选择应充分吸收不同农户的意见，争取得到大多数农户的认可，协商确定，只要原集体经济组织范围内的农户同意，确认成员的时点早几年还是晚几年无所谓。在实际操作过程中，为了防止相邻村的农民在确认成员时出现两头落空的问题，一个县确认成员的时点应大体一致。具体确认成员的时点还是应在充分协商的基础上，由群众民主投票决定。

其三是对照标准核实人口信息。确定了确认成员的时点、标准后，要开展集体经济组织人口基本情况摸底调查，各户根据民主确定的确认成员的标准，申报家庭人口数量。确认成员工作小组要对各户提供的人口信息，对照标准逐一核对，符合条件的列入成员；不符合条件的列入非成员。然后将初步核定结果向农户公示，接受群众评议。群众会对初步核定结果提出意见，为什么有的人不符合条件核定为成员，有的人符合条件而没有被核定为成员。对群众提出的每条意见，确认成员小组要以标准为依据，对相关人员的信息情况再核实，对有出入的进行调整，将调整的结果再向群众公示。群众对调整结果有意见的再核实，再调整。群众没意见了，成员就可以确定了。

建立成员名册（成员名单）并在县乡政府备案。2016 年中央 37 号文件要求：建立健全农村集体经济组织成员登记备案制度。这是形成有效维护农村集体经济组织成员权利的治理体系的需要。集体经济组织成员身份公示无异议，并经农户签字确认后，集体经济组织应建立成员名册，并到县乡政府主管部门备案。成员名册记载信息应与在政府主管部门备案的信息相一致，并在适当范围内公开，通过成员身份的公开，维护成员身份的尊严和权力。

四、确认集体经济组织成员的条件

从道理上讲，一个人是不是集体经济组织的成员，根本要看这个人与集体经济组织的财产有没有关系，有财产关系是首要的、基本的条件。所谓与集体财产有关系，就是对集体财产有直接或间接的所有关系、对现有财产作出贡献，这是最基本的条件。2016年《中共中央 国务院关于稳步推进农村集体产权制度改革的意见》（37号文件）要求：依据有关法律法规，按照尊重历史、兼顾现实、程序规范、群众认可的原则，统筹考虑户籍关系、土地承包关系，对集体积累的贡献等因素，协调平衡各方利益，做好农村集体经济组织成员身份确认工作，解决成员边界不清的问题。所以要统筹考虑户籍关系、土地承包关系，是因为原先加入集体经济组织的农民或者说最初的集体经济组织的成员，他们的户籍都在农村，在农村改革时都平等地获得了集体土地的承包经营权。显然，目前户籍在本村、在改革初期获得集体土地承包经营权的人员，毫无疑问是集体经济组织的成员。

所谓依据有关法律法规是指以下情况：一是《婚姻法》。最初加入集体经济组织的家庭，由于结婚增加的人口，无论是娶进来的媳妇，还是招赘入户的女婿，以及他们合法生育的人口，都是家庭合法增加的人口，应是集体经济组织的成员。二是《收养法》。最初加入集体的农户，因合法收养增加的家庭人口，应是经济成员，包括在1992年我国《收养法》出台之前农户事实收养的人口，以及《收养法》出台以后到民政部办了收养手续的增加人口。三是《移民法》。相对本村原住人口，有的村还有一些政策性移民，如修建水库产生的库区移民、受灾地区的移民、城镇到农村落户的移民等。当时安置这些移民时，政府对承担移民的集体经济组织是给予补助的，而且这些移民也获得了承包土地，实际已经成了所在地集体经济组织的人口，也是合法增加的人口。需要强调的是，制定确认成员的标准，对原集体经济组织范围内的所有人员，必须一视同仁、平等对待，不能出现多数人侵犯少数人和妇女权益的现象。

五、公职人员可否是成员

对原农村人口、目前为公职人员身份的可否确认为成员，要区分不同情况，不可以简单地说是或者都不是，这会影响一部分人的经济利益，应避免因确认成员在不同农户家庭之间产生新的不公平。中央关于稳步推进农村集体产权制度改革的意见明确要求：尊重农民群众意愿，发挥农民主体作用，支持农民创新创造，把选择权交给农民，真正让农民成为改革的参与者和受益者。在集体经济组织成员身份的确认标准的确定、集体资产的股权设置等方面，务必充分听取农民群众的意见和选择，切不可替农民做主。地方党委政府可以就改革任务、原则、程序等提出指导方案，但不宜制定确认成员的具体办法，尤其不宜规定哪些人是成员、哪些人不是成员，应由群众民主决定。对现在由财政供养的人员是否可以确认为集体经济组织成员，不可简单从事。从许多地方的做法看，原则上，以前是农民，经过上大学现在由财政供养的人员，如果其上大学是由国家财政资助的，毕业后由国家计划安排工作的，不再确认为集体经济组织成员。如果农民的子弟上大学，是自费的，毕业后就业是自谋职业，即使现在由财政供养，一般也确认为成员。农民的道理就像一个家庭兄弟两个一样，不能因为一个经过自己努力考取了公务员，分家时就取消其享受家庭财产的资格。需要明确的是，这类公务员被确认为集体经济组织成员，其享有集体资产股权，是集体财产所有权人依法赋予的，党政有关部门不宜强行要求公务人员不能为农村集体经济组织的成员，不宜与农民民主决定相冲突。

六、成员家庭今后新增人口可否是成员

对现有集体资产有贡献的人可以是集体经济组织成员，对集体资产没有贡献的人，不能自然成为集体经济组织的成员。鉴于过去长期没有确认集体经济组织成员身份，根据 2016 年党中央国务院的决策部署，开展农村集体产权制度改革，按照经群众民主协商确认、建立成员登记簿并在县乡有关部门备案的成员为农村集体经济组织的初始成员。初始成员，一般实行"生不增、死不减"固化管理。

需要明确，农村集体组织成员家庭今后的新增人口不能自然就是集体经济组织的成员，只能通过继承、分享家庭拥有的集体份额的办法，按照集体经济组织章程规定获得集体资产份额和集体成员身份，享受相关权利，尽相关义务。具体由集体经济组织章程规定。这是因为：从实践看，如果成员家庭今后的新增人口无条件是集体经济组织的成员，就与产权制度改革前没有任何变化，这次确认集体经济组织成员就失去意义，农村集体产权关系就难以稳定，还会带来许多矛盾隐患。这次农村集体产权制度改革，是通过确认成员身份，明确现有集体财产的归属问题。现有财产一旦经过群众公认的程序确权到户，其归属就是明确的和单一的，不可以因为不同家庭人口变化对已经确权到户的财产进行第二次分割让出。如果在这次确认成员后，成员家庭今后新增人口可以无条件是成员，也要对集体资产主张所有权，就意味着赋予这些新增人口拥有掏原有成员腰包的权利。同时，许多农民也会说集体经济组织现有的资产都是改革试点前劳动创造积累的，这次产权制度改革后，成员家庭新增的人口，无论是因婚姻关系增加的成年人，还是因生育增加的未成年人，都没有对资产的形成付出劳动、做出贡献，难以承认将来新增人

口为集体经济组织的成员。还要注意的是，如果简单承认成员家庭未来新增人口为集体经济组织成员，势必又会引出两个难以解决的问题：一是既然承认成员家庭新增人口是集体经济组织的成员，这些新增人口要主张财产权，也要获得集体资产股份。既然承认其成员身份，不给予其集体资产股份显然说不通；如果给予其集体资产股份，标准是什么？这些股份从何而来？二是不同成员家庭新增人口的多少不同，赋予新增人口集体资产股份势必在不同成员家庭之间造成新的不平等，农民会问这公平吗？成员对集体资产的产权制度还有稳定预期吗？

需要明确的是：这次明确的集体经济组织成员，主要是对集体的经营性资产拥有折股量化的股权，取得集体收益分配权。耕地实行集体所有家庭承包经营制度，已经承包到户，并实行长久不变。因此，绝不可以因为集体经济组织成员的变化调整农村土地承包关系。基于同样的道理，要把宅基地所有权在群众认可的条件下确权到户，成员家庭新增人口对宅基地权利可以在家庭内部分享和继承。

今后其他人要成为集体经济组织成员，可以用个人资产向集体经济组织入股，只能与集体经营性资产发生经济关系，不能与承包土地和宅基地的所有权发生直接联系；其他人要加入集体经济组织必须经原集体经济组织成员全体一致同意通过；有关办法要通过成员大会表决形成决议或记载于集体经济组织章程。

七、农民对集体资产的产权架构

确认农村集体经济组织成员身份，目的在于找到集体资产的主人，明确产权归属。在农村，集体资产包括土地、经营性资产和宅基地，实行不同的改革政策，农民对三类资产的产权会有不同。一类是耕地，这类资产实行的是农民集体所有，农户以家庭为单位承包经营，相关的政策和法律早已明确，就是在承包期内，发包方不得收回土地，不得调整土地，实行增人不增地、减人不减地，就是农民所说的"生不增、死不减"。土地承包期在延长的三十年到期后，再延长三十年。赋予农民长期有保障的土地使用权。对这类资产，农户家庭新增人口通过分享原家庭承包土地的办法，获得相应的产权。第二类是集体经营性资产，在确认集体经济组织成员的基础上，折股量化，确权到户，实行不随人口增减变化而调整的方式，即固化管理。成员家庭今后的新增人口，通过分享家庭内拥有的集体资产权益的办法，按章程获得集体资产份额和集体成员身份。宅基地虽说是集体所有，但一直由不同的农户占有和使用，今后原则将不再新增宅基地数量，考虑到一部分农村新增人口将向城镇转移，农民在农村建房将主要通过盘活现有宅基地来解决。原先政策文件的一些提法应加以修改：如农村集体经济组织成员有土地承包经营权、宅基地使用权、集体收益分配权，已与集体资产分类改革的实际不相符；又如保障村民的宅基地使用权，农村集体产权制度改革后，村民与集体经济组织成员不是一个概念，村民可以是原本村农民，也可能是新迁入的，二者权利是不同的，不宜笼统讲保障村民的宅基地使用权。

八、集体经济组织成员的权利与义务

由于这次确认集体经济组织成员主要在于明晰集体资产归属，农民集体所有的土地已经以家庭为单位承包到不同的农户，宅基地一直由不同农户占有和使用，集体经济组织成员的权利主要体现为在组织内部成员具有选举权和被选举权，对集体统一经营的资产运营管理、经济发展、集体事务的民主决策、民主监督等基本参与监督权利，按照所持集体资产股份参与集体经营收益分配的权利，民主选举本集体经济组织领导人。这些权利只能由本集体成员民主议定，通过集体经济组织章程明确记载，照章执行。不宜、也不可能由其他组织决定。不存在集体经济组织以外的力量确定的所谓"成员权"问题。同样，作为成员应在集体经济组织发展过程中尽相应的义务，不可以只享有权利而不尽义务，但这种义务同样也只能由本集体组织的成员民主决定，载于章程，大家自觉遵守。

作者：黄延信

2017 年

京郊农村集体经济组织发展历程

京郊农村集体经济组织在中国共产党的领导下，经历了从无到有、从小到大、从弱到强的光辉而曲折的发展历程。它大体上经历了高级农业生产合作社、人民公社、农工商联合公司和经济（股份）合作社四个发展阶段。

一、高级农业生产合作社（1956 年至 1958 年）

京郊农村地少人多，多数农户生产资料不齐备，新中国成立以前农民就有换工插犋、相互合作的习惯。在抗日战争和解放战争时期，北京地区的抗日根据地和解放区许多青壮年参军支前，农民在生产过程中相互合作的需求更加迫切，劳力换工、人畜换工等形式的互作组织相当普遍。新中国成立以后，当时北京辖区内的土地改革到 1950 年 3 月全部完成。为了实现农业增产的目标，中共北京市委、市政府在郊区干部扩大会议上发出了"组织起来，发展生产"的号召，在春耕生产中建立了一批互助组。1951 年 9 月，按照中央《关于农业生产互助合作的决议（草案）》，农业生产互助组在郊区农村迅速发展起来。到 1954 年，互助组发展到 0.86 万个，参加农户 6.1 万户，占到郊区农户总数的 49%。另外，据不完全统计，当时尚未并入京郊的 10 个远郊县 1954 年有互助组 2.77 万个。同时，在 1952 春郊区试办了 10 个农业生产初级合作社和 2 个高级农业生产合作社。到 1954 年，郊区农业生产合作社由试办转向推广，到 1955 年初达到 703 个，入社农户占到农户总数的 47%。1955 年底，入社农户占到农户总数的 91%。另外，据不完全统计，1955 年，当时尚未并入京郊的 10 个远郊县有高级农业合作社 5810 个。

按照 1955 年 10 月中共中央发布的《关于农业合作化问题的决议》，京郊农村同全国一样，掀起了农业合作化的高潮。到 1956 年 1 月，初级农业生产合作社全部转为高级农业生产合作社。高级农业生产合作社由上年底的 77 个发展到 427 个，入社农户 19.9 万户，占农户总数的 99.1%。另外，据不完全统计，1956 年，当时尚未并入京郊的 10 个远郊县有高级农业生产合作社 1367 个，90% 以上的农户加入了高级社。初级农业合作社农户土地实行作价入股，农户依据其所拥有的土地股份份额参与合作社年终收益分配，土地性质仍然属于农户私有。而高级农业生产合作社取消了农户土地股份分红，农村集体土地由农户私有制变为土地集体所有制。1956 年 1 月 15 日，北京市委在天安门广场举行有 20 多万人参加的群众大会，庆祝首都社会主义改造的全面胜利，党和国家领导人毛泽东、刘少奇、周恩来、朱德等出席，接受农业、手工业和资本主义工商业代表的祝贺。北京市劳动模范李宗和代表农民登上天安门城楼向党中央、毛主席报喜。农户私有的土地经过高级合作社转变为本社农户共同共有集体土地，是郊区农村集体组织创立和集体所有制确立的标志性事件，奠定了郊区农村社会主义公有制的基础，从此以后郊区农民群众成为农村集体经济组织成员，在党的领导下走上了社会主义的康庄大道。

高级农业生产合作社以经营农业为主，有条件的地方也开展畜牧业、渔业、林业、手工业和其他副业，但不准经营商业，同时允许社员发展家庭副业生产。社员拥有自主经营的自留地。为了完成国家分派的统购任务，农业生产合作社普遍推行了年度生产计划。管理水平较高的合作社还将全年的财务收支、劳动用工、劳动日值和钱粮分配等式算到每个社员，做到一年早知道，使社员做到心中有数，调动社员的生产劳动积极性。在政府的帮助下，高级农业生产合作社在生产中积极推广新技术、新农具和作物新品种。高级农业生产合作社初期一般是每天由社干部派活，后来大部分农活改为小段包工。规模较大的合作社建立土地、劳动力、耕畜、大农具固定给生产小队或生产小组使用，实行生产小队小段派工，生产小组劳动作业。搞得比较好的合作社还实行劳动定额制度和生产责任制。

据统计，1957 年全市（不包含尚未并入北京市的区县）共有高级农业生产合作社 428 个，入社农户 192589 户，人口 802897 人，劳动力 271620 个，实现总收入 12657.6 万元，比 1955 年的 3523.3 万元增长了 2.6 倍；实现纯收入 8461.5 万元，比 1955 年的 2156.7 万元增长了 2.9 倍；实现集体积累 1236.4 万元，比 1955 年的 204.7 万元增长了 5 倍；集体固定资产达到 3406.7 万元，人均集体分配 77 元。

二、人民公社（1958 年至 1984 年）

1958 年 8 月 29 日，中共中央发布了《关于在农村建立人民公社的决议》，京郊掀起了办人民公社的热潮。到 1958 年 9 月 10 日，郊区 2357 个农业合作社（包括当年划入北京市的全部远郊县）合并为政社合一的 73 个人民公社。从 1958 年到 1984 年的前后 26 年时间内，郊区农村集体经济组织都以农村人民公社的形式存在。人民公社大体上经历了五个发展阶段：

（一）"大跃进"时期的人民公社（1958年至1961年）

在总路线、大跃进、人民公社"三面红旗"的指引下，人民公社建立初期实行"政社合一、一级所有"体制。人民公社既是集体经济组织又是基层政权，一切生产资料归公社所有，实行高度集中统一的经营管理制度，组织军事化、生活集体化、生产大兵团作战。人民公社举办公共食堂，农民群众到食堂吃大锅饭，同时取消社员户的家庭经营，收回社员户自留地，取消集市贸易。霎时间农村集体经济组织刮起了"共产风、浮夸风、强迫命令风、干部特殊风和生产瞎指挥风"，村村土法大炼钢铁、处处深翻土地，大批劳动力调离农业生产第一线，农作物疏于管理，加上先后遭受洪涝、干旱等自然灾害，农村生产力遭受严重破坏。与1957年相比，1960年粮食总产量下降29.6%，蔬菜亩产量下降43.9%，全年交售商品猪数量下降24.3%，农民人均集体纯收入60元，下降22%，农民生活陷入困境。1959年至1961年成为历史上难以忘怀的"三年困难时期"。

（二）人民公社的整顿与政策调整（1961年至1965年）

针对人民公社初期暴露出来的问题，1961年以后市委、市政府贯彻中央颁布的《人民公社工作条例（修正草案）》，对人民公社体制进行了整顿和政策调整。

一是实行了"三级所有、队为基础"的管理体制。经过整顿调整，到1962年京郊农村共设立人民公社285个，设立生产大队3704个，设立生产队14818个（平均每个生产队44户），基本核算单位13316个。

二是实行退赔，纠正"一平二调"。据不完全统计，从1960年冬到1962年4月，全郊区共向社员群众退赔现金5506万元，占政府和社队平调总数6093万元的90.4%。归还公社化以来拖欠社员的劳动报酬、肥料款和现金投资1061万元，退还农户家具及炊具等47.4万件、家禽

1.6万只、大车420辆、耕畜2800多头、树木12.9万棵、房屋24多万间。

三是解散公共食堂，在巩固集体经济的基础上，积极发展个体经济。恢复社员自留地和自留山，允许并鼓励社员经营小片荒地和养鸡、养猪等家庭副业，允许社员从事手工业生产经营。恢复和发展集贸市场，允许社员在农村集贸市场上自由出售家庭经营的农产品和手工业品。

四是改进和加强集体经济经营管理。为克服人民公社管理中的劳动组织和劳动管理混乱以及收益分配中的平均主义，按照党中央的部署，中共北京市委向党中央和华北局专题上报了《关于实行"三包一奖"和评工记分的意见的报告》，《报告》提出，贯彻按劳分配、多劳多得的原则，重要的环节是实行"三包一奖"和评工记分；实行三包一奖要根据不同社队的不同情况，可以多种多样，不强求一律；实行评工记分，要加强劳动定额管理，反对"卯子工"和死分死记；在较大的生产队要划分作业组，固定责任地段和劳动力。与此同时，市区县主管部门利用农闲时间，对社队财会人员进行培训，恢复了合作化时期建立的农村会计辅导网。还联系实际对社队干部和农民群众进行了勤俭办社、民主办社以及正确处理国家、集体、个人三者管理的教育。

五是开展整风整社，整顿干部作风。1961年下半年，按照中央统一部署，北京市对在大跃进、公社化和反右倾中被错误批判、处分的干部、党员和群众进行了甄别、平反工作。同时市委还分期分批对农村基层干部进行培训。到1962年3月，共培训公社、大队、生产队干部和生产技术人员、经营管理人员5万多人，联系实际进行了社会主义道路、工农联盟、群众路线和形势、政策教育。从1963年6月开始到1966年5月，全市开展了以"四清"为主要内容的社会主义教育运动，纠正了农村干部中存在的多吃多占、集体账目不清等问题，促进干部参加集体生产劳动、改进社队经营管理，起到一定的积极作用。

经过整顿和政策调整，郊区人民公社建立了稳定的生产经营体制，生产生活恢复了正常，集体经济实力得到发展。到 1965 年底，全市农村集体经济总收入实现 46598.5 万元，纯收入达到 31644 万元，集体积累 6431 万元，社员集体分配收入 77 元，分别比 1958 年增长了 53%、71%、212% 和 45%。

（三）"文化大革命"中的人民公社（1966 年至 1984 年）

1966 年 5 月 16 日，中共中央发出《中国共产党中央委员会通知》（通称"五一六通知"），开始了长达十年的"文化大革命"。

"文化大革命"期间，人民公社调整整顿时期形成的体制、政策被批判。一批"三自一包"。把自留地、自负盈亏、自由市场和包产到户说成是资本主义路线。把社员自留地、家庭副业和集贸市场说成是"复辟资本主义的温床"，作为资本主义的尾巴统统要割掉。二批"工分挂帅""物资刺激"。把人民公社的劳动管理、特别是生产责任制说成是对农民群众的"管卡压"，把评工记分说成是工分挂帅；把合法的物质利益说成是"物质刺激"；把一些村队包工到组、责任到人生产责任制作为"复辟回潮"的典型进行批判，导致劳动大拨轰、分配大锅饭、干多干少一个样、干好干坏一个样，劳动管理混乱，严重挫伤了社员群众的生产劳动积极性。三批社队搞工副业。片面强调"以粮为纲"，提出"劳力归田、车马归队"，包劳动力全部集中在有限的农田上，不仅严重影响了集体经济发展，而且严重影响了郊区农村为首都服务的能力。

错误的政策导致郊区农村农业连续减产。1969 年与 1965 年相比，全市粮食总产量减少 2.7%、油料总产量减少 1935%、上交的商品猪数量减少 11.5%，社队企业收入减少更多。由于产出下降、收入减少，导致许多社队社员年终收益分配时出现超支、借粮现象，辛辛苦苦地干了一年不但分不到钱粮，还欠下集体一笔债务。

针对"文化大革命"对农村集体经济组织带来的冲击，1970 年以后，党中央多次召开会议发出文件，要求继续贯彻执行《人民公社六十条》和相关经济政策，强调要抓革命促生产。中央强调，人民公社现有的三级所有、队为基础的制度，关于自留地的制度一般不要变动；在保证集体经济发展占绝对优势的条件下，社员可以经营少量的自留地和家庭副业；要坚持按劳分配地反对平均主义；强调切不可重犯"一平二调"的错误。中央文件和会议精神的贯彻实施对于恢复和发展郊区集体经济和农业生产起到了促进作用。

随着《六十条》规定农村政策的逐步恢复执行以及一大批被打倒的干部重新走上领导岗位，郊区农村掀起了农业学大寨的高潮。千百年来京郊农村涝灾、旱灾、风灾、虫灾等自然灾害频发，农民群众流离失所苦不堪言。在市委、市政府的领导下，郊区农民群众采取出"义务工""劳动积累工"等形式，开展了轰轰烈烈的农田水利建设运动，男女老少齐出动，战天斗地，肩背人扛，挖渠平地，防洪治涝，谱写了一篇撼天动地的篇章，提高了抵御自然灾害的能力。同时增加了对农业机械的投入，进行了耕作制度的改革，并逐步改进了集体经济组织经营管理，促进了农业生产发展。据统计，1976 年与 1966 年相比，郊区粮食总产量增长 54.5%。蔬菜总产量增长 50.4%，交售商品猪增长 71.4%，牛奶总产量增长 15.3%，果品总产量增产 36.3%。但是由于开支过大，集体积累增加，农民收入并没有随着农业增产而相应增加。1976 年郊区社员人均集体分配收入 96 元，仅比 1965 年的 77 元增加了 19 元，"文化大革命"十年中社员每年人均收入增加不足 2 元，而且出现了一批高产穷队。

（四）统分结合双层经营体制的确立（1977 年至 1984 年）

1976 年 10 月，党中央一举粉碎"四人帮"，长达 10 年之久的"文化大革命"结束。1978 年 12 月，党的十一届三中全会开启了我国改革开放的历程。1979 年 9 月，中共中央做出《关于加快农业发展若干问题的决定》。北京市委市政府贯彻执行中央指示，从 1979 年至 1981 年大力开展推广联产计酬生产责任制工作，开始主要是联产承包到组，采取

"四定一奖"的方式，即把社员群众划分为若干个作业组，实行"定土地、定产量、定人员、定工分、超产奖励"。从1980年出现了联产到劳力。1981年增加了定开支的内容，"四定一奖"变为"五定一奖"。有的地方出现了以产记工、以纯收入记工；边远山区和个别平原地区出现了"包产到户、包干到户"。到1981年底，按种植业统计，全市农村有97%的生产队建立了生产责任制，其中专业承包联产计酬的占73%，小组包工、定额计酬的占27%，生产责任制实行承包到组的占75%，承包到劳动力的占23%，还有少数生产队承包到户。

在推广农业生产责任制的过程中，安徽等一些省份出现了"包干到户"的新形式，京郊农村也有少数社队进行了试点。这种责任制形式具有"责任明确、方法简单、利益直接"的优点。但是在各级干部中对"包产到户"究竟姓"社"还是姓"资"的争论却很激烈。一些人把"包产到户"误解为"分田单干"，说什么"辛辛苦苦几十年，一夜退到解放前"。1982年2月，中共北京市委农村工作部给市委打报告建议北京市郊区"不搞放弃统一经营、统一分配的包干到户"，并层层召开干部会议进行贯彻，各县委书记亲自召开全县人民广播大会，把不允许搞"包产到户"的要求传达到千家万户。1982年5月，时任中共中央总书记胡耀邦同志对大兴县石佛营大队（劳动日值5分钱的冰棍队）抵制"包产到户"的问题做出批示，指出"北京郊区还有一些干部对责任制不通，甚至以各种借口抵制，这一定要教育过来"。胡耀邦同志的批示给了北京市委很大震动。市委、市政府于1982年7月和11月先后两次召开郊区县负责人会议，具体部署农业生产责任制工作。到1983年北京市郊区粮田实行分户经营、包产分配的生产队达到71.7%，1984年达到86.7%，1985年达到96.9%。在实行"包产到户"的过程中，市委要求各地一定要有领导、有组织地进行，在集体统一计划、统一机播种、统一水利灌溉、统一植保等前提下进行，并规定不准不执行国家计划，不准损害集体财产，不准滥砍乱伐树木，不准陡坡开荒，不能不交提留。自此，郊区集体经济组织确立了以家庭联产承包为基础、统分结合的双层经营体制。同时多数生产队解体，集体统一经营的职能转由生产大队行使。

在农业生产责任制大大提高农业生产效率、农产品大幅度增长的同时，大批农村劳动力从农田劳作中解放出来，社队干部精力也从指挥社员农业劳动中解脱出来，各社队纷纷举办各种企业。1981年，郊区乡村集体经济组织兴办的企业发展到5928家，拥有资产11.07亿，从业人员34.58万人（占农村劳动力总数的20%），实现销售收入14.25亿元（占农村京郊总收入的51.8%），实现利润总额3.1亿元。到1984年全市乡村集体企业进一步发展到1.42万家，从业人员72.4万人，固定资产15.1亿元，实现总收入37.6亿元，分别比1978年增长了2.5倍、2.2倍、3.7倍和3.8倍。

"文化大革命"结束以后，特别是改革开放以后，郊区农村集体经济得到快速发展。截至1984年底，全市有人民公社268个，生产大队4056个，生产队6967个（1987年），社员107.73万户，参与集体经济收益分配人口382.91万人，劳动力189.92万个。集体经济总收入69.76亿元，集体经济纯收入35.28亿元，集体固定资产总值23.14亿元，当年社员人均集体分配654元，分别比1976年增长了6.6倍、6.3倍、1.6倍和5.8倍。

三、农工商联合（总）公司（1985年至1990年）

（一）实行政社分设，组建农工商联合（总）公司

1981年，郊区开始在丰台区黄土岗公社和昌平县沙河公社进行政社分开的试点，取得很好效果。全市政社分设的改革从1983年普遍进行，到1984年上半年基本完成。郊区全部人民公社分设为乡镇人民政府与乡

镇农工商联合总公司两个机构，分别行使行政职能与经济职能。生产大队则改成为农工商联合公司，保留下的生产队则改称为农工商分公司，结束了集体经济组织长达 26 年的人民公社历史。

在政社分设的过程中，政府管理经济的职能由农工商联合总公司承担，乡镇政府不再直接管理经济工作。实行政社分设以后，郊区乡镇成为党委、政府和农工商联合总公司三套班子，"一把手"都享受正处级待遇。乡镇农工商联合总公司的领导干部除极少数以外，多数为国家干部，没有经过民主选举，重大决策由乡镇党委决定。1985 年以后，地处山区的一些远郊区县把农业管理工作和机构划归乡镇政府。随着农村经济的发展，在一些经济发达、专业分工明显的近郊和平原地区的乡镇农工商联合总公司内部，分别组建了农业服务公司、多种经营服务公司、工业公司、建筑公司、经营管理站等机构，对乡镇直属企业和村级农工商联合公司和个体私营经济进行多方面的服务与指导。村农工商联合公司在乡镇农工商联合总公司的领导下，负责本村集体经济的发展与管理，除大力发展村办集体企业以外，还负责对农户家庭经营进行指导和服务。海淀区四季青、东升、玉渊潭、海淀和朝阳区的南磨房等乡，由于商品经济比较发达，乡级集体经济实力较强，经营管理水平也比较高，逐步打破村与村之间的界限，在全乡范围内实行统一经营核算（一级核算或者一级半核算）和专业化生产，按照蔬菜、果品、粮食、畜牧、机械运输、工业、建筑、商业等行业组建专业公司。一些规模较大的专业公司中又划分为小的专业经营企业。在此期间郊区乡镇农工商联合总公司适应改革开放的新形势，利用国家的政策扶持和本地优势，因地制宜发展集体生产经营，经济实力得到很大提高。从 1990 年到 1999 年的十年期间，全市乡镇农工商联合总公司用于农村基础设施的投资达到 12.42 亿元，占同期乡镇基础设施投资总额的 92.8%；向农村民办教育、计划生育、医疗卫生等社会福利事业投资 9.12 亿元，占同期乡镇社会福利事业投资总额的 98.1%。正因为有了乡村集体经济的存在，村村有小学校，有合作医疗站，乡镇有中学校，有卫生院、敬老院。儿童有学上，病人有医疗。孤寡老人、贫困人口等弱势群体得到关怀照顾，杜绝了弱势群体流离失所的现象。

（二）大力发展乡镇集体企业

改革开放以后，北京市委、市政府制定了一系列促进乡镇企业发展的优惠政策，社队企业取得突飞猛进的发展。为了加强乡镇企业管理，1984 年 10 月，北京市人民政府农林办公室下发了《关于社队企业经营承包责任制若干问题的规定》，明确实行承包经营责任制的企业所有权性质不变，隶属关系不变，集体积累归集体，承包形式可以多种多样，以集体承包为主，有的可以实行厂长承包，规模较小的企业也可以承包给个人，并规定了企业承包合同的主要内容、指标和期限，该《规定》明确企业收益分配要正确处理国家、集体和个人利益的关系，要加强企业民主管理和财务管理。据统计，到 1984 年，全市乡村集体企业实行集体承包的企业占到企业总数的 54.6%，1985 年上升到 62.7%，1986 年达到81.3%。其承包形式主要有"利润包干，超额分成""包干上交，超额归己（指企业）""费用包干，自负盈亏""个人承包，包干上交"等。

1989 年 12 月，北京市委农工委、市政府农办联合乡镇企业局发出了《关于进一步完善乡村集体企业承包经营责任制的意见》。各地在认真总结经营的基础上，针对企业承包责任制存在问题的基础上，从五个方面进行了改进和完善：一是推行厂长（经理）任期目标责任制，厂长（经理）任期至少三年；二是整顿和完善了个人承包办法；三是推行风险抵押承包；四是引进竞争机制；五是加强对乡村集体企业的审计监督。到 1990 年，郊区乡村集体企业发展到 1.83 万家，从业人员 88.5 万人，实现总收入 171.6 亿元，非农产业产值占到农村社会总产值的 75.6%。1990 年以后，乡镇企业深化改革，扩大开放，调整结构，上规模、上水平，进入调整提高的新阶段，企业规模扩大，企业员工素质提高，科技进步加快。非农产业收入成为京郊农村集体经济组织和农民的主要收入来源，有力地促进了农村社会事业的发展。

（三）推进专业承包适度规模经营

郊区农村通过实行联产承包、调整产业结构、搞活流通等一系列改革以及对外招商引资，农村集体经济发生根本性变化。"六五"期间，郊区工农业总产值增长 1.38 倍，农业总收入增长 2.17 倍，农业收入与非农业收入比例由 4:6 变为 3:7，劳动力就业比例由 7:3 变为 5:5，农民劳动所得由 250 元增加到 746 元。农村集体经济发生深刻变化的同时也带来了新问题，主要表现在农民种粮积极性下降，粮食生产出现徘徊。实行家庭承包、包干分配责任制之初，人们总是起早贪黑地种地，精耕细作。随着产业结构调整，农民收入来源增多，农业比较效益下降，许多农民在非农产业有了稳定收入，其种粮的目的变为"够吃就得"，失去了在土地上下功夫的热情。针对这些新情况新问题，从 1985 年开始，郊区农村逐步推行了农业适度规模经营。市委要求推行农业适度规模经营，要坚持尊重农民意愿，坚持有条件、分层次逐步推行"不搞一刀切"，不搞强迫命令。推行过程中要妥善安置劳动力，为剩余劳动力开辟多渠道、多形式的就业门路，要合理解决农民口粮问题，有的地方按人均半亩的标准给农户保留口粮田，不保留口粮田的地方由集体负责供应。

郊区农业适度规模经营的形式：一是举办集体农场；二是专业队管理，按劳力承包；三是专业户承包；四是集体企业"以厂带地"；五是农机站"以机带地"等。到 1989 年 7 月，全市 6647 个基本核算单位中实行不同程度规模经营的占 63%。其中粮田实行适度规模经营的有 18.33 万公顷，占粮田总面积的 64.3%（劳均 0.71 公顷）；果树 6.22 万公顷，占郊区果树总面积的 58%；菜田 0.91 万公顷，占郊区菜田总面积的 33.3%。实行专业承包、适度规模经营总体效果是好的，但是也存在一些问题。有的地方行政干预过多，要求过高，一些不具备条件的村队也收回了农户的承包地；有的地方实际上并没有改变农户平均承包的状况，也上报实行了规模经营；还有的地方把农业适度规模经营同家庭经营对立起来，把农业规模经营同集体统一经营混同起来；实行农场经营的地方实际上又回到人民公社解体之前生产队的经营状态。

四、经济合作社（股份经济合作社）（1991 年以后至今）

（一）健全合作社组织工作

针对生产队解体以后暴露出来的郊区部分集体经济组织经营管理松散、集体资产流失等问题，1991 年 1 月，北京市委、市政府发出了《关于加强乡村合作社建设，巩固壮大集体经济的决定》。《决定》主要内容有 8 个方面：（1）统一对乡村合作经济组织性质、地位的认识；（2）规范名称，健全机构；（3）明确乡村合作社的职能和主要任务；（4）实行统分结合、双层经营，搞好各业责任制；（5）加强财务管理，壮大集体经济实力；（6）认真实行民主办社；（7）社员、干部的权利与义务；（8）加强党和政府对合作社的领导、扶持和管理。《决定》共计 40 条。它指出，乡、村合作经济组织在农村经济中居于主导地位，是党和政府联系农民的重要桥梁和纽带，在推进农业现代化、促进农村经济社会协调发展，以及在商品生产中争取和维护农民利益、带领农民共同致富等方面，具有不可替代的作用。加强乡、村合作经济组织建设，巩固发展集体经济，是各级党委和政府的一项经常性的重要任务。明确农村基层合作经济组织一般以行政村为单位设置，名称为村经济合作社，简称村合作社。在乡（镇）范围内设村合作社的联合组织，名称为乡（镇）合作经济联合社，简称乡（镇）联社。乡联社和村合作社是经济合作、联合的关系，根据联合社章程履行各自的权利和义务，经济彼此独立，不得无偿调拨。

乡、村合作经济组织依据民主集中制原则，由社员共同制定章程，实行民主管理，自主经营、自负盈亏。在行政主管部门登记后，取得法人资格。其职能和主要任务是：生产经营、合作服务、资源开发、资产积累，推进农业和农村现代化，逐步实现农民共同富裕，并可接受政府委托，完成某些行政任务。《决定》规定，乡村合作社必须坚持民主办社的原则，定期召开社员大会和社员代表会议，民主选举乡村合作社管理委员会和监事委员会。管委会和监委会要定期向社员大会或社员代表会报告工作，接受社员监督。《决定》强调发展农村合作制，巩固壮大集体经济，是在郊区农村建设具有中国特色的社会主义的重要任务和基本依靠。按照这个《决定》，京郊农村开展了健全乡村合作经济组织的工作。按照北京市委、市政府的决定，全市农村合作经济组织统一了名称，村级统称为村经济合作社，保留生产队的改称为经济合作分社；乡镇级统称为乡镇经济联合社，保留农工商联合总公司。乡村经济合作社全部制定了合作社章程，刻制了公章，挂出了牌子。建立健全了社员代表大会制度，恢复了民主管理、民主决策、民主选举、民主监督制度，规范了合作社运行机制。

《村民委员会组织法》颁布以后，一些人认为乡村合作社没有法人地位，主张用村民委员会替代集体经济组织，进而取消村经济合作社。针对这一问题，北京市委、市政府于 2003 年发布了《北京市乡村集体经济组织登记办法》。该《办法》明确规定由区县人民政府向乡村集体经济组织、农民专业合作社颁发集体经济组织登记证书，由区县技术监督管理部门向合作经济组织颁发法人证书，解决了长期以来存在的乡村合作经济组织没有"出生证"和法人证书的问题。在集体经济产权制度改革过程中，北京市委、市政府明确规定新型集体经济组织实行的是社区股份合作制，本质上还是合作制，必须继续按照"一人一票"的民主决策方式进行民主管理。对于按照《公司法》登记为有限责任公司的村级新型集体经济组织重新进行了登记，恢复了合作社性质。

（二）土地确权与流转

在实行家庭联产承包责任制的基础上，经过前后两轮的土地承包与延包，京郊农村采取"确权确地、确权确利、确权确股"三种方式赋予了农户长期稳定的土地经营权。土地所有权、承包经营权和土地使用权实现"三权分立"，促进了土地承包经营权的流转与适度规模经营。

1. 延长土地承包期。北京市农村同全国一样，从 1982 年开始到 1985 年，各区县陆续实行了家庭联产承包为主的农业生产责任制，为"一轮"土地承包。"一轮"土地承包期限为 15 年，到 1997 年，"一轮"土地承包陆续到期。为稳定农村土地承包关系，1997 年 8 月 27 日，中共中央办公厅、国务院办公厅发出了《关于进一步稳定和完善农村土地承包关系的通知》（中办发〔1997〕16 号）。根据中央指示精神和北京市实际，中共北京市委和市政府于 1997 年 11 月 11 日发出《关于进一步深化农村经济体制改革，落实农村经济政策若干问题的意见》（京发〔1997〕14 号）。该《意见》对稳定和完善北京市农村土地承包关系，延长土地承包期做出了明确规定和部署。1997 年 11 月 19 日，中共北京市委农村工作委员会召开区县负责人会议，对贯彻落实中央 16 号文件和北京市 14 号文件做出部署。

土地延包的主要做法是：已经实行家庭承包经营的土地，不论是粮田还是经济作物，都要坚持长期稳定，认真落实中央将土地承包期再延长 30 年的政策。营造林地、"四荒"地治理等开发性生产的承包期可以根据需要更长一些。由于承包期延长是在上一轮土地承包基础上进行的，为了使绝大多数农民原有的承包地保持稳定，不打乱原来的承包地重新发包，不在全村范围内平均承包，已经做了延长土地承包期工作的地方，承包期不足 30 年的，延长到 30 年。粮田以外的蔬菜、瓜果、花卉、鱼塘、"四荒"地等生产项目竞价承包或租赁。建立土地流转机制、"两田制"、完善农业规模经营、加强土地承包费和租金管理、发放土地经营权证书。到 2002 年底，全市农村土地"二轮"土地延包工作基本结束。据统计，全市 3937 个村，除规划占地、城镇建设占地已经没有农用土地的村以外，实际有耕地的 3030 个村，已经延长承包期的村有 2885 个，占有地村数的 95.2%。延长土地承包期的耕地面积 19.46 万公顷，占耕地面积 29.99 万公顷的 65%。土地承包期在 30 年以上的耕地 15.95 公顷，占已延包耕地面积的 80%。全市 10 个远郊区县中，除密云县以外的 9 个区县、2234 个村向 403595 个农户发放了土地承包经营权证书。在延长土地承包期的同时，荒山租赁开发也取得较大进展。截至 2000 年底，全市荒山租赁面积达到 6.95 万公顷，占可开发利用的荒山面积的 32.5%，租赁期一般在 50 年左右。

2. 确定农户土地承包经营权。2002 年 8 月 29 日，第九届全国人大常委会第二十九次会议通过了《中华人民共和国农村土地承包法》。2004 年 5 月，北京市委、市政府组织有关部门和各区县对郊区农村土地承包情况，特别是土地承包纠纷情况进行了一次全面调查。经调查，各区县上报的应承包农用地面积为 562 万亩，其中包括 35.9 万亩的乡镇企业、基础设施和公益事业占地，17.8 万亩的生态林和公益林，以及 11.3 万亩的渠道、排水沟和田间道路占地，总计 65 万亩。扣除这部分土地，全市实际能够确权的农用地面积为 497 万亩。以 497 万亩为基数，到 2004 年 4 月 30 日前已落实农户土地承包权的面积为 295.9 万亩，占 59.5%；需要进行确权的土地面积为 201.1 万亩，占 40.5%。经调查，"二轮"土地承包在北京市农村基本确立了家庭承包经营的主导地位。但是，在郊区农村土地承包中还存在诸如一些地方没有将土地承包经营权落实到农户或者只将部分土地承包经营权落实到农户，多数土地仍由集体统一经营。

2004 年 8 月 26 日，中共北京市委和北京市政府颁布了《关于积极推进农户土地承包经营权确权和流转的意见》（京发〔2004〕17 号）。首先是明确土地确权范围。除"四荒"地以外，农民集体所有和国家所有依法由农民集体使用的耕地、林地、草地，以及其他依法用于农业的土地，全部纳入确权土地范围。绿化隔离带等绿化用地，按照"谁占有、谁补偿"的原则，落实农户土地承包经营权、确保农民土地收益。其次是因地制宜确定确权方式。坚持一切从实际出发，因地制宜，分类指导，不搞"一刀切"。在充分尊重农民意愿的前提下，分别采取了确权确地、确权确利、确权入股等多种方式，确保农户的土地承包经营权。据不完全统计，这次确权前郊区大户承包和对外租赁合同共36198份，经营土地面积803262亩。确权中，变更合同2561份，面积98631亩，分别占合同总数和经营面积总额的7.1%和12.3%。

截至2004年10月15日，全市201.1万亩需要确权的土地，完成确权的192.96万亩，占96%；尚未确权的8.14万亩，占4%。新确权的土地中，确权确地的69.39万亩，占36%；确权确利的101.36万亩，占52.5%；确权入股的22.21万亩，占11.5%。经过这次确权，全市应承包的497万亩土地，确权到户的488.86万亩，占98.4%。其中，农户自己经营的320.6万亩，占65.6%，自愿流转的168.26万亩，占34.4%。截至2010年12月，全市实行家庭承包的耕地面积4642644亩，家庭承包经营的农户1059419个，签订家庭承包合同1141004份，颁发土地承包经营权证书919320份。全市村集体留有机动地31444亩。

3. 推进农户承包土地使用权流转。1998年6月15日，市委农工委、市政府农办制定下发了《关于建立北京市农村集体土地承包经营权流转机制的意见》。2004年，市委、市政府颁布的《关于积极推进农户土地承包经营权确权和流转的意见》要求"坚持依法、自愿、有偿原则，积极推进农户土地承包经营权流转。土地承包经营权流转必须农民自愿。流转土地承包经营权是农户依法享有的权利，流转的主体是承包方，任何组织和个人不得强迫或阻止。承包期内，村集体经济组织无权单方面解除土地承包合同，不得假借少数服从多数强迫农户放弃土地承包经营权或变更土地承包合同，不得将农户的承包地收回抵顶欠款，不得借土地承包经营权流转改变土地的所有权和土地使用性质"。截至 2010 年底，全市 464.26 万亩实行家庭承包的农用地中，已经流转了 214.93 万亩，占 46.3%。全市有 55.1 万户农户将承包土地的使用权进行了流转，占家庭承包农户总数 105.9 万户的 52%。

（三）产权制度改革

随着农村城市化进程的加快与城乡统筹协调发展进程，京郊农村大量集体土地征占，土地资源转化为货币资产，合作社由以生产经营为主转变为资产经营为主。为了在农村城市化进程中切实保障农民的合法权益，从 1993 年开始，在北京市委、市政府的领导下，郊区农村积极推进乡村经济合作社的股份合作制改革，资产变股权，农民当股东。村级经济合作社的经营性净资产量化给集体经济组织成员作为合作股份，组建起社区股份经济合作社。集体经济组织成员按照其所持有的合作股份参与社区股份经济合作社的管理与收益分配。乡镇集体资产量化给村集体经济组织，村集体经济组织成为乡镇集体经济组织的股东。乡村集体经济产权制度改革分为以下三个阶段进行：

1. 在丰台区进行的试点工作阶段

1993 年至 1995 年，在中共北京市农村工作委员会的领导下，中共北京市农村工作委员会经营管理处、北京市农村合作经济经营管理站会同丰台区党委、政府相关部门和中共丰台区南苑乡委员会，先后在南苑乡东罗园村、右安门村和果园村进行了集体经济产权制度改革试点。南苑乡的试点开启了北京市郊区农村集体经济产权制度改革的序幕。1997 年 7 月 9 日，北京市召开农村社区股份合作制座谈会，要求社区股份合作制试点进一步面向市场，各区县要从城乡接合部抓起，先选择一个村，参照丰台区南苑乡果园村的经验进行试点。

1997 年 7 月 20 日，中共北京市委农村工作委员会、北京市政府农林办公室发出了《关于转发北京市经管站关于郊区农村清产核资工作中涉及产权界定几个问题的处理意见的通知》（京农发〔1997〕18 号）。1999 年 12 月 27 日，发布了《北京市人民政府办公厅关于印发北京市撤制村队集体资产处置办法的通知》（京政办发〔1999〕92 号）。该通知要求："集体资产数额较大的撤制村、队，要积极创造条件进行改制，发展规范的股份合作经济，可以将集体净资产划分为集体股和个人股。集体股所占比例由该村、队集体经济组织成员大会或者代表大会讨论决定，但不应低于 30%；其他净资产量化到个人。撤制村、队集体经济组织成员获得的股权享有收益权，可以继承、转让，但不得退股。各级政府要积极帮助和支持撤制村、队进行股份合作制改造，发展股份合作经济。"

从 1996 年至 2001 年，在北京市农村工作委员会和丰台区委、区政府的领导下，市、区有关部门密切配合，在丰台区南苑乡的东铁营、马家堡、石榴庄、成寿寺，花乡的草桥、新发地，卢沟桥乡的万泉寺、东管头、菜户营等 10 个村和卢沟桥乡太平桥村第八生产队进行了集体经济产权制度改革深化试点。试点的主要内容主要包括四个方面：一是在集体净资产股份量化比例方面，将集体净资产量化给集体经济组织成员个人的比例由 30% 左右提高到 70% 左右，集体股所占比例由 70% 降低到 30% 左右。二是在集体净资产股份量化对象方面，由量化给现有集体经济组织成员扩大到全体拥有集体资产所有权的集体经济组织成员，既包括现有集体经济组织成员，又包括在集体经济组织参加过劳动、因转居转工人员和外嫁、外迁、招工、升学、转干等脱离本集体经济组织的人员。三是在集体净资产的股份量化依据方面，由完全按照集体经济组织成员的劳动工龄进行股份量化，修改为既按照集体经济组织成员劳动工龄，同时也按照拥有本集体经济组织成员的土地承包经营权量化，拥有土地承包经营权的未成年人同成年人一样，按照其土地承包经营权拥有部分集体经济组织股份。四是对已经脱离本集体经济组织的原集体经济组织成员的资产份额，由量化给优先股修改为采取现金兑现或者作为新型集体经济组织债务延期兑现的办法一次性了结。

2. 在其他区县进行产权制度改革扩大试点工作阶段

从 2002 年至 2007 年，北京市郊区各区县先后启动了农村集体经济产权制度改革试点工作。各区县在首批村试点、取得经验的基础上，将试点经验逐步推广。截至 2007 年底，全市累计基本完成产权制度改革的村集体经济组织已经达到 300 个。全市有 30 万农民成为新型集体经济组织的股东。

2003 年 6 月 25 日发布了《中共北京市委、北京市人民政府关于进一步深化乡村集体经济体制改革加强集体资产管理的通知》（京发〔2003〕13 号）。2004 年 8 月 31 日，经市委、市政府批准，中共北京市委农村工作委员会、北京市农村工作委员会发出《关于积极推进乡村集体经济产权制度改革的意见》（京农发〔2004〕28 号）。该意见系统地对北京市农村集体经济组织产权制度的基本方向、原则、程序、产权界定、资产处置、股份量化等问题做出了规定。2005 年 8 月 1 日，中共北京市委农村工作委员会、北京市农村工作委员会发出《关于进一步搞好农村经济体制改革工作的意见》，指出要按照"近郊全面推开、远郊扩大试点"的方针，加快乡村集体经济组织产权制度改革进程。在认真推进村级集体经济产权制度改革的同时，切实抓好乡级集体经济产权制度改革试点。强化新型集体经济组织内部管理，努力提高集体资产经营管理水平。

按照北京市委、市政府的上述要求，北京市在产权制度扩大试点工作中，坚持农村集体经济产权制度改革的基本方向。坚持农村集体经济产权制度改革原则，包括坚持解放和发展社会生产力，壮大集体经济实力的原则；保护集体经济组织及其成员的合法财产权，维护农村社会稳定的原则；尊重集体经济组织成员的民主权利，公开、公平、公正的原则；实事求是、因地制宜的原则。严格遵循村集体产权制度改革的程序。乡村集体经济组织的存量资产通过民主程序，在留出一定数量的社会保障资金后，量化给本集体经济组织成员，作为其在本集体经济组织中占有的股份，并按照股份份额获取收益、承担风险。整建制撤村转居的乡村集体经济组织，存量资产优先用于农民转居后的社会保障，剩余部分根据本集体经济组织成员的意愿，在留出适量集体股后量化到个人。集体经济组织存量资产中，进行资产处置与股份量化的主要是生产性净资产。其中，30% 左右作为集体股份仍然实行集体经济组织成员共同共有，70% 左右按照一定标准量化给本集体及组织成员。严格界定产权制度改革中集体经济组织成员身份。产权制度改革的形式根据各地的不同情况，在有条件的村队采取了丰台区存量资产量化形式，而在一些不具备条件的村队则采取了农民投资入股型和土地股份合作形式。农民投资入股型产权制度改革是发动集体经济组织成员用现金、实物等资产联合起来组建的新型农村集体经济组织。土地股份合作型产权制度改革是在确立农户土地承包经营权并保持长期不变的基础上，采取土地入股的方式推进农户土地承包经营权流转，将原有村集体经济组织改革为土地股份经济合作社。

1991 年以后，北京市乡镇集体经济组织实际上挂着两块牌子，既挂着乡镇农工商联合总公司的牌子，又挂着乡镇经济联合社的牌子。2000 年前后，远郊区县一些地方以精简乡镇机构为名，提出要实行乡镇机构"三改二"，保留乡镇党委和乡镇政府，撤销农工商联合总公司，在乡镇政府内设置集体资产管理委员会。在实际执行过程中，由于存在法人财产权等问题，多数地方乡镇农工商联合总公司并没有撤销，有的地方通过变更名称登记的办法继续存在。近郊区农工商联合总公司则没有受到影响。在进行村级集体经济产权制度改革试点的同时，我市自 2000 年开始进行了乡镇集体经济组织产权制度改革工作。2003 年 3 月，朝阳区大屯乡将原来的乡农工商公司改制为北京华汇亚辰投资有限公司，在北京市率先完成了乡镇集体经济组织产权制度改革。乡镇级集体经济产权制度改革的做法有三种方式：一种做法是把集体净资产直接量化给每个集体经济组织成员，如朝阳区大屯乡和洼里乡以及海淀区的玉渊潭乡。第二种做法是把一部分净资产量化给辖区内每个村集体经济组织，其余净资产量化给在乡镇集体企业工作的集体经济组织成员，如丰台区南苑乡中苑盛世投资管理有限公司。第三种做法是将乡镇集体净资产在留下部分集体股以后，其余部分全量化给辖区内的村级集体经济组织，具有集体经济组织成员身份的乡镇集体企业职工，回各自户籍所在村参与股份量化，如丰台区的卢沟桥乡中都投资管理有限公司。

3. 产权制度改革在全市全面推广阶段

2008 年 12 月 30 日，中共北京市委发布《关于率先形成城乡经济社会发展一体化新格局的意见》，要求按照"资产变股权、农民当股东"的思路，全面推进农村集体经济产权制度改革，盘活存量资产，转变经营方式，激发集体经济内在动力，建立与市场经济接轨的产权清晰、权责明确、政企分开、管理科学的新型经济组织。2010 年 1 月 7 日，中共北京市委农村工作委员会、北京市农村工作委员会发出《关于进一步加快推进农村集体经济产权制度改革工作的意见》（京农函 2 号）。按照市委、市政府的统一部署，在长期试点、示范的基础上，从 2008 年开始，北京市郊区农村集体经济产权制度改革进入全面推广阶段。2008 年，全市年内完成集体经济产权制度改革的乡村达到 163 个，累计完成产权制度改革的乡村达到 466 个，其中乡镇集体经济组织 4 个，村集体经济组织460 个，组（队）集体经济组织 2 个。截至 2010 年底，全市累计完成产权制度改革的乡村集体经济组织达到 2484 个，占乡村集体经济组织总数的 59.6%。

农村集体经济产权制度改革的成效：

一是维护了农民权益。变撤村撤社为撤村不撤社，资产变股权，农民当股东。农民群众真正拥有了《宪法》赋予的集体经济民主选举权、集体经济经营管理决策权和监督权，真正成为集体资产管理主体和集体经济受益主体。集体土地征占、集体资产处置、集体资产收益分配、集体资产经营方式的改变等涉及农民群众切身利益的重大问题，不再由上级政府包办代替，也不再由少数干部说了算，必须依照新型集体经济组织的章程履行民主决策程序。例如，昌平区某村在进行改革之前，由于集体经济管理不民主公开，少数干部暗箱操作形成集体资产流失，许多农户多年没有从集体经济得到收益，干群矛盾尖锐。2003 年进行产权制度改革，从 2004 年开始实行股金分红 568.5 万元，2009 年增加到 974 万元，增加了农民财产性收入，增强了集体经济的凝聚力。

二是增强了集体经济实力。由于共同共有产权制度带来的产权不清、责任不明、保护无力等体制性障碍，造成村务公开民主管理形同虚设，清产核资财务审计前清后乱、前审后犯，集体资产流失。通过推进集体经济产权制度改革，集体经济产权制度变共同共有为按份共有以后，民主管理民主监督成为社员群众自觉的行动。在实行农村产权制度改革以后，新型集体经济组织普遍建立健全了法人治理结构，强化了内部监督约束机制，加强了对集体资产的管理。2005 年，北京市农村经济研究中心对 13 个典型村的调查显示，这 13 个村的集体资产总额达到 47.81 亿元，比改革前的 15.28 亿元增加 32.53 亿元，增长了 2.1 倍；集体净资产总额达到 22.41 亿元，比改革前的 9.05 亿元增加 13.36 亿元，增长了 1.5 倍；营业收入达到 11.38 亿元，比改革前的 6.77 亿元增加 4.61 亿元，增长 68%；利润总额达到 2.09 亿元，比改革前的 1.23 亿元增加 0.86 亿元，增长 70%。

三是发展了农村生产力。通过进行产权制度改革，打消了农民群众不愿进行生产性投资建设的顾虑，极大地调动了农民群众投资建设的积极性。为了发展经济，各个新型集体经济组织都千方百计地筹集发展资金，根据本地实际抓住机遇大力发展地区经济。丰台区南苑乡果园村发挥本地浙江服装经营商集聚的优势，大力发展以服装批发为龙头的产业链。丰台区花乡草桥村充分发挥本地花卉生产经营的优势，大力发展花卉生产、展示和销售产业链。新发地村在产权制度改革以后，大力发展蔬菜批发市场，成为全国蔬菜批发龙头企业。顺义区赵全营镇北郎中村充分利用本地土地资源优势发展现代农业，注册了"北郎中"牌商标，大力发展养殖业、特色农产品种植业和农产品加工业。石景山区刘娘府村利用毗邻京西八大处风景旅游区的地理优势，投资建设观光旅游型都市农业产业化项目。海淀区东升乡10个股份经济合作社，"十一五"期间共投资21亿元，新增经营用房面积200万平方米，2009年纯收入4.8亿元，比2005年增长50%。

四是促进了农村社会稳定。产权制度改革之前，失地农民因为土地征占问题上访，转居转工人员因为生活水平下降上访，原集体经济组织成员因为资产处置问题上访，农民群众因为集体财务和收益分配管理问题上访。进行产权制度改革以后，普通社员与干部一样凭借劳动贡献拥有股权，妇女与男子一样凭借劳动工龄拥有股权，儿童与成年人一样凭借土地承包经营权拥有股权，原集体经济组织成员凭借其投资和贡献得到集体资产份额，普通农民与干部一样凭借股权拥有集体经济经营管理权，长期以来存在的党群矛盾、干群矛盾、转居人员与未转居人员的矛盾得到有效化解。

截至2018年，全市累计完成乡村集体经济产权制度改革的单位3920个。其中，建立村级社区股份经济合作社3809个，占全市行政村总数的98%。土地等自然资源及非经营性资产由村经济合作社管理，经营性资产由社区股份经济合作社管理经营。社区股份经济合作社的集体股及其收益由村经济合作社持有。据统计，2002年全市农民人均从集体经济组织分到的纯收入 6086 元，比 1978 年的 288 元增长了 20 倍。特别是社区股份合作制改革以后，规范了合作社内部收益分配，农民群众收入更上一层楼。例如，2017 年，昌平区 305 个村级股份经济合作社中有 296 个实现股份分红，分红总额 11.3 亿元。产权制度改革 15 年来累计个人分红 62.1 亿元。这个区的狮子营村户最高分红累计 143 万元，个人最高累计 48 万元。同时，有 21 个乡镇经济联合社完成了股份合作制改革。

（四）乡村集体企业改制

北京市从 1992 年开始推进乡村集体企业股份合作制改革。到 1995 年底，全市农村已有股份合作企业 3064 家。1996 年 3 月 14 日，市政府召开乡镇企业改革工作会，提出乡镇企业改革的重点是进行企业制度创新，改变产权单一、产权封闭、企业消费失控、企业社会负担过重等问题。时任副市长段强讲话强调，以制度创新促进企业发展。1996 年 9 月 6 日，北京市第十届人民代表大会常务委员会第三十次会议通过了《北京市农村股份合作企业暂行条例》，为北京市农村集体经济产权制度改革提供了法律依据。

北京市在推进集体企业股份合作制改革中坚持实行三条原则：一是在企业的组织方式上实行劳动合作与资金联合相结合，在企业的收益分配上实行按劳分配与按股分红相结合；二是在合作股东之间的关系上实行资金共筹、积累共有、利益共享、风险共担、同股同利；三是在经营管理权益上实行自主经营、独立核算、自负盈亏、民主管理，实行一人一票。股份合作制企业采取改建或新建两种方式设立。股份合作企业的税后利润在弥补被依法没收财物损失、支付各项税收滞纳金和罚款以后，按照弥补亏损、提取公积金、提取公益金、按照企业章程规定的比例提取职工积累基金、向合作股东分配股利的顺序进行分配。职工积累基金按照按劳分配的原则划归职工名下。

北京市农村合作经济经营管理站于 1998 年第一季度组织顺义、通州、门头沟、海淀、房山、延庆、朝阳、密云、大兴等 9 个区县经管站，对 25 家农村股份合作制企业的经济效益进行了审计监督。2000 年第四季度又组织密云、房山、丰台、海淀、通州、顺义等 6 个区县对 16 家农村股份合作制企业进行了审计调查。审计结果表明：

第一，股份合作制企业通过产权制度改革，使农民成为投资主体，极大地改善了企业财务状况，增强了企业发展后劲。1998 年所审计的 25 家企业，改制前实收资本 33541 万元。其中，乡村集体投资 29294 万元，占 87.3%；职工个人资本金 1293 万元，仅占 3.9%。实行股份合作制改造以后，1997 年底实收资本 57916 万元，比改制以前增长了 72.7%。其中乡村集体资本金 40659 万元，投入有所增加，但是所占比例下降到 70.2%；职工个人股达到 6588 万元，所占比例上升到 11.4%，加上 3431 万元的劳动贡献股，职工持股比例达到 17.3%，农民开始成为企业的投资主体。门头沟区洪水峪煤矿创建于 1993 年，建立时即采用股份合作制。合作股东为村合作社和本村社员户。全村 152 户社员中有 135 户入股，占 89%。农户入资 10.68 万元，占总股金 15.68 万元的 68%，而集体股为资源股。由于该企业经营资金全部为农户投入，大家都非常关心企业的发展，时刻都在监督企业的运行，促使企业经营者把钱花在刀刃上。1996 年，该企业销售收入利润率达到 256%，资本金收益率达到 115%。1997 年效益有所下降，但销售收入利润率仍然达到 156%，资本金收益率达到 89%。

第二，股份合作制企业通过治理结构改革，使农民开始成为决策主体，极大地调动了农民参与管理和决策的积极性，提高了企业经营管理水平。股份合作制企业建立了从合作股东大会（或者合作股东代表大会）到理事会、监事会再到经理的治理结构，变少数人说了算为一人一票制的民主管理。1998 年所审计的 25 家股份合作制企业，在 1997 年共召开股东代表大会 43 次，平均每个企业 1.7 次；召开理事会 79 次，平均每个企业 3.1 次；召开监事会 57 次，平均每个企业 2.3 次；接受审计 41 次，平均每个企业 16 次。民主管理、民主监督机制的建立促使企业经营者强化管理、挖掘潜力、增收节支。

第三，股份合作制企业通过收益分配改革，使农民成为受益主体，极大地调动了农民群众对市场和科学技术的关心程度，提高企业竞争能力。《北京市农村股份合作企业暂行条例》颁布以后，规范了税后利润的分配。集体经济组织只能按照所占股份比例获取分红，不能随意索取。职工按劳分配与按股分红相结合，收入构成不仅包括工资，还包括股金分红。此外，还在税后利润中提取了职工积累基金。企业市场竞争成败与职工利益息息相关。职工由过去只关心干活拿工资变为既关心个人利益也关心企业整体利益，开始按照市场需求组织生产，积极学习和运用科学技术，提高企业整体素质。顺义县天竺镇红都服装厂在改制前只为北京红都服装厂搞来料加工，生产很不景气。改制以后，他们在搞好来料加工的基础上，根据市场需求自己购料加工服装自行出售，使企业发生转机。1997 年税后利润达到 36.2 万元，比改制前的 7.9 万元增加了3.6 倍。

进入 21 世纪以后，由于市场竞争、产业结构调整、经济结构调整、集体资产经营方式改变等多重因素的影响，北京市农村股份合作制企业大幅度减少。截至 2010 年底，全市实有股份合作制企业 489 家，其中，乡镇级股份合作制企业 124 家，村组级股份合作制企业 201 家，农户股份合作制企业 164 家。

（五）适应城乡统筹协调发展新形势，在农村城市化进程中发挥主体作用

在建设中国特色社会主义的新时代，首都功能定位发生了重大变化，京郊农村的发展必须服从与服务于首都功能。新形势下，郊区农村大量集体土地转为国有建设用地，不适宜首都发展的非农产业全部关停

并转，成千上万亩农田转为生态林建设用地。适应这种新形势，郊区乡村合作社按照市委、市政府的部署，利用自身的资产资源和人力优势，与城市企业、大专院校、科研机构、社会资本，开展各种形式的联合与合作，调整产业结构，改变资产经营方式，大力发展服务于首都功能的都市型现代农业、房地产开发租赁业、商贸旅游业等新兴产业。农民由被动城市化转变为主动城市化，乡村合作社成为农村城市化的主体。目前，市区环绕"三环"路至"五环"之间大量的商场、宾馆、饭店、写字楼都是近郊丰台、海淀、朝阳区的新型乡村集体经济组织开办的，一些居民小区也是新型乡村集体经济组织开发建设的。其中，海淀区东升镇经济合作总社为配合中关村科技园区的建设，全镇建设起中关村东升科技园、学院路科技园、小月河科技园等科技园区，走出了一条"利用集体建设用地，高标准建设科技园区，自我建设、自主经营、只租不售，保持可持续发展"的东升模式新道路。在原有乡镇老工业企业所在地基础上兴建的东升科技园是北京市第一个由乡镇自主建设、所有权和收益权归全乡农民集体所有的科技园区，也是北京市第一个有地面净流和湿地的绿色生态科技园区。该园区建设面积300万平方米，就业人数10万人左右，有效地带动了当地科技企业和科研创新的发展。2013年，全镇集体总资产达152亿元，园区总收入实现85亿元，农村集体经济总收入实现17亿元，乡经济合作总社安置本地转居劳动力将近8000人。

（六）强化对合作经济组织的指导监督与服务

1983年，市、区（县）、乡（镇）三级成立了农村合作经济经营管理站，配备了既具有财经管理理论水平和实际操作能力，又具有较高农村工作政策水平和基层工作经验的专业技术干部。2018年，市、区、镇三级农村合作经济经营管理干部达到1300多人。农村合作经济经营管理系统在党和政府的领导下，对农村合作经济组织建设、集体资产管理、土地承包、农民专业合作、收益分配、财务会计、统计、经济审计、干部培训、信息化管理、减轻农民负担等工作进行全面指导与监督，确保了京郊农村合作社的健康发展与运行。为规范农村合作经济组织内外部关系，北京市人大常委会先后颁布了《北京市农村集体资产管理条例》、《北京市农业承包合同条例》《北京市农民负担管理条例》《北京市农村集体经济审计条例》《北京市农村股份合作企业暂行条例》《北京市集体所有荒山荒滩租赁条例》《北京市乡村集体企业承包经营条例》《北京市实施农民专业合作法办法》等一系列地方法规。北京市委、市政府颁布了大量涉及农村合作经济管理的政策、规章、规范性文件。这些法规、政策、文件的实施，使得京郊农村合作经济经营管理工作走上法制化、规范化的轨道。在强化对京郊农村合作社行政指导与监督管理的同时，根据自愿的原则，多数乡镇由政府出资成立了村账托管服务中心，为村合作社提供财务会计代理服务。为规范农村集体资产、资源的租赁、承包、合作经营等事项，防止各种暗箱操作，市政府于 2010 年出资成立了北京市农村产权交易所，按照公开公平市场化运作的方式进行集体资产产权交易，提高了集体产权流转效益，保护了农民利益。

（七）强化政府财政扶持对集体经济组织扶持

农民合作社本质上是企业，应当实行独立核算、自负盈亏。但是，由于农民合作社先天性的弱势，其发展离不开各级政府的大力扶持，这也是国际上通行的做法。北京市政府对郊区农村合作社运动的扶持主要有以下几个方面：一是制定扶持政策。北京市委、市政府制定了大量强农惠农的政策性文件。仅从 2004 年到 2008 年的五年期间，北京市委、市政府就发布了 58 件含金量很高的涉及农村社会经济发展方方面面的扶持性文件，制定了大量优惠政策。二是农业基础设施建设方面的扶持。北京市各级政府对合作社农业生产基础设施方面投入了大量的资金，帮助乡村合作社开展农田水利基础设施建设，平整土地，改良农田、防洪排涝、购置农业机械、设施农业建设、铺设农村供电网络。从 2006 年开始，市级财政对农业基础设施每年投入达到 111 亿元以上。三是农村基础设施建设方面的投入。长期以来由于实行城乡分割的公共产品供给政策，与农民群众生产生活息息相关的农村道路、农业供水、农村供电等基础设施建设资金大部分由乡村合作经济组织承担，加重了农民负担。改革开放以后，特别是 2002 年以后实行城乡统筹协调发展战略，推进社会主义新农村建设，各级政府财政加大了对农村基础设施建设的投入。从 2006 年到 2010 年，京郊农村用五年时间累计投资 170 多亿元开展了村庄五项基础设施建设，村合作社基础设施得到显著改善。同期投资 40 多亿元实施"三起来"工程，社员生活条件得到极大提高。四是推进农村税费改革和综合改革，免除了村合作社每年近亿元的农业税费。推进农村教育体制改革，免除了合作社承担的农村教育负担。划拨财政资金帮助乡村合作社化解历史上因发展公益事业欠下的债务。市财政每年向每个村合作社提供 10 至 15 万元的转移支付资金，用于村级日常维持运转经费支出。建立山区生态补偿机制和村级公益性岗位补贴制度。建立村级公益事业"一事一议"补贴制度。

执笔人：黄中廷

2020 年 4 月 19 日

北京市农村集体经济组织产权制度
改革研究

一、北京市农村集体产权制度改革的背景与进展

（一）北京市农村集体产权制度改革势在必行

1.集体资产庞大，经营效率很低

经过几十年的发展，北京市农村集体积累了大量资产。据北京市农经站统计，截至 2013 年底，北京市乡村集体资产总额 5049 亿元，集体成员人均集体资产 15.9 万元。其中，村级集体资产 3014.8 亿元，占乡村集体总资产的 59.7%。在村级集体资产中，村组织 2330.7 亿元，占77.3%；村企业 684.1 亿元，占 22.7%。2013 年全市郊区农村集体净资产为 1751.5 亿元，同比增长 10.3%；人均净资产 5.5 万元，同比增长10.8%。

尽管北京市村级集体经济组织积累了大量的资产，但从总体上看，集体经济的经营效率很低。数据显示，北京市农村集体资产负债率呈上升趋势，偿还债务能力越来越差。2012 年资产负债率为 64.9%，其中村级资产负债率为 57.1%。2013 年总资产负债率 65.3%，同比提高 0.4 个

百分点。从 2010 年到 2013 年，北京市农村集体资产收益率分别为 2%、1.5%、1.4%、1.5%，净资产收益率分别为 5%、3.9%、3.9%、4.4%，而 2010 年至 2013 年一年期银行存款利率分别为 2.75%、3.5%、3%、3%。北京市集体资产收益率普遍低于同期银行存款利率，即使净资产收益率也仅仅相当于银行三年期存款利率水平[1]。

2. 集体资产监管、运行问题突出

改制之前，农村集体资产的 75% 左右处于"人人所有、人人无份"的困境。一方面，集体资产"所有者缺位"问题突出。大多数村的集体资产由村干部经营管理，多数村在不同程度上存在决策不民主、资产管理不透明等问题，有的村甚至集体资产控制权集中在村干部等少数人手中，致使集体资产面临流失的严重危险，农民权益受到侵害。2002 年，昌平区信访量最大的问题就是举报村干部侵害农民的权益，占信访总量的 50%，其中 70%—80% 是关于村干部侵吞集体资产的。

另一方面，经营机制落后、管理运作不规范。目前北京市集体资产经营普遍以对外租赁为主，经济合同管理不规范、用地手续不健全、承包期过长、管理粗放、不按规定履行合同等问题时有发生。2013 年北京市农经办在全市范围内组织开展了农村集体经济合同清理工作，发现存在问题的经济合同 20510 份，占清理合同总数的 17.2%，涉及合同总金额 175.5 亿元。

3. 成员身份异质多元

随着农村集体经济组织成员转为城镇居民的数量增多、较富裕地区城镇的农村流动人口增加，部分地区村集体经济组织成员的构成日趋复杂，居民、村民互相交错，成员、社员相互重叠，使得成员产权模糊、权利虚置的弊端更加突出，导致成员的权利边界模糊、分配标准缺乏，

---

[1]数据来源：朱长江，北京市农村集体资产负债现状分析，http://www.agri.gov.cn/V20/ZX/qgxxlb_1/bj/201405/t20140523_3913351.htm。

成员合法权益极易受到侵犯。近些年来，围绕土地承包方式、征占地补偿使用分配、股权配置等产生的纠纷越来越多。如果处理不好，这些问题极易引发社会矛盾，带来社会动荡。

4. 集体产权权能残缺

改革开放以来，我国经济社会得到快速发展，但城乡二元体制没有得到根本性转变，突出表现在农村集体产权权能残缺。在北京主要表现为农村集体建设用地及集体资产股份权能残缺。一是农村集体建设用地权能残缺。《土地管理法》第四十三条规定"任何单位和个人进行建设，需要使用土地的，必须依法申请使用国有土地；但是，兴办乡镇企业和村民建设住宅经依法批准使用本集体经济组织农民集体所有的土地的，或者乡（镇）村公共设施和公益事业建设经依法批准使用农民集体所有的土地的除外。"农村集体建设用地用途被严格限定在兴办乡镇企业、乡村公共设施、公益事业和建设农民住宅上，范围有限，而其他建设项目占用土地，包括公租房建设用地都应该是国有用地。现行《土地管理法》对农村集体建设用地四种用途的限制，实际上是限制了农民集体土地财产权的实现。二是成员只拥有农村集体资产股权的有限处置权，往往缺少继承权、转让权和赠予权三个重要处置权。集体产权权能残缺必然会损害集体经济组织以及村民的利益。

（二）北京市农村集体产权制度改革实践与进展

从 1993 年开始，丰台区开始改革农村集体产权制度，试行农村社区股份合作制。2003 年北京市委、市政府发出《关于进一步深化乡村集体经济体制改革，加强集体资产管理的通知》，肯定了农村社区股份合作制改革方向。同年，昌平区在北七家镇白坊、狮子营两个城市化进程较快的村开展集体经济产权制度改革试点，之后在其他区县逐渐推开。经过二十多年的努力，农村集体产权制度改革在北京市郊区已经广泛推开。近几年，北京市坚持"资产变股权、农民当股东"的改革方向，按照

"近郊区全面推开、远郊区扩大试点"的工作思路，逐步建立起与市场经济接轨的产权清晰、权责明确、政企分开、管理科学的新型农村集体经济体制。

目前，北京市新型集体经济制度基本框架已全面建立。截至2013年底，全市乡、村两级集体资产总额已经达到5049亿元，其中，乡级集体资产2034.2亿元，村级集体资产3014.8亿元；乡、村两级集体净资产总额1751.5亿元，其中，乡级集体净资产499.2亿元，村级集体净资产1252.3亿元。全市累计完成产权制度改革的乡村集体经济组织达到3859个，村级完成改革的比例已经达到97%，有320万农民当上了农村新型集体经济组织的股东。在分配方面，按股分红分配方式逐渐取代福利分配成为主要的分配方式。2013年北京市有1267个村集体经济组织实现股份分红，分红村数量比上年增加194个，增长18.1%。分红村已占改制村的32.9%，比上年提高4.7个百分点。股份分红总额34.8亿元，比上年增加11.2亿元，增长47.5%。2013年在改制村中有133万名农民股东获得红利，人均分红2611元。据初步统计，农民从新型集体经济组织得到的分红，已占到财产性收入的45%左右。

二、北京市推进农村集体产权制度改革的主要做法

（一）明确农村集体产权的所有权主体与行使主体

推进农村集体产权制度改革，首先要确定"集体"的边界，明确农村集体产权的所有权主体与行使主体。20世纪90年代初，北京市对乡、村两级集体经济组织的性质与名称、职能与任务、运行与管理以及社员权利与义务进行了规定，要求以行政村为单位设立村经济合作社，以乡为单位设立乡合作经济联合社，在行政主管部门登记后取得法人资格。1993年颁布的《北京市农村集体资产管理条例》明确规定，"乡联社、

村合作社的集体资产属于该合作社劳动群众集体所有。社员大会或者社员代表大会选举产生的乡联社、村合作社管理委员会依法行使集体资产所有权"。赋予乡联社和村合作社集体资产所有者主体代表资格及经营管理职能，北京市乡、村农村集体土地所有权证分别发放给相应的乡联社和村合作社。

至此，北京市明确农村集体产权所有权主体为合作社劳动群众集体，行使主体为社员大会或者社员代表大会选举产生的乡联社、村合作社管理委员会，所有权主体与行使主体基本明确。2002年，海淀区发布的《关于我区城乡结合部地区乡村集体资产处置及集体经济体制改革试点工作的意见》中也明确指出，"经济合作社是农村集体资产所有者代表，在改革中履行所有者代表职能。"

（二）界定成员资格

农村集体经济组织是由其成员构成的，然而目前农村集体经济组织的成员资格尚未界定清楚。2003年实施的《农村土地承包法》提出了农村集体经济组织成员的权利。2007年《物权法》第59条规定："农民集体所有的不动产和动产，属于本集体成员集体所有"。但农村集体经济组织的成员如何界定，法律并没有明确的说法。随着经济社会的快速发展，城乡、地区之间的人口流动日益频繁。在集体经济组织成员资格界定过程中，农村居民在身份、户口、土地等方面呈现出多样化、复杂化特征，给集体经济组织成员及其权利认定带来巨大挑战。

在具体改革实践中，2007年，海淀区农林委、农经站下发了《关于加快和深化农村集体经济产权制度改革的指导意见》，确定了集体经济组织主体成员的范围。该文件首次明确已办理农转非的在校大中专学生、初级士官以下现役军人的成员资格。同时，文件确定了"现有成员，先转居与后转居在整体获益上趋于平衡"的原则，鼓励根据实际情况创新改制形式，而且改革范围从城乡接合部扩大到全区。2010年，海淀区针对北部四镇的特殊情况，由区农委、农经站制定了《关于北部地区农村集体经济产权制度改革中界定成员身份的指导意见》。该文件提出了北部四镇界定集体经济组织成员身份的原则、程序和具体条件，要求综合考虑户籍、社会保障、劳动关系、土地承包经营权等因素，凡充分享有集体经济组织权益的人员应界定为集体经济组织成员；与集体经济组织有历史关系，对集体经济做出过贡献，同时未能与城镇居民平等地享有国家政策的人员，应给予合理补偿。此外，海淀区还提出了"世居农业人口"的概念，即第一轮土地承包之前已经在本村落户的农户及其衍生农业人口，不含空挂户。在推进改革的过程中，海淀区明确将"落实《农村土地承包法》进行土地确权后、未曾参加集体资产处置的随征地农转非人员"界定为集体经济组织成员。

（三）明晰股权，坚持多样化股权设置

由于农村集体资产构成具有复杂性、成员资格具有模糊性、村级组织具有多样性等特点，各地关于农村集体资产折股量化的方法也多种多样。目前，北京市新型集体经济组织的股权基本上设置为集体股和个人股，集体股一般不高于30%，个人股不低于70%，具体比例由集体经济组织成员民主决策。个人股又分为基本股和劳动贡献股，少数区县还设置了土地承包经营权股、计划生育奖励股、现金股及激励股等，具体比例仍采取民主决策。朝阳区崔各庄乡在股权配置的过程中，实现了两大突破：一是不设集体股，二是将基本股（土地股）直接转化为普通股。基本股是由农村土地承包经营权转化成的股份，由有资格参与土地确权的现有集体经济组织成员平均按份分配。

昌平区在农村集体产权制度改革的过程中，按照改革方案，首先把包括土地资产的集体净资产划分为集体股和个人股，其中集体股占30%，个人股占70%。再把个人股全部按照户籍股、土地确权股、公共积累劳龄股、剩余土地资产量化劳龄股、独生子女父母奖励股等配股方式量化到人。昌平区北店村积极推进产权制度改革，使全村 2474 名社员成为股东。改革时，该股份合作社劳龄股 37006 个、户籍股 1434 个、独生子女奖励股 316.5 个，核定总资产 2.77 亿元，其中集体股 0.831 亿元，个人股 1.939 亿元。昌平区海鹃落村将集体净资产总额 26004.17 万元，全部量化到村集体和个人。其中，按照集体净资产的 30%（7801.25 万元）量化为集体股，集体股入股到股份合作社中，作为本村劳动群众集体共同共有资产；70%（18202.92 万元）量化为个人股。截至 2010 年 6 月 8 日公布的结果，海鹃落村总人口 2209 人，享受户籍股 1260 人，享受劳龄股 2064 人，享受独生子女父母奖励股 620 人。个人股为本村按规定享受量化配股资格的个人所得股份，归个人所有，主要按照户籍股、劳龄股和独生子女父母奖励股三种股份进行量化配股，其中户籍股占 35%，劳龄股占 60%，独生子女父母奖励股占 5%。此外，昌平区部分实行土地确权确利不确地的村，将农户享有的土地承包经营权份额转化为集体资产股权，为每个享有土地承包经营权的人员增设了 1 个"土地承包经营权股"，民主决策其参与集体资产量化的份额，与基本股和劳龄股一并实行按股分红。

（四）积极探索，实行"静中有动"的股权管理模式

集体资产股权设置应以个人股为主，是否设置集体股，股权是否可以继承、有限流转、交易，归根结底要尊重农民群众的选择，由集体经济组织通过公开程序自主决定。在股权处置方面，北京市普遍实行股权固化的静态管理模式。例如，昌平区阳坊镇东贯市村就采取"增人不增股，减人不减股"的办法处理特殊群体的股份。其中，从外村娶进来的媳妇没有股份，外来打工的人员没有股份，原来是村里农业户籍后来转为非农户籍的可以获得劳龄股。股份可以继承，但不能对外转让。

然而，在改制过程中，部分村也采取了"增人增股，减人减股"的动态管理办法，处理农村土地承包经营权的收益权。比如，昌平区阳坊

村土地资产股份一年一调整。"增人增股"是指新增人员可以获得包括土地确权股的集体资产股份。阳坊村规定农业户口迁入人员，比如婚嫁、上门女婿等新增人员可以获得土地确权股。该村认为，近5年来，这部分的人员比较多，占30%—40%，他们要求分给股份。另一方面是"减人减股"。阳坊村规定死亡人员只能享受当年的分配，包括土地确权股的集体资产股份收回。农业户口人员迁出之后，土地确权股等集体资产股份收回，只保留"劳龄股"。而非农业户口享有土地确权股的，一旦其在工作单位上了社会保险，经过查实之后，土地确权股收回。在股权流转方面，2005年，海淀区政府下发了《关于加快城乡结合部地区乡村集体资产处置及深化集体经济体制改革的指导意见》。该文件是在部分转出人员强烈要求将个人资产量化份额进行变现的情况下出台的。文件规定"允许资产量化份额在主体之间自由有序流转"，创造性地提出了"份额流转"这一概念。

（五）建设农村产权交易市场，推动农村产权流转交易

北京市保有庞大的农村集体资产，但一直没有相应的农村产权市场，多数农村集体资产成为沉睡的资产，没有体现和发挥出应有的价值。2010年4月15日，经北京市政府相关主管部门批准，由北京市农业投资有限公司出资，北京农村产权交易所正式成立，注册资本则高达5500万元，定位为北京农村生产要素流转交易的专业化平台和服务性机构。北京农村产权交易所，交易品种主要覆盖农村土地承包经营权、农业生产经营组织持有的股权、实物资产、农业生产资料、涉农知识产权、林权等6大类。北京农村产权交易所性质为企业法人，最高权力机构为股东大会，股东大会下面设监事会和执行董事，并在14个涉农区县设立分支机构，以完善信息收集、市场开拓等功能。自2010年成立到2014年底，已成交各类产权交易项目158宗，成交金额9亿元。北京农村产权交易所与平谷区经管站合作成立的平谷区农村产权交易服务中心自

2010 年 12 月成立以来,截至 2014 年底(产权流转交易一般集中在年底合同到期前,2015 年暂未统计),已成功受理 128 宗农村产权交易,涉及耕地 15919 亩、山场 7679.52 亩、实物资产 2578 万元等,共有 11 笔交易金额超过 1000 万元,总交易额达 34695.9 万元,溢价 5951.7 万元,溢价率达 20.71%。

北京市农村产权交易所规范农村各类生产要素有序流动,引导社会资本向农村流动,优化农村资源配置,维护农民财产性权益,推进农村产权制度改革等方面做出一定贡献。以北京市农村产权交易所为平台,遵循市场经济的基本规律和规则,真正让市场成为配置农村资源的决定性手段。

(六)探索完善基层治理组织结构

北京市在推进农村集体产权制度改革的过程中,不断加强集体经济组织建设,探索完善基层组织治理结构。一是建立健全农村集体经济组织。20 世纪 90 年代初,北京市要求以行政村为单位设立村经济合作社,以乡为单位设立乡合作经济联合社,在行政主管部门登记后取得法人资格。二是通过改革建立新型社区股份合作经济组织。在产权制度改革中,本着"一村一策"的原则,在原有村合作社的基础上,采取存量资产量化、"资源 + 资本"以及社员投资入股等多种方式进行股份合作制改革,建立新型社区股份合作经济组织。三是理顺农村基层组织间的职责及关系。2012 年,《北京市实施〈中华人民共和国村民委员会组织法〉的若干规定》对集体经济组织和村委会的职责、关系进行了区分和明确,村委会主要负责村内公共事务,并支持集体经济组织开展经营管理活动。四是健全运行管理机制。目前,北京市新型集体经济组织普遍建立健全了"股东(代表)大会、董事会、监事会"的"三会"组织架构,并基本能够按照组织章程运行。

在新型集体经济组织管理方面,2013 年,海淀区政府下发了《关于加强股份经济合作社管理指导和服务的意见》。该文件再次强调"股份经济合作社是农村集体经济组织通过产权制度改革整体改建而成的新型集体经济组织，是农村集体经济新的实现形式，仍然是集体资产的所有者代表和经营管理主体，其农村集体所有制的性质不变"。建立了备案、审核、实地检查等制度，将需要行政监管的具体事项一一列举。规定了股份经济合作社应就股本变更、因故不能执行章程规定、修改章程、整体改建为公司制企业法人等事项向区级主管部门进行请示，经核准后方可实施。借鉴海淀区的做法，农村集体产权制度改革要区分不同地区的资产状况和经济发展水平，分类指导，有序推进，应针对广大农区、经济发达地区以及村改居地区等不同情况，探索实施适合本地区发展水平及经济特征的法人形式。同时，应及时将新型集体经济组织纳入备案、审核范围，明确行政监管的具体事项，完善登记注册办法，创造条件赋予其市场法人地位。

（七）强化集体经济审计，创新集体资产监管体制机制

为了加强农村集体资产管理，保护集体资产所有者、经营者的合法权益，早在 1993 年北京市就出台了《北京市农村集体资产管理条例》，将集体资产纳入规范化管理范围。

2003 年，海淀区进一步出台了《关于加强海淀区农村集体经济审计工作管理的意见》，就完善审计机构、强化农村集体资产和村级财务审计、严格审计程序以及加强对审计工作的领导和制度建设等方面作出具体部署。针对集体资产监督管理问题，该文件明确将"镇、村集体经济组织固定资产增减变动情况；集体土地征占收入管理使用情况；应收款项的回收情况；集体资产对外投资收益情况；各级财政扶持农民专业合作组织的资金使用情况"等内容列入经常性的定期审计范围，要求每年至少进行一次审计，以乡镇审计机构为主，区农经管理部门抽查。同时，该文件还要求加强对村级"财务公开"真实性的审计监督以及开展农村

干部任期经济责任审计。此外，北京市还积极创新集体经济在线审计和集体经济合同联预审等工作机制。

2013 年底，北京市海淀区成立了以主管区长兼主任，区农委、区经管站主要负责人兼副主任，各镇为成员单位的区级农村集体资产监督管理委员会（以下简称"农资委"），各镇也成立了由镇党委书记兼主任的镇级农资委，形成了统一协调、上下联动、齐抓共管的工作机制。区农资委成立后，一是全面启动新一轮集体经济审计工作，覆盖全区所有集体经济组织；二是聘请社会中介机构，对各镇、村 2012 和 2013 年度集体土地补偿款使用管理进行"拉网式"检查；三是全面开展集体土地清查和集体财务规范化管理工作；四是深入开展政策研究，制定镇级集体资产监管考核评价体系，加强对镇政府考核；五是联合有关大学开展"股份社法人治理结构""集体资产行政监管的法理基础"等前瞻性研究。镇级农资委在具体落实区农资委部署任务的基础上，结合实际情况，突出强化日常管理。

三、北京市农村集体产权制度改革面临的主要问题

（一）新型集体经济组织的法人地位仍不明确

在市场经济条件下，集体经济组织首先应该作为合法的市场主体存在，成为集体经济组织成员平等参与市场竞争的重要载体。在市场经济中，公司制、合伙制、个体户这些产权制度的产权权属和主体都是很清楚的，唯独农村集体产权制度是模糊的。尽管北京市经过改革，这个问题得到一定程度的解决，但由于目前国家层面缺乏法律规范，改制后的新型集体经济组织的法人地位仍然尚未明确，导致新型集体经济组织登记管理不统一、投资主体地位不明确、税收优惠不能落实等问题。据统计，2012 年北京市在工商部门登记的村集体经济组织仅有 179 个，占当

年完成改制村的 4.7%。

2012年4月，为配合国土部门做好农村集体土地确权登记发证工作，北京市农委印发《关于进一步建立健全农村集体经济组织全面加强登记管理工作的通知》（京政农发〔2012〕12号），规定原来已经组建的村经济合作社、镇合作经济联合社，在农村集体经济产权制度改革中被撤销或变更登记为股份经济合作社或集体所有制（股份）合作企业的，要重新恢复并进行登记颁证。这加剧了村级组织之间的复杂性，使得新型集体经济组织的法人地位问题更加凸显。

（二）新型集体经济组织的股权管理亟须改进

北京市农村集体产权制度改革形成了 320 多万名股东，在股权管理上面临一系列新难题。北京市农村集体产权制度改革中存在的一个突出问题是保留了比例相当高的集体股。仅从土地资源价值看，昌平区农村集体土地，包括集体建设用地和农用地共计 167.3 万亩，若按照当前昌平区对农村土地作价评估 2 万元每亩计算，昌平区农村集体土地价值 334.6 亿元。而按照村集体占 30% 的股份计算，村集体股份价值 100 亿元以上。昌平区海鹍落村集体股占集体净资产的 30%，高达 7801.25 万元，其中土地资产占 3349.2 万元。特别是一些撤村转居的集体经济组织仍然保留相当数量的集体股，意味着产权制度改革还不彻底。同时，在北京市农村集体产权制度改革过程中，大多数村并没有将集体土地等资源性资产量化。随着土地资源的升值，集体收益、股权结构与分红基数越来越不一致，也使得个人股中劳龄股比例过高的问题更加突出。

在改制过程中，大多数农村普遍坚持"封闭性""内改制"原则，无论是资产处置、份额流转，还是股权管理，都限定在集体经济组织内部成员之间进行。北京市昌平区绝大部分村采取"增人不增股，减人不减股"的办法固化股权。比如阳坊镇东贯市村就采取"增人不增股，减人不减股"的办法处理特殊群体的股份，从外村娶进来的媳妇没有股份、外来打工的人员没有股份等等。然而，随着人口流动加速，部分转出人员强烈要求将个人资产量化份额进行兑现。随着时间推移，人口老龄化加剧以及新生代人口的成长，"增人不增股，减人不减股"就会引发广东等改革先行地区暴露出的"逝者有股份，新人无享受"等问题，给集体成员界定和股权边界界定带来新的挑战。由于缺乏有效的法律政策依据，股权继承问题在许多地方处于停滞或悬而未决的状态，随着时间的推移矛盾不断累积。此外，在一些改制较早、资产量较大的村，职业经理人的股权激励问题逐步凸显。

（三）新型集体经济组织尚不能规范经营

在治理结构上，新成立的集体经济组织在形式上普遍按照现代企业制度设立了股东代表大会、董事会和监事会等组织结构，有的还设立了集体资产管理委员会。但从实际运作来看，民主决策、民主管理和民主监督等问题依然突出。例如，玉渊潭农工商总公司在实际运行中强调"内部提拔、政府任命"，离真正实现"产权明晰、责权明确、运行规范、管理科学"的现代企业管理模式还有很大距离。

在改革过程中，由于村民和社员身份高度重合，有些村往往以村民代表作为社员代表。如果村委委员本身是股东的话，村委会则自动转为股份合作社董事会。同时，将村务监督委员会直接转为监事会。这样操作固然可以降低成本，有利于改制平稳推进，却使村干部交叉任职的问题更加突出。目前，北京市村党支部书记兼任董事长的占93.8%。在工作制度方面，有些新型集体经济组织只是照搬政府颁布的示范章程，做出了一些原则性的规定，缺乏具体的操作程序和实施细则，导致工作随意性较大。在收益分配上，集体股份占比较高，传统的福利分配制度仍占主导地位。据2012年对昌平区320个农户的问卷调查，问及"改革过程中最应该解决的问题"时，32.6%的被调查农户认为是集体资产的经营问题。

（四）新型集体经济组织社会性负担沉重

长期以来，农村地区"政经不分"的问题一直普遍存在，农村的各项事务实际上主要靠村民委员会正常运转，村务决策程序替代集体经济组织决策程序，重大事项往往由村委会和党支部决策。在计划经济时期，社区自治组织与社区集体经济组织一本账，起到了维护农村社会稳定的作用，也为工业化、城镇化作出了贡献。然而，在农村集体产权制度改革之后，"政经不分"的问题依然存在，就会造成集体资产经营效率低等问题。

有调查表明，新型集体经济组织仍要承担本村的一些公共事业的建设、维护费用和公益事业支出，影响了新型集体经济的进一步发展壮大。据对北京郊区 175 个村的调查统计，1995—2005 年，平均每个村基础设施累计投入 415 万元，对社会管理及公共事业累计投入 403.5 万元。2012 年，北京市农村集体公益性基础设施投入和支付的公共服务费达 12.3 亿元，村均 31 万元。从实践看，当地农村的常住居民不一定是农村集体经济组织成员，水电路、环境绿化保洁等公共服务方面的支出不应由农村集体经济组织成员承担，这些农村基本公共服务支出转嫁给农民和集体经济组织，加大了集体经济组织的社会负担。

（五）新型集体经济缺乏长效发展机制

北京市村级集体产权制度改革虽然已经基本完成，但是新型集体经济在可持续发展方面面临着巨大的挑战。一方面，集体经济薄弱村占大多数，基本上以租赁物业为主，缺乏优良的经营性资产，没有形成稳定的收入来源。北京市部分区位较好的农村，集体建设用地长期闲置，而村庄周边租房需求巨大，就探索利用集体建设用地发展租赁房，以发展集体经济，让村民获得长期、稳定、可持续性收入，但通过调研看，还面临很多问题。目前北京市以一产为主的村共有 1953 个，占 55.8%，这些村集体收入普遍偏低或者没有收入；以二产为主的有 78 个，仅占

2.2%，并且多以小型建筑构件加工为主，缺乏可持续性和竞争力；以三产为主的有 1467 个，占 42%，其中的 80% 又以土地和房屋出租为主，产业结构单一，运行管理不规范，并且在城市化进程中也难以持续稳定。另一方面，专业人才不足，改制后的一些村集体经济仍然由"村两委"直接行使集体资产经营管理职能，缺乏资本运营、管理分配与市场拓展等专业性知识。

即便是对于一些经济实力较强、集体经济收益较高的村集体来说，分红压力普遍较大，制约了集体经济的发展后劲。例如，为了突破发展瓶颈，有些新型集体经济组织曾开展过一些对外投资项目。然而，在分红率刚性递增的压力下，新型集体经济组织面临着投资决策"只能成功、不许失败"的制约，增加了农村集体资产管理人员的压力。同时，新型集体经济组织在项目管理等方面经验不足，也加大了集体资产运营管理上的风险。

四、相关政策建议

农村集体产权制度改革是一项重大变革，事关农村经济发展和社会稳定大局。针对北京市农村集体产权制度改革过程中出现的突出问题，加快推进改革，需要做好以下几个方面的工作：

（一）完善有关法律法规和政策规定

从法律规定看，农村集体经济组织有法律地位，有独立的财产，有独立的民事权利和民事行为能力，具备了作为法人的实质性要件。我国农村党组织、村民委员会、农民专业合作社都有法可依，唯独农村集体经济组织还没有专门的立法，一直以来无名无实。现行的法律法规和政策规定与农村集体资产管理和改革的要求存在着矛盾和冲突，已成为制约农村集体产权制度改革的制度障碍。同时，法律法规和政策规定滞后于实践，也制约了新型农村集体经济组织健康发展。只有解决好农村集体"三资"管理现状、政策要求与法律法规之间的衔接问题，农村集体产权制度改革的方案才能得以顺利实施并取得良好的效果。按照党的十八届四中全会提出的"实现立法和改革决策相衔接，做到重大改革于法有据、立法主动适应改革和经济社会发展需要。实践证明行之有效的，要及时上升为法律。实践条件还不成熟、需要先行先试的，要按照法定程序作出授权。对不适应改革要求的法律法规，要及时修改和废止"等要求，北京市作为集体产权制度改革先行地区，应在法律法规完善和制度建设等方面加快探索，为全国其他省份开展试点工作积累经验。一方面，积极申报承担国家试点任务，开展赋予农民对集体资产股份占有权、收益权、处置权试点，建立符合市场经济要求的农村集体经济运营新机制；另一方面，针对北京市改制现状，率先出台地方性法规，重点解决新型集体经济组织登记管理不统一、投资主体地位不明确、税收优惠不能落实等实际问题，并在申办法人代码证、银行开户和贷款方面给予合作社法人应有地位，确保集体经济组织健康发展。

（二）规范农村集体资产股权结构管理办法

北京市农村集体产权制度改革形成了 320 多万名股东，对这些股东的股权进行有效管理是目前的一项紧迫任务。北京应针对各区县股权设置标准不统一等问题，尽快出台《农村新型集体经济组织股权管理办法》，明确股权管理的基本原则和政策底线，对人员界定、股权结构、增资扩股以及新增资产股份量化等问题作出专门规定，通过股权管理做大做强集体经济，增强集体经济的竞争能力、发展活力和对成员的服务能力。针对集体股比重过高及社会负担过重等问题，尽快研究出台《北京市农村新型集体经济组织收入分配管理办法》，对于改制后的集体经济组织收入分配进行规范，逐步缩小集体福利分配的范围。在把集体财产权转变为共同持有股份的时候，对集体组织共同的持有股份应分配给集体成员持有。对实行股份合作制进行集体产权制度改革的，对股份分红征收的税收给予返还或减免，切实减轻农民负担。现阶段，集体资产股权设置应以个人股为主，是否设置集体股，归根结底要尊重农民群众的选择，由集体经济组织通过公开程序自主决定。但当一些农村完成"村转居"，集体经济组织的社会性负担逐步剥离后，应当取消集体股以达到产权的彻底清晰。随着土地增值的加快，应调整股权结构，逐步降低比重过高的劳龄股，提高户籍股的份额。针对股权固化问题，应探索把农民家庭规范为类似于共同共有的产权基础单位，"量化到人、确权到户"，以成员家庭为基本单位确权，在家庭的框架下保护与发展成员财产权。

（三）赋予集体资产股权有偿退出权与抵押担保权能

党的十八大报告提出，保障农民集体收益分配权。十八届三中全会《决定》进一步提出，赋予农民对集体资产股份占有、收益、有偿退出及抵押、担保、继承权。从"一权"拓展为"六权"，是农村非土地集体资产产权制度改革的重大突破。

集体资产股份处置权主要包括有偿退出及抵押、担保、继承权等。在市场经济下，处置权越落实，产权强度越高，权能发挥的限制越少，资源配置效率就越高。从北京市各地区改革的具体做法来看，普遍仅给予集体资产股权权利人以收益权，对处置权限制很多，农民得到的股份只能作为分红的依据，不能继承、赠予，更不能抵押、转让，应将这些处置权利一一落实。

落实集体资产股权的抵押、担保权能，需要把握好以下两点：第一要解决集体资产股份价格评估问题。目前农村集体资产股权价格难以评估，限制了股权抵押、担保权能的发挥。根据课题组对朝阳区的调研，由北京市朝阳区洼里乡集体经济组织改制而成的北京世纪奥辰科工贸经济开发总公司，股东 959 个，每股账面价值 8128 元。2013 年该公司的分红率为 20%，一股可分红 1625.6 元，按照五年期存款利率 5% 计算，每股实际价值 3.3 万元，是账面价值的 4 倍。第二要明确集体资产股份抵押担保失败之后的资产处置问题。应明确哪些机构或者自然人有受让资格，受让股份数量需要受到什么限制，非本集体经济组织成员的受让人不能自动获得成员资格等。

（四）完善农村集体资产法人治理结构

科学合理的法人治理结构，是实行民主决策、民主管理、民主监督的保障。应在整合各区县新型集体经济组织管理相关政策的基础上，研究制定《北京市农村新型集体经济组织示范章程》，建立包含股东大会、理事会、监事会的"三会"治理结构，以及包含法人财产权、出资者所有权、出资者监督权、法人代理权的"四权"制衡机制。针对民主决策不能落实、民主管理不够规范、民主监督尚未有效发挥作用等问题，建议完善《集体经济社员代表会议议事规则》《理事会议事规则》以及《监事会议事规则》等规章，落实成员对集体资产的知情权、决策权、收益权和监督权，规范治理集体资产。建议出台《北京市农村集体经济组织管理条例》，赋予农村集体经济组织法人地位，明确组织形式、职能定位和管理办法。同时，逐步降低村级干部交叉任职的比例和范围，改善法人治理结构的外部体制环境，理顺村党支部、村委会与新型集体经济组织之间的关系，使集体经济组织成员真正成为集体经济的投资主体、决策主体和受益主体，成为集体经济组织名副其实的主人。

（五）加大配套改革力度，优化集体经济发展环境

深化农村集体产权制度改革需要将集体经济发展与区县功能定位结合起来，加大配套改革力度，优化集体经济发展环境。一是深化土地制度改革，参照国家颁布的土地征收、集体经营性建设用地入市、宅基地

制度改革的试点方案，探索放活农村集体建设用地政策。加快农村集体土地管理制度改革的政策研究，赋予包括农民宅基地的农村集体建设用地更加充分而有保障的产权权能。二是根据各区县的财力水平，制定差别有序的制度，加大税收优惠、财政扶持、金融支持、经营用地等扶持政策力度，减轻集体经济组织负担，支持农村集体经济组织加快改革。比如，新型农村集体经济是在合作经济基础上改革形成的，仍属于合作经济性质，应当享受类似于农民专业合作社的税收优惠政策，或者采取先征后返（奖）的方式予以支持。三是进一步加大公共财政对农村的投入，加快推进公共服务均等化，为新型集体经济组织发展提供良好的外部环境。只有剥离社会性负担，集体经济组织才能作为一个单纯的经济组织，平等地参与市场竞争。

（六）强化分类指导，建立长效发展机制

积极研究促进集体经济组织发展的相关政策，加大对新型集体经济组织的扶持力度，为按股分红创造条件。北京市可以探索远郊区、近郊区、城乡接合部等不同地区的区位优势和产业结构，有针对性地探索集体经济发展的途径和方法。针对改制较晚或经济薄弱村，首要解决的是改制动力问题，主要重心应在于清产核资、明晰产权，并在此基础上搭建股份合作平台，组建规范的长效治理机制。因此，一方面要积极宣传、强化引导，让村民意识到改制的长久收益，主动参与改制。另一方面有条件的地区要列出专项经费或奖补资金，对这些村的改制成本予以补助。

针对改制较早或经济实力较强的村集体经济组织，重点应解决发展后劲问题。因此，一方面，要加大管理人员的培训指导力度，积极帮助村集体聘请法律、经济等专业人才，着力化解历史遗留问题，完善内部管理与分配机制。另一方面，规范对外投资行为，帮助集体经济组织制定科学、合理、有前瞻性、符合市场运行规律的产业发展规划，实现产业结构提升、转型、升级，促进集体资产保值增值。

参考文献:

[1] 郭光磊:《北京农村研究报告2013》, 社会科学文献出版社, 2014年, 第51页。

[2] 课题组:"对农村集体产权制度改革若干问题的思考",《农业经济问题》, 2014年第4期。

[3] 王宾、刘祥琪:"农村集体产权制度股份化改革的政策效果:北京证据",《改革》, 2014年第6期, 第138页。

[4] 北京市农村经济研究中心:《北京市农村经济发展报告(2013)》, 中国农业出版社, 2014年。

[5] 宋洪远、高强:"农村集体产权制度改革面临的问题与对策",《中国农村研究》, 2014年第68期。

[6] 朱长江, 北京市农村集体资产负债现状分析, http://www.agri.gov.cn/V20/ZX/qgxxlb_1/bj/201405/t20140523_3913351.htm。

课题协调人:张英洪

研究成员:张云华、伍振军、张英洪、高强、李德想、杨芹芹

执笔人:伍振军、高强

2015年10月

首都乡村集体经济组织振兴路径研究

广义上讲的乡村集体经济组织，包括生产、流通、金融等各类乡村集体经济合作组织；狭义上的乡村集体经济组织是指以土地集体所有为基础的社区性集体经济组织。本报告所指的农村集体经济组织为狭义上的社区性集体经济组织。乡村集体经济组织是乡村振兴的重要组织载体，推进乡村集体经济组织振兴，是实现乡村振兴战略的必然要求和重要内容。

一、首都乡村集体经济组织发展历程与特点

（一）首都乡村集体经济组织发展经历的阶段

一是高级农业生产合作社阶段。京郊农村集体经济组织产生于农业合作化运动时期。1951 年底京郊农村开始推进农业合作化，到 1957 年全市（不包含尚未并入北京市的区县）共有高级农业生产合作社 428 个，入社农户 19.3 万户，人口 80.3 万人。二是人民公社阶段。1962 年京郊农村在高级农业生产合作社基础上建立了人民公社。全市共有 285 个人民公社、3704 个生产大队、14818 个生产队，65.2 万户社员。三是农工商联合（总）公司阶段。1984 年上半年全市基本完成了人民公社政

社分开的体制改革，郊区人民公社分设为乡镇党委、乡镇人民政府、乡镇农工商联合总公司三个机构，分别行使党务、行政与经济职能。生产大队改为农工商联合公司，生产队则改称为农工商分公司。四是经济合作社（股份经济合作社）阶段。1991 年 1 月 22 日，北京市委、市政府印发《关于加强乡村合作社建设，巩固发展农村集体经济的决定》（京发〔1991〕2 号），提出村级集体经济组织为村合作社，乡镇集体经济组织为乡合作经济联合社，简称"乡（镇）联社"。当时北京市有 293 个乡镇经济联合社（同时保留农工商联合总公司的牌子），村经济合作社 4159 个（同时保留农工商联合公司的牌子），村合作社内部以原生产队为基础组建分社（农工商分公司）3080 个。2000 年前后，远郊区实行乡镇机构"三改二"改革，即保留乡镇党委和乡镇政府，撤销农工商联合总公司，在乡镇政府内设置集体资产管理委员会。随着农村集体经济产权制度改革的推进，"乡（镇）联社"的全称逐渐向"乡（镇）股份经济合作联社（或联合社）"转变，部分村合作社和乡（镇）联社被股份经济合作社或集体所有制（股份）合作企业取代。2012 年北京市印发《关于进一步建立健全农村集体经济组织全面加强登记管理工作的通知》（京政农发〔2012〕12 号），对集体经济组织进行了规范，一些改制后的集体经济组织又重新建立了村合作社和乡（镇）联社。到 2019 年，全市共有 4131 个乡村集体经济组织，包括 187 个乡（镇）联社、3944 个村合作社。

（二）92.6% 的集体经济组织分布在平原和远郊

在全市 14 个涉及农村集体经济组织的区中，朝阳区、海淀区、丰台区、石景山区 4 个区的农村集体经济组织占全市农村集体经济组织的 8.4%，其中，乡镇集体经济组织共 34 个，占全市乡镇集体经济组织的 18%；村级集体经济组织 314 个，占全市村级集体经济组织的 8%。其余 10 个区的农村集体经济组织共计 3783 个，占全市农村集体经济组织的 91.6%。其中通州区、顺义区、大兴区、昌平区、房山区 5 个区的农村集体经济组织数量占 54.8%，乡镇级集体经济组织数为 83 个，占全市的 44.4%；村级集体经济组织数为 2178 个，占全市的 55.2%。门头沟区、平谷区、怀柔区、密云区、延庆区 5 个区的农村集体经济组织数量占 36.8%，乡镇级集体经济组织数合计为 70 个，占全市的 37%；村级集体经济组织数为 1452 个，占全市的 37%。

（三）乡村集体经济组织管理逐步规范化

一是农村集体经济组织财务管理及审计工作进入制度化、规范化阶段。北京市村级集体经济组织普遍实行"村账镇管"，2019 年实行村会计委托代理制的达到 3856 个村，占全市村级集体经济组织的 98%。2019 年北京市实行财务公开的村有 3973 个，建立村民主理财小组的村达到 3939 个。2019 年全市成立审计机构 14 个，共有审计人员 1380 人，进行审计的集体经济单位达到 8625 个，其中违纪单位 11 个，违纪金额 129.74 万元，受处分 2 人。村干部任期和离任审计 1432 件，土地补偿费专项审计 277 件。二是集体经济组织登记赋码工作处于全国前列。2016 年北京市农村经管部门开始探索对农村集体经济组织进行统一社会信用代码的登记赋码工作。2019 年全市 91% 的集体经济组织在农业农村部门完成登记赋码，4.6% 的乡村集体经济组织在市场监管部门登记。全市完成集体产权制度改革的乡村集体经济组织中，在农业农村部门登记赋码的乡镇集体经济组织有 20 个，村集体经济组织有 3743 个；在市场监督管理部门登记的乡镇集体经济组织有 7 个，村级集体经济组织有 182 个。

（四）乡村集体经济组织经营的内生动力不足，区域发展差距大

一是乡村集体经济组织经营效益偏低。2019 年全市农村集体经济组织账面资产总额为 4980 亿元，占全市农村集体经济组织和集体企业账目资产总额的 59.6%。2019 年全市农村集体经济组织总收入仅为 268.2 亿元，占全市农村集体经济总收入的 67.2%。2019 年全市农村集体资产收益率为 0.2%，其中，全市农村集体经济组织资产收益率为 -0.2%，全市

农村集体企业资产收益率为 0.8%。从全市农村集体经济组织内部来看，全市乡镇集体经济组织资产收益率为 0.1%，全市村级集体经济组织资产收益率为 −0.3%。二是北京市农村集体经济组织缺乏实体产业支撑。北京市农村集体经济组织收入的 75% 来源于非主营业务收入。具体来看，北京市农村集体经济组织收入的 39% 来源于其他业务收入，26% 来源于营业外收入（其中 8% 来源于财政补贴收入），10% 来源于投资收益，25% 来源于主营业务收入。北京市农村集体经济组织主营业务收入全部来源于居民服务、修理和其他服务业收入，而农林牧渔业、工业、建筑业等领域的主营业务收入为 0。三是全市农村集体经济组织及集体企业经营效益呈现较为突出的不平衡性。从区域来看，2019 年朝阳区、海淀区、丰台区、石景山区 4 个区农村集体经济组织及集体企业资产收益率为 0.36%，通州区、顺义区、大兴区、昌平区、房山区 5 个区的集体经济组织及集体企业资产收益率为 0.004%，门头沟区、平谷区、怀柔区、延庆区、密云区 5 个区农村集体经济组织及集体企业资产收益率为 −0.39%。分区来看，2019 年大兴区农村集体经济组织及集体企业资产收益率为 2.56%，位居全市第一；海淀区农村集体经济组织及集体企业资产收益率为 0.9%，位居全市第二；延庆区农村集体经济组织及集体企业资产收益率为 0.8%，位居全市第三；密云区农村集体经济组织及集体企业资产收益率为 −3.7%，为全市最低。

（五）乡村集体经济组织净资产呈现三个量级，仅 34.5% 的村级集体经济组织实现分红

2019 年北京市乡村集体经济组织净资产为 2011.3 亿元，占全市集体经济组织和集体企业净资产的 76%，其中乡镇级集体经济组织净资产为 138.3 亿元，占全市乡镇集体经济组织和集体企业净资产的 26%；村级集体经济组织净资产为 1873 亿元，占全市村级集体经济组织和集体企业净资产的 88.6%。分区域来看，北京市乡村集体经济组织和集体企业的净

资产呈现三个量级，朝阳、海淀、丰台、石景山 4 个区的农村集体经济组织和集体企业的净资产超过 1500 亿元，通州、顺义、大兴、昌平、房山 5 个区的农村集体经济组织和集体企业净资产超过 800 亿元，生态涵养区 5 个区的乡村集体经济组织和集体企业净资产不足 240 亿元。2019 年北京市有 1354 个村的集体经济组织实现股份分红，占新型农村集体经济组织的 34.5%。股份分红总额 53.7 亿元，131.9 万农民股东获得分红，占成员股东数的 38.9%，人均分红 4068.2 元。

二、加强乡村集体经济组织建设的主要探索

改革开放以来，北京市在深化农村集体经济组织产权制度改革、规范财务管理、登记赋码、完善内部治理和规范产权流转等领域做了许多有益的探索。

（一）推进农村集体经济组织产权制度改革

20 世纪 90 年代初北京市开始推行以"撤村不撤社、转居不转工、资产变股权、农民当股东"为基本方向的农村集体经济组织产权制度改革，发展股份合作经济，主要经历了四个阶段：一是改革试点探索阶段（1993 年—2002 年），北京市通过 10 年的试点探索，提出了"撤村不撤社，转居不转工，资产变股权，农民当股东"的改革思路，一般将集体净资产划分为集体股和个人股，集体股占 30% 以上，个人股占 70% 以内。到 2002 年底，北京市完成 24 个村的集体经济产权制度改革。二是扩大改革试点阶段（2003 年—2007 年），在股权设置上，将人员范围扩大到 16 岁以下的未成年人，并对改革试点工作做了进一步规范。到 2007 年底，北京市完成 303 个乡村集体经济产权制度改革任务（村级 299 个、乡级 4 个），全市 30 多万农民成为新型集体经济组织股东。三是全面推广阶段（2008 年—2013 年），农村集体产权改革全面提速。到

2013 年底，全市 3873 个单位完成集体经济产权制度改革（村级 3854 个，乡级 19 个），村级完成改革的比例达 96.9%，全市 324 万农民成为新型集体经济组织的股东。四是深化改革阶段（2014 年以来），北京市重点加大对未完成的村级集体经济产权制度改革力度，有序推进乡镇集体产权制度改革，解决早期改革中集体股占比过高的问题，加强和规范新型集体经济组织的经营管理等。2019 年全市 3952 个单位完成集体经济产权制度改革（村级 3925 个，乡镇级 27 个），村级完成比例达到 99.5%，335.7 万农民当上新型农村集体经济组织的股东，其中乡镇级成员股东为 2.48 万个，村级成员股东 333.23 万个。2019 年股金分红总额达到 57.8 亿元，其中村级达到 53.7 亿元，乡镇级达到 4.1 亿元。

（二）规范集体经济组织财务管理

20 世纪 90 年代以来，北京市不断探索推进乡村集体经济组织财务管理的制度化和规范化建设，形成了较为完备的集体经济组织财务管理的制度体系。一是加强制度建设，引导乡村集体经济组织财务管理规范化。1993 年以来，先后出台《北京市农村集体资产管理条例》《北京市农村集体经济审计条例》，建立了北京市农村集体经济组织财务管理的基本制度框架。2009 年北京市印发《北京市农村集体经济组织财务规范管理制度（试行）》（农经字〔2009〕16 号），提出一套相对比较系统、完整的北京市农村集体财务管理制度体系。二是持续推动"村账托管"，推进乡村集体经济组织财务管理的制度化、精细化。2004 年北京市开始探索建立"村账托管"的村级集体经济组织财务管理机制，建立了群众监督、会计监督和审计监督的三级监督机制，实行了"六项统一"，即统一财务制度、统一票据、统一审核、统一记账、统一公开、统一建档。同时推动实行了村级集体经济组织财务电算化管理。2008 年北京市进一步规范了农村集体经济组织对征地补偿款的专户管理。三是围绕重点难点问题，持续推动乡村集体经济组织财务管理的规范化。2013 年以来，北京市针对加强村务监督、规范集体经济合同、规范村级财务公开、规范新型农村集体经济组织收益分配、清产核资等农村集体经济组织财务管理中的重点难点问题持续发力，推动海淀区于 2013 年底成立了农村集体资产监督管理委员会，加强村级财务管理的规范化、制度化，推动农村集体资产股份收益分配权落到实处，以规范化的管理切实保护和实现农村集体经济组织成员权。

（三）加强对集体经济组织登记与赋码管理

北京市加强集体经济组织登记工作经历了四个阶段：一是为适应社会主义市场经济条件下加强集体经济组织规范化管理的需要，自 2003 年开始，北京市农村经管部门开始对农村集体经济组织进行登记。2005 年北京市要求农村集体经济组织以全部集体资产投资设立的集体企业应到工商部门登记。二是加强新型集体经济组织登记管理。2010 年北京市在推进农村集体经济组织产权制度改革的过程中，要求改革后新成立的股份经济合作社及时到区经管部门办理登记手续；改革后成立企业法人的及时到工商行政管理部门登记注册。三是为解决农村承包地确权颁证过程中遇到将集体土地所有权证颁给谁的问题，2012 年北京市农村集体产权制度改革后建立新型集体经济组织取代原村合作社、乡（镇）联社的乡村集体经济组织，重新恢复建立了村合作社、乡（镇）联社，并进行了登记备案。四是推进全市农村集体经济组织登记赋码工作。2016 年原北京市农村合作经济经营管理办公室开发了北京市农村集体经济组织登记证系统，2016 年 5 月底开始推进北京市农村集体经济组织存量登记证换发工作。2019 年 1 月，按照《农业农村部办公厅关于启用农村集体经济组织登记证有关事项的通知》要求，北京市开始推动全市新型农村集体经济组织登记赋码的换证工作，2020 年上半年换证完成率达到 51%。

（四）建立健全农村集体经济组织内部治理机制

《中华人民共和国宪法》第十七条规定："集体经济组织实行民主管理，依照法律规定选举和罢免管理人员，决定经营管理的重大问题。"在深化农村集体产权制度改革过程中，北京市不断加强新型集体经济组织内部制度建设，要求各农村集体经济组织按照现代企业制度的要求，建立健全新型集体经济组织的民主管理制度、日常管理制度、现代企业经营机制。2010年以来，北京市推动新型集体经济组织建立健全股东大会或股东代表大会、董（理）事会和监事会等民主管理架构，并督促其按照章程规定，及时召开股东大会或股东代表大会，按时进行董（理）事会和监事会换届选举工作。2017年北京市进一步加强对农村集体经济组织按时换届选举、严格履行选举程序的督导，探索推进农村集体经济组织成员（股东）代表、董（理）事会及监事会换届选举与村"两委"换届选举工作同步进行。

（五）完善农村集体经济组织产权交易管理

2011年北京市制定《关于加强农村集体产权交易监督管理的指导意见》（京农研〔2011〕13号），对农村集体经济组织产权交易的管理原则、产权交易范围、程序以及管理的主体部门责任等做出了具体规定。2010年北京农村产权交易所成立。十年来，北京市农业农村部门围绕贯彻落实市委、市政府关于"加快推进要素市场建设"的任务要求，指导北京市农村集体产权流转交易市场建设，设立农村集体产权交易服务机构，搭建起"市、区、乡（镇）、村"四级服务网络体系，逐步构建起全市统一、规范的农村集体产权流转交易市场，充分发挥市场机制作用。截至2020年10月底，北京市已累计成交农村集体经济组织产权交易项目1200多宗，成交金额近156亿元，流转土地面积26.1万亩，租赁房屋面积98.9万平方米，交易项目覆盖全市103个乡镇、672个村。

三、存在的突出问题

（一）地位不明。《中华人民共和国宪法》第十七条规定：集体经济组织在遵守有关法律的前提下，有独立进行经济活动的自主权。《中华人民共和国民法典》第三章第四节第九十六条规定集体经济组织为特别法人。但是目前尚未制定《集体经济组织法》，集体经济组织特别法人在市场中的地位缺乏专门法律做出明确规定，农村集体经济组织特别法人作为市场主体的权利义务尚不明确。在地方层面，北京市对集体经济组织的地方立法以及相关规章制度的修订和建设也比较滞后，致使集体经济组织的内部治理、外部监管、统筹经营等都缺少明确的法律法规依据，农村集体经济组织在从事贷款、投资、合作经营等市场活动时仍受到诸多限制。

（二）政社不分。北京市城市化进程较快的地区虽已开始探索推进集体经济组织与村两委、乡镇政府之间的政社分离工作，例如 2019 年海淀区温泉、西北旺、苏家坨、上庄等 4 镇 21 个村开展了村级组织账务分离工作。但在总体上，目前全市村集体经济组织的资产经营管理工作主要还是由村两委成员兼任，集体经济组织与村委会的账户混用，集体经济组织管理体制不顺畅，这在一定程度上制约了集体经济组织的建设和集体经济的发展。一些乡镇集体经济组织没有与乡镇政府分开设立账户，在一定程度上限制了乡镇集体经济组织独立开展经营服务功能的发挥。据 2016 年北京市农研中心课题组的调查，在乡镇级集体经济组织中，实行政社分离账目单独设置、有独立经营活动的只有 20 个，占 11%；建立管理机构、账目单独设置、收益归政府的共有 88 个，占总数的 47%；资产、账目等并入政府财务，难以开展经营活动的有 79 个，占 42%。

（三）功能不全。《中华人民共和国宪法》第八条规定："农村集体经济组织实行家庭承包经营为基础、统分结合的双层经营体制。"改革开放以来，农村家庭承包责任制不断完善，农村集体经济组织"分"的经营体制得以建立和发展，而农村集体经济组织"统"的经营体制并没有相关法律给予明确的规定。在实践中，北京市农村集体经济组织自身在发挥"统"的功能上面临组织建设滞后、统一服务缺位等问题，多数农村集体经济组织没有充分发挥好"统"的功能。由于集体经济组织"统"的功能缺位，在一定程度上削弱了"分"带来的积极作用。此外，有的地方在思想认识上也存在以"统"的名义去削弱乃至取消"分"的误区。

（四）权责不清。农村集体经济组织与村两委、乡镇政府的责权划分不明确，导致农村集体经济组织社会公共负担较重。一方面，党支部、村委会与集体经济组织之间职责不清，农村集体经济组织仍然承担着较重的农村基础设施建设、基本公共服务和基层治理等成本。另一方面，乡镇集体经济组织与所办企业之间还存在着不同程度的资产归属和财务关系不清晰的问题，集体经济组织的所有权人地位不清晰，农村集体企业的市场地位不明确，农村集体经济组织的经营体制机制不能完全适应市场经济发展的客观需要。

（五）经营不善。全市农村集体经济组织自身经营水平总体偏低，2019年全市1982个村集体经济组织收不抵支，占村集体经济组织总数的50.3%，较2015年增加了266个村。2019年全市村级集体经济组织营业利润为-67.2亿元，补助收入占村级集体经济组织营业外收入的比重超过32%。2019年全市农村集体经营收入低于10万元的集体经济薄弱村有900个。全市农村集体经济组织负债率处于较高水平，2019年全市农村集体经济组织资产负债率为59.6%，其中，乡镇集体经济组织的资产负债率达到82.5%，村级集体经济组织的资产负债率为55.3%。

（六）运转不灵。乡村新型集体经济组织的法人治理结构仍然不够完善，封闭产权与开放市场的矛盾仍没有得到有效解决。有的新型集体经济组织法人治理结构运作不够规范、协调，乡（镇）联社和村合作社章程的适应性不高、执行效果不佳，新型集体经济组织内部的民主管理机制不够健全，董事会与经理层人员高度重合，换届工作、信息公开不及时、不规范，"内部人"寻租和"外部人"对集体经济组织事务的不当干预与侵夺等问题始终存在，一些地方的"小官巨贪"现象以及集体资产流失等问题尚未得到制度性的根本解决。

四、思考与建议

（一）在指导思想上，把集体经济组织振兴作为乡村振兴战略的重要着力点

农村集体经济组织是具有中国特色的农村经济组织，是农村集体资产的所有者和管理者，是一类特别法人。北京市委、市政府《关于加强乡村合作社建设，巩固发展集体经济的决定》（京发〔1991〕2号）明确提出："乡、村合作经济组织在农村经济中居于主导地位，是党和政府联系农民的重要桥梁和纽带，在推进农业现代化，促进农村经济社会协调发展，以及在商品生产中争取和维护农民权益，带领农民共同致富等方面，具有不可替代的作用。加强乡、村合作经济组织建设，巩固发展集体经济，是各级党委和政府的一项经常性的重要任务。"在新时代全面推进乡村振兴战略中，各级党委和政府应从指导思想上做到对加强农村集体经济组织建设的硬重视而不是软重视，从根本上认识到推动集体经济组织振兴的重大意义。首先，农村集体经济组织是有效维护和实现农村集体所有制的重要载体。农村集体经济组织是农村基本经济制度和生产经营体制在具体历史条件下的统一。如果没有乡村集体经济组织的规范发展和职能的有效发挥，发展壮大集体经济、维护农村集体所有制度优越性都将无从发力。其次，农村集体经济组织是实现农民共同富裕的重要主体。2019年全市农村集体经济组织农户共313万人，从乡村集体经

济获得收入 189.5 亿元，人均所得 6053 元，占农户所得总额的 22.7%，应当进一步引导农村集体经济组织稳步提高股份分红的水平和范围，使每一个集体经济组织成员都能从集体经济组织的建设和发展中获得实实在在的利益。再次，农村集体经济组织是实施乡村振兴战略的重要力量。农村集体经济组织是提高乡村治理效能的重要组织依托，是带领广大成员共同振兴乡村产业、振兴乡村生态、形成新时代文化风尚的重要内因和组织资源。推动乡村组织振兴，必须高度重视乡村集体经济组织的振兴；发展农民合作社，必须高度重视发展乡（镇）联社和村合作社，使社区性合作社与农民专业合作社发展相得益彰。建议及时总结 30 年来北京市农村集体经济组织建设和集体经济发展的经验，适应新发展阶段、新发展理念、新发展格局的要求，重新制定《关于加强农村集体经济组织建设，发展壮大新型集体经济的决定》，为新时代首都乡村集体经济组织建设和新型集体经济发展提供有力的政策指导和支持。

（二）在地位作用上，充分发挥集体经济组织"统"的功能

农村集体经济组织实行以家庭承包经营为基础、统分结合的双层经营体制。"统分结合"蕴含农村集体经济组织层面的"统"和农村集体经济组织成员层面的"分"以及将二者有机结合的重大功能。在"分"的层面，主要体现在从包产到户到农村土地承包经营权的长久不变，实现集体经济组织成员以家庭为单位获得承包土地的生产经营自主权，使家庭承包经营成为集体经济组织内部的一个经营层次。在"统"的层面，北京市委、市政府《关于加强乡村合作社建设，巩固发展集体经济的决定》（京发〔1991〕2 号）规定："农村集体经济组织承担着生产经营、合作服务、协调管理、资源开发、资产积累等职能，并可受政府委托，完成某些行政任务。"农村集体经济组织具有集体资源开发利用、集体资产经营管理、集体产业发展、为成员提供农业社会化服务等功能。目前，农村集体经济组织除在集体资产管理方面发挥了较重要的作用以外，其

他"统"的功能均存在不同程度的缺位，已经成为制约乡村振兴的重要短板。在巩固和深化农村改革成果的基础上，建议进一步提升农村集体经济组织统筹资源利用、统筹产业发展和统一社员服务的能力。一是发挥好集体经济组织统筹开发利用集体资源要素的功能。围绕资源盘活起来，充分利用集体所有土地资源、生态资源，推动农村集体经营性建设用地集约利用，将闲置的农宅、山场、林地统一利用，大力发展新型乡村产业。二是进一步优化集体经济组织对集体资产统一监管的功能。尽快修改完善农村集体资产管理办法，建立健全农村集体资产监管体制机制，加强农村集体资产管理队伍建设，完善农村集体资产管理的审计监督机制。依法利用本社成员集体所有或者国家所有依法由本社集体使用的资产对外投资，提高集体资产的经营管理效率，提高集体资产收益率。三是加快补齐集体经济组织为成员提供统一服务的短板。鼓励集体经济组织为成员提供产前产中产后的农资、技术、信息、金融、流通等全方位的生产生活服务。在生产经营领域，农村集体经济组织作为成员家庭提供农业生产社会化服务的核心主体，可以通过整合农民专业合作社、农业机械化服务组织等各类社会化服务主体的方式，也可以通过建立服务实体的方式，为集体经济组织成员提供统一整地、统一供应种子、统一规范使用化肥农药、统一利用高科技设备、统一开展技术培训、统一聘请专业团队进行田间管理、统一信息服务、统一金融服务、统一市场销售服务等。在生活服务领域，允许和鼓励以集体经济组织为主体，承接农村交通、水利、基础设施维护、道路养护、绿化环卫管护等劳务服务和政策工程项目，对外提供劳动中介和输出等有偿服务。允许和鼓励农村集体经济组织通过各种渠道为农户解决金融需求服务。

（三）在工作重点上，将乡（镇）联社建设作为重中之重

加强乡村集体经济组织"统"的功能，可以在建立乡村集体经济组织民主管理、利益共享机制的基础上，借鉴台湾农会的有益经验，形

成以乡（镇）联社为主导、以乡带村的新机制，实现乡村集体资源要素的统筹经营、集体资产的统一管理、集体成员的统一服务。一是激活乡（镇）联社的带动作用。在基本思路上建议实行"两个分开，两个打开"。首先，在乡村治理上，在党的统一领导下，实行运行机制的"两个分开"，即乡镇政府、村委会运行机制与合作社发展机制分开、合作社发展上的资产所有权与资产经营权分开。其次，在乡（镇）联社发展机制上，经过产权制度改革以后，及时建立完善与现代产权制度、市场经济体制相适应的法人治理结构，实现经济发展上的董事会、监事会和经营班子各司其职、各负其责。在此基础上，实现"两个打开"，即为农民打开城门、为市民打开村门。以乡村合作社为平台，探索建立城乡要素自由流动、平等交换的体制机制。通过村社的熟人信用机制、地域价格发现机制和村民自治的合法决策机制，按照自愿、民主、公开、公正和等价交换的原则，建立健全成员进入与退出规范。农民如果自主决定进入城镇当市民，可以将自己在村内的集体经济所有者权益，经自愿申请和村民公议，以双方商定的条件，由村合作社予以兑现，实现顺利退出。市民如果愿意进村当农民，经自愿申请和股东会议同意，以双方商定的条件（包括允许向村合作社认缴股金），作为村合作社成员，享有相应的成员权利，实现事实上的"农转非""非转农"。二是深化乡镇集体经济组织产权制度改革。在乡镇党委的领导下，通过乡（镇）联社进行全域范围的行业管理和发展统筹，形成组织架构明确、成员可进可退的运行管理机制，推动全面建立"归属清晰、责权明确、保护严格、流转顺畅"的农村集体经济现代产权制度，促进农业供给侧结构性改革和农村发展动能转换。三是在乡镇党委、政府的领导下，按照"两个分开、三个合作"的思路，推进乡（镇）联社建设。"两个分开"即政治和经济分开、所有权和经营权分开，核心是理顺乡镇党委、政府与乡（镇）联社之间的关系。乡镇党委、政府可以依照党章党纪和国家法律，行使对乡（镇）

联社的领导、指导、审计、监督等权力。乡（镇）联社具有独立市场主体的法人地位，乡（镇）联社内部要建立健全法人治理结构，股东大会、董事会、监事会和经营团队分工负责、各司其职。"三个合作"即生产合作、供销合作、信用合作。在乡（镇）联社内设生产合作、供销合作、信用合作、文化旅游、农业教育、成员服务、对外联络等内设部门，实现"三个合作"。四是形成各级行政企事业部门统筹支持乡（镇）联社的政策机制。所有区级以上对"三农"和基层的财政项目资金和转移支付，原则上都应落实到乡（镇）联社，由乡（镇）联社统筹执行，使乡（镇）联社成为提供农业科研、职业教育、农产品加工储运和物流等服务的乡村枢纽型组织。建立完善农村金融服务体系，建立完善涉农政策性金融、涉农商业金融（包括保险、投资、担保、基金等）服务体系，并与乡（镇）联社的信用合作（信用部或合作银行）对接。

（四）在体制改革上，大力营造有利于集体经济组织发展的制度环境

一是加快集体经济组织立法工作。在国家层面加快集体经济组织立法的同时，应当尽快研究制定《北京市农村集体经济组织管理条例》，修改《北京市农村集体资产管理条例》等地方性法规，建立体现扶持、有所差别的涉农税收制度，推进农村集体经济组织依法顺畅地进入市场，推动农村集体产权依法有序交易。二是完善乡村集体资产管理与监督的体制机制。加强和巩固市、区、乡镇农村经管专业机构和队伍，借鉴海淀区经验，建立区级集体资产监管委员会，从体制机制上保障农村经管机构进行资产监管的权威性。三是加快推动政经分离，明晰集体经济组织与村委会的职能关系，将乡村合作社与乡镇政府、村委会分开，各司其职，逐步剥离集体经济组织所承担的社区公共管理服务和公益建设职能，使集体经济组织能够向市场主体的方向发展。四是建立有利于农村集体经济组织发展的财政税收制度。支持农村集体经济组织发展乡村产

业，使农村集体经济组织可以同等享受新型农业经营主体的各项优惠政策。支持农村集体经济组织带动农民共同富裕，减免集体股份分红的个人所得税。五是建立支持集体经济组织发展的金融制度。探索以集体经济组织为主体发展农村合作金融。针对农村集体经济组织的支付结算、现金管理、投资理财、融资信贷等方面的金融服务需求，制定为集体经济组织提供全方面金融服务与支持的制度。六是建立鼓励优秀人才到农村集体经济组织就业创业的政策制度。建立集体经济组织吸引外部人才的机制，在集体经济组织和乡村集体企业实行开放式用人制度，加快建立健全职业经理人聘任机制和约束与激励机制，形成科学合理的薪酬制度，推行合同制，吸引人才，促进人力资源向集体经济组织合理流动。七是推动城乡就业、医疗、养老等社会保障制度接轨，使在农村集体经济组织和乡村集体企业就业创业人员能够享受到与在国有企业就业创业人员同等的医疗、养老等社会保障待遇。

（五）在内部治理上，切实保障和实现成员的民主权利和财产权利

在全面推进乡村振兴战略中，应当着力推进集体经济组织民主治理，构建和落实集体经济组织成员与农村集体经济组织之间的利益联结机制，形成共治、共享、共赢的发展局面，充分体现和保障每一个集体经济组织成员的主人翁意识和地位，使集体经济组织成为推动乡村善治的重要组织力量。一是进一步规范乡村集体经济组织内部治理。参照农业农村部近期发布的《农村集体经济组织示范章程（试行）》，推动农村集体经济组织章程的修改完善与规范执行，确保成员权利得到有效保障，成员意志得到充分体现。加强对乡（镇）联社、村合作社落实章程情况的监督检查，确保乡村集体经济组织落实民主管理制度、经营管理制度、合同管理制度、审计制度等各项农村集体经营与管理制度的有效运行，确保乡（镇）联社、村合作社章程所确立的股东大会或股东代表大会、

董事会、监事会等民主管理架构运行顺畅，真正实现民主管理、规范经营，保障和实现成员的知情权、参与权、决策权、监督权。二是明确集体资源和资产的所有权主体。进一步深化农村集体产权制度改革，严格落实集体资产所有者代表职权，理清乡村集体经济组织与乡镇（村）集体企业之间的关系，实行社企分离，研究制定北京市农村集体资产向农村集体经济组织移交的工作意见，推动乡村合作社与所办企业实行账户单设、财务独立，进一步明确集体所有权人，增强集体经济组织成员的主人翁意识，确保集体经济组织对集体资源和资产的所有权。三是引导新型农村集体经济组织完善收益分配制度，规范新型集体经济组织收益分配行为，切实保障农民集体收益分配权。建立健全农村集体经济组织收益分配制度，指导农村集体经济组织加强财务管理，规范有序开展收益分配。四是严防农村集体资产流失，加强农村集体资产的清产核资、审计监察工作，加强对农村集体经济组织合同规范和清理，依法惩治"小官巨腐"等侵蚀、掠夺集体资产违法犯罪行为，真正使农村集体经济组织和成员的财产权利得到有效保护。

参考文献：

[1] 曹四发 . 关于全面推进乡（镇）联社建设的初步研究 [R]. 北京市农村经济研究中心调查研究报告，2020 年第 11 期（总 388 期），1—14.

[2] 曹四发 . 试论农村生产关系变革在推进首都乡村振兴战略中的重要作用 [R]. 北京市农村经济研究中心调查研究报告，2020 年第 19 期（总 396 期），1—10.

[3] 郭光磊 . 北京市农村集体产权制度改革研究 [M]. 北京：中国言实出版社，2016.

[4] 黄中廷 . 农村集体经济产权制度改革 [M]. 北京：新华出版社，2000.

[5] 黄中廷 . 新型农村集体经济组织设立与经营管理 [M]. 北京：中国

发展出版社，2000.

[6] 黄中廷 . 京郊农村合作社运动 70 年 [J]. 北京农村经济，2019（7）：4—9.

[7] 刘伟、张英洪、何文东、王玉艳 . 朝阳区农村集体经济组织调研报告 [R]. 北京市农村经济研究中心调查研究报告，2020 年第 31 期（总408 期），1—12.

[8] 刘雯、张英洪、李元元、毕珊 . 怀柔区发展壮大农村集体经济路径研究 [R]. 北京市农村经济研究中心调查研究报告，2020 年第 12 期（总389 期），1—22.

[9] 张英洪、刘雯、刘妮娜 . 怀柔区农村集体经济组织调研报告 [R]. 北京市农村经济研究中心调查研究报告，2020 年第 40 期（总 417 期），1—19.

[10] 戚书平 . 关于坚持发展农村集体经济的几点认识 [R]. 北京市农村经济研究中心调查研究报告，2012 年第 5 期（总 25 期），1—32.

[11] 王丽红、侯晓博、夏宇 . 海淀区农村集体经济组织振兴调研报告 [R]. 北京市农村经济研究中心调查研究报告，2020 年第 32 期（总 409期），1—19.

[12] 熊文武 . 关于坚持和发展郊区农村集体经济的思考——写在市农研中心成立三十周年之际 [R]. 北京市农村经济研究中心调查研究报告，2020 年第 27 期（总 404 期），1—19.

课题负责人：曹四发

课题主持人：张英洪、刘伟

课题组成员：张英洪、刘雯、王丽红、李婷婷、刘妮娜、黄中廷、刘伟、王飞、任晋锋

执笔人：曹四发、张英洪、王丽红

2020 年 12 月 29 日

北京市朝阳区农村集体经济组织调研报告

近年来，北京市朝阳区非常重视农村集体经济组织建设工作，围绕加强集体经济组织管理、规范集体经济组织运行和增强集体经济组织服务保障功能进行了积极的探索，形成一套符合朝阳实际情况的做法。现将调研情况报告如下。

一、基本情况

（一）集体经济组织建设情况

朝阳区现有行政村 144 个村，建立农村集体经济组织 271 个，其中，村级组织共 247 个，占总数量的 91.2%（村经济合作社 155 个，占总数量的 57.2%；村股份经济合作社 92 个，占总数量的 34%）；乡合作经济联合社 19 个，占总数量的 7%；乡股份合作经济联合社 5 个，占总数量的 1.8%。在 271 个农村集体经济组织中，乡村改革前组织 174 个，占总数量的 64.2%，乡村改革后累计成立新型集体经济组织 97 个，占总数量的 35.8%。实行产权制度改革之后新成立的股份合作社与原来的村经济合作社双轨并行，根据章程行使职责。全区 271 个集体经济组织健全和完善社员代表大会制度，规范选举了管理委员会和监察委员会委员，健全集体经济组织内部治理结构和治理体系。

朝阳区农村集体经济组织分类统计表

序号	类型	数量（个）	占比（%）
1	村经济合作社	155	57.2
2	村股份经济合作社	92	34.0
3	乡合作经济联合社	19	7.0
4	乡股份合作经济联合社	5	1.8
合计	—	271	100

资料来源：北京市朝阳区农村合作经济经营管理站。数据截至 2020 年 8 月。

（二）集体经济组织换届情况

根据北京市规定的集体经济组织规范换届要求，2019 年全市完成村"两委"换届选举工作之后，朝阳区全面开展农村集体经济组织换届选举工作。全区 271 个集体经济组织中有 23 个集体经济组织为 2019 年新成立，符合换届要求的有 248 个，按照规范要求完成集体经济组织换届 246 个，完成率 99.26%。累计登记社员 22.9 万人，选举代表 7519 人，选举班子成员 1808 人，其中社长 246 人、监委会主任 222 人。完成换届的组织全部修订了章程，办理了农村集体经济组织登记证。严格按照中央、北京市有关精神，强化村党组织领导核心地位，按照"能兼尽兼"原则，通过法定程序将村党组织书记选为村集体经济组织负责人。

一是坚持组织引领，超前谋划部署，把握工作主动。发挥党的政治优势、组织优势和群众工作优势，牢牢把握换届选举工作主导权，为换届选举提供坚强的组织保障。区级成立领导小组，联合制发换届选举工作通知，全面安排部署，培训操作实务。区经管站开展集体经济组织换届专题指导，审核换届选举工作意见、选举方案和选举办法，确保督导、指导落到实处。

二是坚持宣传引领，深入乡村培训，确保风清气正。推动全面从严治党向基层延伸，从严从紧狠抓选风选纪，确保换届选举工作有序，基层稳定。区经管站组织集中政策业务培训2次，深入乡村现场指导，做好政策解释，规范操作流程，累计培训干部4028人次。多渠道多媒体宣传，利用《北京日报》登报公告，确保社员知情权、参与权。朝阳区村级"两委"换届联审专班，按照"五好""十不能"标准对集体经济组织班子候选人进行资格联审，审核通过2977人次，确保候选人质量，切实营造风清气正的换届环境。

三是坚持规范引领，严格选举程序，依法规范选举。坚持履行程序不走样，遵循步骤不减少，执行规则不变通，确保换届选举的合法性、有效性和严肃性。按照先村后乡的时序，压茬推进。坚持履行民主选举程序，投票选举产生新一届班子成员。严格规范选举标准，全区做到"四统一"，即统一选举流程、统一审核标准、统一公示内容、统一归档报备。社员登记结果、候选人确定和选举结果均张榜公示，接受广大社员监督。

通过有序开展换届选举工作，完善村集体经济组织治理结构，选优配强村集体经济组织领导班子，加强了农村基层组织建设。审议修订集体经济组织《章程》，健全管理制度，发挥了规范经济管理、发展集体经济、激发农村活力的组织功能。

（三）集体经济组织运营情况

一是规范资产产权审核年检制度。加大统筹力度，整合部门资源，每年定期开展集体资产产权登记证年检工作，年检率达到100%。区、乡两级审核上报数据，通过信息化平台汇总数据，为各级领导和有关部门决策提供可靠依据。

二是加强集体经济组织登记证管理。2016年北京市实施集体经济组织统一社会信用代码登记制度，朝阳区作为全市农村统一代码证书颁证试点区，统筹谋划，规范实施，严格审核，完成原组织机构代码证书和农村合作经济组织登记证书换证工作，实现"二证合一"。2019年农业农村部监制集体经济组织登记证，建立全国农村集体经济组织登记管理系统。按照全市统一部署，朝阳区严格审核，优化流程，形成"一表申请、三级审核、部门受理、一证一码、信息上传"的办理流程，圆满完成269个农村集体经济组织登记证赋码颁证工作。农村集体经济组织有了社会统一代码的登记证书，确定集体经济组织法定地位，实现与公共信用服务平台的互联互通，为农村集体经济组织规范运行，提升管理效能奠定坚实的组织基础。

三是规范开展集体资产清产核资。按照资产清查、产权界定、账务处理、建章立制的思路，全面开展农村集体资产清产核资工作，摸清集体家底，研究制定相关措施，切实保障农民利益，壮大集体经济。清产核资工作走上常态化、制度化轨道。加强农村集体经济收益分配监督指导，确保每个集体经济组织正常运营。

（四）集体经济组织发挥作用情况

以抗击新冠肺炎疫情为例，疫情就是命令，防控就是责任。朝阳区经管站面对新型冠状病毒肺炎疫情，迅速应急响应，坚决落实疫情防控举措，支持农村集体经济组织加大人员投入，加强物资保障，落实防控措施，全区农村集体经济组织在疫情防控工作中发挥了积极作用。一是加大人员投入。全区农村集体经济组织工作人员全部下沉一线，共安排党员、干部、职工、志愿者等11919人，协助乡村、社区开展环境消毒、政策宣传、防控巡查、入户排查、应急值守等疫情防控任务。二是加强物资保障。全区农村集体经济组织加大防疫物资投入，购买口罩、消毒液、防护服、测温枪、洗手液等防护用品，保证一线防疫人员物资充足。

设便民流动菜摊，建立防控隔离点，开展环境整治等投入，保障群众正常生活。三是精简优化服务。农村集体经济组织帮助企业复工复产，适度减免租金，降低经营成本，帮助企业渡过难关。

二、朝阳区集体经济组织管理的主要做法

（一）健全农村集体经济组织管理运行机制

加强政府监管主体和突出社员主体地位，健全农村集体经济组织管理机制。一是健全区乡两级集体资产监督管理委员会，对集体经济组织进行有效的监督指导。成立乡级集体资产监督管理委员会，发挥对本乡范围内集体经济组织的监督管理作用。二是出台规范集体经济组织管理政策。修订集体经济组织管理内容，规范集体经济组织名称、机构设置、主要职责和议事规则。三是健全完善社员代表大会、合作社管理委员会和监察委员会，形成权责明晰、管理有序的运行机制。四是所有集体经济组织规范制定组织章程，根据章程规范履行权利和义务，彼此经济独立经营和独立核算。通过这些改革措施确保集体经济组织规范运行。

（二）加强党对农村集体经济组织的全面领导

坚持党对集体经济组织的领导，始终把握正确方向。一是把加强党的全面领导贯穿集体经济组织管理的全过程，发挥党组织的领导带头作用。在部分规模集体经济组织中，特别是乡联社内建立党支部，切实夯实党的领导。二是强化党组织审核把关监督作用，建立"两委"候选人资格区级联审制度，把好候选人政治关、素质关、廉洁关，整体优化班子结构。2019年朝阳区换届时成立了两委候选人区级联审专班，2020年固化候选人审核长效机制。三是突出党组织领导核心地位。严格按照中央、北京市的有关精神，按照"能兼尽兼"的原则，通过法定程序将村党组织书记选为村集体经济组织负责人，全面提升基层组织战斗力。

（三）规范农村集体经济组织运行管理

加强业务指导，强化监督管理，切实规范集体经济组织运行。一是加强业务培训指导，规范集体经济组织资产管理、收益分配管理、财务公开管理、经济合同管理等。集体经济组织是运行管理的实施主体，加强对集体经济组织运行管理的监督检查、考核评价，对集体经济组织资产管理、合同管理、财务公开、收益分配等进行业务指导和培训，加强过程管理。二是严格履行民主决策程序，重大资金使用、重要资产处置、重大项目投资、产权制度改革方案、收益分配方案、合同签订等经济事项严格履行民主决策程序。三是充分发挥监察委员会的监督约束作用，对重大经济活动进行内部监督。四是研究民主公开有效形式，规范公开内容程序，保障社员知情权。五是强化宣传引领，引导社员参与集体经济经营管理，履行社员权利义务，提升民主办社能力。通过规范集体经济组织运行管理和经济决策行为，发挥了集体经济组织管理集体资产、开发集体资源、服务集体成员等功能，切实维护集体经济组织及其成员的合法权益，为促进农村集体经济持续健康发展奠定了坚实的组织基础。

三、存在的主要问题

（一）农村集体经济组织亟待立法。农村集体经济组织是一种特殊的经济组织形式，在农村集体所有制的有效实现过程中发挥着十分重要的作用。但在集体经济组织改革发展中，本身确实存在无法可依的问题，很多改革处于低效推进状态。随着农村集体经济组织被确立为特别法人，市场参与程度持续提高，有关参与市场规则、组织管理、股权管理、成员资格界定等问题都面临着无法可依的局面，需要一部立法指引。在城市化进程中，一般按照《村民委员会组织法》的规定，履行撤村的民主和法律程序。但是针对撤村后原农村集体经济组织，如何履行撤村前的社员民主和法律程序，虽然集体经济组织有章程约定，但是没有完善的法律法规，总体效率较低。

（二）新型集体经济组织发展动力不足。由于地理位置、资源禀赋、投资环境、基础设施、人力资源等要素制约，集体经济组织发展动力不足，且组织之间发展不平衡。一是新型集体经济组织市场竞争力严重不足。新型集体经济组织虽然完善了治理结构，但内部经营管理仍然延续传统方式，实施封闭管理，参与市场竞争能力和内驱动力不足。特别是新型集体经济组织在市场经济中的竞争力较弱，无法与市场中规范的大公司竞争。二是新型集体经济组织抵御市场风险的能力较弱。目前，新型集体经济组织已经完成登记赋码，但是新型集体经济组织抵御市场风险的能力较弱，法律赋予新型集体经济组织市场经营权，但股份抵押等是封闭性管理，还没有完全放开。三是新型集体经济组织承担的公益和公共服务的负担较重。随着农村城市化进程加快，公共设施、公益事业等投入加大，集体经济组织承担社会公益事业的负担加大，承担的公益和公共服务的支出和成本越来越高。

（三）集体资产处置政策依据不足问题。在朝阳区城市化加快发展进程中，随着农村集体土地被征用征收，农用地不断转变为建设用地。农民通过土地征用和征收，户口由农业户口转为城镇户口，农民成为城市居民；农民居住动迁到安置小区或在城镇购买商品房居住，形成"村改居"。对于土地基本征用、征收完毕，农民基本完成村改居的乡村，撤销村委会建制，纳入城市社区管理。但是，农村集体资产属于原集体经济组织成员，这些村改居后的居民同时也是集体经济组织成员，是集体资产的所有者，对资产拥有合法权益。在改革发展中，如何确保农村长期积累的大量集体资产保值增值，土地征用补偿费用和收益如何监管，在拆迁上楼后没有条件发展股份合作制经济，而只能将征地补偿费等交给村或乡镇集体经济组织作为公共资金的原村集体成员如何参与发展集体经济等方面，依然存在着诸多制约和困境。

四、对策与建议

（一）加快针对集体经济组织的立法进程。在法治社会中，凡事应有法可依。特别是在当前的改革中，往往需要依法改革，杜绝违法改革。农村集体经济组织具有自身的独特性，需要法律对其权力行使、职能发挥以及责任承担进行特殊规定。因此，为了提高集体经济组织在改革和运营实操过程中有法可依和有法必依，亟待制定一部农村集体经济组织法，进一步提高集体经济组织的改革效率和发展效率。建议在国家层面加快制定农村集体经济组织法，在市级层面制定集体经济组织条例，出台规范化的集体经济组织章程，为集体经济组织的规范管理提供法律法规保障。

（二）减轻转居村民纳入城镇社会保障体系成本。根据这次调查的情况，在城镇规划范围内，朝阳区部分乡村的土地大部分已经被征收或征用，村民大部分已经拆迁上楼居住，村内产业已经非农化。在城市化进程中，城市周边和城乡接合部地区的村庄形态已经城市化、村民生产方式和生活方式已经城市化，这就具备了撤村的前置条件。建议在撤村过程中，一是完成集体经济产权制度改革，使集体资产得到妥善处置，有条件的地方建立新的集体经济组织；二是实行城乡社会保障制度并轨，各级政府应加大投入补齐原农村居民与城镇居民在社会保障待遇上的差距，确保减轻和降低转居村民纳入城镇社会保障体系的成本。

（三）提高集体经济组织发展动力，持续支持发展集体经济。针对新型集体经济组织发展动力不足问题，应积极探索农村集体经济发展路径，拓展集体经济经营管理模式，不断提升集体经济组织精细化管理水平。一是明确集体经济发展目标由集体增收为主向集体增收与成员增收并重方向发展。二是明确集体经济发展路径由单一租赁向开发资源、发展物业、经营服务等多种业态发展方式转变。三是明确经营模式由直接经营管理向股份经营、合作经营、租赁经营多种经营模式转型，扩大集体经济内涵，构建新型集体经济发展格局。四是拓展经济发展空间，推进规模化、集约化和产业化经营，逐步实现区域经济发展的全面转型。五是整合闲置资金、土地资源等生产要素，探索集体统筹运营管理的有效机制。六是引进专业机构或职业经理人参与农村集体经济经营管理，为集体经济发展提供内在动力。七是加大财政资金向农村倾斜力度，减少集体经济组织在公益事业方面的投入。通过加强农村集体经济组织管理，不断提升农村集体经济管理水平和发展质量，提升农村地区综合竞争力，促进农村经济健康可持续发展。

（四）妥善解决集体资产兑现问题。1999 年 12 月 27 日北京市政府办公厅颁布《北京市撤制村队集体资产处置办法》（京政办〔1999〕92 号）对于撤制村集体资产处置有明确要求，目前该文件有的规定已经过时。对于朝阳区个别不具备发展股份合作制经济条件的村，建议在撤村的同时尊重社员意愿，履行民主程序，将全部集体资产兑现给集体经济组织成员。

课题负责人：曹四发

课题组组长：张英洪、刘伟

调研组人员：张英洪、刘伟、刘雯、刘妮娜、何文东、王玉艳

执笔人：刘伟、张英洪、何文东、王玉艳

2020 年 11 月 5 日

北京市海淀区农村集体经济组织振兴调研报告

　　农村集体经济组织是指农村社区的某些成员为了谋求共同经济利益，按照自愿、公平、民主及互利的原则建立起来的联合拥有和民主管理的经济组织，是有效实现农村集体经济的主体，是农村集体资产的管理主体，是特别法人。为深入了解北京市农村集体经济组织建设情况，近期，调研组一行到北京市海淀区进行调研。现将有关情况报告如下。

一、基本情况

　　海淀区位于北京城区西北部，全区总面积430.77平方公里，农村地区面积261平方公里，辖7个镇（地区办事处）、63个行政村。2019年末，海淀区常住人口为323.7万，户籍人口241.1万人，其中农业户籍人口3万人。全区镇、村两级集体产权制度改革基本完成，共有新型集体经济组织85个，个人股东10万人。全区农村集体总资产1872亿元，农村集体净资产突破700亿元。海淀区是北京市城市化进程最快的区之一，2019年户籍人口城镇化率达到98.7%。近年来，海淀区农民市民化有序推进，四季青、东升、温泉3个镇实现整建制农转非，其中四季青镇整建制农转非列入北京市委"一区一试点"重点改革项目[1]，全区整建制农转非工作正在推进中，预计2021年全面完成。

在快速城市化的过程中，海淀区抓住集体产权制度改革与集体经济组织建设与发展这个核心，不断加强党对农村集体经济的领导，深化农村集体资产监督管理体制机制改革，明晰农村集体产权、完善内部治理结构和运行机制，明晰村级集体经济组织与村民委员会的职能关系，探索农村集体经济发展的有效实现形式，促进农村产权流转交易规范化，深化农村集体资产行政监管体制机制改革，形成了一整套比较完善的集体经济组织建设、发展、管理的政策体系，推动海淀区新型集体经济组织成为具有活力的市场主体。多年来，海淀区以东升科技园、玉泉慧谷、"一镇一园"等集体产业园区为带动，培育出了600多家集体经济实体，其中东升镇等南部城区的集体经济组织已发展成为规模较大的企业集团。

海淀区2014年获评全国农村集体"三资"管理示范县（区），2017—2018年承担全国农村集体产权制度改革试点任务并顺利完成，2018年获颁全国首批农村集体经济组织"身份证"，2019年获评全国农村集体产权制度改革试点示范单位。

二、主要做法

十多年来，海淀区坚定不移地推动农村集体产权制度改革，加强农村集体经济组织建设，逐步建立了一整套科学合理、符合实际的制度体系[2]，探索了集体经济组织建设与发展的有效实现路径，创造性地解决了开放市场与封闭产权、规范管理与放活经营、明晰集体所有权与保护农

[1]海淀区农村集体总资产净资产连续7年全市第一。http://www.agri.ac.cn/news/zzy/20181221/n6058143420.html.
[2]参见《海淀区农村集体产权制度改革文件汇编（2002—2019年）》，北京市海淀区农业农村局、海淀区农村合作经济经营管理站、海淀区农村集体资产监督管理委员会办公室编印。

民成员权等北京市城市化进程中农村集体经济组织发展面临的重大矛盾和难题。海淀区集体产权制度改革和集体经济组织建设的做法，为规范引导集体经济组织发展提供了地方典范，为我国集体经济组织立法工作提供了可参考的样板。具体做法如下：

（一）加强党对农村集体经济的领导

随着农村城市化的推进，在撤销乡村行政建制，继续保留农村集体经济组织的乡镇、村，加强党对农村集体经济的领导具有尤为突出的重要性和必要性。

1.加强党对集体产权制度改革的领导。2002 年，海淀区针对城乡接合部地区撤制乡、村开展农村集体产权制度改革试点工作强调，乡村集体经济合作社要在区、乡两级领导小组的指导下具体负责改革工作。各乡的改革总体方案、清产核资报告、资产处置和股权设置方案等有关文件都要报区领导小组审核；各村的改革总体方案、清产核资报告、资产处置和股权设置方案等有关文件报乡领导小组审核。在工作实践中，所有改革单位的清产核资报告都要报区级农村经济主要部门审核。2007 年海淀区扩大农村集体产权制度改革试点范围，进一步强调加强党的组织领导，要求各相关职能部门要结合农村产权制度改革进程，积极研究与之衔接的农村综合管理体制的配套政策，明确了区、乡镇两级农村经济主管部门对农村集体产权制度改革中的指导、服务、监管等职责，并明确要求各乡镇党委和政府加强对改革工作的领导。

2.加强党对农村集体资产管理的领导。在农村集体产权制度改革取得重大突破后，海淀区面临着农村集体资产规模大、增速快、发展不平衡、监管不到位等问题。为了解决农村集体资产管理中的重大问题，海淀区先后印发了《关于海淀区农村集体资产管理的意见》（海政发〔2012〕22 号）、《关于加强股份经济合作社管理指导和服务的意见》（海政发〔2013〕24 号）、《关于进一步加强海淀区农村集体资产管理工作的实施意见》（海政办发〔2013〕80号），从农村集体资产管理的机构设置上、管理机制上、监管制度上进行了创新，建立了完善的农村集体资产管理制度体系。

3.从微观层面加强党对每个农村集体经济组织的领导。一是切实发挥党组织在农村集体经济中把方向、管大局的作用，明确党组织在农村集体经济组织中的法定地位，写入全区统一的示范章程。二是理顺党组织与农村股份经济合作社董事会、监事会和经理层的关系，十多年来，始终坚持集体经济组织负责人由上级党组织提名，工作实践中都是由村党组织书记担任村股份社董事长，充分发挥党组织的领导核心、政治核心作用和董事会的决策、监事会的监督、经理层的经营管理作用。三是坚持和完善"交叉任职"领导机制。党组织班子成员与董事会、监事会、经理层成员实行"交叉任职"，村党组织书记通过法定程序担任村集体经济组织负责人，按照章程规定行使相关权力。四是建立和完善集体经济组织主要负责人由上级党组织提名制度。镇级股份社董事的人选由镇党委建议、区委农工委提名，村级股份社董事长的人选由镇党委提名。

（二）不断深化集体产权制度改革

海淀区自2002年开始在城乡接合部地区启动农村集体产权制度改革试点，当时主要是针对已撤制乡镇、村、队，改革的核心任务是落实集体资产所有者代表职权，做好集体资产清查，明确集体资产处置方式和推进集体经济组织改制。2005年海淀区进一步明确了城乡接合部地区乡村集体资产处置中资产量化份额流转和股份经济合作社设立与运行的相关规定，为集体经济组织成为真正的市场主体提供了制度保障。2007年海淀区集体产权制度改革试点范围逐步扩大，在南部地区基本完成资产处置的乡村集体经济组织的工作重点是探索建立新型集体经济组织，南部地区其他乡村集体经济组织主要是借鉴东升乡、玉渊潭经济合作社推进改革的思路和经验启动改革。在北部征地面积较大和撤制的村（队）加快改革进程。2011 年海淀区在全区范围内全面启动了农村集体产权制度改革，到 2016 年底海淀区村级集体产权制度改革基本完成。2017 年，海淀区结合承担全国农村集体产权制度改革试点任务，开始深化农村集体经济组织经营性资产股份合作制改革，探索集体经济新的实现形式和运行机制，建立集体资产清产核资动态管理机制，进一步完善已量化给集体经济组织成员的股权不随新增人口变动的固化管理办法。2018 年，出台了示范章程、股权管理办法和收益分配意见，探索健全股份经济合作社内部治理和运行机制。2019 年，海淀区农业农村局、海淀区金融服务办公室、海淀区市场监督管理局、海淀区农村合作经济经营管理站联合印发了《关于开展农村集体经济组织登记赋码工作的通知》，部署开展了新一轮换届选举，对股份合作社运行加以规范。

（三）深化农村集体资产监督管理体制机制改革

随着产业布局和城乡一体化的快速推进，海淀区农村集体资产规模逐渐壮大，给农村集体资产监管带来巨大挑战。长期以来，海淀区各乡镇的发展阶段、核算体制、管理基础等存在极大的差异，加上征地拆迁、农转居、产业发展、产权改革和其他农村长期积累的历史遗留问题相互交织，农村"三资"管理日趋复杂。2012 年，海淀区引入社会审计机构，对所有村集体的财务收支管理情况进行了全面审计。审计结果显示，由于制度不完善、运作不规范、监管不到位，部分村财务管理混乱、资产管理无序、资源处置不当，影响了农村集体经济的健康发展与社会稳定。海淀区积极探索成立了区、镇两级农村集体资产监督管理专门机构，强化农村集体资产监督管理，保障农村集体经济高效透明运营。2013 年底，海淀区借鉴国有资产管理模式，成立全国首家农村集体资产监督管理委员会（简称农资委），围绕"保安全、谋发展、促公平"理顺制度、明确责任、加强监管，让农村集体经济在阳光下运营。在区级层面，成立海淀区农村集体资产监督管理委员会负责海淀区农村集体资产监管的议事协调机构，区农资委主任由主管副区长兼任，副主任由区农工委书记、区农委主任、区农经站站长兼任。各镇及玉渊潭农工商总公司为区农资委的成员单位。区农资委办公室设在区农经站，负责区农资委的日常工作。区农经站加挂海淀区农村集体资产监督管理委员会办公室的牌子。在乡镇级层面，农资委主任由镇党委书记担任，与镇级的党政议事机制相衔接，由乡镇党政主要领导、分管领导和经济发展、农经、财政、纪检等科室的负责人组成。通过此次改革，进一步强化了区、镇两级农经站对农村集体资产管理的工作指导、考核评价、审计监督等职责，为树立区农经站对农村集体资产监管的权威性提供了制度保障。

（四）完善集体经济组织内部治理结构和运行机制

1. 建立和完善新型农村集体经济组织治理结构和内部管理制度。一是明确经济合作社所有权主体。自 2002 年海淀区启动农村集体产权制度改革伊始，严格落实集体资产所有者代表职权，明确了经济合作社作为农村集体资产所有者代表，主要职权是在区、乡两级领导小组的指导下，具体负责改革工作。二是明晰集体经济组织的民主决策和资产管理机构。社员代表大会是集体经济组织的最高决策机构，由全体社员代表组成；社员代表依据集体经济组织章程由全体社员选举产生。三是推进新型集体经济组织法人治理结构和内部管理制度建设。2005 年，海淀区提出集体经济组织在完成股权设置后整体改建为股份经济合作社，实行股东代表大会制度，股东代表大会是股份经济合作社的最高决策机构，股东代表实行一人一票制。股东代表由普通股股东选举产生，董事会、监事会成员由股东代表大会选举产生。股份经济合作社要积极建立产权清晰、责权明确、政企分开、管理科学的现代企业制度，实行开放式用工制度，形成科学合理的薪酬制度，推行合同制，吸引人才，促进人力资源合理流动。2012 年，海淀区围绕做好集体资产管理、保障集体经济组织成员权益，提出了健全集体资产管理中的民主管理制度、经营管理制度、合同管理制度、财务与会计制度、资产报告制度、流转评估制度、审计制度、资产登记及年检制度、档案管理制度和责任追究制度等十项制度。2013年，提出了进一步完善法人治理结构，加强民主管理，建立健全运行机制，加强日常管理，加快建立现代企业经营机制，提高集体资产收益率，提高要素吸附力的具体措施。一是确保股份经济合作社章程确立的股东大会或股东代表大会、董事会、监事会等民主管理架构运行顺畅。要求各集体经济组织严格遵守章程规定，按时召开股东大会或股东代表大会，按时进行董事会、监事会换届选举，切实保障股东代表行使职权，逐步实现股东代表大会差额选举董事会、董事长。二是建立健全运行机制，加强日常管理。进一步完善股权管理、财务会计管理、财务预决算、内部审计监督、经营收益分配、人力资源管理、绩效考核、主要负责人薪酬福利、预防职务犯罪、档案管理等各项规章制度。三是加快建立现代企业经营机制。充分利用内部、外部生产要素，广泛开拓多元化的资本合作，吸引外部人才，探索建立职业经理人聘任机制和约束与激励机制。

2. 加强农村股份经济合作社股权管理，保护成员权益。一是明确股权设置。2002年，海淀区在集体产权制度改革试点工作中，明确集体经济组织改制后建立股份经济合作社，设置普通股和优先股。将部分集体资产量化份额和集体经济组织现有在职人员持有的个人资产量化份额设置为普通股，将设置为普通股以外的个人资产量化份额设置为优先股。普通股是经营过程中享有收益分配请求权、企业终止清算剩余财产请求权的股份。普通股持股人有参加股东大会、选举公司董事和监事的权利，享有对企业经营的监督权和决策权。优先股是收益分红和剩余财产分配上比普通股享有优先权的股份，持股人不参加股东大会，不享有对企业经营的监督权和决策权。二是规范股权管理。个人股东享有所持有股份的所有权和收益权，股权份额可以转让、赠与、继承、但不得退股，股权流转仅限于在股份经济合作社内部进行。镇级联合社设置的团体股不得流转。2018 年，《海淀区农村股份经济合作社股权管理办法（试行）》规定，股份经济合作社设立股权管理办公室，负责股权管理的日常事务。股权管理办公室主要负责对股权进行登记管理、股权转让、赠与、继承管理、兑现股东个人分配收益、股权档案管理等。此外，规范了股权转让、赠与、继承的具体要件和工作流程，对股权质押，股权赎回，增资扩股，股权流转当事人，股份权属关系，股东流转全部股权，股东持股最高限额，股份经济合作社董事、监事、高级管理人员在任期内转股，税费，优先股收益分配，股权变动后通告股东等事宜进行了明确规定。

3. 引导农村集体经济组织产权规范流转交易。引导农村集体经济组织产权流转交易市场健康发展，探索建立多种形式的产权流转交易市场和服务平台，对促进农村生产要素有效配置、实现资本资源互利共赢、增加农民财产性收入、实现农村集体经济组织产权有效实现具有重要意义。海淀区于 2018 年 8 月印发了《关于本区建立农村集体经济组织产权流转交易市场的实施意见（试行）》（海行规发〔2018〕14 号）和《关于印发本区农村集体经济组织产权流转交易管理办法（试行）的通知》（海行规发〔2018〕15 号），对海淀区集体经济组织产权流转的范围、交易管理机构、交易形式和程序、交易行为规范、交易管理与监督等进行了明确的规定，推进集体经济组织产权交易规范进行。

4. 建立和完善外部监管制度，强化区、镇两级农村集体资产主管部门对集体经济组织的行政监管职责。一是严格落实审计监督制度，对股份经济合作社的经营状况、资产增减变动情况进行年度审计。对股份经济合作社主要负责人进行任期经济责任审计，对集体征地补偿费管理使用、债权债务管理、对外投资收益、工程项目等重大事项进行专项审计。二是建立备案制度，股份经济合作社要对股东大会或股东代表大会议程、决议，财务预决算报告、年度经营情况报告和资产负债表等主要财务报表，聘任或解聘经理、财务主管等高级管理人员的决议，年度收益分配情况和董事会成员、监事会成员、高级管理人员的薪酬情况，集体土地征占情况，股权流转情况，设立注销全资或控股经营实体情况等及时报送主管部门备案。三是建立审核制度。对股份经济合作社处置预留的集体资产量化份额转化成的股份或基金、股本变更、因故不能执行章程规定、修改章程、整体改建为公司制企业法人、合并、分立、解散以及其他必要审核重要事项，要经区级主管部门核准后方可实施。四是建立实地检查制度。主管部门每年至少要对每个股份经济合作社进行一次实地检查，形成检查报告存档。五是坚持产权登记制度和年检制度。继续按照《北京市农村集体资产产权登记及其管理办法》(京农发〔1997〕26号)进行产权登记，按照海淀区《关于农村集体经济组织改建登记有关问题的指导意见》(海农发〔2007〕30号)对股份经济合作社登记证书进行年检，着重做好数据资料的汇总分析工作。六是建立了集体资产管理考核评价制度。

（五）明晰集体经济组织与村委会的职能关系，有序推动政社分离

2007年，海淀区针对南部基本完成集体资产处置的乡村集体经济组织，提出要进一步明确党委、政府和集体经济组织的职责和相互关系。党委和政府要加强对集体经济组织的指导和监督，改进和完善工作机制，维护集体资产安全，促进集体经济健康发展。要逐步剥离基本完成改制的集体经济组织所承担的公共管理服务和公益建设职能，使集体经济组织能够顺利完成组织结构变革，向市场主体的方向发展[1]。此后，海淀区联合高校开展了"村股份社与村委会财务分离""加强集体财务信息分析"

---

[1]参见北京市海淀区农林委员会北京市海淀区农村合作经营管理站关于印发《关于加快和深化农村集体经济体制改革的指导意见》的通知（海农发〔2007〕29号）。

等农村经济组织财务管理问题研究。

2017—2018 年，海淀区全面推行了村委会与村股份社账务分离，每年安排财政资金 7000 余万元保障村委会基本运行经费，实现了城乡基层组织基本运行经费标准统一，有利于村务监督委员会和村股份社监事会履行内部监督职责，也有利于民政、财政、农经、审计等职能部门对村级组织进行预算管理、考核评价和必要的行政监督。

海淀区政府印发了《海淀区村级组织财务分离工作方案》（海政发〔2018〕18 号），在温泉、西北旺、苏家坨、上庄等四镇开展村级组织账务分离，建立农业农村、农经、民政、财政等多部门联动推进工作机制，分组织发动、具体实施、日常运行三个阶段开展村级组织账务分离。在组织发动阶段，镇政府根据上级文件制订具体工作方案，召开动员启动会议。在具体实施阶段，完成明确职能、分设会计核算账套和银行账户、划分资产产权归属、明确预算管理制度及经费来源、建立账务分离后的村委会和村股份社内外部监管机制等任务。在日常运行阶段，按照工作方案和相关预算开展工作，完成各项规定任务，并不断总结经验，进一步完善工作机制，不因改革影响村委会正常运行。关键环节和主要做法如下：

1. 界定村级组织职能。村委会和村股份社在村党组织的领导下行使各自职能。村委会主要承担公共管理和公共服务职能，包括：政策宣传、文化活动、农民体育健身等精神文明活动，村内园林绿化和环境卫生管理，纠纷调解、农村治保等治安联防职能，各级政府部门委托代办的村民事务，公共和公益设施建设及管护，民主、维权、财务等村内事务的办理等。村股份社主要承担农村集体经济管理职能，包括：经营管理集体资产、按规划集约利用集体建设用地、开展农用地承包确权工作、做好年度收益分配等。

2. 分设村级组织会计账套和银行账户。分设村委会与村股份社的会计账套和银行账户。在国家没有明确村委会执行的会计制度之前，村委会暂时执行《北京市村合作经济组织会计制度实施细则》，也可参照执行街道和居委会的会计核算办法。村委会会计账套的名称为"×××村民委员会"。村股份社继续执行《北京市村合作经济组织会计制度实施细则》。村股份社会计账套的名称为"×××村股份经济合作社"。

3. 划分资产产权归属。各村开展集体产权制度改革时，明确界定为村级所有的集体资产均归村股份社所有。账务分离时，集体资产所有权不变，仍归村股份社所有，相关负债由村股份社承担。村委会因工作需要，继续拥有其正在使用和管理的公益性资产的使用权，承担管护职责。账务分离后，村委会的收支活动和由各级政府投资形成的公益性资产在村委会会计账套中核算。村党组织运行经费在村委会会计账套中核算。

4. 确定村级组织运行经费及其来源。镇政府与区财政局、区民政局等部门协商，根据本地经济社会发展水平、村庄形态及人口规模、村级组织承担的社区服务和管理任务，确定本辖区村委会基本运行经费保障标准，原则上区财政全额保障村委会组成人员的待遇。村委会建立预算管理制度，每年年底确定下一年的基本运行经费。村委会基本运行经费的预算项目和金额标准可以上一年实际情况为基础，参照街道和居委会预算体系，报镇政府相关部门审批，特殊事项可采取一事一议的申请办法。村股份社经营所需资金主要来自投入资本、留存收益、市场融资等。属于生产经营范畴的各级财政拨款和补助资金，由村股份社管理和使用。2019年度村委会基本运行经费分为"公用经费""基本运转""人员工资"三个部分，其中"公用经费"每户50元，"基本运转"按照村民人数划分为四档，2000人以下30万元，2000—4000人50万元，4000—6000人70万元，6000人以上90万元；"人员工资"参照社区居委会人员工资待遇。

5.构建监管体系。村委会和村股份社接受村党组织的领导，并建立各自的内外部监管体系。村委会成立村民会议或村民代表会议、村务监督委员会，建立健全民主管理机制，重大事项由村"两委"研究、经村民大会或村民代表大会讨论通过，运行情况由村务监督委员会监督，实行村务公开、财务公开，接受村民监督。村委会所使用的财政拨款，由相关主管部门和审计部门监管。村股份社成立股东代表大会、董事会、监事会，建立"三重一大"制度，重大事项由股东代表大会讨论通过，运行情况由监事会监督。按规定公示财务情况，接受股东监督。村股份社资产管理和财务公开等情况由农经部门监管。

三、存在的问题

（一）在农村城市化进程中，需要进一步加强和完善党对农村集体经济的领导

海淀区是首都中心城区，随着农村城市化的推进，已出现一大批撤销乡村行政建制、继续发展农村集体经济的单位，将面临集体经济组织如何管理的问题，亟待加强和完善党对农村集体经济的领导。然而，加强和完善党对集体经济的领导仍面临明确基层党组织在法人治理结构中的法定地位、法定职责，保障基层党组织领导集体经济组织的决策程序等一系列具体问题。

（二）新型集体经济组织发展仍面临法律障碍

坚持和发展农村集体经济是坚持走中国特色社会主义道路的根本要求。集体经济组织是实现和发展集体经济的载体，是组织和带领分散小农户进入市场的重要途径。然而，长期以来，在国家层面对集体经济组织立法缺位，《中华人民共和国宪法》第八条规定：国家保护城乡集体经济组织的合法的权利和利益，鼓励、指导和帮助集体经济的发展。第

十七条规定：集体经济组织在遵守有关法律的前提下，有独立进行经济活动的自主权。集体经济组织实行民主管理，依照法律规定选举和罢免管理人员，决定经营管理的重大问题。《中华人民共和国民法总则》第三章第四节第九十六条明确规定"集体经济组织法人"为特别法人，但是对于集体经济组织的市场法人地位始终没有明确的规定，导致集体经济组织及其集体企业的法人治理结构与市场法人不匹配，集体经济组织的所有权、成员权、财产权都没有得到平等的待遇和保护。在地方层面，北京市对集体经济组织的地方法规和规章的修订滞后，导致集体经济组织建设与发展缺乏规范有序的法制引领，使得集体经济组织的内部治理、外部监管、统筹经营等都缺少明确的法律法规依据，难以适应快速发展的城市化和工业化进程。

（三）集体经济组织发展承担着过重的乡村治理负担

海淀区新型集体经济组织面临的负担主要有两个方面：一是城市化的成本最终由集体经济组织负担。2004年以来，北京市执行的《北京市建设征地补偿安置办法》确立了"逢征必转""逢转必保"的原则，这一要求本意是让农民随着城市化进程享受城镇社会保障，然而，在城乡二元的社会保障体系下，农转非的成本极高。在实际操作中，一个超转人员平均需要300万—400万元，按照平均寿命80岁，从60岁到80岁一共20年，平均一年实际领取的养老金却只有2万元左右，这显然是不合理的。二是在政经合一的制度安排下，集体经济组织承担着乡村治理的"无限责任"，面临较大经济压力。海淀区是北京市城市化进程最快的区之一，在政经合一的制度下，城市化后在村庄居委会、村委会、村集体经济组织"三位一体"的治理组织体系中，农村集体经济组织仍然在社区治理中发挥重要作用。"三无村"集体经济组织继承了村委会在村庄建设、管理等方面的"无限责任"，承担巨额的村庄治理成本，增加了集体经济组织的负担。

四、对策建议

（一）积极探索强化党对农村集体经济领导的有效实现形式。着眼于未来深度城市化以后面临的形势，系统谋划如何进一步做好农村集体经济管理工作和乡村治理工作。落实党的农村工作条例和农村基层组织工作条例，以党的建设引领和促进农村经济社会创新发展。落实基层党组织对集体经济组织的领导权、监督权、人事权、重要事项决定权。落实集体性质企业党组织在法人治理结构中的法定地位。把党建工作要求明确写入集体经济组织章程。明确镇党委政府、镇农资委、镇合作社与镇总公司之间的权利义务关系。探索建立村股份社向镇党委请示报告制度。明确村级党组织参与村股份社决策的程序和要求。

（二）引导集体资本参与新型城市形态构建。产权制度改革，一方面要分好蛋糕、公平合理的量化存量资产，更重要的是做大蛋糕，着眼于形成增量，发展壮大集体经济。根据新形势新任务，深化集体经济管理运营机制改革，引导集体资本向科技创新领域聚焦，引导集体经济组织主动融入、积极参与中关村科学城新型城市形态构建，把高端形态跨越式地带入农村。以产权制度改革后成立的镇、村股份社为纽带，"把农民组织起来，把资产经营起来"，强化主人翁意识，推动集体资本参与减量条件下的城市有机更新，凝聚起共建核心区的强大能量。

（三）以深化改革促进农村城市化后的集体经济组织发展。近十年来，海淀区农村形势发生了巨大变化，户籍农业人口数量大幅下降，约一半行政村实现村庄腾退，村民居住形态彻底改变，一批行政村撤销村委会建制，农村集体资产总额翻两番，集体经济发展、村庄腾退建设、基层治理、农转非、土地承包等方面的工作相交织。农村工作整体呈现综合化、复杂化。因此，需要在完成以社区股份合作制改造为主的产权制度改革基础上，深入推进相关改革工作。第一，要在完成整建制农转非的基础上，优化农村基层治理体系，积极撤销南部地区村委会建制，推动地区办事处向街道办事处转变。第二，按照首都中心城区定位，加强全区撤村建居以后农用地经营管理工作。第三，落实村级组织账务分离、政经分离，开展村庄准物业化管理，促进基本公共服务一体化。第四，抓紧研究撤村、撤乡镇以后的农村集体资产监督管理工作机制。第五，深入探索农村综合改革新路径，在城乡融合、民生改善、农业生态化科技化现代化、农民市民化等方面提出更多可操作、接地气的改革措施，力争早日全面破解"三农"问题。

课题组组长：张英洪、刘伟

调研组人员：张英洪、刘伟、刘妮娜、王丽红、侯晓博、夏宇、董玫夕

执笔人：王丽红、侯晓博、夏宇

2020 年 11 月 11 日

北京市怀柔区农村集体经济组织调研报告

怀柔区位于北京北部，属于生态涵养区，是首都北部重要的生态屏障和水资源保护地，是保障首都可持续发展的关键区域，也是京津冀西北部生态涵养区的重要组成部分。根据《北京城市总体规划（2016 年—2035 年）》以及《怀柔分区规划（国土空间规划）（2017 年—2035 年）》，怀柔区的功能定位是首都北部重点生态保育及区域生态治理协作区、服务国家对外交往的生态发展示范区、绿色创新引领的高端科技文化发展区。在全区功能定位和发展布局中，农村集体经济组织可以成为承载怀柔区建设发展的重要力量。最近，我们就农村集体经济组织建设问题赴怀柔区调研座谈。现将有关情况报告如下：

一、发展现状

怀柔区总面积 2123 平方公里，是全市面积第二大区，其中山区面积占 89%。2019 年末常住人口 42.2 万人，其中常住外来人口 10.2 万人，占常住人口的 24.2%。常住人口中，城镇人口 30.1 万人、乡村人口 12.1 万人。全区共有 12 个镇、2 个乡、2 个街道办事处、284 个行政村，有 284 个村经济合作社、274 个村股份经济合作社、14 个乡镇联合社以及 35 家乡村两级集体所有制企业，涉及 7.4 万户农户、16.1 万成员股东。

鉴于历史、现实和区位等多种因素，怀柔区农村集体经济组织发展基础比较薄弱，集体资产规模较小。截至 2019 年底，怀柔区农村集体经济各类账面资产 59.6 亿元。其中，村级账面资产 56.0 亿元，占农村集体经济账面总资产的 94%；乡镇级账面资产 3.6 亿元，占农村集体经济账面总资产的 6%。同期，全市农村集体经济账面资产 8349.3 亿元，约占全国的 5%。怀柔区农村集体经济账面资产约占全市集体资产总量的 0.71%，在全市 14 个涉农区中排名第 13 位。

近年来，怀柔区农村集体经济总收入呈下滑趋势。从 2012 年的 108.7 亿元大幅下降到 2019 年的 6.88 亿元。2019 年，全区农村集体经济实现利润总额 -1.07 亿元。在 284 个村经济合作社中，收入在 10 万元以下（含无收入）的有 89 个，占 31.3%；收入在 10 万元以上（含 10 万元）至 50 万元（含 50 万元）的有 86 个，占 30.3%；收入在 50 万元至 100 万元的有 32 个，占 11.3%；收入在 100 万元以上的有 77 个，占 27.1%。284 个村经济合作社有 35 个资不抵债，占 12.3%；174 个收不抵支，占 61.3%；只有 5 个村实现分红，分红总额 1721.87 万元，领取股金分红的成员股东数 3168 个，约占全区成员股东数的 2%。

二、发展历程

1979 年至 1981 年，北京市大力推广联产计酬生产责任制。从 1983 年开始，全市政社分设的改革普遍推行，到 1984 年上半年基本完成。北京郊区人民公社分设为乡镇党委、乡镇人民政府、乡镇农工商联合总公司三个机构，分别行使党务、行政与经济职能。生产大队改成农工商联合公司，生产队改称为农工商分公司。

（一）建立村经济合作社、取消生产队建制

1983 年，怀柔全县 293 个行政村中实行大队统一核算的有 108 个，以生产队为基本核算单位的有 185 个（包括生产队 776 个）。随着家庭联产承包责任制的普遍实行，生产队组织生产经营的功能已经转移到农户，生产队的功能被替代。自 1984 年底起，为配合农村土地家庭联产承包责任制改革，全县开展了建立村经济合作社、取消生产队建制改革。1984 年 11 月，县委农村部相继印发了《关于农村生产队解体后原有财产处理意见的请示》《农村生产队解体后原生产队资金处理的补充意见》《关于农村生产队解体情况和进一步搞好各项工作的意见》，对解体农村生产队工作统一部署安排，组织清产核资小组，清理原生产队的资金、财产和债权债务，妥善安排生产队干部，建立村经济合作社，取消生产队，将生产队原有集体资产净值按原生产队人口量化到农民个人，发放股权证书，作为农户向村经济合作社的投资股份，享有所有权和收益分配权。经过这轮调整，怀柔区解体了生产队，将原生产大队统一成"村经济合作社"名称，普遍建立了村经济合作社章程，选举村经济合作社领导班子，根据本村实际需要，建立健全服务组织，健全了村合作社民主制度和财产制度。到 1985 年 3 月，全县 776 个生产队取消了 758 个，占原有生产队总数的 97.7%。

（二）改革乡、村集体企业

自 1979 年起，怀柔县拉开了改革乡、村集体企业的序幕，先后建立了企业职工岗位责任制、实行了经营承包制和股份合作制、采取了产权重组转制，逐渐确定了乡村集体企业的市场主体地位。截至 2000 年底，全县共有 697 家乡镇企业通过租赁、出售、联营合作、独资、股份制和股份合作制等主要形式实施了重组转制，占改革前企业总数的 87.6%。改革后的乡镇企业综合实力明显增强。2000 年，乡镇工业产值、工业收入、工业利润、工业增加值、出口交货值，分别占全县工业的 58.9%、

57.9%、76.9%、63.5% 和 71.8%。乡镇企业总收入 81.73 亿元，占农村经济总收入的 86.4%，吸纳农村劳动力就业占农村劳动力总数的 56.9%。

（三）社区股份制改革

自 2005 年怀柔区怀柔镇卢庄村开启以存量资产股份量化型为主的社区股份制改革以来，截至 2019 年底，全区已有 274 个村级集体经济组织完成了集体产权制度改革任务，尚有 10 个村集体经济组织未完成改革任务[1]；14 个乡镇、2 个街道还未开展乡镇级集体产权制度改革工作。在怀柔区社区股份制产权制度改革过程中，有些村将原村经济合作社撤销或变更登记为新的村股份经济合作社，有的增建了新的村股份经济合作社。2012 年，为了全面完成农村集体土地所有权确权登记颁证工作，北京市农委下发《关于进一步建立健全农村集体经济组织全面加强登记管理工作的通知》（京政农发〔2012〕12 号），要求重新恢复原集体经济组织并进行登记颁证。目前怀柔区完成产权制度改革后的 274 个村级集体经济组织，既有村经济合作社，又有村股份经济合作社。村经济合作社拥有农村集体土地所有权，村股份经济合作社拥有量化后的集体经营性资产所有权。没有完成产权制度改革的村只有村经济合作社。两个社基本上是两块牌子、一套人马、一套账本。

三、主要做法

近年来，怀柔区在社区股份制改革成果的基础上，根据全市的统一部署，围绕加强农村集体经济组织建设开展了一系列有益的探索。

---

[1] 10 个未完成改革的村主要为城中村或城边村，由于资产体量相对较大，人员结构较为复杂，外来人口与转非人口相互交织，集体经济组织成员身份界定难点较多，加之一些村还面临未来棚户区改造的机遇，政策还不明朗，因此这些村的集体产权制度改革进展缓慢。

（一）加强党对农村集体"三资"管理工作的领导

建立区、乡镇（街道）两级农村集体"三资"管理和监督联席会议制度。区级联席会议由主管农业的区委常委和副区长牵头，成员单位为区委组织部、区监察局、区农委、区财政局、区审计局、区民政局、区经管站，办公室设在区经管站。联席会议每季度召开一次，研究和解决工作中出现的新情况、新问题，协调指导全区农村集体经济组织的"三资"管理和监督工作，及时总结和推广典型经验。乡镇（街道）联席会议由乡镇党委书记负总责，乡镇长具体负责，主要成员单位为乡镇办公室、党建办、监察科、经管科、财政科、农发办、村建办、社保所、村级财务服务中心及涉及农村"三资"管理业务的职能科室。乡镇联席会议每月召开一次，对涉及本乡镇"三资"管理工作进行研究讨论。结合干部任期责任经济审计结果，制定村级组织"三资"管理考核办法，考核将纳入"五好"乡镇党委、村级党组织评星晋级考核工作，并与村级干部工作挂钩，以调动乡镇、村干部的工作主动性。

（二）推动农村集体经济组织"三资"管理制度建设

怀柔区围绕农村集体经济组织"三资"管理，建立了一套较为完整的制度体系。2017年3月29日，怀柔区委、区政府印发统领全区农村集体"三资"管理工作的"1+4"文件，即《关于进一步加强农村集体资金资产管理和监督的意见》和《怀柔区村级财务公开工作管理办法》《怀柔区村级印章管理使用办法》《怀柔区农村产权交易管理办法》《怀柔区违反农村集体资金资产资源管理规定行为问责暂行办法》，明确规定了"三资"管理的相关制度。

在强化农村集体资金管理上，一是建立了财务收支管理制度，要求农村集体经济组织年初制订年度重要项目收支计划，按民主程序形成决议并张榜公布，年终及时将收支计划完成情况向全体成员公布。村级集体经济组织日常开支必须严格履行审批程序与手续，重大事项开支必须履行民主程序。二是建立了资金管理岗位责任制度。按规定，分级明确乡镇、村管理岗位、财务岗位的职责和权限。全区统一实行村级财务账、款委托乡镇（街道）村级财务服务中心管理，按照会计核算主体分设账户（簿）。乡镇、村管理干部要严格审查财务支出事项，财务人员要严格票据管理，杜绝"白条"抵库。三是建立了村级财务公开制度。农村集体经济组织要按照规定时间、程序、内容按月逐笔逐项向全体成员公布财务收支情况，接受群众监督。

在强化农村集体资产管理上，一是健全资产台账制度。村级集体经济组织要定期进行资产清查，全面准确掌握集体经济组织的各种资产、负债和所有者权益，做到账实、账款相符。集体所有的房屋、建筑物、机器、设备、工具、器具和农业基本建设设施等固定资产要按资产的类别建立固定资产台账，及时记录资产增减变动情况。二是健全资产处置制度。村集体经济组织以招标投标方式承包、租赁、出让集体资产，以参股、联营、合作方式经营集体资产，集体经济组织实行产权制度改革等，要严格执行《北京市怀柔区人民政府关于规范农村产权交易市场工作的意见》，由村集体经济组织提出处置意见，经乡镇联席会议审核把关，履行村级民主决策程序通过后，形成处置方案并向村民公开，然后组织实施。三是健全资产经营制度。集体资产实行承包、租赁、出让经营的，要加强合同履行的监督检查，公开合同履行情况；集体经济组织统一经营的资产，要明确经营管理责任人的责任和经营目标，确定决策机制、管理机制和收益分配机制，向全体成员公布。集体经济组织实行股份制或股份合作制经营的，其集体股份收益归集体经济组织所有，纳入账内核算。

在强化农村集体资源管理上，一是完善资源登记制度。对于法律规定属于集体所有的土地、林地、草地、荒地、滩涂等集体资源，建立集体资源登记簿，逐项记录在案。实行承包、租赁经营的集体资产，要登记资源承包租赁的相关信息。二是完善土地征用占用管理制度。建立土地征用、占用收入专户，实施专款专户专用管理，根据征地协议明确的土地补偿费、地上附着物补偿费、青苗补偿费、劳动力安置补助费具体项目依法进行分配。三是完善产权交易监管制度。依托市农村产权交易平台，规范农村产权交易行为，农村土地承包经营权流转、农村集体经济组织的实物资产交易、农村集体经济组织持有的依法可交易的财产权益，必须经过区农村产权交易服务中心核实后，在北京农村产权交易所进行交易，纳入农村产权交易平台监管范畴。建立回访制度，强化交易项目后续监管和评估。自 2014 年开始至 2019 年，怀柔区依托市农交所"农村产权交易平台"，共完成耕地、实物资产、林地等流转项目 206 宗，包括耕地流转面积 15805 亩，闲置房屋、底商等实物资产面积 97396.27 平方米，林地流转面积 46124.8 亩，养殖用地、水面 84 亩，散生果树 41 亩。合同到期后交易总金额 3.52 亿元，预计长期解决当地村民就业 1200 余人。村集体资产出售项目 1 宗，其中土地使用面积 2106 平方米、建筑面积 1777 平方米，出让价格 3500 万元。

（三）指导农村集体经济组织"三资"管理规范化

一是加强培训，提高管理人员业务能力。怀柔区经管站抽调业务骨干成立"三资"管理讲师团，分阶段对区、乡镇（街道）、村三级参与"三资"管理人员开展业务培训。针对财务管理存在的问题，分批次对乡镇（街道）、村级财务人员进行业务培训。每年至少开展两次检查、评比打分，形成检查报告进行通报。聘请社会审计机构参与村级"三资"管理，通过培训、检查、审计、整改、问题通报，形成协调有力的农村集体"三资"管理队伍。

二是强化监管保障农村集体经济规范运行。通过设置村委会公开栏、电视公开、召开股东（社员）代表大会、党员大会、"两委"会等方式定期公开村级财务，促进农村经济发展和社会稳定。规范农村产权交易，推进农村集体经营性资产出租等流转交易全部在农村产权交易平台完成，促进集体资产保值增值，不断增加村集体收入。开展合同清理规范专项整治，清理规范合同3583份，有效收回利用部分流失的农村集体资产资源。

三是加强审计监督，健全问责机制。引入第三方审计机构参与农村"三资"管理审计工作，怀柔区经管站负责制订审计方案、接洽审计事宜、把握审计进程、复核审计报告。对于审计中查处违反规定行为的，由怀柔区纪委监委牵头，按照《违反农村集体"三资"管理行为问责办法》进行问责，视情况分别追究乡镇党委、政府的领导责任，分管干部的失职责任及区有关部门的监管责任，并在全区范围内进行通报。

（四）推动农村集体经济组织内部治理

根据2010年北京市委农工委、北京市农委《关于进一步加强新型集体经济组织管理、指导和服务的意见》，怀柔区在村股份经济合作社中普遍建立了股东大会或股东代表大会、董事会和监事会等民主管理架构。村集体经济组织成员（股东）代表、董事会及监事会换届选举一般与村"两委"换届选举工作同步进行，村"两委"换届后由村书记直接兼任村股份经济合作社董事长，大部分村的村经济合作社与村股份经济合作社法人一致。村经济合作社监委会成员直接过渡为股份经济合作社监事会成员，负责对本村集体经济组织的财务工作进行全过程监督。成员由3—5人组成，设监事长（监委会主任）1人，村党支部书记、村委会主任、村集体经济组织董事长（社长）、村助理会计（会计、出纳）及其直系亲属不得担任监事会（监委会）成员。

农村集体经济组织的财务计划（预算）、大额资金的使用、农村集体资产处置、经济合同的签订、农村产权交易等重大事项都要经过"八步工作法"，在完成民主、审批、公开程序等具体实施步骤的基础上后方可办理。"八步工作法"的具体程序如下：第一步，提出决策议案。村集体经济组织提出决策议案，村党支部受理。第二步，议定初步方案。党支部书记主持召开"两委"联席会议，讨论形成提交社员（村民）大会或社员（村民）代表大会讨论初步方案。第三步，乡镇业务主管部门及上级业务主管部门的合法合规性把关。"两委"联席会议形成决策初步方案后，报乡镇业务主管部门进行审查，查遗补漏，进行完善，确保决策初步方案符合政策和法律法规的规定。第四步，征求党员群众意见建议。决策初步方案确定后，召开党员大会及村民代表大会，听取意见建议。由村民代表持《征求意见卡》入户广泛征求村民意见建议，及时反馈到村党支部。第五步，村集体将审议事项上报至上级乡镇经管科，由乡镇联席会议审核把关，乡镇政府签署审批意见。村经济合作社将绝大部分群众赞同的决策初步方案以书面形式报乡镇党委、政府审核，并由乡镇联席会议形成决议，签署审批意见。第六步，社员（村民）大会或社员（村民）代表大会讨论通过。乡镇党委、政府审核同意后，组织召开社员（村民）大会或社员（村民）代表大会讨论通过决策初步方案，形成决议。社员（村民）代表大会必须有三分之二以上代表参加，所作决议需经全体代表过三分之二以上通过。第七步，群众监督实施。形成决议后及时公告全体村民，并付诸实施。村党支部及时公开决策事项的实施情况。第八步，反馈决策落实情况。决策事项落实完成后，将相关情况在公开栏内公示反馈。

四、突出问题

（一）在功能定位上没有很好地发挥出"统"的作用

农村集体经济组织是坚持和完善"以家庭承包经营为基础，统分结合的双层经营体制"的农村基本经营制度的核心载体。坚持和完善农村基本经营制度，不能重"分"轻"统"，也不能重"统"轻"分"，必须将"统"与"分"紧密结合起来，形成功能互补、相得益彰的局面。怀柔区属于生态涵养区、远郊区，农村劳动力净流出严重，村里普遍存在"有资源、缺资金、缺资产"的共性，如果仅仅靠"老妇病弱"型农户单打独斗，很难将承包地、农宅、山场、林场、闲置厂房等资源型要素盘活利用起来。从当前全区农村集体经济组织的收益分配表来看，村级集体经济组织没有主营业务收入，乡镇级集体经济组织没有任何经济活动，在一定程度上可以认为乡村两级集体经济组织没有发挥好农村基本经营制度"统"的功能。因为集体"统"的功能的缺失，影响农户"分"的功能的发挥。根据怀柔区 2019 年乡村两级农村集体经济组织收益分配表显示，乡村两级集体经济组织和集体企业主营业务收入总额 6537 万元，占全区农村集体经济总收入的 9.5%。全区农村集体经济 90.5% 的收入来源于征地拆迁补偿款、地上物补贴和专项工程款等各种财政资金以及少量的租金收入。

（二）在治理机制上存在被动性与混同性问题

农村集体经济组织治理机制运行的好坏决定了其发展质量的高低。总体来看，怀柔区农村集体经济组织在治理机制上存在被动性与混同性问题。一是被动性，主要体现在由外向内传导的农村集体经济组织治理机制。近年来，为防止"外部力量"干预与侵占、"内部权力人"寻租等问题，怀柔区加大农村"三资"监管的力度，以外部监管推动集体经济组织治理的规范化，如创新建立了区、乡镇（街道）两级农村集体"三资"管理和监督联席会议制度、"八步工作法"，其中集体经济组织的重大经济事项都需要乡镇经管科、乡镇联席会议、乡镇政府等多层把关才能审核通过。这种通过区、乡镇（街道）的行政力量监管规范农村集体经济组织发展的方式有其必要性和合理性，特别是对于朝阳、海淀、丰台等资产规模较大的城市化地区的集体经济组织有很好的监督效果，但对于集体经济发展相对滞后的生态涵养区的集体经济组织来说还需要分类施策。怀柔区集体经济组织本身的发展就很薄弱，很多集体经济组织处于半瘫痪或瘫痪状态，集体经济组织发展的自身力量和内生动力不足。在这种情况下，"严管有余、放活不足"只能强化集体经济组织治理的被动性和依赖性。二是混同性，主要指村党支部、村委会、集体经济组织之间在某种程度上的混同管理。如在民主决策中，村集体经济组织的经济事务决策按规定应在集体经济组织成员内部进行民主管理、民主决策、民主监督，但是在现实情况中，很多村集体经济组织的经济事务决策不是在村集体经济组织内部进行，而是在全体村民范围内进行。再如在财务管理上，村委会与村合作社大多是一本账目，将村庄公共事务和村合作社经济事务混同管理。这种一体化的治理模式导致了很多问题，如集体经济组织激励机制难以建立。村书记工资补助已经在全市政策框架下被固化，其作为村经济合作社社长或村股份经济合作社董事长缺乏经营发展集体经济的激励机制，不少村干部"等靠要"的思想较为严重，主动谋划发展集体经济的积极性不高。据统计，全区乡村两级集体经济组织无一职业经理人负责经营管理活动。另外，由于村社账目混同，集体经济组织社会性负担仍然较重，据统计，2019 年怀柔区村级集体经济组织共承担各类公共服务以及相关税费等社会性负担 511.5 万元，这对于本身发展就很薄弱的村集体经济组织来说无疑是雪上加霜。

（三）在外部环境上缺乏公平有效发展的制度环境

目前，怀柔区农村集体经济组织在外部环境上仍存在很多问题。一是缺乏和国企一样平等进入市场的制度通道。作为特殊法人的集体经济组织的市场地位仍缺乏具体实现路径，市场经营需求与行政管理供给难以衔接。以怀柔区北房镇为例，由于该镇毗邻科学城，镇集体经济组织正在探索寻找科学城建设合作点，但遇到的问题之一就是北房镇合作经济联合社的市场主体地位难以落地。尽管该镇合作经济联合社持有农村集体经济组织登记证书，但由于缺少相应的农村集体经济组织法律法规对于特殊法人的明确规定，且各部门工作衔接不畅，使得集体经济组织进入市场经营审批环节存在依据不足、难以操作的问题。二是缺乏发展空间和配套用地。依据怀柔分区规划和功能定位，怀柔乡村地区是建设用地减量的重点区域，处在生态控制区和限制建设区的大部分集体经济组织还面临着生态涵养区的相关政策制约。如位于怀柔水库一级保护区内有9个村庄约有2000多户5000多人，由于水源保护政策限制，这9个村庄难以发展集体经济，因而都成为区级低收入村。三是缺乏支持集体经济发展壮大的政策体系。相较于国企、民企，农村集体经济发展面临着很多特殊的条件，特别是对于发展较为薄弱的怀柔区集体经济组织，不仅需要严格管理和规范，更需要在人才引进、税收、金融、财政以及公共服务等方面给予一揽子政策支持。

五、思考与建议

（一）加强农村集体经济组织"统"的功能

一是发挥好统筹服务功能。鼓励村集体经济组织以提供统一管理、有偿服务等形式，领办创办各类服务实体，为农民提供技术、信息、物资、流通等服务。鼓励村集体经济组织成立劳务服务队，组织村内富余劳动力，以实行劳务总承包等方式承接农村交通、水利、基础设施维护、道路养护、绿化环卫管护等劳务服务事项和政策工程项目，对外提供劳动中介和输出等有偿服务。鼓励村集体经济组织购置农机具、创新开展农村电子商务服务，为各类农业经营主体提供产前、产中、产后有偿服务。二是发挥好统筹开发功能。围绕资源盘活起来，充分利用怀柔的旅游资源、生态资源，以通过成立农宅利用合作社、旅游合作社，将闲散的农宅、山场、林地统一利用起来，大力发展乡村旅游产业、文化产业、康养产业、健康产业、度假产业、森林产业、林下产业。三是发挥好统筹经营功能。围绕资产经营起来，充分利用建设怀柔科学城的发展契机，鼓励村集体经济组织联合组建经济实体，在科学城北区、南区、东区形成三片职住相宜的创新城区以新组建的经济实体联合购买商业用房，并委托实体统一对外出租经营，租金收入由各村集体经济组织按股份比例分享；支持村集体经济组织异地开展公益性或准公益性项目建设，建好后由政府回租，建立村集体经济组织出资建设、政府或使用单位租赁经营、村集体经济组织获得租金的合作模式。

（二）深化农村集体产权制度改革

一是因地制宜推进剩余 10 个村的村级集体产权制度改革。强化农村集体经济组织规范管理，建立健全新型集体经济组织的法人治理结构，探索建立内部激励机制，理顺分配关系，大力推进按股份分配，严格禁止举债分配。探索集体资产股份采取集体成员内部转让（赠予）等方式退出，稳妥开展集体资产股份权能有序继承和抵押、担保，积极拓展集体资产股权质押权能。二是选择有积极性、有条件的乡镇推进乡镇级集体产权制度改革。在明晰乡镇和村两级产权关系的基础上，通过多种形式的股份合作，由乡镇集体经济组织统筹发展集体产业。三是尽快落实生态资产确权和生态产品交易政策，启动自然资源资产产权确权登记工作，促进生态资源资产化、可量化、可经营。

（三）提高农村集体经济组织内部治理能力和水平

一是推行政社分开。加快推进农村集体经济组织和村民自治组织职能分离，在农村基层党组织统一领导下，加快推进村民委员会事务和村集体经济组织事务分离工作。村内公益事业、村民自治公益性事务等由村委会负责；集体经济发展及集体经营性资产经营管理、土地等资源性资产的经营管理及开发利用等由农村集体经济组织负责。严格区别村民委员会和村集体经济组织的决策议事范畴，杜绝用党员大会或村民代表大会代替村集体经济组织成员（股东）大会对集体经济事项进行讨论决策。二是实行账务分离。推行村集体经济组织和村民自治组织账务分离，明确村集体经济组织与村委会的财务往来关系，村内公共服务、公益事业等公共管理支出应当纳入财政预算，村集体经济组织应当逐步减少甚至不再直接承担村内公共管理成本。三是规范执行章程。参照 2020 年 11 月 4 日农业农村部印发的《农村集体经济组织示范章程（试行）》，结合实际，按程序修改完善集体经济组织章程，并严格执行章程的有关规定，使集体经济组织的内部治理制度化、规范化、程序化，同时要与时俱进地推进集体经济组织的信息化建设，提高信息化运用和管理水平。

（四）加快构建法治化、规范化的农村集体经济组织发展制度环境

一是加强集体经济组织和集体经济发展方面的地方立法工作。加快清理有关限制集体经济组织和集体企业发展的体制弊端和政策障碍，着力将集体经济组织建设和集体经济发展纳入法治的轨道，既要赋予集体经济组织和集体企业平等的市场主体地位，又要针对集体经济组织作为特别法人赋予相应的法律法规保障和支持。二是制定怀柔区新时期加强集体经济组织建设、扶持集体经济发展的指导意见，重点在人才、金融、财税等方面加大政策支持力度。在人才支持方面，鼓励和引导大学毕业生等优秀人才到集体经济组织和集体企业就业、创业，同等保护其各项合法权益；用好支持和鼓励事业单位专业技术人员创新创业政策，鼓励专业技术人员到集体经济组织和集体企业就业、创业；充分利用股份合作优势，借鉴陕西省袁家村经验，在集体经济组织成员入股的基础上，创新设置交叉股、混合股、限制股等允许集体经济组织成员以外的人员购买的新股种，吸引人才、资源入股，建立社会化、多元化、复合型的股权结构，打通农村集体经济组织与市场的开放性联系。建立健全社会资本参与集体经济发展收益保障机制，确保集体经济组织和集体企业的职工享有同等的保障性待遇。在金融支持方面，进一步发挥政策性金融

作用，引导农业政策性金融机构加大对集体经济组织投入；同时，建议以集体经济组织为平台，发展农村合作金融，满足集体经济组织及其成员的金融需求。在财税方面，认真落实《财政部 国家税务总局关于支持农村集体产权制度改革有关税收政策的通知》（财税〔2017〕55 号），减免因农村集体产权制度改革而发生的契税、印花税；在此基础上，应当着眼于特别法人的定位，尽快制定有别于一般工商企业的财政税收优惠政策，支持集体经济组织的健康发展，壮大集体经济，使集体经济组织成为推动农民走向共同富裕的重要组织载体。

课题负责人：曹四发
课题组组长：张英洪
课题组成员：张英洪、刘伟、王丽红、刘雯、刘妮娜、李元元、毕珊
执笔人：张英洪、刘雯、刘妮娜
2020 年 12 月 29 日

城市化、村庄转型与集体经济组织崛起

——北京市海淀区东升镇八家村及八家股份社调研报告

一、引言：城市化中的村庄转型

在特大和超大城市的城乡接合部地区，有相当数量的传统村庄在快速城市化的进程中脱胎换骨式地转变为城市社区，实现了村庄经济社会结构的全面转型。在城市化推动村庄转型的过程中，村庄集体土地全部或大部分被征收为国有土地；传统农业产业消失或基本消失，现代都市产业蓬勃兴起；通过征地农转居或整建制农转居政策路径，传统的农业户籍身份农民全部或绝大部分转变为非农业户籍的城市市民；传统一家一户一院落的乡村分散居住方式转变为城市小区集中上楼居住方式；在基层社会管理上，撤销农村村委会建制，设立城市居委会，保留和发展农村集体经济组织，原依托村委会设立的村党组织则转型为依托居委会和集体经济组织分别设立党组织。在这个历史上空前的村庄转型过程中，存在上百年的村庄消失了，而一种新型的集体经济组织却得到快速发展和迅速崛起，成为原村庄范围内的一种支配性力量走到了时代发展的前台。

在城市化进程中已成为城市社区的一部分，但保留集体经济组织的转型村庄（社区）发展，需要我们超越一般性的乡村振兴和农村集体经济发展的思想观念和视野，与时俱进地创新与新型城市化发展相适应的公共政策，助推村庄经济社会结构的公平转型，强化新型集体经济组织建设，推进新型集体经济发展，维护和发展社员股东的正当权益。但长期以来，在城市化引起城中村和城郊村的历史性转型过程中，存在顶层设计缺失缺位、体制转轨不畅不公以及相关公共政策滞后落后等问题。面对城市化的巨大冲击，一些地方的基层党委政府和干部群众在城乡二元体制约束的条件下，积极探索，推动政策创新和实践创新，走出了一条超大城市郊区农村城市化的探索发展之路。

北京市海淀区就属于快速城市化的前沿地区，自改革开放以来，特别是 21 世纪初以来，海淀区所属的不少村庄在快速城市化进程中主动应变，改革创新，推动了从传统村庄向城市社区的全面转型。这方面改革创新的案例很多，海淀区东升镇八家村及八家股份经济合作社（简称八家股份社）就是其中的一个典型案例。自 2020 年 11 月至 2021 年 8 月，我们多次对具有代表性的北京市海淀区东升镇原八家村及八家股份社进行了调研，八家村的城市化转型以及八家股份社的发展给人以许多深刻的思考和启示。

二、基本情况：八家村及股份社的前世今生

八家股份社是依托八家村建立起来的。在改革开放以来城市化引起的农村社会历史巨变中，八家村已经撤村消失了，而八家股份经济合作社却在城市化浪潮的搏击中发展壮大。这种村庄消失而村集体经济组织崛起的现象，非常值得关注和研究。

八家村位于海淀区东升镇中部，在中关村国家自主创新示范核心区内，大致位于清华大学的东部、北京林业大学西部，其范围东至小月河，南至五道口以北，西临清华大学，北靠北五环路，村域面积约 8.45 平方

公里，已有 500 多年的建村历史。1949 年新中国成立后，八家村所在地区经历了土改、互助组、初级社、高级社、人民公社等阶段。改革开放以来八家村搭上城市化的时代快车，实现了从传统村落向现代城市社区的历史性转变。1976 年 5 月，前八家大队和后八家大队合并后称八家大队，属于东升人民公社所属的核算单位。1984 年 4 月，海淀区撤销东升人民公社，改为东升乡人民政府，设立乡党委。同年 11 月 27 日，东升乡集体经济组织改名为东升农工商总公司。1990 年成立东升乡经济合作总社，与东升农工商总公司实行"一个组织、两个名称"，下属各村设立村经济合作分社（又称分公司）。[1]

1984 年东升人民公社撤销后，八家大队管理委员会改为八家村民委员会，八家大队党总支改为八家村党总支，八家大队集体经济组织改为北京市海淀区东升农工商公司京海分公司（简称"京海分公司"）。1986 年 7 月 12 日，京海分公司在北京市工商行政管理局领取营业执照；1990 年 9 月 11 日，经北京市工商行政管理局登记注册，京海分公司改为北京市海淀区京海农工商公司（简称"京海公司"）。同年，八家村设立村经济合作社，与京海公司实行"两块牌子、一套人马"。八家村党总支负责村全面工作，八家村民委员会负责村务及行政事务，京海农工商公司负责村经济工作。京海农工商公司受八家村党总支和村民委员会领导，同时接受东升农工商总公司管理。

20 世纪 80 年代初，八家村没有开展农村家庭联产承包责任制改革，而是继续保留生产队建制，普遍实行"承包到劳""承包到组""承包到队"的方式经营集体土地和集体资产。如 1987 年，该村共有蔬菜行业核算单位 7 个，其中采用联产到组形式的核算单位 2 个，承包劳力 148 人，承包面积 350 亩；采用联产到劳形式的核算单位 5 个，承包劳力 306 人，承包面积 865 亩。粮田行业的核算单位 7 个，其中采用承包到队形式的

---

[1] 参见《东升乡志》，北京：学苑出版社 2012 年 4 月第 1 版，第 283 页、第 346—351 页。

核算单位 1 个，承包劳力 10 人，承包面积 140 亩；采用其他形式的核算单位 6 个，承包劳力 48 人，承包面积 738.21 亩。在畜牧行业，猪场 3 个，包产到组 3 个；鸡场 2 个，包产到组 2 个。1988 年，该村在推行"统分结合、专业承包"原则的生产责任制的同时，实行集体承包，加强了厂长（经理、队长）负责制。1991 年，该村队办工业执行"三保一挂、考核管理、奖优罚劣"为主要内容的经营承包制，承包的性质为企业全员对京海公司的集体承包，厂长的任用办法为选聘制。队办商服业执行以"确保上交基数，超额分成"为内容的经营承包制。1984—2000 年期间，由于小组、小队在京海（分）公司经营中扮演着重要的承包经营单位的角色，因此八家村的队建制直到 2000 年底才全部被取消。2000 年，按照党、政、经分离的原则，该村建立了农业管理站和物业办公室，根据情况对村、队办的 25 个企业进行关闭与改制，打破了相对分散经营的局面，初步形成了京海公司集中统一经营管理格局。进入 21 世纪以来，随着城市化建设、奥运申办、道路整治、退地建绿等工作推进，八家村农业产业迅速萎缩，2003 年起该村退出一产生产经营，由第一、二、三产业并存转向以第三产业为主，2003 年第三产业比重已达 70.3%。

2002 年东升乡开始推行农村集体经济产权制度改革，2004 年八家村启动集体经济产权制度改革，2008 年 8 月正式成立新型农村集体经济组织——八家股份经济合作社，隶属于东升镇经济合作总社。

2010 年，北京市启动城乡接合部 50 个重点村建设工程，八家村被列入全市 50 个重点改造村之一。据统计，2010 年八家村有户籍人口 4692 人，其中农业户籍人口 1168 人，党员 95 人，外来人口 2.4 万人，高峰时流动人口近 6 万人。该村总占地面积 2400 亩，其中建设用地 729 亩，非建设用地 1671 亩，总建筑面积 47.4 万平方米，其中住宅面积 31 万平方米，非住宅面积 16.4 万平方米；村域内有中央企业 3 家，占地 11.84 亩，建筑面积 7892 平方米；市属企业 4 家，占地 7.54 亩，建筑面积 2360 平方米；区属及集体等其他单位 7 家，占地 87.76 亩，建筑面积 1.42 万平方米。村集体总资产 63336 万元，其中净资产 54860 万元，人均净资产 38.28 万元。

2013 年 6 月八家村村民开始回迁上楼。2015 年八家村实行整建制农转居。2019 年 9 月，八家村民委员会建制被撤销。京海公司与八家股份社实行"一套班子、两块牌子"，京海公司承担对外市场经营活动，对所属子公司进行统一管理。

三、主要做法：从八家村到八家股份社

为应对快速城市化发展的挑战，维护和发展农村集体和农民群众的切身利益，在海淀区委、区政府及有关部门、东升镇党委、政府的领导和指导下，八家村及八家股份社持续推进改革创新，推动村庄从量变到质变的大飞跃，开启了传统村庄转变为城市社区、集体经济组织突显为社区重要支柱力量的历史性跨越，实现了从八家村到八家股份社的大嬗变。

（一）推进集体产权制度改革，实现产权股份化

2002 年 6 月 12 日，海淀区政府第 83 次常务会议讨论通过《关于我区城乡接合部地区乡村集体资产处置及集体经济体制改革试点工作的意见》（海政发〔2002〕66 号），正式启动全区农村集体产权制度改革试点工作，当时提出"把城乡接合部地区农村集体经济组织改造成股份合作制企业"。2002 年 11 月 26 日，海淀区东升乡经济合作总社第三次社员代表大会第四次会议通过《东升乡经济合作总社集体资产处置及经济体制改革实施方案》（简称《改革方案》），启动了全乡所属村集体经济产权制度改革。根据《改革方案》，八家村于 2004 年 4 月开始实行集体经济产权制度改革。

1.清产核资。按照《北京市农村集体资产管理条例》的相关规定，

八家村先界定集体资产的产权，再进行清产核资。东升乡实行全乡集体资产"一级所有"，即乡、村企业的集体资产归东升乡经济合作总社全体成员集体所有。根据乡、村两级企业"分级核算"的现状，在集体产权改革中，乡级企业经营的资产由乡经济合作总社进行处置，村级企业经营的资产由各村经济合作分社进行处置。截至2004年底，八家村完成集体资产清产核资，确认村集体总资产35180.4万元，净资产33393.2万元。

2. 老股金退偿。老股金退偿对象是20世纪50年代农业合作化时期入股人或其合法继承人。老股金退偿以原始股金的16倍进行退偿，采取一次性现金全额兑付的方式退偿。八家村有老股金961人，共计2063040元。此外，八家村还预留社会基本养老、医疗保险基金14549128.80元。集体净资产扣除老股金、预留社会基本养老、医疗保险基金后为317319383.22元，作为集体经济组织成员资产进行量化。

3. 确定身份和劳龄。个人身份就是有资格参加集体资产量化处置的人员，也即集体经济组织成员身份。有资格参加集体资产量化处置的人员身份分为四种类型：第一种类型是经济合作社中未参加集体劳动的在册人员（包括农业户口的婴儿、学龄前儿童、在校学生以及其他未参加集体劳动的人员），第二种类型是经济合作社中参加集体劳动的在册人员（包括农业户口的在职劳动力及国家征地农转工留用人员等），第三种类型是国家征地转出的原经济合作社成员（包括国家征地农转非人员、农转工人员、符合农转工条件的自谋职业人员和超转人员），第四种类型是招聘或调入人员。八家村确认有资格参加集体资产量化处置的人员即成员股东429人，经过2011年增资扩股后现有成员股东534人。个人劳龄以年度为计算单位，在册人员以实际参加劳动为准，不满6个月的不计算，超过6个月的按1年计算。八家村将2003年12月31日确定为改革基准日，从1956年1月1日到2003年12月31日为个人劳龄确认期。

4. 资产股权量化。可量化的净资产总额中一部分量化为东升乡经济合作总社股份，剩余部分量化为八家村集体经济组织成员的个人股份，八家村集体不占股份。个人量化资产按照基本份额、资源份额、劳龄份额的方法和比例进行量化，其中基本份额占个人可量化资产总额的15%，有9种人员参加基本份额量化，包括：在职职工、乡内退休职工、16岁以上农转非人员、农转工人员、农转工留用人员、符合农转工条件的自谋职业人员、征地超转人员、农业户口的学龄前儿童及学生、现役义务兵和志愿兵，基本份额按参加基本份额量化的人员人数平均量化；资源份额占个人可量化资产总额的20%，有5种人员参加资源份额量化，包括：在职职工、转工留用人员、乡内退休职工、16岁以上未参加劳动的农业户口人员、农业户口的现役义务兵和志愿兵，资源份额按参加资源份额量化的人数平均量化，但每人最高不超过3万元；劳龄份额占个人可量化资产总额的65%，参加劳龄份额量化的人其劳龄应为一年以上，按实际劳动年限量化到人。

（二）建立新型集体经济组织，实现村民股东化

2008年7月，正式成立八家股份经济合作社，共有股东429人，股东代表39人。2008年8月19日，八家股份社召开第一届第一次股东代表大会，通过农村集体产权制度改革方案，八家村从此走上了从村民到股民的转变之路。截至2010年，全村已有4417人办理了个人资产量化份额的确认和流转手续，其中3909人申请退偿个人资产量化份额，退偿总额约2.02亿元。2019年9月，北京市海淀区农业农村局给八家股份社颁发了"农村集体经济组织登记证"，并赋予统一社会信用代码，八家股份社获得了特别法人的市场地位。

2011年，八家股份社开展完善个人股权认购等工作，截至认缴期满，认购人数366人，其中原本社股东261人，新增股东105人，认购股数7217万股，实际增资金额7577.85万元。八家股份社股份总额达到188643623.28股，其中：东升乡经济合作总社集体股为63463876.64股、

占比为 33.6%，八家村个人股东为 125179746.64 股（包括原个人入股 53009746.64 股，后增资扩股增加的个人现金入股 72170000 股），占比为 66.4%。

截至 2019 年底，八家股份社共有股东 534 人（包括成立股份经济合作社时 429 名股东和新增 105 名股东），实现集体经济总收入 34881 万元，集体经济纯收入 14027 万元，股东分红总额 1937 万元，扣缴个人所得税 387 万元，税后分红 1550 万元，上缴东升镇经济合作总社 508 万元。

（三）完成村民拆迁上楼，实现居住生活城市化

八家村域内农居混杂，征地拆迁任务复杂繁重。2009 年北京市启动海淀区北坞村、朝阳区大望京村城乡一体化试点。在此基础上，八家村的整体城乡一体化改造也提上了日程，2009 年 3 月 25 日、4 月 23 日，北京市政府分管副市长先后两次主持召开八家地区整体改造专题工作会议，研究和探索八家村城乡一体化整体改造的思路和模式。

2009 年 3 月统计八家地区拆迁范围内住宅共 2601 户（1131 个院落），其中农业户 862 户，乡内非农业户 1680 户，乡外非农户 59 户。用地范围内总人口 4692 人，其中农业人口 1433 人（其中劳动力 709 人、超转 584 人、残疾人 45 人、儿童 95 人），非农业人口 3259 人。据北京市规划委 2009 年 9 月 8 日印发的规划意见书，在这次土地整理中，需代拆国家自然基金委员会以北、双清路以西集体住宅用地 217.05 亩，涉及 23 户、92 人。2009 年 12 月 31 日，北京市政府《关于海淀区 2009 年度批次城市建设用地实施方案的批复》（京政地字〔2009〕288 号），同意征收海淀区东升乡经济合作总社集体所有耕地 8.12 亩、居民点及工矿用地 667.93 亩，交通用地 17.42 亩，总计 693.47 亩，这就是八家地区整体改造征收的土地面积，征地补偿费每亩 160 万元。在 693.47 亩征地总面积中，有 553.59 亩建设用地在完成土地征收和土地一级开发后，经营性用地纳入政府土地储备，公开入市交易；另有 139.88 亩市政道路用地由政

府按照城市规划统一安排使用。为解决征地后农村村民的生产生活问题，根据征地农转居政策，政府允许八家村 315 名农业户口转为非农业户口，其中劳动力 164 名，超转人员 123 名。

北京市土地整理储备中心及海淀分中心授权八家村集体经济组织成立房地产项目开发公司即北京八家嘉苑房地产开发有限公司负责八家地区的征地、拆迁、农转非等工作。2009 年 9 月底前完成土地一级开发前期工作，2009 年下半年开始拆除集体用房，2010 年 4 月 16 日启动个人房屋拆除工作，到当年底基本完成。对于拆迁上楼的村民，采取房屋和货币补偿相结合的安置方式，回迁楼安置面积按照拆迁房屋占地面积 1:1+30 平方米的标准执行。2009 年 10 月开始建设回迁房，回迁住宅用地 34 万平方米已征收为国有土地，共建成回迁房 3926 套，回迁楼居住区即为八家嘉园小区，拆迁上楼的八家村民全部入住八家嘉园小区。八家村部分土地被征收为国有土地后，现在尚有集体土地总面积 1644.29 亩，其中林地 1351.72 亩，建设用地 292.54 亩（含宅基地 1 亩），林地主要是八家公园、绿地、平原造林用地，集体建设用地主要是原村委会（现八家股份社）办公用地、集体产业用地以及一些零星地块。

（四）实行整建制农转居，实现村民身份市民化

2015 年，按照东升镇统一工作安排，八家村启动整建制农转居工作。2015 年八家村完成第一批整建制农转居 1003 人，2017 年八家村完成第二批整建制农转居 40 人，两批次共办理整建制农转居 1043 人，其中儿童 47 人，劳动力 551 人，超转人员（因国家建设征地农民户转为非农民户的原农村劳动力中年龄超过转工安置年限即男满 60 周岁、女满 50 周岁及其以上人员、无赡养人的孤寡老人以及法定劳动年龄范围内完全丧失劳动能力的病残人员）445 人。实行整建制农转居后，绝大部分原村民已经纳入北京市城镇职工社会保险体系。

但由于某些原因，截至 2021 年 8 月，原八家村尚有 72 人农业户籍

人员未转为非农业户口，主要是儿童和老人。不愿转居的原因，有的是孩子上学需要农业户口才能上某些专业，有的是年龄大不愿缴纳保险，有的是方便外地户口配偶户口迁移，还有因为拆迁补偿未达成一致意见等。2015 年和 2017 年八家村先后两次实行整建制转居时，村集体承担民政部门接收的超转人员安置费用分别为 1.05 亿元、160.61 万元，合计约 1.07 亿元。见表。

八家村整建制农转居费用情况表   单位：元

| 年份 | 一次性就业补助费用 | 补缴社会保险费用 | 民政局接收超转人员安置费用 | | | 费用合计 |
			村负担费用	镇负担费用	费用小计	
2015	13440960.00	74060490.24	105411596.00	24920559.64	130332155.64	217833605.88
2017	1073280.00	4758504.96	1606083.20	401520.80	2007604.00	7839388.96
合　计	14514240.00	78818995.20	107017679.20	25322080.44	132339759.64	225672994.84

资料来源：根据八家村史馆资料整理。

（五）撤村留社并居，实现基层治理社区化

2019 年 6 月，依据海淀区十二届区委全面深化改革领导小组第七次全体会议精神，以及中共东升镇委员会关于印发《东升镇撤销部分村民委员会建制改革的实施方案》的通知精神，结合八家村完成集体产权制度改革、整建制农转非和腾退上楼等实际情况，该村启动八家村撤销村民委员会建制改革工作。到 2019 年 9 月，经北京市海淀区人民政府批准，八家村民委员会被正式撤销。

原八家村委会管理的村域公共事务，开始并入八家社区居委会管理。早在 1964 年成立的八家社区居委会当时归学院路街道管辖。2001 年 12 月成立东升地区办事处，2003 年 6 月，八家社区居委会才划

归东升地区办事处管辖。八家社区居委会办公地点原在八家村内，后迁入八家嘉园小区内。八家社区居委会主任由原八家村干部担任，其工资由八家股份社发放。

八家村委会建制撤销后，八家村党总支也随即撤销，同时设立八家股份社党总支，原八家村党总支书记改任八家股份社党总支书记。八家股份社党总支下设6个党支部，其中5个党支部建立在下属集体企业上。

八家村建制撤销后，原八家村的治理模式由长期以来基层党组织领导下的农村村民自治模式向党组织领导下的城市社区自治模式转变，八家股份社在社区治理中发挥着不可或缺的重要作用。

（六）发展新型集体经济，实现集体产业服务化

八家股份社围绕所在商圈的产业布局和科技创新要素集聚的特征谋划自身发展，逐渐步入以现代服务业为主导的产业发展轨道，主营业务涉及写字楼租赁、物业管理、园林绿化、环境卫生、科技服务、停车管理等方面，主要服务于商圈内的企事业单位和原村所在社区居民生产生活。

八家股份社集体土地归东升镇经济合作总社所有，八家股份社拥有土地的经营开发权和占比多数的收益权。八家股份社现拥有学清嘉创大厦、双清大厦、荷清大厦、弘彧大厦、艺海大厦、学府大厦、中太大厦、华源世纪商务楼等商业综合楼宇17座，总面积约30万平方米，规划中的产业项目10万余平方米。目前入驻企业共425家，规模以上企业237家，其中上市公司7家，高新技术企业70家，高新技术企业占比29.5%，包括清华大学科研院、微电子学研究所、辰安科技、同方威视、未来芯片技术高精尖创新中心等一批拥有国内外领先科研技术的研究院所和高精尖企业，以及字节跳动、北京建工、顺丰科技、信维科技、高思教育等众多国内外知名企业。

京海公司作为八家股份社对外的市场经营主体和下属公司的母公

司，是集体资产经营（楼宇经济）的主要收入方，租金收入是京海公司的主要收入来源。京海公司下属 9 家全资集体企业，分别为北京八家嘉苑房地产开发有限公司（简称八家嘉苑公司）、北京嘉和裕京物业管理中心、北京福瑞金成停车管理有限责任公司、北京八家园林绿化中心、北京双清阳光投资顾问有限公司、北京和清物业管理有限公司和北京京海众心科技有限公司、北京嘉宁物业管理有限公司和北京京海嘉洁环境卫生管理有限公司，主要承担原村域范围内的社区服务与楼宇经济的配套服务。2008 年，八家股份社总收入 6059 万元，纯收入 2975 万元；到 2019 年底，八家股份社实现集体经济总收入 34881 万元，集体经济纯收入 14027 万元，2020 年集体纯收入约 1.8 亿元。

（七）强化经营管理，实现股份社治理创新化

八家股份社依托八家村而建立，并以京海公司的名义参与市场经营活动。八家股份社的治理模式充分体现在坚持党组织领导下，既传承八家村村民自治的治理遗产，又结合京海公司的治理经验，实现了城市化地区农村集体经济组织经营管理的创新探索。

一是构建了"党—社—企"三位一体权力框架和"社—管—监"三位一体治理结构。这是适应城市化、市场化发展需要而在实践中探索总结出来的治理经验。"党—社—企"三位一体权力框架，是指八家股份社党总支作为政治领导力量，居于核心领导地位，体现了集体经济组织坚持党的领导的政治要求；八家股份社作为特别法人的集体经济组织，代表集体成员行使集体资产经营管理权（集体资产所有权归东升股份总社行使），按照规定在农业农村部门登记赋码后，成为市场主体，体现了集体所有制的根本要求；京海公司是集体经济组织社员代表大会授权注册的集体企业法人，与股份经济合作社实行"一套领导班子、两块牌子"的管理体制，对外开展市场经营活动，对所属企业进行管理，体现了市场经济条件下集体经济组织以企业法人身份走向市场的基本要求。"社—

管一监"三位一体治理结构,是指八家股份社依据章程建立的内部法人治理结构,社员大会(代表大会)是八家股份社最高权力机构,决定股份社重大事项;管委会是社员大会(代表大会)的执行机构,行使股份社经营管理职权;监委会是股份社经营管理中的监督检查机构,行使监督检查职权。

二是形成了适应市场经济发展需要的开放性人力资源选录机制。八家股份社顺应集体产业发展的人才需求规律,在股份社管理人才选聘方面打破了农村集体经济组织管理人员封闭性的传统,逐步实现工作人员的社会化和开放化录用,主要有三类招聘渠道:第一类是股东就业安置,八家股份社及其所属企业在招聘人员时优先考虑股东、职工子女就业,已招聘股东、职工子女 80 余人;第二类是社会公开招聘,根据需要公开面向社会自主招聘适合岗位的人员,择优录用;第三类是镇级安排人才,通过全市性的大学生村官和人才引进计划选聘优秀人才进入股份社及其所属集体企业。2020 年,东升镇开展人才引进计划,为每个村股份社安排名额,由村股份社党务组织部门按计划提需求,镇党委统一委托专业机构为其招聘董事长助理和总经理助理,第一年镇财政负担招聘人员工资,第二年起由村股份社自主选择是否续聘并承担招聘人员工资待遇。自 2008 年到 2021 年,八家股份社共招聘大学生村官 5 名,现有 4 名在八家股份社工作。在人员管理方面,八家股份社职工按要求在不同科室之间实行轮岗,股份社职工与所属企业职工之间也实行人员轮岗制度。八家股份社现任党总支书记、董事长也非本区本镇本村人。

三是建立健全了公开透明规范的股份社内部管理制度。依据《八家股份经济合作社章程》,八家股份社建立股东代表大会、董事会、监事会、经理层等治理架构,又继承了原村委会有效的民主管理遗产,建立起比较健全的内部管理机构,设立有党建科、资产科等科室,建立有比较规范的内部管理规章制度,将村务公开拓展为社务公开,及时公开股份社的集体资产情况、收益分配情况、财务支出情况等经营管理信息，保障了社员股东的知情权、参与权、表达权、监督权等权益。

四、存在和面临的问题：村庄城市化转型挑战

八家村在城市化转型过程中以及八家股份社在集体经济发展进程中面临和存在一些深层次的问题和矛盾，集中体现在城乡二元体制强约束下的传统城市化模式上，这些问题和矛盾大都超越了乡村和股份社层面所能有效解决的范围，概括起来主要有三大方面，即城乡制度转轨问题、开发改造遗留问题、集体经济组织发展问题。

（一）城乡制度转轨成本较高且不合理

在城乡二元结构约束下进行的八家村城市化转型，其突出问题是农村集体和农民付出巨大的城市化转型成本。

1. 农民转居成本高。一方面，农村集体和农民付出了集体土地被大量征收的代价。20 世纪 70 年代以来，八家村集体土地就开始被陆续征收为国有土地，1978 年至 2000 年，八家村集体土地面积减少了 1962 亩，均被征收为国有土地，当时的征地补偿标准比较低。最近一次土地征收发生在 2019 年底，因修建京张高铁需要，八家村被征地 8.2743 亩，每亩征地补偿费 200 万元。传统的征地城市化过程成为农民失去集体土地的过程。另一方面，集体经济组织为农民市民化转型支付大量的安置费用和社保费用，承担了巨额的社会保障成本。八家村在两次整建制农转居中，共计支付农转居成本 200350914.4 元，其中支付一次性就业补助 14514240 元，支付社会保险费用 78818995.2 元，支付民政局接受安置 455 名超转人员费用 107017679.2 元，加上东升镇为八家村支付的超转人员安置费 25322080.44 元，东升镇、八家村两级农村集体经济组织平均为八家村每名超转人员缴纳近 30 万元费用。

2. 社区管理责任重。八家村在撤村后，八家股份社仍承担了原村委会管辖区域以及八家社区所在片区的有关社会管理和公共服务职能，包括负责未转居少数农业户籍人口的社会管理如办理城乡居民养老、医疗保险等职责，承担解决原八家村相关历史遗留的经济社会问题，负责112万平方米的网格化区域（南至清华东路西口、北至北五环、东至双清路、西至荷清路）所属单位、居民小区的治安安全、疫情防控等社区管理服务工作；八家社区党组织书记和居委会主任的工资仍由八家股份社承担，等等。

（二）开发改造遗留问题解决缓慢而低效

八家村及八家股份社在整体开发改造中，虽然总体比较顺利，但也存在一些久拖未决的历史遗留问题。

1. 泰跃公司周转房腾退及集体土地闲置问题。1998年4月20日，京海公司与北京泰跃房地产开发有限公司（简称泰跃公司）签订租赁协议书，2000年6月1日双方又签订补充协议书，京海公司依据协议将位于八家村原旧货市场总用地面积为30亩的场地及房屋租给泰跃公司翻建做其周转房，租期10年。2002年3月29日，京海公司与泰跃公司又签订补充协议，京海公司同意泰跃公司将周转房交给北京城建四建设工程有限公司（简称城建四公司）使用，随后城建四公司安排该公司职工进入周转房居住。2008年4月20日合同期满后，泰跃公司、城建四公司未腾退周转房，也未支付租金人。2012年海淀区人民法院（2012）海民初字第24573号民事判决泰跃公司、城建四公司将位于北京市海淀区八家村原旧货市场总用地面积30亩的场地及房屋腾空并交还给京海公司，泰跃公司按每天904元的标准向京海公司支付租金及使用费。2013年3月12日，北京市第一中级人民法院（2013）一中民终字第3438号判决维护了一审判决，但一、二审法院的判决至今未得到执行。2019年海淀区政府召开八家地区遗留问题专题会议，明确周转房腾退问题为泰跃公司开发建设遗留问题，城建集团应统筹解决。时至今日，该周转房腾退问题仍未得到解决，致使八家股份社 30 亩集体产业用地项目停滞已超过 10 年，造成了集体土地资源的巨大浪费和集体经济的重大损失。

2. 开发建设资金长期拖欠影响经济社会发展问题。根据八家地区土地一级开发实施方案，八家地区一级开发成本总额为 550941 万元，由八家地区一级开发实施单位即八家村集体经济组织所属集体企业八家嘉苑公司包干使用。北京市土地整理储备中心海淀分中心已先后累计拨付给八家嘉苑公司 52.3 亿元。由于泰跃公司周转房未拆除，预留 5% 约 2.75 亿元的包干开发建设资金一直未向八家嘉苑公司支付。在回迁楼施工阶段，为确保按期交付回迁楼，八家股份社集体累计给八家嘉苑公司借款约 3.5 亿元，至今未偿还。由于剩余包干资金未拨付给八家嘉苑公司，造成八家嘉苑公司目前仍拖欠 50 家施工单位工程款，多年来发生相关法律诉讼、聚集讨薪等情况，不同程度地影响了正常的市场经济秩序和社会的和谐稳定。

3. 回迁安置房个人分户房产证办理时效与涉税问题。在八家嘉园小区 3926 套回迁安置房中有 390 套属于集体公租房，3536 套为个人安置房。自 2013 年八家嘉园小区回迁入住、2015 年小区竣工验收手续办理完成后，居住百姓最为关心的问题就是分户办理房产证。由于八家嘉园小区是北京市首例明确其房产性质为"按经济适用房管理"的回迁小区，办理房产证的路径和方式无先例可循，致使该小区房产证办理费时较长，且需由八家嘉苑公司承担数额较大的相关税费。2018 年通过东升镇政府与有关部门协调，确定将符合安置补偿协议中被拆迁人与回迁房交协议（入住协议）产权人完全一致条件的 891 套安置房作为第一批网签名单进行办理房产证的先行先试工作，到 2020 年 11 月终于办成了第一个分户房产证。2021 年 3 月正式全面启动第一批分户办证工作，到 2021 年 8 月下旬，已办理 268 套房屋的不动产权证。除了办理安置房产权证审核时间较长外，由八家嘉苑公司承担的相关税费不但数额较大，且亦不够合理。根据有关规定，八家嘉园小区不动产权证登记办理免契税证明时，需要该小区建设的房地产开发公司即八家嘉苑公司按照每平方米 5000 元开具销售不动产发票，根据八家地区整体开发改造方案，住房按每平方米 5000 元的安置房回购款，由北京市土地整理储备中心海淀分中心从其应支付的拆迁补偿款中直接抵扣，八家嘉苑公司并未实际收到房屋销售款。据核算，八家嘉苑公司为小区开具发票而需缴纳的增值税、城建税及附加约 9000 万元。八家嘉苑公司已为第一批办理完成的不动产权证支付了 500 余万元的税费。这种不合理的税费负担使八家嘉苑公司难以为继，严重影响了集体经济的发展。

（三）集体经济组织发展环境有待整体优化

由于长期以来农村集体经济组织相关制度建设的滞后，八家股份社在发展过程中面临不少深层次的体制机制问题。

1. 集体经济组织"一体两面"问题。农村集体经济组织自 20 世纪 50 年代在农业合作化运动中产生以来，是以农业生产合作社的名称出现和发展的。1984 年废除人民公社后，北京郊区农村集体经济组织统一改名为农工商公司。八家大队集体经济组织改称为北京市海淀区东升农工商公司京海分公司，1986 年 7 月在工商行政管理部门登记注册，1990 年 9 月京海分公司改名为北京市海淀区京海农工商公司，这是农村集体经济组织的公司化过程。1990 年八家村又设立村经济合作社，恢复了农村集体经济组织的合作社名称；2008 年在村经济合作社基础上成立八家股份经济合作社。村经济合作社（股份经济合作社）与京海公司实行"两块牌子、一套人马"，这就使城市化地区农村集体经济组织呈现出"一体两面"的重要特征。一方面，村经济合作社（股份经济合作社）与京海公司作为八家村集体经济组织是"一体"的；另一方面，村经济合作社（股份经济合作社）是以特别法人的"一面"出现在有关政策法律规定之中，但并未真正进入市场，其作为名义上的特别法人，相对来说比较"虚化、弱化"；京海公司则以企业法人的"一面"走向市场，广泛开展生产经营活动，其作为实质性的市场经营主体，相对来说明显"实化、强化"。如何进一步理顺股份社与京海公司的关系，是当前和今后一段时期集体经济组织建设和集体经济发展需要关注和处理的重要问题。

2. 集体经济组织外部管理服务与内部治理问题。对于已经实现城市化转型的八家股份社，虽然不再存在传统意义上的农业、农村和农民，但仍然属于农村集体经济组织而不属于城镇集体经济组织，这就使得有关部门对八家股份社的管理服务存在许多不足或不到位的地方，农业农村部门在乡村振兴的有关工作安排中会有意无意地忽视八家股份社，而城市有关部门又在相关工作中自然而然地忽略八家股份社，这使八家股份社面临的许多老问题和新问题难以得到及时有效地重视和解决。就八家股份社自身发展与内部治理来说，也面临很多新问题、新情况。比如股东老龄化问题，2020年八家股份社60岁以上的股东超过了80%，随着股东年龄的增长，涉及股份继承、赠与、转让等工作会逐渐增多，股东参与股份社事务的能力受到了挑战；再比如股东专业化问题，八家股份社的534名股东中，在京海公司及其下属公司任职的在职股东不到70人，在职股东占比较低，带来的现实问题就是具有经营决策能力的外部管理人员无法参与股东大会进行决策，而享有参与决策权的股东（代表）缺乏决策的能力与素质；又比如外来经营管理人才的激励机制问题，八家股份社对专业化人力资本的依赖度越来越高，但当前相对封闭的集体产权结构缺乏有效的激励机制，不利于吸引外部高端优秀经营管理人才。此外，八家股份社的股东居住较为分散，有部分股东已迁出八家社区，有的甚至长期居住在国外，随着时间推移，股东分散居住生活问题将越来越突出，这对于召开股东（代表）大会等都会有较大影响。

3. 集体经济组织税费负担问题。八家股份社（京海公司）在纳税义务上与一般企业无异，特别是在集体经济产权制度改革后，新型集体经济组织在对股东进行年度收益分配时，由于国家缺乏与集体经济组织特别法人相适应的税制体系，在现实工作中税务部门就简单地依照现行的个人所得税法征收社员股东 20% 的红利税。例如 2019 年八家股份社实现股东分红总额 1937 万元，缴纳个人所得税 387 万元。为了减轻股东个人的缴税压力，京海公司代缴了红利税，这显然加重了集体经济组织负担，影响了农村集体经济组织正常的收益分配，抑制了农村集体经济产权改革的积极性，不利于集体经济组织和集体经济的健康发展。此外，八家股份社至今还承担八家社区的一些公共管理和公共服务工作，这无疑增加了集体经济组织的负担，也不利于集体经济组织公平参与市场经营活动。

五、思考与建议：走城乡一体的新型城市化转型之路

八家村的城市化转型以及八家股份社的发展，是在长期城乡二元结构的体制大背景、快速城市化冲击的时代大潮流、正在推进的城乡一体化的发展大趋势中进行的，既有许多探索创新做法，也受到城乡二元体制的严重制约，特别是以征地农转居或整建制农转居、征收集体土地、以征地补偿费建立转居农民社会保障等为特征的传统城市化政策路径，已经与快速发展的城乡一体化进程不相协调。在城乡发展一体化进程中，城市化地区的村庄转型应当实现从城乡二元的传统城市化向城乡一体的新型城市化转型跨越。

（一）改变城乡二元体制框架内的村庄传统城市化模式，将城乡一体化的政策制度成果融入到村庄新型城市化之中，实现乡—城转型公平化

八家村城市化转型是在城乡二元体制约束下推进的城市化模式，其

路径主要体现在将农民由农业户口转变为非农业户口，将集体土地征收为国有土地，将征地拆迁转居农民纳入城镇社保体系等等，这就是在既有的城乡二元体制前提下，将农村体制转变为城市体制，最后消灭农村体制，实现城市化。这种城乡二元体制框架内的村庄城市化转型，不但使农村集体和农民付出的传统城市化转型成本过高，而且使城乡一体化发展的政策制度成果和新型城市化发展要求得不到应有的充分体现。应当按照体现以人为本、城乡平等、制度开放要求的新型城市化模式，做出系统性政策调整和工作方式转变，使村庄城市化转型的过程同时是公民权利发展的过程，也是维护社会公平正义的过程。

1. 落实城乡一体化的户籍制度改革政策，改变征地农转居和整建制农转居的传统做法

在城乡统一的户籍制度改革政策实施之前的城乡二元户籍制度条件下，因城市化发展的需要而实行征地农转居和整建制农转居的做法有其合理性和现实选择性，但在国务院以及北京市政府已经实行城乡统一的户籍政策后，作为传统城市化重要特征的征地农转居和整建制农转居政策就失去了基本前提与合法性，应当尽快改变。

2014 年 7 月，国务院印发《关于进一步推进户籍制度改革的意见》，明确规定建立城乡统一的户口登记制度，取消农业户口与非农业户口性质区分和由此衍生的蓝印户口等户口类型，统一登记为居民户口。2016 年 9 月，北京市政府印发的《关于进一步推进户籍制度改革的实施意见》同样规定建立城乡统一的户口登记制度，取消农业户口与非农业户口性质区分，统一登记为居民户口。这说明已经没有农业户口和非农业户口的划分，不再存在农转居或农转非的制度前提，建议尽快废除 2004 年 7 月施行的《北京市建设征地补偿办法》(俗称 148 号令)第 19 条"征用农民集体所有土地的，相应的农村村民应当同时转为非农

业户口"的规定。有关部门应当全面落实户籍改革政策，统一将以前的农业户口与非农业户口登记为居民户口，不再实行征地农转居和整建制农转居政策。

在新型城市化进程中，不管农民是否征地拆迁上楼，也不管是否撤村建居，都不再存在居民户口由农业户口转为非农业户口的问题。八家村尚未参加农转居的少数村民，其户口性质可以直接登记为居民户口，保障其作为社区居民以及社员股东的各项权益。

2. 执行农村集体经营性建设用地直接入市的法律规定，不再推行征地城市化的旧模式

作为传统城市化显著标志之一的征地城市化模式，对集体土地实行蚕食鲸吞，既损害了农民的土地财产权，又限制了农民的土地发展权，还破坏了农村土地集体所有制。2020年1月1日起施行新修订的《土地管理法》明确规定因公共利益的需要才能征收集体土地，同时允许集体经营性建设用地直接入市，历史性地改变了过去农村集体土地必须先征收为国有土地后才能进入市场的规定，这就使传统的征地城市化模式不再成为农民唯一而被动的选择，农民可以在集体土地上依法自主实现城市化，这是新型城市化的基本路径之一。

在新型城市化进程中，村民可以根据规划在集体土地上集中居住上楼，不必将住宅用地转为国有土地；农村集体经济组织可以依法合规直接使用集体建设用地兴办企业，或者以土地使用权入股、联营等形式与其他单位、个人共同举办企业，也可以通过出让、出租等方式将集体经营性建设用地交由单位或个人使用。在城市规划区内的城中村或城郊村，可以根据实际情况撤销村委会建制，但除了因公共利益需要征收集体土地并给予合理补偿外，村庄的其他集体土地不必征收为国有土地，集体土地既可以建设城市公园，也可以建设村民住宅小区，还可以发展集体

产业。其实，从更深层意义上说，即便是公共利益的需要，也不必将集体土地征收为国有土地，根据建设规划，可以实行集体土地使用权出租代替征收的建设模式，这也体现"农村改革不论怎么改，都不能把农村集体所有制改垮了"的底线要求。[1]建议尽快全面修订《北京市建设征地补偿办法》，清理和废除其中不符合新《土地管理法》和户籍制度改革、城乡基本公共服务均等化的有关规定。有关部门应当从建设法治中国首善之区的战略高度，适应首都城市化、城乡一体化和乡村振兴战略实施的迫切需要，切实加强首都涉农立法工作，改变首都涉农立法明显滞后的局面，以良法保障善治。

城市化的快速发展与实践的不断创新，使城市规划内的城市建成区有集体土地，城市规划区外的农村地区也有国有土地。因此，《宪法》第10条"城市的土地属于国家所有，农村和城市郊区的土地，除由法律规定属于国有所有的以外，属于集体所有"[2]的规定的内涵和外延已发生了重大变化，应当重新认识和修订。[3]

3. 根据城乡基本公共服务均等化和城乡社会保障制度一体化的新进展新要求，废除征地式社会保险的过时规定

2004 年实施至今的《北京市建设征地补偿办法》，对征收农民集体所有土地涉及的人员安置、就业促进、社会保险等方面作了规定，这些规定都是在城乡二元体制尚未破除也即在城乡二元户籍制度、城乡二元就业制度、城乡二元社会保障等制度仍然存在的前提下制定"逢征必保"的政策，在当时条件下具有一定的合理性和必要性。

但随着农村社会保障制度的建立和城乡基本公共服务均等化政策

---

[1]《习近平关于"三农"工作论述摘编》，北京：中央文献出版社2019年4月第1版，第25页。
[2]《中华人民共和国宪法》，北京：法律出版社2018年3月第1版，第7页。
[3]张英洪、王丽红《撤村建居、农民财产权与新型集体经济——基于北京市丰台区卢沟桥乡三路居村的调查与思考》，载《北京农业职业学院学报》2019年第6期。

的不断推进，覆盖农民在内的城乡统一的社会保险制度已普遍建立起来。比如，《北京市人民政府关于印发北京市城乡居民养老保险办法的通知》（京政发〔2008〕49 号）自 2009 年 1 月 1 日起施行，《北京市人民政府关于印发北京市新型农村社会养老保险试行办法的通知》（京政发〔2007〕34 号）同时废止，这标志着北京市城乡居民基本养老保险实现了城乡制度并轨；《北京市城乡居民基本医疗保险办法》自 2018 年 1 月 1 日起施行，《北京市人民政府关于印发北京市城镇居民基本医疗保险办法的通知》（京政发〔2010〕38 号）和《北京市人民政府办公厅转发市政府体改办等部门关于建立新型农村合作医疗制度实施意见的通知》（京政办发〔2003〕31 号）同时废止，这标志着城乡居民基本医疗保险实现了城乡制度并轨。不管农村集体土地是否被征收，农民都已经开始平等享有社会保险的权利。建议尽快废止《北京市建设征地补偿办法》中有关社会保险的规定。特别是对于征地超转人员每人少则缴纳几十万元、多则每人缴纳高达数百万元社会保障费用的政策，基层干部和农民群众意见非常大，应当尽快废止。

自 2004 年 7 月 1 日起执行《北京市人民政府办公厅转发市民政局关于征地超转人员生活和医疗补助若干问题意见的通知》以来，虽然征地超转人员的政策有过几次调整完善，但总体上看已不合时宜，更不合情理，建议尽快废止征地超转人员的有关政策。应将征收农村集体土地与社会保障制度脱钩，农村集体土地征地走公正合理的财产补偿和合理安置途径，社会保障制度走城乡基本公共服务均等化之路，实现从征地社会保险制度向城乡一体化的社会保险制度转变，尽快将城镇职工基本医疗保险、城镇职工基本养老保险与城乡居民基本医疗保险、城乡居民基本养老保险整合为统一的不分身份和职业的基本医疗保险、基本养老保险，特别是要强化政府提供公共产品的职责，明确规定从土地出让收入中设立专项资金用于补齐农民社会保险待遇短板，充分体现以工哺农、以城带乡的政策导向，切实提高城乡居民社会保障待遇水平，缩小城乡居民社保差距，助推共同富裕。

（二）构建市场化、法治化的集体经济组织建设和集体经济发展的外部制度环境，保障和实现集体经济组织身份地位特别法人化

新型城市化中的农村集体经济组织建设和农村集体经济，对市场化、法治化的外部制度环境提出了现实的迫切要求，应当根据《民法典》确定的特别法人的定位，加快构建有利于集体经济组织建设和集体经济发展的制度环境。

1. 处理好集体经济组织合作社化与公司化的关系

集体经济组织原本是依据合作社的理念和原则，在农业合作化运动中产生和发展起来的，乡村社区型合作社是农村集体经济组织的本来身份名称。随着人民公社的解体和市场经济的发展，从人民公社母体中分离出来的农村集体经济组织虽然有政治和法律地位，但长期没有法人地位，而在经济发达地区和城乡接合部地区，发展集体经济又有强烈的现实需要和发展优势，于是集体经济组织的公司化就应运而生。

20 世纪 80 年代北京市郊区普遍建立农工商公司，统一在工商部门登记注册，作为集体经济组织走向市场开展经营活动的合法身份。后来乡村两级又恢复建立社区型乡村经济合作社，这就使集体经济组织同时具有经济合作社与农工商公司两个名称，实行"两块牌子、一套人马"，经济合作社主要是名义上的存在，而农工商公司则是实体化的存在。2017 年 3 月通过的《民法总则》首次将农村集体经济组织规定为特别法人。随着《民法典》的实施以及农村集体经济组织专门立法的推进，农村集体经济组织必然全面走向法人化、实体化，因而解决农村集体经济组织"一体两面"问题、处理好经济合作社与农工商公司之间的关系不

但是一个十分重要的法律问题，也是一个十分迫切的现实问题。

八家股份社与京海公司的关系面临三种可能选择：一是保持目前"一套班子、两块牌子"的格局不变。但这不利于八家股份社进一步规范化、实体化、法人化发展。二是撤销京海公司，保留八家股份社。这涉及集体资产过户、企业经营品牌损失等重大问题。按照相关法律，办理资产过户手续按规定应缴纳资产额3%的契税、0.3%的交易费、5.5%—5.65%的营业税及附加、25%的企业所得税、0.5%的手续费、0.05%的印花税等，这对于集体经济组织和集体企业来说是个重大的税费负担。此外，京海公司在市场上已经营30多年，形成了较好的企业品牌和信誉形象，一旦被注销，则损失巨大。三是保留京海公司，将京海公司作为八家股份社全资控股的所属集体所有制企业，并以京海公司为母公司，控股或参股若干家子公司，这可能是《农村集体经济组织法》颁布实施后最合理的选择。

但必须明确的是，如因政策因素需要将集体资产从京海公司过户到八家股份社的，应当区别于其他公司之间市场交易类的资产过户，免收过户税费。

2. 构建集体经济、集体企业与国有经济、国有企业同等重要、平等对待的政策制度体系

党的十八大报告明确提出："保证各种所有制经济依法平等使用生产要素、公平参与市场竞争、同等受到法律保护。"[1]除了在意识形态上始终强调集体经济发展的重要性之外，更应当在政策制度上构建起集体经济与国有经济同等重要、同等对待、同等保护的发展条件和营商环境。

首先，保障农村集体经济组织和集体企业依法平等使用生产要素。比如在劳动力使用上，农村集体经济组织和集体企业在保障集体经济组

---

[1]《中国共产党第十八次全国代表大会文件汇编》，北京：人民出版社2012年11月第1版，第19页。

织成员充分就业的基础上，要像国有企业一样公开平等地面向社会招录劳动力，在制度上保障集体经济组织和集体企业就业人员医疗、养老、住房等各项社会保障权利和工资福利待遇；进一步放宽户口控制，回归户口登记功能，给予从社会上招聘劳动力安家落户保障；遵照国际劳工组织有关标准要求，建立规范的工会组织，保障和发展集体经济组织和集体企业职工合法权益；凡是国家对国有企业的优惠支持政策同样适用和惠及集体经济组织和集体企业；制定集体经济组织和集体企业人力资本发展规划，加强对集体经济组织和集体企业的人力资本培训。在土地资源利用上，集体经济组织和集体企业应当与国有企业一样平等地使用土地资源，特别是要改变过去那种农村集体经济组织在自己集体土地被低价征收后再通过招拍挂方式高价买回土地使用权来进行开发建设的不合理政策，应当依据集体经营性建设用地入市的新规定，集体经济组织可以自主利用集体经营性建设用地发展集体产业，壮大集体经济。

其次，同等保护集体经济组织和集体企业的各项合法权益。集体经济组织和集体企业在市场经营活动中，涉及合同纠纷等相关法律纠纷和矛盾问题的，都应当在公正的政策法律范围内合理合法地解决，改变"重国有、轻集体"的传统思想观念和工作方式。八家股份社（京海公司）至今存在的一些悬而未决的历史遗留问题，应当在法治的轨道上得到及时有效地解决。法治是最好的营商环境，各级政府应当在营造良好的法治环境上做出表率，付诸行动，首先要在法治政府、诚信政府建设上取得实效，以政府自身建设的法治化、诚信化，推动营商环境的法治化、诚信化，彰显法治中国首善之区的价值定位与实践要求。

3.建立健全与特别法人相适应、有利于集体经济组织建设和集体经济发展的财税金融制度体系

集体经济组织作为特别法人，集经营性与公益性于一身，既有与其他营利法人平等进入市场、公平参与市场经济活动的一般性，也有与其

他营利性市场主体承担不一样的社区公益性事务等特殊性。因此，在公共政策制定和制度构建中，既要积极营造平等对待、公平合理的市场化、法治化、国际化营商环境，又要积极构建符合特别法人特性、体现特别法人要求的财税金融等制度体系。

首先，建立有利于集体经济组织和集体企业发展的财税制度。建立扶持集体经济发展的财政专项基金，持续支持、推动集体经济组织体系建设，鼓励、引导集体经济发展壮大。尽快改变以现行营利法人税法体系对待和要求特别法人纳税的不当做法，加快研究制定适应集体经济组织建设和集体经济发展需要的新税制。比如，对于集体资产在集体企业与经济合作社之间的过户问题，应当免交资产过户契税等税费；对于因推进集体产权制度改革而实行按股分红的，应当减免股东个人红利税，或以"先征后返"的方式全额返还给农村集体经济组织，支持集体经济组织发展。将撤村建居后的社区公共管理和公共服务费用纳入财政预算，强化公共财政对撤村后新建城市社区公共产品的供给责任，及时将集体经济组织承担的社区公共管理和公共服务职能移交给社区居委会，减轻集体经济组织承担社区公共管理和公共服务负担。在集体经济组织承担社区公共管理和公共服务职能未剥离之前，应当相应减免集体经济组织和集体企业的税费，并给予财政补贴。考虑到集体经济组织本身所具有的公益性与经营性并存的特性，即使将社区公共管理和公共服务职能剥离出去后，集体经济组织也不可避免地在社区公共事务中发挥重要作用，因此建立支持集体经济组织和集体经济发展的相关财税政策制度，具有内在的合理性和必要性。

其次，积极发展合作金融，满足农村集体经济组织和集体企业发展的金融需求。在鼓励商业金融机构为农村集体经济组织和集体企业提供融资服务的同时，在战略上加强城乡合作金融体系建设，积极探索以乡镇集体经济组织为主体发展农村合作金融的有效途径，强化构建与集体经济组织和集体企业相匹配的合作金融服务体系，加快补齐城乡合作金融的短板，多渠道满足集体经济组织和集体企业的投融资需求。

再次，建立有利于高层次优秀人才到农村集体经济组织和集体企业就业创业的政策制度，健全集体经济组织和集体企业吸引外部优秀人才就业创业的体制机制。要像国有企业一样，在集体经济组织和集体企业实行开放式用人制度，加快建立健全职业经理人聘任机制，形成科学合理的薪酬制度，促进人力资源向集体经济组织和集体企业合理流动，加快推动城乡就业、医疗、养老等社会保障制度城乡一体化，消除城乡社会保障、国有企业与集体企业待遇之间的差别，使在集体经济组织和集体企业就业创业的人员能够享受到与在国有企业就业创业人员同等的就业、医疗、养老等社会保障待遇，全面实行就业创业人员在就业地或居住地落户登记制度，保障家庭功能，建立职工家庭福利制度。

（三）加强集体经济组织的制度化、规范化建设，优化集体经济组织内部治理机制，确保集体经济发展成果由集体成员共享化

集体经济组织作为组织农民、富裕农民、服务成员的重要组织载体，是推动基层治理现代化、实现共同富裕的重要依托和中坚力量。要像抓基层党组织建设那样重视抓集体经济组织的建设，像重视国有企业改革那样重视集体企业的改革，像重视国有经济发展那样重视集体经济的发展，推动实现集体经济组织和集体经济的高质量发展，保障集体经济组织成员共享集体经济发展的成果。

1.强化集体经济组织制度建设

立足于建设法治中国首善之区的战略要求，制定集体经济组织和集体经济发展的立法规划，有步骤地推进农村集体经济组织系列立法工作，营造有利于农村集体经济组织振兴的法治环境，推进集体经济组织建设和集体经济发展的制度化、规范化。

首先，在国家层面正在起草《农村集体经济组织法》的基础上，借

鉴黑龙江、广东、上海、四川等地已制定"农村集体经济组织条例"的经验，结合北京实际，尽快制定《北京市农村集体经济组织条例》，出台支持集体经济发展的具体政策，构建集体经济组织建设和集体经济发展的法律法规和政策体系。

其次，完善农村集体经济组织内部治理机制。根据农业农村部《农村集体经济组织示范章程（试行）》，加强集体经济组织章程修订完善工作，坚持按章程办事，制定适宜城市化地区集体经济组织发展的股权流转方式。在市场经济体制下，只有集体资产股权的有序流转和有偿退出，才能实现生产要素的优化组合，体现成员持有集体资产股份的价值，才能显现它们作为生产要素的潜在市场价值。着眼于集体经济发展的长远考虑，建立新型集体经济组织股权流转和退出机制，实现集体经济组织封闭性与开放性的有机统一。针对有法定继承权的集体成员亲属、集体企业高管、职业经理人等特殊群体，应明确集体经济组织成员认定程序与资格条件，完善股权转让办法；探索持股权与表决权分离机制，通过制度创新，既保障成员利益，也发挥集体资产股权流转效应。针对已经长期离开股份社所在地的股东，建立股权有偿退出机制，明确成员资格退出条件，保障集体经济组织和集体企业员工的基本权益。

2. 创新集体经济组织监管方式

已经实现城市化转型的集体经济组织与传统农村集体经济组织有很大的不同，这对农业农村等部门与时俱进地加强监督管理和指导服务提出了新要求。

首先，把握集体经济组织内涵与外延的巨大变化。城市化地区的集体经济组织，在市场化改革和城市化冲击下，其内涵与外延都不同于传统农村集体经济组织。比如，从产业类型上说，八家股份社已经从传统从事农业生产转向发展都市型服务产业，即从第一产业转型为第三产业；从成员身份上说，八家股份社绝大多数社员从农业户口整建制转为非农业户口，即实现了从农民向市民身份的转变；从居住方式来，八家股份社绝大多数居民已经告别传统乡村院落居住方式，通过拆迁上楼住进城市小区，即从农村居民转变为城市居民。在已经基本上没有农业、没有农村也没有农民的情况下，农业农村等部门对农村集体经济组织的认识以及相关管理服务工作，应当与时俱进地做出相应转变。例如，自 2021年 10 月 1 日起施行的《四川省农村集体经济组织条例》第 3 条对农村集体经济组织的定义是："以集体所有的土地为基本生产资料，实行家庭承包经营为基础、统分结合双层经营体制的经济组织。"[1] 这个对农村集体经济组织的定义，就不适合像八家股份社这类城市化地区的集体经济组织，因为八家股份社既不是以集体所有的土地为基本生产资料，主要是以集体经营性资产为基本生产资料；也不实行家庭承包经营为基础、统分结合的双层经营体制，而是实行集体统一经营体制。所以城市化地区集体经济组织实质上是以集体资产为基本生产资料、实行集体统一经营的社区型经济组织。此外，城市化地区农村集体经济组织其实也已经转变为城市集体经济组织，但它又不同于原初意义上的城市集体经济组织，而是从农村集体经济组织转型发展而来、带有许多农村基因的集体经济组织。

其次，健全集体资产监督管理体制和机制。在特大城乡接合部地区，农村集体资产总额巨大，有的超过同区域范围内的国有资产，有的与国有资产总额相当。我们曾组织课题组研究估算，2013 年北京市农村集体资产总额达 10.4 万亿元。[2] 为加强农村集体资产的监督管理，北京市海淀区借鉴国资委监管模式，于 2013 年 12 月在全国率先成立了首家

---

[1]《四川省农村集体经济组织条例》（2021年7月29日四川省第十三届人民代表大会常务委员会第二十九次会议通过），载《四川日报》（数字版），2021年8月5日第7版，https://epaper.scdaily.cn/shtml/scrb/20210805/259549.shtml.

[2]张英洪等著《北京市城市化中农民财产权利研究》，北京：社会科学文献出版社2019年1月第1版，第117页。

农村集体资产监督管理委员会（简称"农资委"），这对于加强农村集体资产的监督管理发挥了重要作用。经过多年的实践探索，为进一步加强和完善集体资产监督管理，特别是针对在乡村振兴战略中容易被忽视和边缘化、在城市建设管理中也容易被忽视和边缘化的城市化地区集体经济组织面临的改革发展问题，建议在市级层面建立集体资产监督管理委员会（笔者认为简称"集资委"更合适），既可设在农业农村部门，也可直接隶属于市政府管辖，可按市、区、乡镇（街道）三级设立集资委。市级集资委的主要职责是研究制定集体经济组织建设和集体经济发展的规划和政策指导意见；监督管理集体资产，促进集体资产保值增值；指导规范集体经济组织的制度化、规范化、信息化建设，督促检查集体经济组织遵守和执行章程情况；指导推进集体经济组织和集体企业建立健全法人治理结构，健全内部治理机制；依照法定程序对所监管的集体经济组织和集体企业负责人进行任免、考核、奖惩，建立符合特别法人要求的选人、用人机制，完善经营者激励和约束制度；研究起草集体经济组织建设和集体经济发展壮大的政策法规，制定相关监督管理制度；为集体经济组织建设和集体经济发展提供政策指导和服务，维护和发展集体经济组织成员的各项权益；开展集体经济组织建设和集体经济发展调查研究，协调解决集体经济组织和集体经济发展中面临的重大问题等。

3. 保障集体经济组织成员权利

建立集体经济组织、发展集体经济的根本目的在于组织农民、富裕农民，维护和发展集体经济组织成员的权利，保障社员股东当家作主，实现共同富裕。

首先，保障集体经济组织成员的民主权利。集体经济组织是建立在集体资产由成员集体所有基础上的社区型经济组织，内在需要集体经济组织成员民主参与，当家作主。可以说，农村集体经济组织中的民主与农村村民自治中的民主相辅相成、相得益彰，构成了乡村基层民主的两大支柱，对于保障基层群众当家作主、推进基层治理现代化具有重要意义。基层党组织在保障集体经济组织成员民主权利上要发挥关键性的领导作用，促进农村集体经济组织民主管理、依法经营。集体经济组织应当严格落实章程，确保章程规定的成员（代表）大会、董事会、监事会等治理机制得到有序运行，章程规定的成员权利得到有效维护。坚持和推行社务公开，营造公开透明、宽松民主的良好氛围，保障集体经济组织成员对集体经济组织经营管理的知情权、参与权、决策权、监督权，形成集体经济组织共建、共治、共享、共赢的治理局面，充分体现和保障集体经济组织成员的主人翁地位，确保集体成员民主权利得到有效保障，集体成员的自由意志得到充分体现。

其次，保障集体经济组织成员的财产权利。集体资产是集体成员集体所有的资产，必须进一步解放思想、深化改革，充分保障集体经济组织成员的各项财产权利，增加集体经济组织成员的财产性收入，为实现共同富裕提供重要保障。加大集体资产监督管理力度，防止集体资产流失和被侵夺，特别是将全面从严治党和全面依法治国向集体经济组织延伸，防止集体资产领域里的"小官巨贪"现象；提高集体资产市场化经营水平，促进集体资产保值增值，特别是要适应市场化、城市化、国际化发展的需要，促进符合条件的集体经济组织和集体企业做大做强，建立健全集体企业引进职业经理人体制机制，推动优质集体企业挂牌上市，营造集体产业越做越强的营商环境；坚持和规范集体收益分配制度，保障社员股东的集体收益分配权，特别是要尽快建立健全与集体收益分配相适应的财税制度，减免社员股东分红税费，增加社员股东财产性收入，从制度上保障集体经济组织成员真正享有集体经济发展的成果，充分发挥集体经济组织在推动城乡基层善治、实现共同富裕上的独特功能和积极作用。

　　调研组组长：张英洪

　　调研组成员：张英洪、刘雯、王丽红、李婷婷、侯晓博、谢颖、陈嘉玲

　　执笔人：张英洪、刘雯

　　2021 年 9 月 23 日

下　篇
专题调研报告

征地拆迁、整建制转居与农民财产权
——北京市大兴区北程庄村调查

一、引言

改革开放以来，城市化步入快车道。城市的扩张必然导致城郊农村地区的城市化。特别是 20 世纪 90 年代以来，特大城市城乡接合部地区的农村不断被城市的迅猛向外扩张所吞并，不少村庄逐步成为城市肌体的一部分。在快速城市化进程中，农村地区的城市化是不可避免的经济社会现象，也是经济社会和城市化发展的必然规律，这本身无可厚非。值得关注和思考的问题在于，在我国特有的城乡两种土地公有制以及城乡二元性的户籍身份制度、社会保障制度、社区管理制度等基本制度结构中，政府主导的征地拆迁城市化模式是如何对待和处置农民集体财产的，以及农民是如何实现市民化的。换言之，在城市化进程中，农民的财产权利是如何维护和发展的。这是一个重大的社会实践问题，也是一个重大的公共政策问题和事关城乡融合发展的重大理论问题。

正是带着这些问题，最近我们对北京市大兴区黄村镇北程庄村进行了调查。我们希望通过解剖北程庄村这只"麻雀"，认识和把握城市化进程中维护和发展农民财产权利的现实路径和基本经验，分析其成败得失，思考和探索在保障农民财产权的基础上实现更加公平合理的城乡善治之路。

黄村镇是大兴区委区政府所在地，北程庄村作为黄村镇所属的一个行政村，地处大兴区新城北区，距离大兴区政府 6.3 公里。该村在 2010 年 3 月底前，先后完成了土地全部征占、整建制转居和集体经济组织产权制度改革，已属于无农业、无农村、无农民而只有集体经济组织，即北程庄村股份经济合作社的"三无村"。在北京，"三无村"有两种情况：一种是撤销村委会建制，比如丰台区卢沟桥乡"三路居村"；另一种是仍然保留村委会建制，比如北程庄村。北程庄村虽然完全没有农业这个产业、没有村庄这个形态，也没有农民这个身份，但至今仍然保留着村委会这块牌子。因征地拆迁、农民上楼，北程庄村村民与其他拆迁村村民混住在郁花园三里社区和康泰园社区，这两个社区均成立了城市社区居委会。

2006 年，即在北程庄村进行最后一轮大规模征地拆迁的前一年，该村面积约七八百亩，72 户，农业户籍人口 259 人，农村劳动力 183 人。村集体经济组织总收入 149 万元，资产总额为 1767.4 万元，其中固定资产 1231.7 万元，流动资产为 535.7 万元。到 2017 年，该村集体经济组织总收入 659 万元，资产总额为 8805 万元，其中固定资产 3710.2 万元，流动资产 5094.8 万元，农民人均所得 14300 元。该村共有集体经济组织成员 265 人，其中劳动力 140 人。

二、土地征收与安置补偿

改革开放以来，北京的城市化发展开始加速，常住人口城镇化率从 1978 年的 55% 提高到 2017 年的 86.5%，常住人口从 1978 年的 871.5 万人增加到 2017 年的 2170.7 万人，农业户籍人口从 1978 年的 382.6 万人减少到 2017 年的 227.5 万人，乡镇政府个数从 1985 年的 365 个减少到 2017 年的 181 个，村委会个数从 1985 年的 4394 个减少到 2017 年的 3920 个，城市建成区面积从 2002 年的 1043.5 万平方公里扩大到 2016 年的 1419.66 平方公里。北京城市空间摊大饼式的急剧扩张，主要是通过政府征用和征收农村集体土地这种征地拆迁模式完成的。

自 20 世纪 80 年代以来，北京的征地补偿安置政策经过了三次较大的调整。第一次是 1983 年 8 月 29 日北京市政府发布实行的《北京市建设征地农转工劳动工资暂行处理办法》。该办法根据 1982 年 5 月施行的《国家建设征用土地条例》第一条和第十二条制定。根据《国家建设征用土地条例》，征用耕地（包括菜地）的补偿标准，为该耕地年产值的三至六倍；征用园地、鱼塘、藕塘、苇塘、宅基地、林地、牧场、草原等的补偿标准，由省、自治区、直辖市人民政府制定。征用无收益的土地，不予补偿。征用宅基地的，不付给安置补助费。《北京市建设征地农转工劳动工资暂行处理办法》规定被征地单位符合条件的农转工人员，由用地单位负责安排工作。农转工人员不论安置到集体所有制或全民所有制单位工作，都应执行所在单位同类人员的工资标准、奖励、劳保、福利待遇等制度。

第二次是 1993 年 10 月 6 日北京市政府发布实行《北京市建设征地农转工人员安置办法》。该办法进一步明确了在建设征地中安置农转工人员的相关办法，强化了征地单位的权利义务以及农转工人员的权利义务，对于自谋职业者，给予一次性安置补助费。

第三次是 2004 年 4 月 29 日北京市政府常务会议通过、自 2004 年 7 月 1 日起施行的《北京市建设征地补偿安置办法》（北京市人民政府令第 148 号，俗称 148 号令），该办法有几个明显的特点：一是与前两个办法只规定征地农转工人员安置不同，148 号令既规定了征地补偿，也规定了人员安置和社会保险。二是明确征地补偿费实行最低保护标准制度。三是实行逢征必转原则，规定征用农民集体所有土地的，相应的农村村民应当同时转为非农业户口，应当转为非农业户口的农村村民数量，按照被征用的土地数量除以征地前被征地农村集体经济组织或者该村人均土地数量计算。四是实行逢转必保，建立社会保险制度，将转非劳动力纳入城镇社会保险体系。五是明确农村村民转为非农业户口后，不丧失对农村集体经济组织积累应当享有的财产权利。

从 20 世纪 90 年代末期开始，北程庄村集体土地先后四次被陆续征用或征收。到 2007 年，该村土地已被全部征收。

发生在 1999 年前后和 2004 年的两次征地，分别是因为修建铁路和修建公路的需要而征地，属于小规模的征收耕地，且只征地不转居。该村土地大规模被征收发生在 2007 年。一次是因京沪铁路建设，征收该村 320 亩土地，根据《北京市建设征地补偿安置办法》，征地补偿标准统一打包，征地单位按照 20 万元/亩的标准支付给村集体征地补偿款；另一次是大兴区新城北区 5.75 平方公里规划开发建设征地，这次征地共涉及 7 个村庄，北程庄村属于其中的一个，该村被征收剩余的所有土地即 460 亩，征地单位按照 16 万元/亩的标准支付给集体征地补偿款，同时给村集体 2600 平方米底商的所有权。2007 年北程庄村两次征地补偿款约 13700 万元。北程庄村四次征地基本情况，见表 1。

表 1　北程庄村 4 次征地基本情况

征地年份	征地事由	征地面积	征地价格	农户转居情况
1999 年前后	铁路征地	约 80 亩左右	7 万元/亩	没有转居
2004 年	兴旺路、金星西路（属于大兴区区域规划路）征地	近 100 亩	13 万元/亩	没有转居
2007 年	京沪铁路征地	320 亩	20 万元/亩	没有转居
2007 年	大兴区新城北区 5.75 平方公里开发征地，涉及 7 个村	460 亩	16 万元/亩 +2600 平方米底商	一次性整建制转居

注：2007 年征地时，青苗补偿费标准为 2.5 万元/亩、大棚补偿费为 40 元/平方米。

来源：作者调研整理。

北程庄村的前两次征地，没有改变村庄的基本格局。2007年的两次征地拆迁，使北程庄村完全失去了传统村庄的基本形态和结构，实现了从传统乡村向现代城市社区的历史性嬗变。

2007年北程庄村土地被征占、整体拆迁后，在回迁社区还没有建成之前，征地单位采取按照置换面积进行房租补贴的方式安置农民生活，农民自主租房，每月每平方米补贴租金20元。北程庄村拆迁补偿方案以每户为单位，按照每户宅基地面积的75%置换回迁房。此外，还有宅基地的地上物补偿和旧房装修补偿。其中，宅基地的地上物补偿按照房屋重置成新价补偿。一般情况下，回迁的村民每户能置换到4套房（每套房约90平方米）和60多万元的现金补偿。该村置换面积较多的几户，置换了7套房和100余万元的现金补偿。凡是按规定提前签字搬迁的，每户还能获得2万元奖励资金。

2009年6月，北程庄村村民开始回迁到两个已建成的回迁社区公寓。提前搬家的进入郁花园三里社区居住，搬家较晚的进入康泰园社区居住。康泰园社区系在北程庄村原址上建成的城市社区；郁花园三里社区则是7个拆迁村的集中回迁社区，隶属于新成立的高米店街道管辖，共有16栋回迁楼，1865套公寓，居住了5000多人，其中本地户籍人口约2500人，外来人口约2500人。

《北京市建设征地补偿安置办法》对转非劳动力就业作了规定，强调转非劳动力就业坚持征地单位优先招用、劳动者自主择业、政府促进就业的原则。转非劳动力自谋职业的，一次性就业补助费支付给本人。一次性就业补助费不低于下列标准：（一）转非劳动力年满30周岁、不满40周岁的，为征地时本市月最低工资标准的60倍；（二）转非劳动力男年满55周岁、女年满45周岁的，为征地时本市月最低工资标准的48倍，年龄每增加1岁递减六分之一，至达到国家规定的退休年龄时止；（三）其他转非劳动力为征地时本市月最低工资标准的48倍。该村转非劳动力基本上选择自谋职业，征地之日男不满 40 岁、女不满 30 岁的 16 周岁以上的劳动力，只支付给本人一次性就业补助费，人均约 5.6 万元。

三、整建制转居和社会保险

《北京市建设征地补偿安置办法》规定，征用农民集体所有土地的，相应的农村村民应当同时转为非农业户口。应当转为非农业户口的农村村民数量，按照被征用土地数量除以征地前被征地农村集体经济组织或者该村人均土地数量计算。2007 年北程庄村的土地被全部征收，农业户籍人口全部转为非农业户籍，全村整建制转为城镇居民。该村转非人数共 265 人。对于不满 16 周岁的未成年人及 16 周岁以上正在接受义务教育和学历教育的学生，该办法规定只办理转为非农业户口的手续，不享受本办法规定的转非劳动力安置补偿待遇。

根据《北京市建设征地补偿安置办法》规定，农村集体经济组织或者村民委员会要对转非劳动力和超转人员办理参加社会保险手续，缴纳社会保险费，自批准征地之月起，转非劳动力应当按照国家和本市的规定参加各项社会保险，并按规定缴纳社会保险费。

所谓转非劳动力，是指征地转为非农业户口且在法定劳动年龄范围内具有劳动能力的人员，不包括 16 周岁以上正在接受义务教育和学历教育的学生。对于转非劳动力补缴社会保险费主要包括基本养老保险费、基本医疗保险费、失业保险费三种。

在转非劳动力补缴基本养老保险费上，规定男年满 41 周岁、女年满 31 周岁的补缴 1 年基本养老保险费；年龄每增加 1 岁增补 1 年基本养老保险费，最多补缴 15 年。补缴基本养老保险费以依法批准征地时上一年本市职工平均工资的 60% 为基数，按照 28% 的比例一次性补缴。补缴后，由社会保险经办机构按照 11% 的比例一次性为其建立基本养老保险个人账户。例如，该村张俊某在征地时 43 周岁，村集体给他补交了 3 年基本养老保险。从 44 岁起，张俊某每年自费缴纳基本养老保险，到 60 岁时可享受基本养老金待遇。

一是在转非劳动力补缴基本医疗保险费上，规定转非劳动力男年满 31 周岁的补缴 1 年基本医疗保险费，至年满 51 周岁前每增加 1 岁增补 1 年，最多补缴 10 年；年满 51 周岁的补缴 11 年基本医疗保险费，至退休前每增加 1 岁增补 1 年，最多补缴 15 年。转非劳动力女年满 26 周岁的补缴 1 年基本医疗保险费，至年满 41 周岁前每增加 1 岁增补 1 年，最多补缴 5 年；年满 41 周岁补缴 6 年基本医疗保险费，至退休前每增加 1 岁增补 1 年，最多补缴 10 年。补缴基本医疗保险费以依法批准征地时上一年本市职工平均工资的 60% 为基数，按照 12% 的比例一次性补缴。补缴后，由社会保险经办机构将其中 9% 划入统筹基金、1% 划入大额医疗互助资金、2% 划入个人账户。

二是在转非劳动力补缴失业保险费上，转非劳动力年满 16 周岁的补缴 1 年失业保险费，至达到国家规定的退休年龄前，每增加 1 岁增补 1 年，最多补缴 20 年。补缴失业保险费以依法批准征地时上一年本市职工平均工资的 60% 为基数，按照 2% 的比例一次性补缴。

所谓超转人员，是指征地转为非农业户口且男年满 60 周岁、女年满 50 周岁及其以上的年龄超过转工安置年限的人员和经认定完全丧失劳动能力的人员，包括无人赡养的孤寡老人以及法定劳动年龄范围内经有关部门鉴定完全丧失劳动能力且不能进入社会保险体系的病残人员。《北京市建设征地补偿安置办法》规定超转人员安置办法依照市人民政府有关规定执行。2004 年 6 月 27 日，北京市人民政府办公厅转发市民政局《关于征地超转人员生活和医疗补助若干问题意见的通知》（京政办发

〔2004〕41号），自2004年7月1日起执行。该意见对民政部门接收超转人员的生活和医疗补助标准以及相应的支付标准作了如下的具体规定：

一是在超转人员生活补助费接收标准上，规定一般超转人员（指有赡养人的超转人员）在当年本市城市最低生活保障至当年本市最低退休费标准的范围内确定标准接收，孤寡老人和病残人员在当年本市城市最低生活保障至当年本市最低基本养老金标准的范围内确定标准接收。转居前已在农村退休的超转人员，退休费高于接收标准的，按照其退休费标准接收。民政部门以当年确定的接收生活补助标准为基数，按照5%的比例环比递增向征地单位收取费用。

二是在超转人员医疗补助费接收标准上，规定一般超转人员按照每人每月120元接收，孤寡老人和病残人员按照每人每月500元接收。同时，按照5%的比例环比递增向征地单位收取费用。

超转人员生活补助费用和医疗费用，由征地单位在征地时按照规定标准和年限（从转居时实际年龄计算至82周岁）核算金额，一次性交付接收管理部门。

对于民政部门接收的超转人员，其生活补助费的支付标准是：一般超转人员、孤寡老人和病残人员均按照接收标准支付。对于超转人员的医疗补助费支付标准，规定一般超转人员按照每人每月30元支付医疗补助，年内符合本市基本医疗保险支付规定的医疗费用累计超过360元以上的部分报销50%，全年累计报销最高限额2万元。病残人员医疗费用按照比例报销，即年内符合本市基本医疗保险支付规定的医疗费用3000元（含）以下的部分报销80%；超过3000元以上的部分报销90%，全年累计报销的最高限额5万元。孤寡老人的医疗费用实报实销。

2007年北程庄村征地时，转非人数共265人，其中转非劳动力100多人，超转人员43人。村集体从征地补偿款中支付转非劳动力和超转人员的社会保险费约 2000 多万元，其中超转人员平均每人缴纳生活补助费用和医疗费用达 65 万元。该村没有经认定完全丧失劳动能力的病疾人员，如认定有转非病残人员，其缴纳的社会保险费用会更高。例如，大兴区黄村镇小营村一名患有严重肝腹水的转居人员张书某，因为丧失劳动力，被认定为病残人员，村集体为其向当地民政部门缴纳了 200 多万元的生活补助费用和医疗补助费用。张书某在征地转居（时年 46 岁）的三年后（49 岁）去世，三年中张书某每年只获得 2 万多的生活补助费用和医疗补助费。

四、集体产权改革与收益分配

在城镇化进程中，实行农村集体经济产权制度改革，对乡村集体经济组织进行股份制或股份合作制改造，还权于民，发展股份合作经济，是维护农民财产权利、发展集体经济最现实、最有效的途径。从 1992 年起，随着城镇化的发展，北京市就开展了农村集体经济产权制度改革试点工作。集体经济产权制度的基本原则是"撤村不撤社、转居不转工、资产变股权、农民当股东"，集体经济产权改革的基础是要界定资产和界定成员，股权设置一般设为集体股和个人股，集体股占 30%，个人股占 70%。经过二十多年的改革实践，目前北京已完成 98% 的村级集体经济产权制度改革任务。

北程庄村于 2009 年开始实行集体经济产权制度改革，2010 年完成集体经济产权改革任务，开始实行按股分红。其基本做法是：

一是确定改革基准日，开展清产核资工作。北程庄村将 2009 年 4 月 30 日确定为改革基准日，自 2009 年 4 月 30 日至 2010 年 3 月 30 日，开展清产核资工作。截止到 2010 年 3 月 30 日，北程庄村集体资产总额 80734366.04 元，其中村集体固定资产总额 50083951.5 元，货币资金 30355989.54 元；村集体负债总额 2367797.48 元，村集体净资产总额为 78366568.56 元。

二是确定集体经济组织成员身份和股东人数。根据有关规定，北程庄村确定集体经济组织成员即村股份经济合作社股民共 265 人。其中 1956 年 1 月 1 日至 1983 年 12 月 31 日（1983 年后实行家庭联产承包责任制不再有集体劳动），全村参加集体劳动的人员 106 人，劳龄总年数 1458 年。

三是兑现原集体经济组织成员劳龄款。1956 年 1 月 1 日至 1983 年 12 月 31 日期间，参加集体生产劳动但在改革基准日前，户口已经迁出本村的原集体经济组织成员共 81 人，对这些原集体经济组织成员计算劳龄款，实行现金一次性兑现的办法支付。原集体经济组织成员劳龄总年数 582 年，按每年 365 元计算，共支付原集体经济组织成员劳龄款 212430 元。

四是明确股权设置和股权权能。该村集体净资产总额 78366568.56 元减去原集体经济组织成员劳龄款 212430 元后，所剩余的净资产额 78154138.56 元作为股权设置的份额。在股份设置中，北程庄村基本上按照集体股占 30%、个人股占 70% 的比例原则设置股权。具体情况是，在 78154.14 股中，集体股为 22357.84 股，占 28.61%；个人股 55796.3 股，占 71.3%。集体股由村股份经济合作社股东共同拥有，其股份分红用于股份经济合作社事务管理和公益福利等支出。个人股是村股份经济合作社股民所持有的股份。个人股包括基本股和历史劳动贡献股（简称劳龄股）。基本股是在本村征地转居安置前有正式农业户口的集体经济组织成员按人头享有的股份，基本股占 97.13%，折合 54192.5 股，享受基本股的人员共 265 人，平均每人 204.5 股；劳龄股是 1956 年 1 月 1 日至

1983 年 12 月 31 日期间年满 16 岁并曾在村集体参加生产劳动的村民应享有的股份。劳龄股所占的比例为 2.87%，折合 1603.8 股。享受老龄股的人员 106 人，总劳龄年限为 1458 年，平均每年 1.1 股。基本股和劳龄股同股同利。如某人，1950 年生，2010 年 3 月 30 日时年龄为 60 周岁，16 岁（1966 年）开始参加集体劳动，截至 1983 年 12 月 31 日，参加集体劳动 18 年，按照 1 年 1 个劳龄股计算，该成员有 18 股劳龄股和 204.5 股基本股，共拥有个人股份 222.5 股。北程庄村股份经济合作社股民持有的集体资产股份，可以继承、内部赠与或内部有偿转让，股民去世后如无人继承，则由村集体收回其股份。

五是实行按股分红。北程庄村集体每年主要收入有四大块：一块是 2009 年北程庄村集体购买的 4000 平方米底商，买入价为 1 万 / 平方米，每年租金收入 300 万元。第二块是 2007 年征地拆迁时，大兴区新城建设征地 5.75 平方公里中规划有 3.2 万平方米底商，北程庄村分得 2600 平方米底商，每年租金收入 108 万元。第三块是村委会办公楼用于出租，每年租金收入约 100 多万元。第四块是剩余征地补偿款的年利息收入约 200 万元。2010 年，北程庄村完成集体经济组织产权制度改革后就实行了按股分红。2010 年至 2014 年，北程庄村集体经济组织成员每年的基本股分红金额分别是：10204 元、12270 元、18405 元、20450 元、20859元，2015 年至 2017 年每年分红均为 22495 元。2010—2017 年北程庄村集体经济组织成员基本股分红情况，见表 2。

表2　2010—2017年北程庄村基本股分红情况

年份	分红总额（万元）	基本股人均分红（元）	基本股数	备注
2010	288	10204		
2011	334	12270		
2012	502	18405		
2013	550	20450	204.5 股 / 人	产权制度已经固化，基本股股数不变。
2014	569	20859		
2015	613	22495		
2016	613	22495		
2017	613	22495		

来源：作者调研整理。

五、思考和建议

在城市化进程中，一个传统村庄向城市社区转型，是一个重大的社会结构变迁过程，涉及城乡两种体制的转轨和农民身份的转换，其核心是维护和发展村集体和农民的财产权利，主要有三个方面：一是征地补偿涉及的财产权利，二是建立社会保险涉及的财产权利，三是产权改革后集体经济组织收益分配权利等。作为从传统村庄转型为城市社区的典型案例，北程庄村的乡—城转型过程虽然有许多可取的经验，但值得深思的深层次问题还存在不少，许多公共政策需要调整，制度建设需要加强，治理体系需要完善，治理能力需要提升。

（一）关于征地拆迁及补偿

征地拆迁及补偿问题，是我国城市化进程中最为集中、最为突出的问题，也是涉及农村集体和农民财产权利保护最为尖锐的问题。在推进城镇化中，地方政府普遍采取征地拆迁的办法，低价从农村集体和农民手中强制征收土地，再以高价拍卖给开发商，从中获取巨大的土地增值收入。2007年北程庄村被征收土地460亩，政府以每亩16万元的价格补偿给村集体，却以每亩 500 万元的价格拍卖给开发商。这种政府征地拆迁的城市化模式，不仅造成村集体和农民土地财产权利的重大损失，损害社会公平正义，引发社会矛盾，而且人为抬高房价，扭曲房地产市场，容易滋生严重的权力寻租等腐败现象。目前这种高成本的征地拆迁城市化模式存在严重弊端，亟需革除。改革的总体要求是在建设法治中国的目标下，坚持和实现土地集体所有制与土地国有制这两种公有制的平等，维护和发展农村集体和农民的财产权利，实现社会的公平正义，推进治理体系和治理能力现代化。

为此，要从根本上改变现行的征地思维和征地制度。1982 年《宪法》规定城市的土地属于国家所有，农村和城市郊区的土地，除由法律规定属于国家所有的以外，属于集体所有；宅基地和自留地、自留山，也属于集体所有。这是从静态上规定了城市土地属于国有、农村土地属于集体所有。就是说，在 1982 年这个时间节点上，城市土地属于国有、农村土地属于集体所有。有关部门应当对当时的城市土地以及农村的集体土地的所有权分别进行所有权的确权登记，并进行固化。《宪法》并没有规定在城市化这个动态过程中集体土地必须转为国有土地。城市化是一个动态的发展过程，在这个过程中，不一定非要对集体土地实行征收变为国有土地。所以，我们建议：一是加快土地方面的立法工作，保障两种土地公有制的平等地位。在城市化进程中，在符合规划的前提下，集体土地与国有土地一样可以开发建设，换言之，在集体土地上同样可以建设城市。同理，国有土地也同样可以从事农业生产经营，比如国有农场、国有林场、都市田园、城市农业等。土地管理要实现法治化、精细化、科学化，要分别对国有土地和集体土地的所有权进行详细的确权登记，集体土地的所有权分别确权登记到相应的集体经济组织名下，国有土地的所有权应当实行各级政府的分级登记，明确由国务院行使以及由地方各级政府行使的所有权领域和范围。二是区分因公共利益需要的一般公益征收与城市建设需要的开发建设征收。《宪法》规定，国家为了公共利益的需要，可以依照法律规定对土地实行征收或征用并给予补偿。就是说，国家为了公共利益的需要，不仅可以对集体土地实行征收或征用，也可以对国有土地实行征收或征用。这种征收就是一般公益征收，应当给予公正补偿。因城市开发建设需要征收农村集体土地的应当列入开发建设征收范围。开发建设征收可以借鉴中国台湾地区区段征收的经验做法，对纳入城市建设规划区的农村集体土地实行开发建设征收时，在对被征收集体土地进行重新规划整理后，将40%—50%的土地退回给集体土地所有权人（略类似于我国有的地方实行的留地安置），政府将取得的50%—60%的土地中的约三分之二用于城市建设需要的公共设施建设，其余约三分之一用于公开拍卖出售或出租，其收入用于土地开发和公共设施建设所需。三是取消土地财政，建立健全土地税制。要改变长期以来政府通过强制从农村集体和农民手中低价征收土地再高价出让，而攫取巨额土地差价的土地财政政策，政府应当从经营土地的赢利角色回归公共利益的公正角色，通过从土地增值收益中依法收取税收而获得法定收入。因此，加快土地税制改革刻不容缓。四是要区分对承包地、宅基地、集体建设用地等所有权人的补偿和使用权的补偿，并明确所有权人和使用权人之间的补偿分配比例。在征地中，既要保障土地所有权人获得公正的补偿，也应明确和保障对土地使用权的公正补偿。现行重所有权人补偿、轻使用权人补偿的做法要切实改变过来。五是加快国家层面土地法律体系的制度供给。特别是要抓紧开展《土地法》的立法调研以及《土地管理法》的修改等法制建设工作；全面修订《北京市建设征地补偿安置办法》《北京市集体土地房屋拆迁管理办法》等地方法规。要切实改变立法利益部门化、部门利益法制化的状况，改变由原国土部门主导土地立法的部门化倾向，发挥全国人大及其常委会以及地方各级人大及其常委会在立法中的主导作用，扭转立法滞后、立法失衡的局面，在法治中国的大背景下加强土地法律法规方面的制度建设。改革开放以来，北京市大致每10年修订一次有关征地补偿安置的地方法规。"148号令"至今已经实行了14年，不少条款已不合时宜，迫切需要重新修改。同时要加快土地征收安置补偿等法规的立法调研和修改工作。城市化中的法律法规滞后是一个非常突出的治理问题。

（二）关于农民身份转换和社会保障

我国20世纪50年代建立的城乡二元体制，是以城乡二元户籍制度为核心的。在城乡二元户籍制度未改革的情况下，推进城市化进程，就存在城郊农村土地被征收时相应的农村居民转为城镇居民即非农业户籍人口转为城镇户籍人口的政策安排合理性。改革开放以来，北京市因城市化征地实行农转居政策，并将转居农民纳入城镇社会保险体系，其保险费由村集体和农民缴纳，主要从征地补偿费中扣除。同时，在城乡二元结构中，长期以来，国家只为城镇居民建设社会保障制度，而没有为农民建立社会保障制度。随着改革的深入，传统的城乡二元户籍制度不断得到突破，覆盖城乡的社会保障制度也不断建立。在户籍制度改革方面，2014年7月国务院发布《关于进一步推进户籍制度改革的意见》，明确规定取消农业户口和非农业户口划分，统一登记为居民户口。2016年9月，北京市政府发布《关于进一步推进户籍制度改革的实施意见》，同样规定取消农业户口和非农业户口划分，统一登记为居民户口。在社会保障制度建设方面，2002年11月党的十六大以后，在统筹城乡发展的理念下，国家开始逐步建立覆盖农民的社会保障体系。2010年10月28日，第十一届全国人民代表大会常务委员会第十七次会议通过了我国首部《社会保险法》，自2011年7月1日起施行。该法将农民纳入社会保险之中，规定国家建立基本养老保险、基本医疗保险、工伤保险、失业保险、生育保险等社会保险制度，保障公民在年老、疾病、工伤、失业、生育等情况下依法从国家和社会获得物质帮助的权利。进入21世纪后，北京市也已陆续出台了针对农民的"新农保"、"新农合"、农村低保等社会保障政策，不断推进社会保障政策制度的城乡一体化。从2015年7月起，北京市城乡低保标准实现了并轨，城乡居民低保标准统一为每月710元；自2018年1月起，北京市城乡低保标准调整为家庭月人均1000元，城乡低收入家庭认定标准调整为家庭月人均2000元。自2009年1月1日起北京市实行《北京市城乡居民养老保险办法》，自2018年1月1日起北京市实行《北京市城乡居民基本医疗保险办法》，城乡居民养老保险、城乡居民基本医疗保险实现了完全并轨。

为此，我们建议：一是落实户籍制度改革成果，全面取消农转居政策。2016年以后，北京市已经明确宣布取消农业户籍和非农业户籍的划分，统一登记为居民户口。而一些地方至今仍然在僵化地实行农转居政策。农转居政策的前提是还存在农业户籍与非农业户籍的划分，但在取消农业户籍和非农业户籍划分的改革后，农转居就完全失去了继续存在的政策前提。一些地方之所以还在继续实行农转居政策，说明户籍制度改革的成果尚未真正落地，各部门之间的政策缺乏应有的衔接统一，各自为政的现象突出，也暴露了一些部门不能与时俱进地调整政策的官僚主义懈怠作风。二是尽快废止《北京市建设征地补偿安置办法》中有关征地农转居的政策规定。在城乡二元体制没有破除的情况下，"逢征必转"的政策曾经发挥过积极作用。但随着城乡一体的户籍制度改革的突破，城乡二元体制下的"逢征必转"已经不合时宜。有关部门要加强立法修改的调查研究，克服不作为或慢作为的现象，与时俱进地加强法制建设，主动增强制度供给能力。北京市人大及其常委会要依法履职，增强地方立法的主动性、针对性、有效性和科学性，切实改变有关"三农"立法严重滞后的局面。三是全面废止征地转非劳动力缴纳社会保险的政策规定。在国家和北京市没有为农民建立社会保障的情况下，实行"征地必保"的政策具有积极的意义，但在已经普遍建立城乡统一的社会保障制度的新形势下，实行"征地必保"的政策就已经失去了政策法律依据。尤其令人诧异的是，现行的征地社会保险政策完全由村集体从征地补偿款中缴纳巨额的社会保险费用，而政府在为农民提供社会保险这个公共产品上没有体现应有的基本责任。这实质上是政府在履行公共产品供给上的缺位，是对村集体和农民财产权利的巨额攫取。这种征地社会保险政策具有极大的不合理性，农民群众意见较大。享有基本的社会保险，是《宪法》赋予每个公民的基本权利，是各级政府应当履行的基本职责，这与征地无关。不管是否征收农民的土地，农民都应当平等地享有基本的社会保障权利。建议全面废止《北京市建设征地补偿安置办法》中有关社会保险的规定。凡是依法征地的，政府只需对被征地单位和个人进行公正的财产补偿，要将征地补偿与社会保险完全脱钩。

（三）关于集体所有制和集体经济组织

集体所有制是我国的两种公有制之一。坚持集体所有制，是政治正确性的重要体现。但在政治原则和政治立场上强调坚持集体所有制，与在现实生活中特别是在城市化中能否真正坚持集体所有制并不是一回事。集体经济组织是集体所有制的权利行使主体，是广大农村最为普遍的农民组织。在社会主义市场经济条件下，如何坚持集体所有制、规范和发展集体经济组织、维护集体经济组织权益、落实集体经济组织的特别法人地位，是一个十分紧迫的现实课题。2016年4月，习近平总书记在安徽小岗村召开的农村改革座谈会上强调，不管怎么改，都不能把农村土地集体所有制改垮了，不能把耕地改少了，不能把粮食生产能力改弱了，不能把农民利益损害了。我们在调查中发现，对农村集体所有制冲击最大的是政府主导的征地城市化模式。现行的征地城市化模式，强制征收集体土地并将之变性为国有土地，实质上是消灭了土地集体所有制，而集体经济组织也在城市化中面临生死裂变。

我们建议：一是实行集体土地与国有土地同样可以开发建设城市的

政策制度。要改变现行的征地城市化模式，不再实行以土地国有制吞并土地集体所有制的征地方式。1982年《宪法》对城乡土地性质的规定，可以理解为一个静态的时间节点上的土地所有权形态。随着城市的不断发展，要允许城市中既有国有土地，也有集体土地。就是说，集体土地同样可以合规合法地开发建设城市。现在一些地方正在实行的农村集体建设用地建设入市试点，就为集体土地合法进入城市开发建设提供了先行探索。在新型城镇化中，要赋予集体经济组织依法合规自主利用集体土地进行开发建设的权利，集体土地使用权与国有土地使用权一样可以依法转让。这是在城市化进程中坚持土地集体所有制的充分体现。在城市化进程中要真正坚持土地的集体所有制，就必须改变传统的征地城市化模式。二是深化集体经济组织产权制度改革。推进农村集体经济组织产权制度改革，是城市化中维护和发展农民财产权利的现实途径和有效方式。北京市虽然已经完成了98%的村级集体经济组织产权制度改革的任务，但仍然存在不少需要继续深化改革的深层次问题。例如，在集体股上，凡是已经撤村建居或只剩有村委会牌子的"三无村"，应当对集体股进行再次量化给股东的二次改革。在股权权能上，应当在现有个人股享有继承、内部转让的基础上，赋予其有偿退出、抵押、担保等权能。在产权格局上，要改变集体产权的封闭性，实现集体产权的开放性，以适应市场经济发展的需要。如果没有集体产权的开放，乡村振兴和集体经济发展都将面临不可克服的产权封闭性的重大制约。在内部经营管理上，要进一步健全新型集体经济组织的法人治理结构，保障股东的民主参与权和收益分配权。三是创新农村合作经济经营管理方式。在快速城市化进程中，出现了"三无村"或只有村委会牌子的"空壳村"，历史上以土地为纽带的集体经济组织转变为以资产为纽带的集体经济组织，以前由农民组成的集体经济组织也因农民转为城市居民而转变为由市民组成的集体经济组织，相应的农村集体经济组织就转变为城市集体经济组织，等等。这种新的重大变化对各级农村经管部门提出了全新的要求，迫切需要各级农村经管部门转变观念，增强市场化、精细化、民主化、法治化等管理观念和服务方式，更加注重对城乡集体资产的监督管理，更加注重对城乡股份合作经济组织的指导服务，更加注重对集体经济组织成员即股东民主权利和财产权利的维护保障，等等。

（四）关于撤村设居

自从 20 世纪 50 年代建立集体所有制、形成集体资产以来，北京市针对农村集体资产的处置大体经历了三个阶段：一是 1956 年至 1985 年，实行"撤队交村、撤村交乡"的自行处理政策。这个阶段没有制定明确的集体资产处置政策，一般情况是将撤制村队的财产交上级集体经济组织统一使用。二是 1985 年至 1999 年，实行"主要资产上交、部分资产分配"的政策。1985 年 9 月 30 日，北京市委农工委、市政府农办转发市农村合作经济经营管理站《关于征地撤队后集体资产的处置意见》（京农〔1985〕69 号），该意见规定土地全部被征用的地方，社员转为居民，大队、生产队建制即相应撤销。征地撤队的集体资产处理政策的主要内容是：（1）集体的固定资产（包括变价、折价款）和历年的公积金余额，以及占地补偿费，全部上缴给所属村或乡合作经济组织，作为公共基金，不准分给社员；（2）集体的生产费基金、公益金、生活基金和低值易耗品、库存物资和畜禽折款，以及国库券等，归原队社员合理分配；（3）青苗补偿费，本队种植的树木补偿费，以及不属于固定资产的土地附着物的补偿费，可以纳入社员分配；（4）属于社员自留地和承包地的青苗补偿费、自有树木补偿费、自有房屋折价补偿费，全部归所有者所得；（5）社员入社股金如数退还；（6）一个队部分土地被征用、部分社员转为居民的，可参照上述可分配资金的分配原则处理，一次了结。三是从 1999 年至今，实行股份合作制改造及相关处置等政策。1999 年 12 月 27 日，北京市政府办公厅颁布《北京市撤制村队集体资产处置办法》（京政办〔1999〕92号），对撤制村、队集体资产的处置分两种情况进行：一种情况是集体资产数额较大的撤制村、队，要进行股份合作制改造，发展股份合作经济。在集体经济组织改制中，将集体净资产划分为集体股和个人股，集体股一般不低于30%，其他作为个人股量化到个人；另一种情况是集体资产数额较小，或者没有条件发展股份合作制经济的村、队，其集体资产的处置办法主要是：（1）固定资产（包括变价、折价款）和历年的公积金（发展基金）余额，以及占地补偿费，全部交由所属村或乡镇合作经济组织管理。待村或乡镇合作经济组织撤制时再处置；（2）公益金、福利基金和低值易耗品、库存物资、畜禽的折款以及国库券等，兑现给集体经济组织成员；（3）青苗补偿费，村队种植的树木补偿费和不属于固定资产的土地等附着物的补偿费，可以兑现给集体经济组织成员；（4）撤制村、队集体经济组织成员最初的入社股金，可按15倍左右的比例返还。

城市化发展，使大量的农村地区转变为城市地区，相应的农村村委会建制被撤销，城市社区居委会迅速增加。从1984年到2017年，北京市乡镇个数从365个减少到181个，减少了184个；村委会个数从4398个减少到3920个，减少了478个；城市社区居委会从2888个增加到3140个，增加了252个。撤村设居事关农村集体和农民的财产权利，事关城市化的公平正义，事关治理体系和治理能力现代化，兹事体大。我们建议：一是尽快修改《北京市撤制村队集体资产处置办法》，完善撤制乡村集体资产处置办法。要适应新的发展形势，进一步修改完善撤制村集体资产处置办法，更好地维护和发展农民的财产权利；同时应当明确规定撤制乡镇的集体资产处置办法。二是要及时撤销"三无村"或"空壳村"的村委会建制。北程庄村完全符合撤销村委会建制的条件，但至今仍然保留村委会的牌子，各级财政每年还需拨付这种有名无实的"空壳村"日常管理经费。据北京市"三农普"调查，2016年全市保留有村委会牌子的无农业、无村庄、无农民的所谓"空壳村"尚有 103 个。有关部门应当与时俱进，履职尽责，担当起撤村设居的基本职责。三是各级政府应当全面承担起撤村后设立的新的城市社区居委会的公共管理和公共服务职责，将新设立的居委会管理服务经费全面纳入财政预算予以保障，切实减轻集体经济组织承担的社区居委会管理服务负担。

参考文献：

[1] 周其仁著《产权与制度变迁：中国改革的经验研究（增订版）》，2004 年 9 月第 1 版，2005 年 9 月第 2 次印刷。

[2] 周其仁著《城乡中国》（上），中信出版社 2013 年 9 月第 1 版。

[3] 周其仁著《城乡中国》（下），中信出版社 2014 年 8 月第 1 版。

[4]（美）R．科斯、A．阿尔钦、D．诺斯等著《财产权利与制度变迁——产权学派与新制度学派译文集》，刘守英等译，上海人民出版社 1994 年 11 月新 1 版，2005 年 6 月第 8 次印刷。

[5] 国务院发展研究中心农村经济研究部著《集体所有制下的产权重构》，中国发展出版社 2015 年 8 月第 1 版。

[6] 黄中廷、陈涛主编《从共同共有到按份共有的变革》，中国农业出版社 2004 年 3 月第 1 版。

[7] 黄中廷著《农村集体经济产权制度改革研究》，新华出版社 2007 年 2 月第 1 版。

[8] 黄中廷著《新型农村集体经济组织设立与经营管理》，中国发展出版社 2018 年 8 月第 1 版。

[9] 陈水乡主编（黄中廷主笔）《北京市农村集体经济产权制度改革历程（1992—2013）》，中国农业出版社 2015 年 1 月第 1 版。

[10] 宁文忠著《消失的村庄——北京 60 年的城乡变迁》，北京工业大学出版社 2009 年 8 月第 1 版。

[11] 张英洪等著《北京市城乡基本公共服务问题研究》，社会科学文献出版社 2014 年 7 月第 1 版。

[12] 张英洪等著《北京市法治城市化研究》，社会科学文献出版社 2017 年 11 月第 1 版。

[13] 韩俊、张云华、张要杰《农民不需要"以土地换市民身份"——北京市朝阳区农村集体经济产权制度改革调查》，载《中国发展观察》2008 年第 6 期。

[14] 刘守英《集体土地资本化与农村城市化——北京市郑各庄村调查》，载《北京大学学报（哲学社会科学版）》2008 年第 6 期。

[15] 魏书华《城乡结合部城市化与农村集体资产处置》，载《城市问题》2002 年第 4 期。

[16] 焦守田《京郊农村集体经济产权制度改革历程》，载《北京农村经济》2017 年第 11 期。

[17] 焦守田《京郊农村集体经济产权制度改革的伟大成就》，载《北京农村经济》2018 年第 2 期。

[18] 黄中廷《还权于民的重大变革——北京市农村集体经济产权制度改革的回顾与思考》，载《北京农村经济》2018 年第 5 期。

[19] 张英洪《北京农村承包地流转：启示与建议》，载《中国经济时报》2018 年 4 月 10 日。

调研组组长：张英洪

调研组成员：刘雯、陈珊、李婷婷

执笔人：张英洪、刘雯

2018 年 6 月 19 日

原载《北京农业职业学院学报》2019 年第 2 期

撤村建居、农民财产权与新型集体经济

——北京市丰台区卢沟桥乡三路居村调查

一、引言

改革开放 40 年来，随着城市化的快速发展，北京摊大饼式的城市向外扩张模式，使城郊地区的大量农村快速消失。北京市常住人口城镇化率从 1978 年的 55% 提高到 2017 年的 86.5%，城市建成区面积从 1990 年的 339.4 平方公里扩大到 2016 年的 1419.7 平方公里。在这个城乡经济社会结构历史性转型变迁的背后，是农民财产权利和身份的巨大变化。在快速的城市化进程中，北京近郊出现了一批无农业、无农村、无农民的"三无村"。这种因城市化冲击导致的"三无村"存在两种形态：一种是虽然没有农业、没有农村、没有农民，但仍然保留有村委会牌子的"空壳村"，如北京市大兴区黄村镇北程庄村。另一种是已经整建制撤村转居的村。这样的村庄尚无全面统计，但我们可以从下面的统计数据中大致判断城乡基层建制的消长变化。从 1984 年到 2017 年，北京市乡镇个数从 365 个减少到 181 个，减少了 184 个；村委会个数从 4398 个减少到 3920 个，减少了 478 个；城市社区居委会从 2888 个增加到 3140 个，增加了 252 个。因城市化而消失的村庄，农村集体的土地是如何失去的？集体资产是如何处置的？农转居过程中村集体和农民支付了多大的身份转换成本？集体经济又是如何发展的？总之，一句话，农民在城市化进程中的财产权利是如何维护和发展的？正是带着这些问题，最近，我们对已于 2012 年撤村建居的北京市丰台区卢沟桥乡三路居村进行了详细调查。

三路居村位于北京市西南二环与西南三环之间的丽泽路中段，隶属于北京市丰台区卢沟桥乡，下辖三路居、孟家桥、骆驼湾、凤凰嘴四个自然村，村域面积约 1610 多亩，其中国有划拨地约 80 亩，集体土地约 1531 亩，村域东至菜户营西街、南至万泉寺公园、西至金中都西路、北至三路居路。在撤村建居前的 2011 年 10 月 31 日，三路居村辖区内共有常住人口 2762 人，其中农业户籍人口 1853 人，非农业户籍人口 909 人；全村总户数 1211 户，其中农业户 952 户，非农业户 259 户。全村超转人员 552 人，其中农业人口 547 人，非农业人口 5 人；全村劳动力 1155 人，其中农业人口 1077 人，非农业人口 78 人；全村劳动力中在职人员 654 人，领取生活费人员 181 人，服役 1 人，待岗 316 人，服刑 3 人。2012 年，三路居村完成撤村建居工作，村委会建制被撤销，相应地成立了金鹏天润社区，仍隶属于卢沟桥乡政府（卢沟桥地区办事处）管辖。

二、城市开发建设与集体土地国有化

我国《宪法》规定实行社会主义公有制，即全民所有制和劳动群众集体所有制；城市的土地属于国家所有，农村和城市郊区的土地属于集体所有；国家为了公共利益的需要，可以依照法律规定对土地实行征收或者征用并给予补偿。《土地管理法》规定："任何单位和个人进行建设，需要使用土地的，必须依法申请使用国有土地。"由于立法建设的滞后，至今没有对公共利益进行法律界定。在现实中，不管是公共利益还是城市开发建设等需要使用集体土地，都实行国家征地政策，即政府征收集体土地后，将其变性为国有土地，然后进行开发建设。

改革开放以来，北京市先后三次制定了征地补偿安置政策，一是1983年8月29日北京市政府发布实行的《北京市建设征地农转工劳动工资暂行处理办法》；二是1993年10月6日北京市政府发布实行《北京市建设征地农转工人员安置办法》，三是2004年4月29日北京市政府常务会议通过、自2004年7月1日起施行至今的《北京市建设征地补偿安置办法》（俗称148号令），148号令明确规定实行"逢征必转"、"逢转必保"的政策，就是凡是征收农民土地的，要根据规定将农民转为城镇居民，同时将农民纳入城镇社会保险体系之中。

三路居村演变成为"三无村"，直接源于城市化建设征用和征收该村土地。从1998年丽泽路道路建设开始，三路居村土地就开始被征用。特别是2005年以后，随着丽泽金融商务区的发展[1]，三路居村土地全部纳入北京丽泽金融商务区规划范围。截至2016年底，该村集体土地已经基本被征收，尚剩余近30亩集体土地仍然归集体经济组织所有，并按原用途使用管理，将来如需建设，按程序办理集体土地征收手续。1998年以来三路居村征地及人员安置情况，见表1。

---

[1]北京丽泽金融商务区地处北京西二、三环路之间，以丽泽路为主线，东起菜户营桥，西至丽泽桥，南起丰草河，北至红莲南路。北京丽泽金融商务区是北京市和丰台区重点发展的新兴金融功能区。2008年，北京市委、市政府出台《关于促进首都金融业发展的意见》，将北京丽泽金融商务区纳入首都"一主一副三新四后台"的金融业总体布局。2011年，北京市"十二五"规划中将丽泽定位为首都"六高四新"产业发展格局中的"四新"之一。2013年，丽泽金融商务区成为首批国家智慧城市试点，同年列入北京市第一批绿色生态示范区。

表 1 三路居村征地及人员安置情况表（1998—2016）

年份	征地用途	面积（亩）	补偿情况	安置人员（人）
1998	丽泽路道路用地	132.68	678.32元/亩，共9万元	744
2002	建设三路居回迁楼、东管头电站、三路居控规企业建设和丽泽路南侧绿化等项目	90.6	0	200
2002	加油站项目	2.538	0	无
2003	菜户营西街117号住宅项目	11.1075	15755.12元/亩，共17.5万元	无
2005	丽泽商务中心项目	21.38	80万元/亩，共1710.4万元	27（超转16人）
2008	利群住宅合作社干警宿舍楼	0.41655	共100万元	无
2009	丽泽商务区B6—B7地块一级开发	413.91	160万元/亩，共66225.6万元	545（超转138）
2010	丽泽商务区B4—B5地块一级开发	24.86	160万元/亩，共3977.6万元	35
2011	丽泽商务区B9—B11地块一级开发	221.3	160万元/亩，共35408万元	312（超转88）
2011	丽泽商务区B9—B11征地	2.991	160万元/亩，共478.56万元	无
2015	丽泽商务区北区B区地块一级开发	187.46	160万元/亩，共29993.6万元	284（超转79人）
2016	丽泽商务区北区A地块（征收）	1.69	278万元/亩（土地补偿费130万元/亩，安置补助148万/亩）共469.82万	—
2016	丽泽商务区北区B地块（征收）	191.56	278万元/亩（土地补偿费130万元/亩，安置补助148万/亩）共5253.68万	—
2016	丽泽商务区北区B1地块（征收）	288.42	278万元/亩（土地补偿费130万元/亩，安置补助148万/亩）共80180.76万	—
2016	丽泽商务区北区C地块（拟征，尚未具体签订征收协议）	28.49	278万元/亩（土地补偿费130万元/亩，安置补助148万/亩），共7920.22万元	49（劳动力33 超转16）
合计		1619.403		

来源：作者调查整理。

在近二十年的时间里，三路居村的土地98.2%被征收。从土地征收原因来看，基本上是因为城市开发建设需要而征地。从征地补偿标准来看，从1998年征地时每亩9万元，增加到2016年每亩278万元。政府对征收土地进行简单的一级开发后，通过实行招拍挂将已变性的国有土地使用权出让给开发商，以获取可观的土地出让收入。例如，2007年，北京金鹏公司通过自挂、自拍、自筹、自建的方式开发建设"金唐国际金融大厦"9405.56平方米（14.1亩），缴纳土地出让金1157.25万元，平均每亩82万元，平均每平方米1230.39元，其中丽泽商务中心项目包括三路居集体土地。2012年，北京金鹏公司与丰台区其他集体经济组织合作，通过土地招拍挂取得丽泽商务区C9项目二级开发建设权，涉及土地面积5397.65平方米（8.1亩），土地出让金为3.9亿元，平均每亩481.5万元，平均每平方米土地出让价格为7225.4元。2015年，北京金鹏公司通过土地招拍挂取得丽泽商务区D10项目二级开发建设权，涉及土地面积199794.86平方米（约30亩），土地出让金为25.1亿元，平均每亩836.7万元，平均每平方米1.256万元。

2003年以前，三路居村被乡政府和开发商征用了集体土地236.9255亩，其中有93.444亩没有给予任何补偿，1998年丽泽道路建设征用三路居村集体土地132.68亩，补偿标准仅为678.32元/亩。

三、拆迁上楼、整建制转居与农民市民化

传统的北京农民一般居住在比较松散或较紧凑的平房院落里。在城市化进程中，被征地村庄农民的宅基地同时被征收，平房被拆除，村民被集中统一安置住进楼房里。根据"148号令"，转为城镇居民的农民缴纳社会保险费后，享受城镇居民社会保险待遇；村委会建制撤销后建立

城市社区居委会。在征地城市化进程中，农民的市民化路径主要通过拆迁上楼实现居住方式大转变、农转居实现身份社保大转换、撤村建居实现社区治理大转型完成的。1998 年至 2016 年，在三路居村土地征用和征收过程中，共安置农民 2196 人。

（一）拆迁上楼：居住方式大转变

2003 年 8 月 1 日起施行的《北京市集体土地房屋拆迁管理办法》（北京市政府令第 124 号），规定因国家建设征用集体土地或者因农村建设占用集体土地拆迁房屋，需要对被拆迁人进行补偿、安置。对于宅基地上的房屋拆迁，可以实行货币补偿或者房屋安置，有条件的地区也可以另行审批宅基地。拆迁宅基地上房屋补偿款按照被拆除房屋的重置成新价和宅基地的区位补偿价确定。拆迁补偿中认定的宅基地面积应当经过合法批准，且不超过控制标准。北京市国土资源和房屋管理局发布的《北京市宅基地房屋拆迁补偿规则》（京国土房管征〔2003〕606 号）明确房屋拆迁补偿价由宅基地区位补偿价、被拆迁房屋重置成新价构成，计算公式为：房屋拆迁补偿价＝宅基地区位补偿价 × 宅基地面积＋被拆迁房屋重置成新价。

随着城市化建设的推进，三路居村农民陆续搬迁上楼。总体来看，该村较大规模的农民上楼有 6 次：一是 1998 年丽泽路修建征用该村土地，涉及 871 户人口，安置农民上楼 744 人。二是 2002 年东管头电站、企业建设、丽泽路南侧绿化等项目，安置农民上楼 200 人。三是 2009 年丽泽商务区 B6—B7 地块一级开发，安置农民上楼 545 人，其中超转人员 138 人。四是 2011 年丽泽商务区 B9—B11 地块一级开发，安置农民上楼 312 人，其中超转人员 88 人。五是 2015 年丽泽商务区北区 B 区地块一级开发，安置农民上楼 284 人，其中超转人员 79 人。六是 2016 年丽泽商务区北区 C 地块一级开发，安置农民上楼 49 人。

三路居村各时期搬迁上楼的具体补偿安置政策有所不同。以2013 年丽泽金融商务区北区项目用地范围内宅基地房屋搬迁为例，根据《北京丽泽金融商务区北区农民宅基地房屋搬迁补偿安置办法》，拆迁补偿安置方式分为货币补偿和房屋购置两种，以拆迁户为单位，只能选择一种补偿安置方式。货币补偿方式对被搬迁的房屋及设备、装修、附属物补偿，以评估公司的评估结果为准，宅基地面积补偿参照《北京市集体土地房屋拆迁管理办法》及《丰台区人民政府关于〈北京市集体土地房屋拆迁管理办法〉的实施意见》的规定进行补偿，补偿标准按搬迁起始日评估公司市场评估结果为准。房屋安置方式下的补偿款包括被拆迁房屋及设备、装修、附属物补偿款以评估公司的评估结果为准。宅基地面积补偿款＝宅基地面积补偿单价乘以认定宅基地面积，宅基地面积单价为每平方米 9000 元。

认购房屋安置面积的标准为人均建筑面积 46 平方米（超计划生育人员 36 平方米），每一个被搬迁户内的被安置人口指标合并计算。由于所购成套房屋户型原因，实际购房面积超过本被搬迁户购房指标的部分，被搬迁人有两个选择：一是每一被搬迁农户不得超过 60 平方米上限，超出指标建筑面积 30 平方米以外的部分，在优惠售房价格基础上上浮 20%。二是人均不得超过 17 平方米上限，超出指标建筑面积 30 平方米以外至上限的部分，在优惠房价的基础上上浮 20%。

购房安置补助费执行标准：补助针对经认定的被安置人口，补助标准为 5526.8 元／平方米，补助控制标准为人均 46 平方米（超计划生育人员 36 平方米）。具体计算方法为：认定的宅基地面积乘以折算价所得补偿款除以优惠售房价折算后，人均不足 46 平方米的被拆迁户，分别按以下标准发放购房安置补助费：（1）折算后人均面积不足 30 平方米的被拆迁户，对于家庭中的农业户口人员以及在本地农村集体经济组织中历次国家征地农转居人员和享受专业技术人员专家政策的人员，按照每平方米 5200 元的标准补足 30 平方米后，再按每平方米 6500 元的标准，每个人给予 16 平方米补助；家庭中其他人员直接按每平方米 6500 元的标准对每人给予 16 平方米的补助。（2）折算后人均面积超过 30 平方米但不足 46 平方米的拆迁户，按每平方米 6500 元的标准补足人均 46 平方米。（3）被拆迁户的人均认定宅基地面积大于 30 平方米的，对于超出部分，按照 720 元每平方米进行补助，但人均最多补助 16 平方米。（4）对无正式住房户的补助，以户为单位，按照每平方米 3300 元的标准获得 30 平方米的"困难户搬迁安置补助费"，按照每平方米 6500 元的标准，对每人给予 16 平方米的补助。

定向供应北京丽泽金融商务区北区搬迁安置房分为四个项目，优惠售房价分别为：菜户营西路的菜户营定向安置房项目 6500 元每平方米、规划 A02 地块的 A02 定向安置房项目 6500 元每平方米，位于程庄路的彩虹家园（期房）6100 元每平方米、郭庄子的春风雅筑项目（现房）6100 元每平方米。

在搬迁奖励方面，主要分为提前签约奖和提前搬家奖。搬迁启动后 20 日内签约并按照协议时间搬迁腾退宅基地及房屋的搬迁人，按照认定宅基地面积给予每平方米 2000 元的奖励；在搬迁启动后 21 日—30 日内（含），签订搬迁补偿协议并按协议规定时间搬迁并腾出宅基地和房屋的，按照认定宅基地面积给予每平方米 1000 元的奖励。提前搬家奖励为每户 5000 元。各项补助政策主要包括：（1）搬家补助费每平方米 40 元；（2）电话移机费每部 235 元；（3）空调移机费每台 300 元；（4）有线电视迁移费每个终端 300 元；（5）综合补助费，每人 12000 元；（6）一次性停产停业综合补助费按照实际营业面积给予每平方米 1500 元的补助；（7）残疾、低保、大病补助，对有残疾证明人员每证给予 3 万元补助，对持有民政部门颁发的低保证明的，每证给予 3 万元补助，大病补助费针对符合中国保险行业协会制定的《重大疾病保险的疾病定义使用规范》中规定的 25 种大病人员，持北京市三级甲等医院出具的证明的，按每人一次性补助 5 万元；（8）周转补助，一次性发放周转补助 5 个月，补助标准按照安置人口每人每月 1000 元的标准发放周转补助费，并按每人每月 500 元的标准发放交通补助费；（9）期房补助费，按选购安置房居室户型，按一居室 5.5 万元、两居室 8 万元、三居室 10.5 万元的标准给予一次性期房补助。

（二）整建制农转居：身份社保大转换

20 世纪 50 年代，我国建立了城乡二元的户籍制度，将城乡居民划分为农业户籍人口与非农业户籍人口。在此制度框架中，国家实行"农转非"政策，给极少数符合条件的人员办理"农转非"手续。改革开放以来，随着城市化的发展，实行征地农转居即农民土地被征收后按政策转为城镇居民，这是特大城市征收城郊农村集体土地后安置失地农民的一项重要政策。2004 年 7 月 1 日施行的《北京市建设征地补偿安置办法》确立了"逢征必转""逢转必保"的原则，规定征用农民集体所有土地的，相应的农村村民应当同时转为非农业户口。同时，为有关农转居人员建立社会保险。

在 148 号令颁布前的 2002 年 12 月 1 日，北京市石景山区总共有 15535 名农业户籍人口一次性转为城镇居民，这是北京市一个行政区全部农业人口实行整建制农转居的典型案例。在 148 号令颁布后的 2010 年至 2012 年，北京市对城乡接合部 50 个重点村进行大规模集中改造建设，并全部实行整建制转居。其间，北京市政府印发《关于城乡接合部地区 50 个重点村整建制农转居有关工作的意见》（京政发〔2011〕55 号），对农转居工作进行了部署安排。按照 148 号令，50 个村应转居 31999 人，转居缴纳社会保障费用约 96 亿元，人均约 30 万元。加上历史遗留已转居但未加入城镇职工社会保险人员 28313 人，转居缴纳社会保险总费用307.3 亿元，人均约 23.89 万元。

在农转居人员参加社会保险方面。《北京市建设征地补偿安置办法》规定，自批准征地之月起，转非劳动力应当按照国家和本市规定参加各项社会保险，并按规定缴纳社会保险费。转非劳动力是指征地转为非农业户口且在法定劳动年龄范围内具有劳动能力的人员，不包括 16 周岁以上正在接受义务教育和学历教育的学生。转非劳动力补缴的社会保险费，由征地单位从征地补偿费中直接拨付到其所在区、县社会保险经办机构。北京市劳动和社会保障局印发《北京市整建制农转居人员参加社会保险试行办法》（京劳社养发〔2004〕122 号），对征地农转居劳动力参加城镇社会保险作了具体规定，基本要求是以本市上一年度职工月平均工资的 40% 作为缴费基数，基本养老保险缴费累计要满 15 年，不满 15 年的需根据不同年龄、按不同比例一次性补缴基本养老保险费。参加基本医疗保险的农转居人员达到国家规定的退休年龄时，基本医疗保险累计缴费年限男不满 25 年、女不满 20 年的，同样需要根据不同年龄实缴基本医疗保险费。北京市整建制农转居人员参加城镇社会保险规定情况，见表 2。

表 2　北京市整制建制农转居人员参加社会保险规定情况

	缴费基数及比例		缴费年限	补缴规定	
	个人	集体		补缴原因	补缴办法
基本养老保险费	以上一年本人月平均工资为缴费基数，按照8%比例缴纳。	按全部农转居人员月缴费工资基数之和的20%缴纳。	符合国家规定的退休年龄（男年满60周岁，女年满50周岁），缴纳基本养老保险费累计满15年。	缴纳基本养老保险费累计不满15年的	男年满41周岁、女年满31周岁的，应当补缴1年基本养老保险费；此后，年龄每增加1岁增补1年基本养老保险费，但最多补缴15年。以农转居人员办理参加社会保险手续时上一年本市职工平均工资的60%为基数，按28%（集体经济组织20%，农转居人员8%）的比例一次性补缴。
基本医疗保险费和大额医疗互助资金	个人以上一年本市职工工资为缴费基数，按基本医疗保险2%比例缴纳基本医疗保险费，按每月3元缴纳大额医疗互助资金。	集体经济组织按全部农转居人员月缴费工资基数之和的9%缴纳基本医疗保险费，按1%缴纳大额医疗互助资金。	无	参加基本医疗保险的农转居人员达到国家规定的退休年龄时，基本医疗保险缴费年限男不满25年，女不满20年的	（一）农转居人员男年满31周岁的补缴1年基本医疗保险，此后至年满51周岁前每年龄增加1岁增补1年，最多补缴10年；年满51周岁的补缴11年基本医疗保险，最多补缴15年。（二）农转居人员女年满26周岁前的补缴1年基本医疗保险，此后，女年满41周岁的补缴6年基本医疗保险费，最多补缴5年；年满41周岁年龄每增加1岁增补1年，最多补缴10年，至退休前办理参加社会保险手续时，以其办理社会保险手续时上一年本市职工平均工资的60%为基数，农转居人员按12%比例，其中9%划入统筹基金、1%划入大额互助资金，2%划入个人账户）一次性补缴。

（续表）

| | 缴费基数及比例 | | 缴费年限 | 补缴规定 | |
	个人	集体		补缴原因	补缴办法
失业保险	以上一年本人月平均工资为缴费基数，按照0.5%比例缴纳。	集体经济组织按全部农转居人员月缴费工资基数之和的1.5%缴纳。	无	无	无
工伤保险	农转居人员个人不缴纳工伤保险费	集体经济组织以全部农转居人员个人上一年本市月平均工资之和为基数，按照本市工伤保险差别费率的规定缴纳。	无	无	无

注：农转居人员无法确定本人上一年月平均工资的，以上一年本市职工月平均工资为基数缴纳基本养老保险费、基本医疗保险费、大额医疗互助资金和失业保险费、工伤保险费。

来源：根据《北京市建制农转居人员参加社会保险试行办法》整理。

2012 年，三路居村在撤村建居过程中，确认全村农业户籍人口 960 户、1857 人。全村超转人员 547 人；全村劳动力 1155 人，其中农业人口 1077 人，非农业人口 78 人。

根据丰公人管字〔2014〕59 号文件，三路居村已转居人口共 1850 人，尚有 7 人未转居[1]。根据农转居人员参加城镇社会保险有关规定，由村集体统一从征地补偿款中一次性趸缴社会保险费给丰台区社会保险部门。据三路居村整建制撤村建居村劳动力社保费用测算，三路居村农转居劳动力 1552 人共需缴纳社会保险费 8049.3 万元，人均 51864 元（见表 3）。2012 年 4 月 13 日，北京市政府对丰台区政府《关于卢沟桥乡三路居村整建制农转居安置有关事宜的请示》作出批示，同意三路居村 1062 名整建制农转居劳动力以 2011 年缴费基数补缴社会保险，相关工作按照《北京市整建制农转居人员参加社会保险试行办法》（京劳社养发〔2004〕122 号）规定执行。最低缴费基数为市政府批准之日（2012 年 4 月 13 日）上一年市职工平均工资的 60% 为最低缴费基数。

表 3　三路居村转居劳动力一次性趸缴社会保险情况

险种　　　人员合计	趸缴养老保险 男（41－59岁） 女（31－49岁）		趸缴养老保险 男（31－59岁） 女（26－49岁）		合计金额（元）
	趸缴人数（人）	趸缴金额（元）	趸缴人数（人）	趸缴金额（元）	
男	292	22573555.20	425	15230073.60	37803628.80
女	390	33775660.80	445	8913585.60	42689246.40
合计	682	56349216.00	870	24143659.20	80492875.20

来源：作者调查整理。

在超转人员生活补助费用和医疗费用方面。《北京市建设征地补偿安置办法》规定，对于征地转为非农业户口且男年满 60 周岁、女年满 50 周岁及其以上的人员和经认定完全丧失劳动能力的超转人员的安置办

---

[1]截至2018年8月，该村仍有2户、7位农民由于拆迁补偿不满意没有上楼、转非。

法，依照市人民政府有关规定执行。2004 年 6 月 27 日，北京市人民政府办公厅转发市民政局《关于征地超转人员生活和医疗补助若干问题意见的通知》（京政办发〔2004〕41 号），规定超转人员的生活补助费用和医疗费用，由征地单位在征地时按照规定标准和年限（从转居时实际年龄计算至 82 周岁）核算金额，一次性交付民政部门接收管理，资金纳入区县财政专户，实行收支两条线管理。超转人员需缴纳的生活补助费用标准和医疗补助费标准以及相应享受的生活补助待遇标准和医疗补助待遇标准，见表 4。

表 4　北京市征地超转人员生活和医疗补助情况

	生活补助费标准		医疗补助费标准	
	一般超转人员	孤寡老人和病残人员	一般超转人员	孤寡老人和病残人员
接收标准（超转人员缴费标准）	在当年本市城市最低生活保障至当年本市最低退养费标准的范围内确定标准接收。以当年确定的接收生活补助标准为基数，按照 5% 的比例环比递增向征地单位收取费用。	在当年本市城市最低生活保障至当年本市最低基本养老金标准的范围内确定标准接收。以当年确定的接收生活补助标准为基数，按照 5% 的比例环比递增向征地单位收取费用。	按照每人每月 120 元接收。同时，按照 5% 的比例环比递增向征地单位收取费用。	按照每人每月 500 元接收。同时，按照 5% 的比例环比递增向征地单位收取费用。
支付标准（超转人员待遇标准）	按照接收标准支付。今后如需调整标准，一般超转人员按照本市最低退养费标准的调整比例调整。	按照接收标准支付。今后如需标准调整，孤寡老人和病残人员按照本市最低基本养老金标准的调整比例调整。	按照每人每月 30 元支付医疗补助，年内符合本市基本医疗保险支付规定的医疗费用累计超过 360 元以上的部分报销 50%，全年累计报销最高限额 2 万元。	病残人员医疗费用按照比例报销：年内符合本市基本医疗保险支付规定的医疗费用 3000 元（含）以下部分报销 80%；超过 3000 元以上的部分报销 90%，全年累计报销最高限额 5 万元。孤寡老人医疗费用实报实销。

注：一般超转人员是指有赡养人的超转人员。

来源：根据《关于征地超转人员生活和医疗补助若干问题意见》（京政办发〔2004〕41 号）整理。

在撤村建居过程中，三路居村认定的超转人员共有 528 人（其中 82 岁以上 19 人），据测算，需一次性趸缴超转费用 3.83 亿元，人均 72 万多元。三路居村超转人员超转费用测算情况，见表 5。

表 5　三路居村超转人员超转费用测算表

性别	人数（人）	超转费用（万元）
男	95	6841.9
女	433	31407.7
合计	528	38249.6

来源：作者调查整理。

由于需一次性缴纳的超转人员费用巨大，根据区乡有关超转人员可以只转户口、不委托民政部门接收管理超转人员的精神，三路居村对超转人员实行自我管理服务，于 2012 年 7 月制定了《北京金鹏天润置业投资管理公司超转人员管理办法》，设立了专门机构负责超转人员养老、医疗及福利费用的管理工作。在三路居村集体经济组织中退休的超转人员，养老金的发放标准为：退休时三路居村民政科核准为正副职干部的，正职干部 1600 元/月，副职干部 1500 元/月；职工为 1300 元/月。养老金标准随北京市最低级别养老金标准的调整而调整。医疗补助费及医疗费用报销比例为超转人员每人每月领取医疗补助 30 元，一般超转人员在一个报销年度内符合本市医疗报销支付规定的医疗费用累计超过 360 元以上的部分由金鹏天润公司报销 80%，每人全年医疗报销最高累计金额不超过 12 万元，其中门诊为 2 万元，住院费为 10 万元。涉及重大疾病的超转人员，按照在一个报销年度内符合本市级别医疗报销支付规定的医疗费用累计超过 360 元以上的部分由金鹏天润公司报销 80%，每人全年医疗报销最高累计金额不超过 20 万元，其中门诊为 10 万元，住院费为 10 万元。医疗补贴为超转人员在一个报销年度内所发生的门诊和住院费用累计报销在 3000 元以内的，由金鹏天润公司给予本人 1000 元的医疗补贴。福利标准为五一节 500 元 / 人，中秋节和国庆节每人每次 800 元，春节每人 1000 元。据金鹏天润公司介绍，该公司为超转人员缴纳全部保费，办理了"一老医保卡"，每年用于居民工资、退休金、福利、保险、医疗报销等方面费用 6000 余万元。

（三）撤村建居：社区治理大转型

撤村建居，就是撤销农村的村民委员会建制，建立城市的社区居民委员会。在我国城乡二元性的社区管理体制中，农村基层建立村民委员会，实行农村管理体制；城市基层建立居民委员会，实行城市社区管理体制。进入 21 世纪后，北京丰台区农村城市化发展明显较快，城乡两种管理体制的矛盾比较突出。2004 年，丰台区委、区政府制定了《关于改革城乡二元管理体制推进城乡协调发展的意见》（京丰发〔2004〕35 号），着力推进城市化进程中的撤村建居工作，并选择卢沟桥乡精图村、南苑乡成寿寺村作为整建制撤村建居试点，到 2005 年 9 月和 11 月，这两个村的行政建制分别撤销，相应地建立了社区居委会。

在卢沟桥乡精图村、南苑乡成寿寺村整建制撤村建居试点基础上，2010 年 3 月，丰台区委办、区政府办发布《丰台区整建制撤村建居工作方案》（京丰办发〔2010〕13 号），对整建制撤村建居工作作了进一步明确和规范。该方案规定了整建制撤村建居的主要条件：一是集体经济组织完成改制，资产处置全部完成；二是人均农用地少于 0.2 亩，或农用地总面积低于 50 亩，没有基本农田；三是村集体经济组织具有一定的经济实力；四是 80% 以上的农民搬迁上楼。因重点工程建设或其他原因需要整建制撤村建居的，经所在乡镇政府同意也可以提出申请。

整建制撤村建居审批程序有五个环节：一是符合整建制撤村建居的

行政村（改制村），在征求村民代表同意的基础上，由所在乡镇政府向区整建制撤村建居工作领导小组提出启动整建制撤村建居工作的申请；二是区整建制撤村建居工作领导小组对整建制撤村建居申请进行审核；三是申请整建制撤村建居的行政村（改制村）召开村民大会或村民代表大会，对整建制撤村进行讨论决定，大会讨论情况由村委会向乡镇政府报告；四是乡镇政府正式向区政府提出撤销村委会的申请，区政府对撤村申请进行批复；五是撤村后，符合设立社区条件的由街道（地区）办事处提出设立社区的申请，报区政府批准成立新社区。

2011 年 3 月 16 日，中共卢沟桥乡委员会印发《关于深化产权制度改革推动撤村建居工作的意见》（丰卢发〔2011〕11 号），决定于 2011 年底前完成大井、六里桥两个村的撤村建居工作，同时启动西局、周庄子、小瓦窑、东管头、菜户营、马连道、三路居、万泉寺、大瓦窑、岳各庄 9 个村的撤村建居工作。

2010 年 9 月 8 日，三路居村召开整建制撤村建居工作两委会议，同年 12 月 14 日召开了村民代表大会和股东代表大会，表决通过了启动三路居整建制撤村建居工作的决议。三路居村经过 2 年多的撤村建居工作，于 2012 年 12 月 31 日正式选举产生了金鹏天润社区第一届社区居民委员会，标志着三路居撤村建居工作的完成。撤村建居后的金鹏天润社区的党组织为中共丰台区卢沟桥地区金鹏天润社区委员会，行政组织为丰台区卢沟桥地区办事处金鹏天润社区居民委员会，集体经济组织为北京金鹏天润置业投资管理公司，其产权归全体股民所有，该公司的外部监管暂由区经管站负责。三路居村撤村建居工作过程，见表 6。

表 6　三路居村撤村建居工作过程

时间	工作内容	相关文件
2010 年 9 月 8 日	筹备工作：召开整建制撤村建居工作的两委会	《丰台区委、区政府关于改革城乡二元管理体制推进城乡协调发展的意见》《丰台区整建制撤村建居工作方案》《中共卢沟桥乡委员会关于深化产权制度改革推动撤村建居工作的意见》
2010 年 12 月 14 日	筹备工作：召开了村民代表大会和股东代表大会	—
2010 年 12 月 14 日—2011 年 8 月	1. 基础性工作：理清村内人口、土地、资产、社保。用时 6 个月，完成了全村所有农业户口和股东的登记造册、核实及确认工作，所有企业财务审计和资产评估工作，土地测量，以及劳动力社保交割算工作。 2. 制定政策：研讨制定撤村建居工作方案及村民安置办法。6 次邀请区、乡有关职能部门；50 余条次征求各个层面的代表意见。	撤村建居方案、村民安置办法、超转人员管理办法、待业管理人员管理办法
2011 年 8 月 26 日，2011 年 11 月 16 日	根据民主程序，先后召开村民代表大会和股东代表大会	通过了三路居村整建制撤村建居人口统计时间节点及政策、三路居村民认定、整建制撤村建居村民社会保险政策、北京金鹏天投资管理公司自然人股东人数及其权益、设立北京金鹏天润资产管理公司、北京金鹏天润互助基金会、设立北京金鹏天润股份有限公司集体企业重组等 13 项决议。
2011 年 11 月至 12 月 16 日	入户征求意见，947 户农民同意撤村并签字，达到 98.54%。	—

（续表）

时间	工作内容	相关文件
2011 年 12 月—2012 年 10 月	撤村建居批复历程。2011 年 12 月 7 日报卢沟桥乡党委、乡政府；2011 年 12 月 12 日得到乡党委、政府的批复；2012 年 2 月 9 日取得区政府的批复；2012 年 4 月 18 日取得市政府的批复。2012 年 8 月 9 日取得区民政局的 "关于卢沟桥地区办事处设立社区居委会" 的批复；2012 年 10 月 11 日取得中共卢沟桥地区工委 "关于同意成立金鹏天润社区党委" 的批复。	—
2012 年 5 月－7 月	根据北京市政府的批复要求，开始办理农转非转户籍变更前的准备工作，完成户籍变更工作。	—
2012 年 12 月 31 日	正式选举产生金鹏天润社区第一届社区居民委员会，设立了党组织、行政组织和经济组织。	—

来源：作者调查整理。

四、集体资产处置、产权改革与新型集体经济

处理集体资产、推进集体经济组织产权制度改革，发展以股份合作制为主要形式的新型集体经济，是城市化进程中维护和发展农村集体以及农民财产权利的重大举措。

（一）北京市农村集体资产处置与产权改革

我国农村集体所有制建立于 20 世纪 50 年代。在集体资产处置上，长期以来没有制定出台规范统一的政策制度。1956 年至 1985 年，北京市对农村集体资产的处置实行"撤队交村、撤村交乡"的政策。1985 年 9 月 30 日，北京市委农工委、市政府农办转发市农村合作经济经营管理站《关于征地撤队后集体资产的处置意见》（京农〔1985〕69 号），对集体资产处置的基本精神是"主要资产上交、部分资产分配"的政策。

1999 年 12 月 27 日，北京市政府办公厅颁布《北京市撤制村队集体资产处置办法》（京政办〔1999〕92 号），对撤制村、队集体资产的处置作了明确的规定，主要分为两种情况：一是对于集体资产数额较大的撤制村、队，要求进行股份合作制改造，发展股份合作经济，将集体净资产划分为集体股和个人股，集体股一般不低于 30%，其他作为个人股量化到个人。二是对于集体资产数额较小，或者没有条件发展股份合作制经济的村、队，其集体资产的处置办法主要是固定资产、历年的公积金（发展基金）余额以及占地补偿费，全部交由所属村或乡镇合作经济组织管理，公益金、福利基金和低值易耗品、库存物资、畜禽的折款以及国库券、青苗补偿费等兑现给集体经济组织成员，最初的入社股金按 15 倍左右的比例返还。

在城市化进程中，简单地处置集体资产，造成了集体资产的严重流失和农民利益的重大损失。自 20 世纪 90 年代初，北京市在借鉴广州、上海等地农村集体经济组织产权改革做法的基础上，开始推行以"撤村

不撤社、转居不转工、资产变股权、农民当股东"为基本方向的农村集体经济产权制度改革，发展股份合作经济。

20 世纪 90 年代后，北京市农村集体资产处置与集体经济产权制度改革是紧密结合在一起的。北京市农村集体经济产权制度改革经过了四个主要阶段：

一是 1993 年至 2002 年的改革试点探索阶段。1992 年 11 月，北京市农工委、北京市政府农办发布了《关于进行农村股份合作制试点的意见》（京农发〔1992〕16 号）等文件，对开展农村股份合作制改革试点工作提出明确的意见。1993 年，丰台区南苑乡东罗园村在全市率先开展村级股份合作制改革试点工作，将少部分集体净资产量化给本村成年劳动力，股东对股份只享有收益权，没有所有权，不允许继承转让。之后又相继在一些村开展试点工作，并借鉴了上海、广东和浙江等地开展农村集体经济产权制度改革的做法。经过试点探索，提出了"撤村不撤社，转居不转工，资产变股权，农民当股东"的改革思路，一般将集体净资产划分为集体股和个人股，集体股占 30% 以上，个人股占 70% 以内。经过 10 年的改革试点探索，到 2002 年底，北京市完成 24 个村的集体经济产权制度改革。

二是 2003 年至 2007 年的扩大改革试点阶段。经过 10 年的改革试点探索，北京市积累了农村集体经济产权制度改革的基本经验，自 2003 年起，开始扩大改革试点范围。在试点范围上，提出"近郊全面推开、远郊扩大试点"的方针。在股权设置上，将人员范围扩大到 16 岁以下的未成年人，并对改革试点相关工作作了进一步的规范。到 2007 年底，北京市完成 303 个乡村集体经济产权制度改革任务（其中村级 299 个，乡级 4 个），全市有 30 多万农民成为新型集体经济组织的股东。

三是 2008 年至 2013 年的全面推广阶段。从 2008 年起，北京市在前期十多年改革试点的基础上，结合集体林权改革，全面铺开了农村集体经济产权制度改革工作，使农村集体产权改革全面提速。到 2013 年底，全市累计完成集体经济产权制度改革的单位达到 3873 个（其中村级 3854 个，乡级 19 个）。村级完成改革的比例达 96.9%，有 324 万农民当上了新型集体经济组织的股东。

四是 2014 年以来的深化改革阶段。2014 年以来，北京市主要在深化农村集体产权制度改革上做文章，具体体现在加大对尚未完成的少数情况比较复杂的村级集体经济产权制度改革力度，有序推进乡镇级集体产权制度改革，解决早期改革时集体股占比过高的问题，加强和规范新型集体经济组织的经营管理等。到 2017 年底，全市累计完成集体经济产权制度改革的单位 3920 个（其中村级 3899 个，乡镇级 21 个），村级完成比例达到 98%，331 万农民当上新型农村集体经济组织的股东。

（二）三路居村先后两次集体产权制度改革

三路居村分别于 2005 年和 2010 年开展了两次集体产权制度改革，实现了传统集体经济向新型集体经济的跨越。

第一次集体产权制度改革之前，根据第三方资产评估，三路居村农工商联合公司总资产 9902.13 万元，负债 4619.9 万元，净资产即所有者权益为 5282.23 万元。2005 年 3 月 7 日，三路居村开始推进集体经济产权制度改革。在这次改制过程中，从净资产中提取原始股金 20 万元退还给原入社人员，760.38 万元用于处置给亡故、转居转工、外嫁女等人员，预提不可预见费用 264.11 万元，三项合计 1044.49 万元，占改革前三路居村集体经济组织所有者权益的 20%。三路居村所有者权益剩余 4237.74 万元，作为新型集体经济组织北京金鹏天润公司的注册资本金，其中，集体股为 1271.32 万元，占 24%；个人股为 2966.42 万元，占 56%。在个人股中，基本股为 593.28 万元，普通股为 2373.14 万元，以农龄为依据量化给集体经济组织成员。

2005 年 12 月 28 日，三路居村农工商联合公司改制为北京金鹏天润置业投资管理公司，在工商部门登记注册，公司性质为股份合作制企业，注册资金 4237.74 万元。股权结构为集体股 1271.32 万元，占 30%，持股人为三路居村集体资产管理委员会；个人股 2966.42 万元，占 70%，个人股东 1851 人。截至 2011 年 3 月 31 日，北京金鹏天润置业投资管理公司集体总资产 72605 万元，其中，货币资产 13782 万元，固定资产 3791 万元，长期投资 46253 万元，其他资产 8779 万元；总负债 32377 万元，净资产 40229 万元，下辖 18 个分公司、9 个子公司、1 个参股公司。

三路居村在整建制撤村转居过程中，集体土地已经基本被征收或被规划，预期土地资源将全部转变为货币资产，为了解决集体资产量化和重组问题，三路居村于 2010 年底开展了第二次集体产权制度改革，其主要做法有五个方面：一是取消集体股，将其全部量化给股东个人。按照《中共卢沟桥乡委员会关于深化产权制度改革推动撤村建居工作的意见》（丰卢发〔2011〕11 号）中有关"三个增加、三个减少"的原则（即增加个人股比例、减少集体股比例，增加基本股比例、减少劳动贡献股比例，增加按股分红的比例、减少传统分配的比例）的规定，三路居村将 30% 的集体股全部量化给个人，继续保留金鹏天润公司作为股东行使权利和分红的组织平台，注销了部分下属机构及企业。二是拉平股权比例的差距，让全体村民股东有机会享有相同比例的股权，同股同权。以现有股权最高比例为标准，允许低于该标准的村民股东出资购买股权比例差额部分，购买价格按照 2005 年改革时审计确认后的净资产额计算每股价值，购买后全体股民股东基本持有相同的股份比例，村民股东出资额作为金鹏公司增加注册资本的来源，同时办理增资工商登记手续。三是将金鹏公司大部分优质资产实行重组，投资设立符合《公司法》和《证券法》规定的金唐天润股份有限公司。四是由金唐天润股份有限公司通过全资、控股和参股等形式，并购重组金鹏公司未注销的下属企业，成立以金唐天润股份有限公司为母公司的金鹏天润集团。五是设立金鹏天润集体资产管理公司，管理集体资产。在撤村建居过渡期内，资产管理公司对村委会账上的征地补偿款及剩余的土地等集体资产进行管理和使用，并处理遗留债务和不良资产，使资产保值增值，用于解决村民福利保障资金，并为金鹏天润集团发展提供后备资金。同时也便于设置土地征用或集体资产变现后的自动转换机制。

（三）三路居村的新型集体经济

经过先后两次集体经济组织产权制度改革后，三路居的集体经济已由传统的产权模糊的集体经济转型为产权清晰的新型集体经济。

1. 在治理结构上。第二次改制后的三路居集体经济组织的组织架构为金鹏天润置业投资管理公司（简称金鹏公司）下辖金唐天润置业发展集团（简称金唐集团），金唐集团以金唐天润置业发展有限公司（简称金唐公司）为母公司，下辖各子公司，包括地产科技、金融物业、文化教育和综合服务四个模块，下辖 29 个子公司。金鹏公司作为集体资产所有权主体的代表，是全体股东行使权利、投资控股及分红的平台。金鹏公司的法人治理结构包括职工股东代表大会、董事会、监事会、经理层。其中，职工股东代表大会是公司最高权力机构，由股东代表由股东推荐选举产生。金鹏公司机构设置包括党委，集体资产管理委员会，重大投资风险防控委员会，超转，退休人员管理委员会，办公室，绩效考核处，计财处，企业领导管理处，工会，法务处。金鹏公司的注册资本为 4237.74 万元，来源于股东自筹。金鹏公司的股东为原三路居农工商联合公司集体共同共有股，股东为尹志强等 1844 名集体经济组织成员。金唐天润有限公司作为金鹏集团的母公司，是实际经营主体，全面参与市场经营与竞争，按照现代企业运行机制，建立现代企业法人治理结构，实行完全的市场化管理。金唐公司的治理结构为股东大会、董事会、监事会和经理层。金鹏公司是金唐天润置业发展有限公司的唯一股东，出资额为1亿元。金唐公司不设立股东会，股东作出决定时，采取书面形式，股东签字后由金唐公司存档。金唐公司董事会成员5人，由股东任命。董事每届任期三年，任期届满，可以连任。董事长为公司法人代表。目前，金鹏公司和金唐公司的法人均为原三路居村书记尹志强。

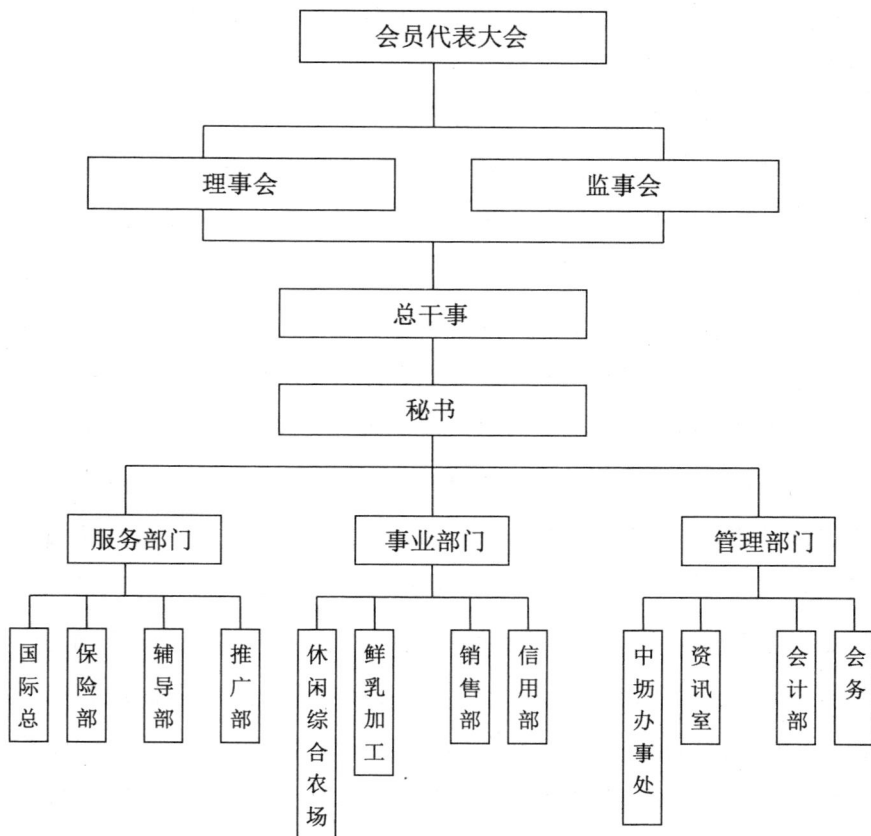

图1　三路居村第二次改制后企业组织架构

2.在集体资产管理上。三路居村集体资产内部管理分为两个部分：一是金鹏公司设有集体资产管理委员会，二是金唐集团设立了资产管理中心。金鹏公司集体资产管理委员会属于领导机构，主要负责集体经济组织成员股权管理，包括股权转让与继承，完成遗留土地征地补偿事务、处理应付未付的部分补偿款，处理遗留债权等。金唐公司资产管理中心属于日常办公机构，主要负责对金唐集团公司资产的运营、管理和监督。总体来看，金鹏公司及所辖的金唐集团对集体资产管理具有五个特点：一是制度建设系统化。通过集体经济的股份合作制改革，创新了集体经济组织的所有权与经营权相分离的制度安排。加强了内控制度建设，逐步形成了内控制度体系。制定了人力资源管理规章制度。二是股权管理固态化。集体经济组织在股份合作制改革中规定普通股属于股东个人所有，可以继承，在公司同意的情况下，可以按股份原值转让给公司，但不得退股。股权不增设，新生人口只能通过继承的方式获得股权。三是资产管理制度化。完善了各项管理制度，细化了流程和各种台账，加强了资产管理培训。对存量资产实行动态管理，使资产管理进一步规范化和常态化。将合同管理与资产管理结合起来，注重研究合同效益与资产的量化关系，以及效益的持续性。注重监管合同的履约情况，实行流程化、制度化、规范化和法治化管理。在对外投资管理方面，加强对投资项目信息的跟进，及时掌握投资项目的整体情况，注重对资金使用情况及风险隐患的监督。在证照管理方面，严格按照审批流程使用各种证照。四是内控管理信息化。2017年金唐集团正式执行《北京金唐天润置业发展集团制度汇编》《北京金唐天润置业发展集团内控管理手册》，启动集团OA办公自动化系统，实现了集体内控管理信息化。五是审计监督常态化。在经营管理审计和内部审计范围内的合同签约前和结算审计中，对已审项目出现的问题提出相应的审计意见，并监督整改；对金鹏公司和金唐公司经营管理情况开展就地审计；对金鹏公司和金唐公司人力成本及办公等费用方面开展专项审计。通过审计达到集团的风险防控、规范经营、合法合规、提高效益的目标。

3. 在集体资产经营上。三路居村新型集体经济组织抓住丽泽商务区发展的机遇，把握首都城市化进程和农村改革发展的脉搏，深入推进农村集体经济产权制度改革，成为参与到丽泽商务区建设的市场主体，推动集体资产经营从传统的瓦片经济即房屋出租向地产开发、物业服务、金融、教育、科技等更加符合北京城市发展和首都功能定位的产业转型发展。同时，三路居村新型集体经济组织在发展过程中建立了人才激励机制。在改制过程中，三路居村要求金唐公司全体高管自费购买股份公司的少量股份，优化了股权结构，同时也打破了集体经济的封闭性，激励高管参与经营管理，实行责权利高度一致的原则，激活了创新发展的内在动力。目前，金唐集团形成了以房地产业为主，现代商业、现代服务业、金融业为辅的多元经济产业格局。目前集团下辖全资、控股、参股的分公司和子公司共 29 家，涵盖了地产、科技、教育、金融、物业、环卫、园林绿化、建材等多个行业。房地产业为金唐集团的支柱产业，2005 年以来，完成项目开发面积 69 万平方米，包括自主开发建设的"金唐国际金融大厦"项目、丰台区政府授权的 14 万平方米"保障房"项目，乡级统筹联营联建的 C9 公建项目以及与其他民企、国企、央企合作开发的丽泽商务区 D10、D07—08 重点地产项目，对外投资购置潘家园、世界公园及酒店物业项目等，获得了自持物业 30 万平方米，实现了年收益 3 亿元。配套产业收益约为 5000 万元。2005 年到 2012 年间，三路居村总收入由 4697 万元增加到 9905 万元，年平均增长 11.2%，总资产由 9902 万元，增加到 128745 万元，年平均增长 44.3%。截至 2017 年 12 月底，金鹏天润集团的资产总收入为 2.9 亿元，资产总额已由 2005 年的 1 亿元增加到 160 亿元，增长了 160 倍；村民人均收入由 8286 元增加到 15476 元，年均增长 9.3%。人均年收入由 2005 年的 1.4 万元增加到 6.8 万元，翻了 5 倍，福利待遇翻了 3 倍。

4. 在社区公共服务上。目前金鹏天润社区的公共服务仍由集体经济组织承担，2017 年金唐集团承担的金鹏社区水费、电费、环境整治、公共卫生及相关人员费用达 297 万元，其中还有一部分费用因与集团其他相关业务费用联系紧密而未计算到集体经济组织负担中。

5. 在股东分红上。金鹏公司章程规定"每年第一季度向股东分配上一年度的股红"。但在实际操作中，金鹏公司主要是为原三路居村集体经济组织成员分配福利，尚未进行过股份分红。福利分配主要在五一、国庆、中秋和春节四个节日发放 3000 元的现金福利。

五、思考与建议

三路居村的城市化转型案例向我们揭示的最核心问题是在城市化进程中如何维护和发展农村集体和农民的财产权利。发源于 20 世纪 80 年代的以股份合作制为主要方式的农村集体经济产权制度改革，是处于城市化发展前沿地区的广大农村基层干部和农民群众应对城市化冲击的伟大创造，在很大程度上维护和发展了农村集体和农民的财产权利。但值得我们深思的是，来自农村基层和农民群众的伟大创造，仍然受制于长期形成的思想观念和政策制度的制约，农村集体和农民财产权利的维护和发展面临许多问题，迫切需要我们从推进国家治理体系和治理能力现代化的高度转变观念、深化改革，着力加强体现城乡一体、公平正义的制度建设。

（一）关于农村土地：关键是要坚持和实现集体所有制与国有制的平等地位

我国现行《宪法》规定，城市的土地属于国家所有，农村和城市郊区的土地属于集体所有。国家为了公共利益的需要，可以依照法律规定对土地实行征收或者征用并给予补偿。由于国家对公共利益缺乏明确界定，实际生活中，不管是公共利益需要还是城市开发建设需要集体土地，都一律实行土地征收。现行的征地模式，就是征收集体土地，将之变性为国有土地，从而使集体土地不断减少、国有土地则不断扩张。要真正坚持土地集体所有制，就必须从根本上改变现行的征地观念、改革现行的征地制度。我们必须从制度安排上体现集体所有制和国有制这两种公有制的平等地位。

一是明确国家为了公共利益的需要，可以对国有土地或集体土地实行征用并给予公正补偿。国家应立法明确界定公共利益范围。因公共利益的需要可以对国有土地或者集体土地的使用权进行征用，但不改变两种土地的所有制性质并要给予公正补偿。对于全民所有的国有土地，应当明确建立从中央政府到地方各级政府的分级所有权制度，推动国有土地所有权的分级确权登记。涉及全国范围的河流、草原、森林等土地，由中央政府行使所有权；其他有关土地根据实际情况可分别由各级地方政府行使所有权。国家因公共利益需要，不仅可以征用集体土地，也可以征用国有土地。征用国有土地，就是收回国有土地的使用权，应当对国有土地使用权人进行使用权征用后的合理补偿；征用集体土地，必须明确只是征用了一段时间的集体土地使用权，而土地的集体所有制并没有改变，同时必须对被征用集体土地的所有权人以及使用权人给予公正的补偿。需要强调的是，集体土地的所有权人不能借口土地是集体的而独享土地征用补偿费，应当区分和明确农村集体土地所有权和使用权的补偿及其比例。

二是因城市开发建设和其他经营性事业发展非公共利益需要使用集体土地的，一律根据市场原则实行土地租赁或土地出租，建立健全农村集体建设用地平等入市制度。第一，凡是农村集体经济组织以外的组织和个人因建设需要开发使用集体土地的，应按照市场契约原则，实行土地出租和土地租赁制度，由农村集体经济组织将土地出租给使用方使用；第二，凡是农村集体经济组织自身需要建设使用集体土地的，则实行集体建设用地与国有建设用地平等入市的制度，依法依规进行土地自主开发建设。现在正在开展的集体经营性建设用地入市试点，需要进一步解放思想，理清思路，加大改革力度，尽快实现两种公有土地权利的完全平等。应当从国家层面制定《土地法》，全面修改《土地管理法》，加强集体土地出租以及集体建设用地入市等法规的制定工作。

三是废除土地财政，健全土地税制。2017 年，全国国有土地使用权出让收入达 52059 亿元，同比增长 40.7%，其中北京市土地出让收入2796 亿元，同比增长 228%，居全国第一位。必须从现代国家构建的高度，摆正地方政府的公共职责定位，明确规定政府只能从合法税收中获取收入，坚决废除持续 20 多年的土地财政，同时加快土地税制改革，建立健全地价税、土地增值税、土地交易税、物业税、房产税等土地税制，全面建立起现代文明国家通行的财税制度，这是实现国家治理体系和治理能力现代化的必然要求。

（二）关于农转居和社会保障：核心是要保障和实现城乡居民的同等待遇

在城市化进程中，农民的城市化转型涉及城乡户籍制度和城乡社会保障制度两个基本的政策体系转换问题。在户籍制度改革上，因征地拆迁等原因而实行的农业户籍人口转为非农业户籍人口即征地农转居政策，在 20 世纪 50 年代建立起来的城乡二元户籍制度框架中曾有一定的现实意义。但随着户籍制度改革的深入，特别是 2014 年 7 月国务院发布《关于进一步推进户籍制度改革的意见》以及 2016 年 9 月北京市政府发布《关于进一步推进户籍制度改革的实施意见》明确规定取消农业户口和非农业户口划分、统一登记为居民户口后，农转居就失去了最基本的法理依据和现实条件。但北京市的一些地方仍然按照《北京市建设征地补偿安置办法》中有关"逢征必转"的规定，继续推行征地农转居政策，这就显得极不合时宜，呈现出户籍制度改革与征地制度改革相互脱节的两张皮现象，也使公安部门负责的户籍制度改革与农口部分负责的农转居政策相互矛盾和冲突。在社会保障制度上，地方政府将转居农民纳入城镇社会保障体系时，规定农村集体和农民缴纳巨额社会保障费用且政府并未承担社会保障成本，这种政策制度安排具有极大的不合理性。

一是必须立即停止实行征地农转居政策。必须全面修改《北京市建设征地补偿安置办法》，废除其有关"逢征必转"的规定，确保国务院和北京市有关户籍制度改革的政策落到实处，切实改变户籍政策实施中的部门脱节和政策打架现象。不管是否征地，原来所有的农业户籍人口都一律统一登记为居民户口。城乡户籍制度并轨后，农民户口登记的改变，并不改变其集体经济组织成员身份及其所享有的集体经济组织的各项权益。此外，由于国务院和北京市政府发布的户籍制度改革的意见属于政府规范性文件，其效力等级不及法规。建议全面建立城乡一体的户口登记制度。

二是彻底改变转居农民加入城镇社会保障体系需一次性趸缴社会保险等巨额费用的规定。在传统城乡二元结构中制定的《北京市建设征地补偿安置办法》《北京市整建制农转居人员参加社会保险试行办法》《关于征地超转人员生活和医疗补助若干问题意见》等政策文件，带有很强的城乡二元思维，在政策上进一步强化了城乡二元社会保障制度，推卸了政府为农民提供社会保障的重大责任，同时以将农民加入城镇社会保险体系之名，变相攫取了农村集体和农民的巨额征地补偿费，农村干部和农民群众对此意见很大，必须予以根本性改革。三路居村根据丰台区政府和卢沟桥乡政府有关规定，没有将农转居人员中的超转人员移交给民政部门接收管理，而实行本集体经济组织自我保障服务的模式。这种做法从政策执行上来看，下级政府未按上级政策文件执行搞变通，具有明显的不合规性，但却具有相当大的合理性。享有平等的社会保障权利，是宪法规定公民的基本权利，也是政府应尽的基本职责。应当尽快取消《北京市建设征地补偿安置办法》中有关社会保险的规定，废止《北京市整建制农转居人员参加社会保险试行办法》和《关于征地超转人员生活和医疗补助若干问题意见》。要将征地补偿与社会保障脱钩，征地只需对被征地人进行公正合理的财产补偿。社会保障是每个公民都应当享有的基本权利。农民作为公民，不管其是否征地，都应当享有平等的社会保障权利。应当加快实现城乡基本公共服务均等化，取消和废止各种类型和差别化、碎片式的社会保障政策体系，全面构建城乡居民统一而平等的免费医疗、免费教育等制度，大幅度提高农村居民养老保障水平，建立现代城乡居民普惠型的社会福利制度。

三是政府要负责承担起补齐农民社会保障待遇水平差距的基本职责。长期以来，农民被排除在国家社会保障体系之外，这是政府对农民的历史欠债。进入 21 世纪后，国家逐步建立起农村的社会保障制度，但城乡之间社会保障待遇水平的差距还比较大。在城市化进程中，获取巨额土地出让收入的地方政府，其正确的做法应当是加大对农村社会保障的财政投入，全额予以补齐城乡社会保障待遇水平的差距，这既是政府对历史欠债的应有补偿，也是政府真正支持"三农"工作的重要体现，更以为是政府强化服务职能的内在要求。现在执行的让农村集体经济组织和农民全部承担补缴城乡社会保障制度待遇差距费用的政策，严重推卸了政府责任，加重了农村集体经济组织和农民的负担，应当予以彻底纠正。要以着眼于城乡居民大致享有均等的基本公共服务为目标，优化财政支出结构，降低行政成本，提高民生支出比例，重点是政府要全面补齐农村居民社会保障水平的差距。

（三）关于撤村建居和公共服务：重点是强化和落实政府的公共职责

在城市化进程中，城郊地区部分农村城市化是不可避免的经济社会发展规律。据北京市"三农普"数据，2016 年在北京市 3925 个村委会中，无农民的村 169 个，无农业的村 461 个，无耕地的村 924 个，无农业、无农村、无农民仅保留有村委会牌子的"空壳村"103 个，常住人口不足户籍人口 50% 或闲置农宅超过 30% 的空心村 338 个，外来人口多于本村户籍人口的倒挂村 498 个，其他传统村落 1432 个。由此可见，城市化已经使不少村庄发生了明显的分化，与此相适合的公共政策应当及时跟上。撤村建居是城市化的必然产物，也是适应农村城市化转型的重要选择。撤村建居事关农村集体经济组织和农民的财产权利，不仅事关农民参与社区公共事务民主管理的权利，也事关政府公共产品和公共服务的供给与保障。但至今从国家到地方层面都没有制定撤村建居的有关法律法规，各地在撤村建居工作中随意性较大，有的已经完全具备撤村建居条件的村却没有开展任何撤村建居工作；有的撤村建居后，政府却没有为新建立的居委会提供统一规范的基本公共产品和公共服务，仍然由原来的村委会或农村集体经济组织承担社区居委会公共治理成本等等，这种状况实质上是政府的严重缺位，必须尽快纠正过来。

一是加快制定撤村建居专门法规，对撤村建居工作进行统一规范。在快速城市化进程中，对撤村建居进行统一指导与规范十分必要。2012年 3 月 29 日，北京市民政局、北京市委农村工作委员等 6 部门印发《关于推进城乡社区自治组织全覆盖的指导意见》（京民基发〔2012〕108号），其中提到撤销村民委员会建制的条件：（1）村民全部转为居民；（2）村集体土地已经被征占；（3）村集体资产处置完毕，或者已经完成村集体经济产权制度改革，成立新的集体经济组织；（4）转制村民全部纳入城镇社会保障体系。该《意见》规定撤村建居的基本程序由街道办事处、乡镇政府（地区办事处）提出，经村民会议讨论同意，报区县政府批准。该文件虽然明确了撤村建居的基本条件，但全市已有不少符合撤村建居条件的村却没有开展撤村建居工作。例如北京市"三农普"统计的 103 个无农业、无农村、无农民的"空壳村"，完成具备撤村建居条件，但却没有开展撤村建居工作。全市撤村建居工作缺乏顶层制度设计，严重滞后于城市化发展的现实需要。上述《意见》作为部门文件，其效力也较低。国家有关部门以及省市区级层面都应当制定专门的撤村建居法规，进一步明确和规范撤村建居的条件、程序以及相关管理服务等问题，强化政府提供公共产品和服务的基本职责，有序推进撤村建居工作。

二是切实保障农村集体经济组织和农民的财产权益。撤村建居的核心问题是公平合理地处置集体资产，维护和发展农村集体经济组织和农民的财产权益。各级党委和政府应当将保障和实现农民的财产权利作为重大责任，加强产权制度建设和产权保障工作。1999年12月实施的《北京市撤制村队集体资产处置办法》（京政办〔1999〕92号）对撤制村、队的集体资产作了规定，在一定程度上维护了农村集体经济组织和农民的财产权益，但也存在不少缺陷，亟需修改。例如，应将撤制村、队名称更改为撤制村、组；取消集体股不低于30%的规定，降低集体股所占比例或取消集体股；赋予集体经济组织成员对集体资产股份享有占有、收益、有偿退出、抵押、担保、继承等更充分的权能；对征收或征用土地的补偿费，应区分对土地所有权的补偿和土地使用权人的补偿，明确各自的补偿比例，一般来说，对承包土地的补偿费，所有权人和承包使用权人的分配比例为15:85，对宅基地补偿费，所有权人和使用权人的分配比例为10:90；明确和保障农民在撤制村、队集体资产处置中的知情权、表达权、参与权、决策权、监督权。

三是强化政府在提供城乡社区公共产品和公共服务上的基本职责。在城市化进程中，一些完全符合整建制撤村建居条件的村之所以没有继续保留村委会建制而没有相应地建立城市社区居委会，一个重要原因在于政府仍然习惯于在城乡二元结构中开展工作，在公共产品和公共服务上重城市、轻农村的施政惯性没有得到根本扭转，缺乏承担新建立的城市社区公共产品和公共服务供给的动力与意愿。在已经撤销村委会建制、建立城市社区居民委员会后，政府却不能与时俱进地承担起社区公共产品和公共服务供给保障责任。政府在公共产品和公共服务供给上的严重滞后和缺位，造成撤村后新建立的城市社区的公共产品和公共服务仍然由集体经济组织承担的普遍现象。各级党委和政府应当将撤村建居新增加的公共产品和公共服务支出纳入年度工作计划，列入财政预算予以制度化保障，切实减轻集体经济组织承担的社区公共产品和公共服务供给的负担。

（四）关于集体经济组织和集体经济：目标是加快构建市场化法治化的发展环境和现代治理体系

农村集体经济组织和集体经济是我国农村特有的组织形式和经济形态。农村集体经济组织属于经济组织，但又不是一般的经济组织。2017年10月1日施行的《民法总则》将农村集体经济组织规定为特别法人，区别于营利法人和非营利法人。农村集体经济组织可以划分为农村集体产权改革之前的传统集体经济组织和农村集体产权改革以后的新型集体经济组织，二者之间的最大区别在于传统集体经济组织强调劳动者的劳动联合，否定劳动者的资本联合，劳动者的个人产权不清晰，而新型集体经济组织既承认劳动者的劳动联合，也承认劳动者的资本联合，并通过集体产权制度改革明晰了个人产权，实现按股分红。农村集体经济也可以划分为农村集体产权改革之前的传统集体经济和农村集体产权改革以后的新型集体经济，二者之间的最大区别在于传统集体经济是在计划经济体制下的封闭性经济，只强调集体利益而否认个人产权，而新型集体经济是在市场条件下的开放式经济，既强调集体公共利益，也重视个人产权利益。对于农村集体经济组织和集体经济，既不能唱高调迷信之，也不能一概否定之，而应当通过不断深化改革、加强制度建设，营造农村集体经济组织和集体经济发展的市场化法治化环境和现代治理体系，维护和发展农民的财产权利和民主治理权利。

一是要充分认识和保障农民的公民权、成员权和自治权。第一，农民作为中华人民共和国公民，享有国家《宪法》规定和保障的公民权，各级党委和政府应当充分保障《宪法》赋予公民的基本权利和自由。公民权具有开放性特征，农民无论身居农村，还是迁入城镇，都应当平等地享有基本公民权利。第二，农民作为集体经济组织成员，享有成员权，主要包括财产权利和民主权利两大类。财产权利是指农民享有集体经济组织的财产所有权、股权、集体收益分配权等权利，民主权利是指导农民享有对集体经济组织的知情权、参与权、表达权、监督权、决策权等权利。成员权具有封闭性特征，只有具有农村集体经济组织成员身份的人才拥有成员权。第三，农民作为社区成员，享有自治权，即享有对社区公共事务管理的权利，包括知情权、参与权、表达权、监督权、决策权。自治权具有从封闭性向开放性转变的特性。在村庄人口流动不明显的地方，自治权具有封闭性特征，即自治权只面向当地户籍村民，而当村庄在城市化冲击下出现明显的人口流动时，自治权应当赋予包括外来流动人口在内的所有社区常住人口，这样自治权就具有开放的特性。随着城市化的发展，当传统村庄转型为现代城市社区后，农村居民的自治权相应地转变为城市社区的自治权。尊重、保障和实现农民的公民权、成员权和自治权，是推进乡村治理体系和治理能力现代化的根本要求。

二是要及时转变农业农村工作的方式和重点。快速的城市化发展，对传统农村社会结构产生了重要的冲击，各级党委和政府的农业农村工作方式和工作重点也应当与时俱进地实现转变。像三路居这种无农业、无农村、无农民而已实现城市化转型的"村"，已经从以土地为纽带的集体所有制转变为以资产为纽带的集体所有制，加强集体资产的监督管理，维护好股东的正当权益，应当成为农业农村工作的重中之重。而更为深层次的问题是，已经实现城市化的撤村建居"村"，农村集体经济组织事实上已转变为城镇集体经济组织，对这类由农村集体经济组织转变为城镇集体经济组织的，到底是继续由农业农村工作部门管理相关事务，还是转交给城镇有关部门管理和服务更为合理？如果仍由农业农村工作部门进行管理和服务，就需要相应地创新管理服务的基本方式。三路居村自改制以来，集体资产增长迅速，2017 年三路居"村"集体资产总额高达 160 亿元，相当于北京市平谷区和怀柔区两个区的集体资产总和，是密云区农村集体资产的 2.6 倍。三路居"村"除了每年给股东发放约三千元的福利外，至今未按章程规定实行年度分红。面对如此庞大的集体资产，如何加强集体资产监管？如何防止集体资产被内部少数人控制和利用？如何加强新型集体经济组织内部的规范化经营管理？如何有效维护股东的收益分配权和民主管理权？这些都是各级党委和政府相关部门应当高度重视并切实加以解决的重大现实问题。

三是实现集体经济组织和集体经济封闭性与开放性的统一。传统的集体经济组织和集体经济都具有明显封闭性的特征，但在计划经济体制下，人口流动相对静止，集体经济组织和集体经济发展的时间还不长，集体经济组织和集体经济封闭性后果并没有充分体现出来。但在市场经济条件下，随着城市化的发展，以及历经 60 多年的发展演变，集体经济组织和集体经济的封闭性问题已经比较明显地显现出来了。既要维护农村集体经济组织及其成员的正当权益，又要实现集体经济的市场化转型升级发展，这是两个必须予以考量的重大问题。侧重于维护农村集体经济组织及其成员权益的人士倾向于保持农村集体经济组织和集体经济的封闭性，而侧重于发展市场经济的人士却倾向于推进农村集体经济组织和集体经济的开放性。其实这两种诉求都具有合理性，关键是要找到二者相结合的有效途径和方式。三路居"村"似乎提供了使二者实现结合的一条有效路径，那就是通过集体产权制度改革，建立新型集体经济组织即股份合作制集体企业——金鹏天润置业投资管理公司，保持了集体经济组织成员的封闭性，同时，在金鹏天润置业投资管理公司这个封闭性集体经济组织下面设立完全面向市场的开放性的金唐天润置业股份有限公司（金唐集团母公司）。这种组织架构实现了集体经济组织和集体经济封闭性与开放性的统一，具有一定的创新意义。但是，面对进入市场、实行现代企业经营管理的下属公司，集体经济组织如何有效进行管理监督并有效维护股东权益，是一个重大现实问题。同时，随着时间的推移，集体经济组织成员将逐步自然消亡，如果股东只有继承权和内部转让权，那将出现集体经济组织成员的不断萎缩和成员分布的空间广阔性，实现股权的开放性仍将是必须予以考量的长期选项。应当按照特别法人的定位，从国家和地方层面加快城乡集体经济组织的立法工作，从法律上明确界定和规范集体经济组织的治理结构和权利义务关系，规范和保障集体经济组织的市场主体地位，维护和促进集体经济组织成员参与集体经济组织管理、发展集体经济的民主权利，建立健全有利于集体经济组织规范化运作、集体经济发展壮大的政策制度框架，形成有效维护和发展农民参与集体经济组织管理的现代民主治理体系，为实现乡村治理体系和治理能力现代化提供有力的支撑。

参考文献：

[1]（美）R.科斯、A.阿尔钦、D.诺斯等著《财产权利与制度变迁——产权学派与新制度学派译文集》，刘守英等译，上海人民出版社1994年11月新1版，2005年6月第8次印刷。

[2]国务院发展研究中心农村经济研究部著《集体所有制下的产权重构》，中国发展出版社2015年8月第1版。

[3]叶兴庆著《农村集体产权权利分割问题研究》，中国金融出版社2016年4月第1版。

[4]黄中廷、陈涛主编《从共同共有到按份共有的变革》，中国农业出版社2004年3月第1版。

[5] 黄中廷著《农村集体经济产权制度改革研究》，新华出版社 2007 年 2 月第 1 版。

[6] 黄中廷著《新型农村集体经济组织设立与经营管理》，中国发展出版社 2018 年 8 月第 1 版。

[7] 陈水乡主编（黄中廷主笔）《北京市农村集体经济产权制度改革历程（1992—2013）》，中国农业出版社 2015 年 1 月第 1 版。

[8] 宁文忠著《消失的村庄——北京 60 年的城乡变迁》，北京工业大学出版社 2009 年 8 月第 1 版。

[9] 张英洪等著《北京市法治城市化研究》，社会科学文献出版社 2017 年 11 月第 1 版。

[10] 张英洪等著《北京市城乡基本公共服务问题研究》，社会科学文献出版社 2014 年 7 月第 1 版。

[11] 张英洪《北京农村承包地流转：启示与建议》，载《中国经济时报》2018 年 4 月 10 日。

[12] 韩俊、张云华、张要杰，《农民不需要"以土地换市民身份"——北京市朝阳区农村集体经济产权制度改革调查》，载《中国发展观察》2008 年第 6 期。

[13] 刘守英《集体土地资本化与农村城市化——北京市郑各庄村调查》，载《北京大学学报（哲学社会科学版）》2008 年第 6 期。

[14] 魏书华《城乡结合部城市化与农村集体资产处置》，载《城市问题》2002 年第 4 期。

[15] 焦守田《京郊农村集体经济产权制度改革历程》，载《北京农村经济》2017 年第 11 期。

[16] 焦守田《京郊农村集体经济产权制度改革的伟大成就》，载《北京农村经济》2018 年第 2 期。

[17] 黄中廷《还权于民的重大变革——北京市农村集体经济产权制

度改革的回顾与思考》，载《北京农村经济》2018年第5期。

[18] 方志权《揭秘上海农村集体产权制度改革顺畅之路》，载《北京农村经济》2018年第6期。

[19] 方志权《农村集体经济组织特别法人：理论研究和实践探索》（上下），载《农村经营管理》2018年第6－7期。

[20] 魏后凯、陈雪原《中国特大城市农转居成本测算及推进策略——以北京为例》，载《区域经济评论》2014年第4期。

[21] 张汝立《从农转工到农转居——征地安置方式的变化与成效》，载《城市发展研究》2004年第4期。

[22] 张汝立《"农转居"安置政策的问题与成因》，载《新视野》2008年第3期。

[23] 郑风田、赵淑芳《"农转居"过程中农村集体资产处置：问题与对策》，载《甘肃社会科学》2005年第6期。

[24] 肖文燕《丰台区走出整建制撤村建居城市化新路》，载《北京农村经济》2011年第7期。

[25] 中共北京市丰台区委农村工作委员会、丰台区农业委员会《推进城乡二元管理体制改革 加快农村城市化步伐》，载 http://www.zgxxb.com.cn/jjsn/201002251060.shtml。

[26] 赵强社《"乡村振兴战略"需要振兴新集体经济——陕西袁家村以新集体经济助力乡村振兴的启示》，载中国农业新闻网，http://www.farmer.com.cn/xwpd.../snwp/201711/t20171122_1338627.htm，2017—11—2213:53。

[27] 杜雪君、吴次芳、黄忠华《台湾土地税制及其对大陆的借鉴》，载《台湾研究》2008年第5期。

[28] 陈锡文《从农村改革40年看乡村振兴战略的提出》，载《中国党政干部论坛》2018年第4期。

[29] 刘福志《关于农村集体经济产权制度改革情况的报告——2013年5月30日在北京市第十四届人民代表大会常务委员会第四次会议上》，载：北京市人大常委会，http://www.bjrd.gov.cn/zdgz/zyfb/bg/201306/t20130604_117112.html。

执笔人：张英洪、王丽红

2018 年 8 月 14 日

原载《北京农业职业学院学报》2019 年第 6 期

北京市撤村建居调查与思考

  撤村建居是城市化进程中的重大现实问题，涉及村民群众的切身利益，事关城乡基层治理的结构转型。改革开放以来，随着城市化的快速发展，北京市城市规划区内以及城乡接合部地区的大量村庄被城市化，一些村庄土地被征占，村民被转为城镇居民，传统村庄被拆迁，出现了一大批无农业、无农民、无农村的三无村。但由于全市尚缺乏撤村建居的统一政策制度安排，致使撤村建居工作明显滞后于城市化进程，各地撤村建居政策不一，做法各异，村集体和村民群众的正当利益得不到有效保障和维护，出现了不少有名无实的空壳村、村居并存的混合村，给城乡社区治理带来了严重挑战。为切实有效地开展撤村建居工作，与时俱进推进新型城市化，分类推进乡村振兴战略，实现城市化村庄的转型发展，提升首都超大城市的基层治理现代化水平，最近，北京市民政局、北京市农研中心组织联合调查组对全市撤村建居的基本情况进行了摸底调查，并深入大兴、通州、顺义、朝阳等区与有关部门以及乡镇和村干部进行座谈交流，形成了调研报告。

一、北京市撤村建居基本情况

改革开放以来，特别是 20 世纪 90 年代以来，北京市的城市化进程明显加快，2018 年北京市常住人口城镇率从 1990 年的 73.48% 提高到 86.5%，略低于上海；建成区面积从 1990 年的 339.4km² 扩大到 1485km²，超过上海位居全国第一。城市化的快速发展使京郊乡镇及村委会数量急剧下降，相应的城市居委会个数迅速增加。从 1984 年到 2019 年，全市乡镇从 365 个减少到 181 个，减少了 184 个，村委会从 4398 个减少到 3891 个，减少了 507 个，城市居委会从 2888 个增加到 3231 个，增加了 343 个。据北京市"三农普"数据，2016 年在全市 3925 个村中，无农业、无农村、无农民仅保留村委会牌子的村 103 个。另据北京市农研中心 2018 年百村千户调查数据，全市无农业、无农民、无农村的三无村 56 个。[1]

通过调查发现，从 2017 年底到 2019 年底，全市 3891 个村（含平谷区熊儿寨乡东长峪村，该村原村民大部分已经多年失去联系，但还有部分林地等村集体资产）先后撤了 42 个村，其中，朝阳区 10 个、海淀区 21 个、丰台区 7 个，加上密云 2003 年撤的 4 个村（该区在 2019 年村委会换届选举前一直没有注销）。从本次全市摸底汇总数据看，全市共有 261 个村需要撤销村委会建制，其中，大兴区因新机场建设有 65 个、顺义区有 59 个、房山区有 43 个、通州区因城市副中心建设有 35 个、朝阳区有 5 个、海淀区有 6 个、丰台区有 14 个、门头沟区有 10 个、昌平区有 3 个、平谷区有 1 个、怀柔区有 11 个、延庆区有 9 个村。这些村是近期可以撤销村委会建制的城市化村庄，但撤村面临许多复杂的情况，需要高度重视，慎重对待，有序推进。

二、撤村建居存在的主要问题

撤销建居是一项综合性、系统性、复杂性的重大改革工程，涉及面比较广，存在的问题比较多，从调查的情况来看，主要有以下几个方面：

（一）撤村建居条件有待完善。2012年3月29日，北京市民政局、北京市委农工委等6部门联合印发《关于推进城乡社区自治组织全覆盖的指导意见》（京民基发〔2012〕108号）规定撤销村委会建制的四个条件：一是村民全部转为居民；二是村集体土地被征占；三是集体资产处置完毕，或者已经完成集体经济产权制度改革，成立新的集体经济组织；四是转居村民全部纳入城镇社会保障体系。这一规定对当时完全符合条件的村实现撤村建居发挥了积极作用，但对于基本符合或者总体上符合却并未完全符合条件的村实行撤村建居则造成了一些障碍，比如有的村大部分土地被征用后，只剩下一些边角地没有被征用，有的村大部分村民已转为城镇居民而只有极少数村民未转为城镇居民，依此规定则不能撤村建居，从而抑制了撤村建居进程，由此造成许多应该撤销而没有撤销、只保留村委会牌子的"空壳村""三无村"。

（二）户籍改革等政策未落地。2014年7月国务院发布的《关于进一步推进户籍制度改革的意见》以及2016年9月北京市政府发布的《关于进一步推进户籍制度改革的实施意见》都明确规定取消农业户口和非农业户口划分，统一登记为居民户口。依据新的户籍政策，不能再实行征地农转非的旧政策了。但各地至今仍然惯性地实行征地农转非政策。一些因城市化建设拆迁上楼的村，因为有极少数村民没有转变户籍身份而不能撤村建居工作。同时，有的村民还担心撤村建居后将失去原来享有的农村集体资产权益，因而不愿意撤村。有的村则实行村居并行体制，在一个村庄范围内，既有村委会，又建有居委会。

（三）集体资产处置存在问题。有的村人口不多，集体资产数额也较小，没有条件发展股份合作制经济，在拆迁上楼后，征地补偿费等只能交给村或乡镇集体经济组织作为公共资金，不准分给村民。村干部和村民担心如果撤销村委会建制，他们更加享受不到征地补偿费等集体资产权益了。有的村存在欠债尚未还清；有的村尚未收回对外放债；有的村与乡镇之间存在债务纠纷；有的村集体资产登记在村委会账上，如撤村将资产转移过户到集体经济组织名下则涉及需缴纳契税、印花税等税费问题，这些都造成一些村干部和村民对撤村建居心存顾虑。

（四）社保费用趸缴极不合理。2004 年 7 月 1 日起施行的《北京市建设征地补偿安置办法》（俗称 148 号令）规定实行"逢征必保"政策，规定将被征地的农民转为城镇居民并将之纳入城镇社会保险体系，由村集体趸缴巨额的社会保险费用。村干部和村民对此普遍反映极不合理。例如，大兴区黄村镇北程庄村 2007 年征地时，农转非人数 265 人，其中转非劳动力 100 多人，超转人员 43 人，村集体从征地补偿款中支付了2000 多万元的转非劳动力和超转人员的社会保险费用，其中超转人员平均每人缴纳生活补助费和医疗费用 65 万元[2]。丰台区卢沟桥乡三路居村在 2012 年的撤村建居中，认定的超转人员共有 528 人（其中 82 岁以上19 人）。据测算，需一次性趸缴超转费用 3.83 亿元，人均 72 万多元[3]。我们在这次调研座谈中了解到，顺义区仁和镇平各庄村为一名超转妇女缴纳了 775 万元的惊人超转费用，而该超转人员每月只领到 2000 多元的生活和医疗补助。

（五）历史遗留问题亟待解决。有的村长期以来存在各种各样、五花八门的历史遗留问题，成为撤村建居的难题。比如有的村虽已拆迁上楼，绝大部分村民也已转居，但居住的回迁楼却没有拿到住房产权证；有的村经批准在集体建设用地上建的自住楼也没有产权证。这些村的干部和村民提出如不解决房屋产权问题，就不愿意撤村建居。

（六）民生福利事务缺乏衔接。郊区各村基本都建立有各种名目的村级福利，村民担心撤村建居后就会丧失已有的福利待遇。有的对超转人员看病实行社区首诊制意见较大，现行政策规定超转人员转诊必须先到社区卫生院开具证明，这给看急病、重病的超转人员带来了很大的麻烦。对超转人员的冬季供暖待遇也没有任何保障。有的村干部担心撤村建居后原有的工资福利待遇可能降低或丧失。还有一些涉及村务和村民生产生活的具体事务需要使用村委会公章才能办理，如撤村建居后，有些事务办理只认村委会公章而不认居委会公章，就会给村民群众带来极大的不便。撤村以前，农村集体经济组织有关事务归乡镇有关部门管理，但撤村建居后农村集体经济组织的有关事务到底是归原来乡镇管理还是归新的街道管理，这个问题并不明确，等等。

（七）建居公共管理服务滞后。有的村撤销建立居委会后，其公共管理服务却没有纳入公共财政保障体系，仍然由原来的村集体经济组织承担居委会的公共管理和服务成本，这明显推卸了政府提供公共产品服务的供给职责，加重了村集体经济组织及其成员的负担，使撤村建居后的原村干部群众意见较大。撤村后如何保障村民就业，保障上楼后的村民的生活来源以及撤村后安置楼房的建筑质量和消防安全等民生问题都需要引起高度重视。

三、推进撤村建居的必要性和重要性

撤村建居是城市化进程中的必然要求，有序推进撤村建居工作，有利于维护和发展村民切身利益，有利于化解城市化的中风险与矛盾，有利于提高首都超大城市治理的综合能力和水平。

（一）推进撤村建居是适应城市化高质量发展的迫切需要。改革开放以来，北京市快速的城市化进程将大量的农村地区和农村人口卷入到城市化的浪潮中来，特别是在城市规划区和城乡接合部地区，出现了一大批农村土地被征占、农业产业消失、农民职业和身份转变、村庄结构形态完全改变但却仍然保留村委会建制的有名无实的村，这种不城不乡、亦城亦乡的非正常状况大大降低了城市化发展的质量，也阻碍了乡村社会向城市社会的转型发展。在新时代要实现城市化高质量发展，必须与时俱进地推进撤村建居工作，使已经城市化了的村庄名正言顺地成为城市社区的有机组成部分。

（二）推进撤村建居是分类实施乡村振兴的必然要求。由于城市化带来的巨大冲击，传统定型的乡村发生了明显的分化。实施乡村振兴战略，必须针对不同村庄的类型实施不同的公共政策。[4] 对于城市规划区和城乡接合部地区已经拆迁上楼的三无村或者城市化村庄，不应采取普通村庄的乡村振兴政策模式，而必须提高实施乡村振兴战略的精准性，实事求是地推进撤村建居进程，实现其完全的城市化转型。但由于撤村建居工作的严重滞后，致使有关部门仍然按照普通村庄的定位进行新农村建设的投入和美丽乡村整治行动，造成公共产品投入的扭曲和财政资金的巨大浪费。

（三）推进撤村建居是促进城乡基层善治的重大举措。农村社区与城市社区具有不同的要素禀赋、产业结构、空间形态和现实需求，针对城乡社区的不同问题，只有把准脉、开对处方，才能对症下药。由于一些已符合撤村建居条件的村没有相应地撤销村委会建制，致使这些虽已经城市化的空壳村却仍然在执行农村的相关政策。比如，有的村已经实行了整建制转居，村民身份已经转变为城镇居民身份，但却按《村民委员会组织法》的规定开展村委会换届选举；有的空壳村则长期没有开展村委会选举。有的空壳村反映，根据农村有关管理要求，他们每年收到上级拨付的用于保障村委会正常运转的数十万元经费，由于村委会事实上已经基本停止运行，因而没法做到专款专用，为完成任务只好每年重复装修已废弃不用的原村委会办公楼。诸如此类问题，完全是城乡基层治理扭曲变形的重要表现，也是官僚主义引发形式主义、形式主义助长官僚主义的重要表现。名不正则言不顺，言不顺则事不成。只有实事求是、与时俱进地推进撤村建居工作，为符合撤村条件的空壳村"摘帽"、为具备建居条件的城市社区"戴帽",才能提高北京市城乡基层治理现代化水平,真正实现首都城乡基层善治的目标。

四、思考和建议

撤村建居是一项综合性、全局性、系统性的重大改革工程,也是一项惠及广大村民群众的民生工程,牵一发而动全身,涉及方方面面,既需要加强统一领导,统筹协调,集中发力;也需要全面深化改革,转变思想观念,加强制度建设。具体来说,我们提出如下几个方面的政策建议:

(一)加强市级层面顶层设计,制定撤村建居统一政策

自从城市化启动以来,就存在撤村建居的客观需要。长期以来,对于城市化发展导致撤村建居这一重大改革议程和实践工作却一直缺乏市级层面的顶层设计,既无全市撤村建居工作的指导意见,也无撤村建居方面的地方性法规。这就造成各地在撤村建居工作上缺乏统一规范,也不利于撤村建居工作的常态化开展,由此积累了不少矛盾,产生了各种应当撤村却没有撤村的空壳村、应当理顺而没有理顺的村居混杂村等现象。

一是建议尽快制定全市撤村建居指导意见或全市撤村指导意见,明确撤村的指导思想、基本原则、撤村条件和程序、工作要求等,还可制定全市撤村建居地方性法规,将撤村建居工作全面纳入规范化、制度化轨道。

二是由于撤村建居工作跨越城乡两方面,贯穿市、区、乡镇(街道)、村居四级,涉及组织、民政、农业农村、公安、财政、规划和自然资源、人力社保、税务等诸多职能部门,事关村民群众的切身利益与社会的和谐稳定,必须加强统一领导,强化统筹协调,形成工作合力。

（二）适应改革发展新形势，及时优化调整撤村条件

随着改革发展的不断推进，2012 年市民政局、市农工委等 6 部门联合印发的《关于推进城乡社区自治组织全覆盖的指导意见》（京民基发〔2012〕108 号）确定撤销村委会建制的四个条件有的已发生了重大变化，需要与时俱进地进行调整与完善。

一是关于村民全部转为居民问题。一方面，这是规定行政村整建制农转居（农转非）的情况才能撤村，但在现实中还有不少村存在绝大部分村民已经转非，却有极少数村民因种种原因没有转非，按此条件则不能撤村。另一方面，在城乡二元户籍制度尚未改革的情况下将之作为撤村的必备条件是合适的，但在已经改革城乡二元户籍制度后就不符合政策了。2014 年 7 月国务院发布《关于进一步推进户籍制度改革的意见》以及 2016 年 9 月北京市政府发布《关于进一步推进户籍制度改革的实施意见》都明确规定取消农业户口和非农业户口的划分，统一登记为居民户口。就是说城乡居民已经没有农业户口和非农业户口的区分，都是居民户口，不再存在"农转非"的问题了（当然也不存在非转农的问题）。

二是关于村集体土地被征占的问题。一方面，由于各种原因，有的村土地并没有全部征占，而留下一些边边角角的零星土地没有被征占；有的村因政府推行平原造林政策，土地被租用种树，但并没有改变土地集体所有制。这些情况都导致这些村不符合撤村条件。另一方面，将于 2020 年 1 月 1 日施行的新修改的《土地管理法》对征地制度进行了重大改革，该法改变了过去农村土地必须经过征收为国有才能进入市场的规定，允许农村集体经营性建设用地在符合规划等条件下可以通过出让、出租等方式进入市场。就是说已城市化的村并不需要土地被全部或部分征收后才能撤村。

三是关于集体资产处置完毕以及成立新的集体经济组织问题。有的村因复杂的历史原因，存在少量的集体资产没法处置，有的债权债务一

时难以清理；有的村人口稀少，集体资产数额不多，没有条件或没有必要成立新的集体经济组织。

四是关于转居村民全部纳入城镇社会保障体系问题。这个条件是与土地被全部征占、村民整建制转非条件相统一的，但正如上文所指出的那样，因种种原因，总有一些村的土地没有全部被征占，还有一些村的村民没有全部转非，这就导致相关的村民难以全部纳入城镇社会保障体系。

根据这次调查的情况，我们认为可以将撤村条件区分为前置条件和后置条件，撤村的前置条件是指撤村前就已具备或满足撤村的前提条件。撤村的前置条件应该是：在城镇规划范围内，农村土地大部分已经被征收或征用，村民大部分已经拆迁上楼居住，村内产业已经非农化。就是说，在城市化进程中，城市周边和城乡接合部地区的村庄形态已经城市化、村民生产方式和生活方式已经城市化，这就具备了撤村的前置条件。至于其他因行政区划调整而撤并村庄的问题可以另行讨论。

撤村的后置条件是指拟启动撤村工作后应当遵守和承诺保障的必要条件。撤村的后置条件：一是完成集体经济产权制度改革，集体资产得到妥善处置，建立新的集体经济组织。二是根据村民拆迁上楼等居住地的变化情况，有关部门应当及时更改户口登记的相关内容。三是实行城乡社会保障制度并轨，补齐原农村居民与城镇居民在社会保障待遇上的差距。四是按照《村民委员会组织法》的规定，履行撤村的民主和法律程序。五是妥善处理撤村建居中干部群众普遍关心的民生问题，使撤制村民有更多的获得感。

（三）确保户改政策落地，全面停止实行征地农转非

一是"148号令"的有关规定已经严重滞后，应当废止。2004年7月1日施行的《北京市建设征地补偿安置办法》（市政府令第148号）（俗称148号令）确立了"逢征必转"的原则，该办法第19条规定："征

用农民集体所有土地的，相应的农村村民应当同时转为非农业户口。应当转为非农业户口的农村村民数量，按照被征用的土地数量除以征地前被征地农村集体经济组织或者该村人均土地数量计算。应当转为非农业户口的农村村民人口年龄结构应当与该农村集体经济组织的人口年龄结构一致。"这个征地农转非（农转居）的规定在城乡二元户籍制度没有改变的情况下有其合理性和必要性。但是10年后的2014年7月24日，国务院印发《关于进一步推进户籍制度改革的意见》（国发〔2014〕25号）第9条规定："建立城乡统一的户口登记制度。取消农业户口与非农业户口性质区分和由此衍生的蓝印户口等户口类型，统一登记为居民户口，体现户籍制度的人口登记管理功能。建立与统一城乡户口登记制度相适应的教育、卫生计生、就业、社保、住房、土地及人口统计制度。"2016年9月8日北京市人民政府印发《关于进一步推进户籍制度改革的实施意见》（京政发〔2016〕43号）第7条规定："建立城乡统一的户口登记制度。取消农业户口与非农业户口性质区分，统一登记为居民户口，体现户籍制度的人口登记管理功能。建立与统一城乡户口登记制度相适应的教育、卫生计生、就业、社保、住房、土地及人口统计制度。""148号令"中的"逢征必转"与上述户籍制度改革政策已完全不相适应。

二是建议停止实行征地农转非政策。新的户口制度实行后，就不应该再实行农转非政策了。时至今日，各地仍然依据148号令执行征地农转非政策，这说明新的户口改革政策还没有落地，有关部门没有及时修改旧的政策制度，造成了政策矛盾、政策打架、政策滞后等问题。有关部门必须加快修改与国务院和市政府户口改革政策不一致的旧规定，确保户籍制度改革政策落地，让广大农民享受到户籍制度改革的成果。建议全面停止实行已完全不合时宜、不合政策、不受欢迎的征地农转非政策，在撤村条件中取消农转非的规定。

（四）深化集体产权制度改革，强化集体经济组织建设

因城市化快速发展提出的挑战，北京市自20世纪90年代初就开展了农村集体经济产权制度改革，至今已完成约98%的村级集体产权制度改革任务，总体走在全国前列。[5] 但仍然有部分村没有开展集体经济产权制度改革，绝大多数乡镇没有启动集体经济产权制度改革，已经开展集体经济产权制度改革的村也存在需要继续深化改革的问题，比如有的已开展集体经济产权制度改革的村，只是完成了清产核资、确定了成员身份、明确了资产份额，但并没有实行股份合作制。在集体资产处置上也存在一些问题，有的村集体资产处置不合理，有的村债权债务纠纷难以解决；有的村完成集体经济组织产权制度改革后没有建立健全完善的集体经济组织，有的集体经济组织没有建立健全法人治理结构，有的没有开展正常化、规范化、程序化的经营管理，等等。

1999年12月27日北京市政府办公厅颁布《北京市撤制村队集体资产处置办法》（京政办〔1999〕92号），对撤制村队集体资产的处置分两种情况进行：一是对集体资产数额较大的撤制村队，要进行股份合作制改造，发展股份合作经济。二是对集体资产数额较小，或者没有发展股份合作制经济的村队，其集体资产处置原则是将固定资产折价款、历年公积金、占地补偿费，交村或镇集体经济组织管理，待村或镇集体经济组织撤制时再处理；将青苗补偿费、地上附着物补偿费，公益金、福利基金和低值易耗品、库存物资、畜禽的折款以及国库券等，兑现给集体经济组织成员。

我们认为，对于撤制村，一是在总体上要坚持"撤村不撤社"的原则，加强集体经济组织建设，健全法人治理结构，拓展和完善集体经济组织服务功能，维护和发展村民的集体收益分配权。二是对于个别情况

特殊而不具备发展股份合作制经济条件的村，可以在撤村的同时，撤销村集体经济组织，按照有关民主程序，可以将全部集体资产兑现给集体经济组织成员。

（五）尽快修订 148 号令，彻底改变"逢征必保"政策体系

《北京市建设征地补偿安置办法》建立了"逢征必保"的政策。依此规定，有关部门制定了《北京市整建制农转居人员参加社会保险试行办法》《关于征地超转人员生活和医疗补助若干规定》等政策文件。这个"逢征必保"政策的本意是将撤村建居的村民纳入城镇社会保障体系，但在实际运作中，转居村民加入城镇社会体系需一次性趸缴巨额的社会保障等费用，这个政策完全按照城镇社会保障制度的设计要求农村村民一次性缴纳社会保险费用，而忽视农村社会保障的特殊性和农民的贡献性。这个因转居参保而必须趸缴巨额社会保障等费用的政策做法已遭到村干部和村民群众的普遍质疑。事实上，农民作为公民，不管其土地是否被征收或征用，都应平等享有宪法赋予的平等的社会保障权利。近些年来，国家和北京市都建立了城乡统一的社会保障制度。

为此，我们建议：一是尽快全面修订或废止《北京市建设征地补偿安置办法》。该办法是在传统的城乡二元体制尚未破除的情况下制定的，其中的一些规定带有明显的城乡二元思维和特征。随着新的《土地管理法》实施，北京市也应当重新制定《土地管理法》的实施条例或办法，新制定的条例或办法应当作为地方性法规由市人大常委会制定。

二是废止《北京市建设征地补偿安置办法》以及《北京市整建制农转居人员参加社会保险试行办法》《关于征地超转人员生活和医疗补助若干规定》等围绕"逢征必保"建立的系列社会保障政策。一方面，这种征地社保政策没有正视几十年来农民对国家的重大贡献，没有体现以城带乡、以工哺农的政策导向，反而将本应由政府承担为农民建立社会保

障的历史欠债的责任全部推卸给村集体和农民承担。我们建议应当明确国家、集体、农民在社会保障上的各自职责和承担比例，并且应当向有利于农民的方向上倾斜。另一方面，近些年来，北京市已经建立了城乡居民统一的社会保障制度，通过征地为农民建立社会保障的政策已经过时。比如，2009年1月1日起施行的《北京市城乡居民养老保险办法》（京政发〔2008〕49号）对城乡居民的基本养老保险进行了整合与统一。自2018年1月1日实施的《北京市城乡居民基本医疗保险办法》（京政办〔2017〕29号），对城乡居民的基本医疗保险进行了统一，实现了城乡居民基本医疗保险制度的城乡一体化。该办法实施后，《北京市人民政府关于印发北京市城镇居民基本医疗保险办法的通知》（京政发〔2010〕38号）和《北京市人民政府办公厅转发市政府体改办等部门关于建立新型农村合作医疗制度实施意见的通知》（京政办发〔2003〕31号）已同时废止。

三是政府应当承担补齐农村居民社保与城镇居民社保在缴费和待遇上的差距责任。目前北京市农村居民基本参加了城乡居民基本医疗保险和城乡居民基本养老保险，撤村建居不必再根据"148号令"执行"征地必保"政策。一方面，撤村建居的村民可以选择参加既有的城乡居民基本医疗保险和基本养老保险，有关部门不必再作强制性规定。另一方面，撤村建居后如果村民参保缴费标准低于城镇居民缴费标准，应当由政府、村集体、村民按一定比例缴纳相关差额费用，改变由村集体缴纳巨额社保费用的政策，强化政府的社保责任。建议市区两级政府从土地出让收入、村集体从土地补偿费中支付需补齐的社保费用，同时逐步提高撤村居民的社会保险待遇水平。

（六）强化政府公共职责，协同推进撤村与建居工作

撤村与建居是城市化进程中基层社区实现结构转型的前后相扣的两个重要环节，应当统筹推进撤村与建居工作。

一是有的撤制村因人口较多、就地上楼，可以单独建立居委会；有的村因人口较少，实行了异地上楼居住，与其他数个撤迁村共同组建新的居委会。新建的居委会要加强统筹规划，进行合理布局。特别要重视提高拆迁上楼村的房屋建筑质量，改善新建社区的宜居环境。

二是在建立新的居委会中，要进一步凸显政府的公共管理和公共服务职责，将新建居委会的公共管理和公共服务费用纳入财政预算，全面改变一些地方仍由村集体经济组织承担新建立的居委会公共管理和服务成本的现象。

三是对于一些因撤村但没有撤社的农村集体经济组织，事实上也转身为城镇集体经济组织，其所属街道应建立指导集体经济组织相关工作的机构，确保撤村后的集体经济组织能够规范健康发展。要高度重视撤村后的新居民的就业问题，应当将撤村后的新居民纳入城镇就业保障体系。

参考文献：

[1] 北京市农研中心课题组.首都乡村发展基本情况分析 [J].北京人大，2018（9）：22—25.

[2] 张英洪，刘雯.征地拆迁、整建制转居与农民财产权——基于北京市大兴区北程庄村的调查与思考 [J].北京农业职业学院学报，2019，33(02):34—40.

[3] 张英洪，王丽红.撤村建居、农民财产权与新型集体经济——基于北京市丰台区卢沟桥乡三路居村的调查与思考 [J].北京农业职业学院学报，2019，33(06)：25—33.

[4] 张英洪，从北京村庄分化实际谋划振兴 [N]，农民日报，2018—06—09（003）.

[5] 陈水乡，黄中廷.北京市农村集体经济产权制度改革历程（1992—

2013）[**M**]. 北京：中国农业出版社，2015.

　　调研组人员：杨宝山、甘国再、唐晓明、王钊、杜婷、康岳魏
　　执笔人：张英洪
　　2019 年 12 月 25 日
　　原载《北京农业职业学院学报》2020 年第 4 期

从"蚁族"聚居村到现代都市区
——北京市海淀区唐家岭村城市化转型的调查与思考

北京市海淀区是城市化发展进程较快的地区。为适应城市化发展快速的需要，海淀区持续推进农村城市化进程。《北京市海淀区"十三五"时期农村城市化规划》明确提出以推进农村城市化为核心目标，走出一条农民融入市民、农村融入城市、农业融入科技的城乡融合发展道路。《北京市海淀区"十四五"时期农村城市化规划》提出高质量推进农村城市化，海淀区南部各镇全部实现农村城市化，村居并存形态全部消除，村庄实现城市社区化改造和现代化社区管理；海淀区北部地区农村城市化取得实质性进展，非保留村基本实现腾退和撤村建居，保留村建立统筹发展体制机制。海淀区适应城市化发展要求，在探索破解"三农"问题、打破城乡二元结构、推进农村城市化上发挥了重要的示范引领作用。

自 2018 年启动城市化地区撤村改革以来，海淀区已撤销 31 个村委会行政建制，占原有 84 个村的 37%。2021 年 12 月，全区已有 13 个村申请撤村，预计"十四五"时期（2021—2025），除规划保留的 24 个村以外，海淀区其他村委会建制陆续将全部撤销。为跟踪观察和研究海淀区农村城市化进程的基本经验，最近我们对海淀区西北旺镇唐家岭村的城市化转型的经验做法进行了调研。

一、基本情况：曾经著名的"蚁族"聚居村

唐家岭村隶属于北京市海淀区西北旺镇，唐家岭原名疼儿岭，据传宋代的佘太君在此盼杨六郎出征归来，后变名为唐家岭，有上千年的历史。20世纪90年代以来北京快速的城市化进程，将传统的唐家岭村推向城市化的浪潮之中。改革开放以来形成势不可挡的工业化、城市化、市场化的时代潮流，先将唐家岭村从一个历史悠久的普通传统村庄推向城乡人口杂居、环境脏乱差、安全隐患多的典型城乡接合部地区，再将其从城乡接合部地区推向现代化大都市社区。城市化推动了唐家岭村凤凰涅槃式的再生与嬗变，实现了唐家岭村从传统乡村到城乡接合部地区，再到现代大都市社区的历史性飞跃。

2009年9月，由廉思主编的《蚁族——大学毕业生聚居村实录》一书经由广西师范大学出版社出版后，作为"蚁族"聚居村的唐家岭村的名声大震，广为社会关注。北京市在2009年启动海淀区北坞村、朝阳区大望京村两个村的城市化改造试点的基础上，于2010年启动全市城乡接合部50个重点村改造建设，唐家岭村名列之中。

2009年底，唐家岭村占地总面积483.06公顷约7245.9亩，总建筑面积148万平方米，其中住宅面积95万平方米，非住宅面积53万平方米；该村户籍人口3364人，其中非农业户籍2039人，农业户籍人口1325人，外来人口5万多人。外来人口相当一部分是在唐家岭村附近的中关村企业上班的大学毕业生，他们被称之为"蚁族"。所谓"蚁族"，就是在高校扩招和大学生就业难等大背景下大城市中出现的身份地位群体。该群体具有"一高一低一聚居"的三个典型特征，即大学毕业文化教育程度较高、经济收入较低、聚居在城乡接合部地区村庄。据有关课题组研究，该群体主要聚居于人均月租377元、人均居住面积10平方米的城乡接合部或近郊农村。唐家岭村就是当时著名的"蚁族"聚居村。

21 世纪初，随着外来流动人口的大量涌入，唐家岭村的基础设施不堪重负。当年全村每年 800 万元的集体收入，要拿出 600 万元用于维护村庄基础设施和村庄环境，但村里环境仍脏乱不堪，村庄基础设施和公共服务远远滞后于巨量集聚人口的需要。

2010 年 5 月，作为全市城乡接合部 50 个重点改造村之一的唐家岭村，以村民代表大会方式通过自主制定的全村腾退改造方案。2018 年 10 月，唐家岭村委会建制被撤销，结束了村居并存的历史。唐家岭村集体经济组织承担了唐家岭村城市化改造建设以及社区集体经济发展的重要职责，在唐家岭村城市化转型和发展中发挥了不可替代的重要作用。

截至 2020 年底，唐家岭社区常住户籍人口 1335 户、3550 人，辖区内居住总人口 12939 人；村域总面积 483.06 公顷，其中基本农田 19.26 公顷，园地 141.41 公顷，林地 19.26 公顷，规划用地 231.58 公顷，交通运输用地 52.42 公顷，水域及水利设施用地 16.49 公顷，其他土地 2.64 公顷。

二、唐家岭村城市化转型的主要做法

从 2010 年唐家岭村列入北京市城乡接合部 50 个重点村改造建设以来，到 2018 年唐家岭撤销村委会建制，原村委会相关公共管理服务事务并入居委会，唐家岭已成为典型的城市社区。唐家岭村的城市化转型是海淀区农村城市化发展的典型和样板，其主要做法是：

1. 实行旧村腾退搬迁上楼，集中建设唐家岭新城

2010 年唐家岭地区正式启动整体改造工程，2012 年 7 月开始回迁上楼。村民腾退上楼建成的唐家岭新城，占地面积 11.7 公顷；分为 T09 和 T05 两个地块，总建筑面积约为 34.74 万 ㎡（地上 25.74 万 ㎡，地下 9 万 ㎡），共 18 栋住宅 3159 套，居住户籍人口 1335 户。

根据腾退安置政策，唐家岭村民定向安置房面积按村民原有宅基地面积 1:1 置换。被腾退搬迁户家庭人均面积不足 50 平方米的，可按人均 50 平方米补足。被腾退搬迁房屋的实际建筑面积及附属物，参照《北京市房屋重置成新价评估技术标准》给予评估补偿。唐家岭腾退搬迁方案规定，腾退搬迁改造工作设置 90 天的奖励期限，即腾退搬迁公告发布之日起往后顺延 90 天，村民在此期间签订腾退协议且按协议规定日期搬迁并交房的，以有效宅基地院落为单位每院奖励提前搬家费 5 万元，工程配合费最高可奖 25 万元（每延迟 30 天递减 5 万元），也就是说，在规定期限内搬迁的村民，最高可获奖励 30 万元。

对于村民原住宅二层未取得合法有效批复的，按院落给予一定的拆除补助费，对没有合法手续加盖的二层以上房屋及附属物均不予补偿。新楼入住前，符合安置条件的村民每人每月可获得 900 元腾退周转费。对现有宅基地面积少而人口多、确有实际困难的家庭，方案也进行了人性化调整，允许这类家庭按每平方米 4500 元的价格购买其面积不足的部分，经济特困户由本人向村委会提出申请，经批准公示后，购买价格可再优惠 20%。

2. 推进集体产权制度改革，成立股份经济合作社

唐家岭村以 2010 年 12 月 31 日为时点进行了清产核资，对各类集体资产建立台账管理，包括固定资产台账、土地台账、经济合同台账等，稳步推进集体产权制度改革。经过清产核资，确认唐家岭村集体资产总额 455412161.49 元，净资产 45514861.17 元。唐家岭村股权设置包括集体股与个人股，集体股占 10%、个人股占 90%，全村共有 1796 人享有基本份额，因股东去世与继承人合并入股，最终入股股东 1791 人；股权证应发 1791 本，实发 1704 本，未发 87 本（未发原因是因为产改后股东去世，尚存在争议无法办理手续，占比 4.86%）。

2016 年唐家岭村经济合作社转制成立唐家岭村股份经济合作社。

2016年2月唐家岭村股份经济合作社召开第一次股东代表大会，正式完成集体产权制度改革。2019年12月唐家岭村股份经济合作社完成农村集体经济组织登记赋码换证工作。2020年唐家岭村股份社股东每年每股分红高达4万元。

3. 实行整建制农转非，实现农民身份市民化

20世纪90年代以来，随着城市化的发展，唐家岭村的土地就被陆续征占。1994年因航天城建设需要，以每亩4万元的价格征收了唐家岭村1000多亩土地。进入21世纪以来，唐家岭村集体土地先后被征收1710亩，征地补偿费每亩77万元、180万元、350万元不等。唐家岭现在尚有集体土地4170亩。

自2004年7月1日施行《北京市建设征地补偿安置办法》（北京市人民政府第148号令）后，唐家岭村征地转非和整建农转非均依此实施"逢征必转""逢征必保"政策。在2006年前唐家岭村征地转非306人；2006年唐家岭村两次征地分别完成劳动力转非473人和200人，劳动力转非费用为3376.8万元；2011年唐家岭村完成921人征地转非，劳动力转非费用为6431.6万元；2015年12月唐家岭村进行了最后一次280人的整建制转非，劳动力转非费用为709万元。2006年以后唐家岭村取得征地批复的征地1703.662亩，征地补偿金额为128334.805万元。

唐家岭村征地转非和整建制农转非一共涉及2180人，农转非费用共计29945万元，人均农转非费用13.7万元，其中劳动力转非涉及1871人，劳动力转非费用共计13475万元，人均转非费用7.2万元；超转人员309人，缴纳超转费用16470万元，人均53.3万元。由于唐家岭地区整体转非时间比较早，且为了节约转非成本，唐家岭村前期优先安排了超转人员转非工作，所以人均53.3万看起来相对不高。但是根据海淀区西北旺镇2020年整建制转非的冷泉村、韩家川村、亮甲店村、西玉河村、屯佃村、永丰屯村来看，一名超转人员最高转非费用高达766

万元。

4. 创新集体土地入市方式，率先建设集体公共租赁住房

2012 年经国土资源部批准，唐家岭村在全国率先开展利用集体产业用地建设公租房试点，拉开了集体建设用地入市的序幕。唐家岭村公租房建筑面积 73749.92 平方米，共建成 1498 套公租房，户型分为零居室297 套，每套面积约 30 平方米；一居室 594 套，每套面积约 40 平方米；二居室 607 套，每套面积约 60 平方米。

按照北京市发改委和北京市规委要求，唐家岭公租房项目纳入政府保障性住房规划和年度计划中，公租房项目作为唐家岭地区主体产业按照每平方米每月 55 元的价格整体租赁给海淀区住保办，双方签订租赁合同后由海淀区住保办统一运营管理，租赁期限为十年。2017 年唐家岭公租房项目正式移交海淀区住保办统一管理和配租。

截至 2021 年底，唐家岭公租房居住率达到 90%；唐家岭公租房由企事业单位申请，再分配给职工租住。现在居住在公租房里的人员基本上都是附近企事业单位的工作人员。2020 年，唐家岭村股份经济合作社从公租房项目中收取租金 4933 万元。

5. 发挥集体经济组织主体作用，发展壮大集体经济

唐家岭村在城市化转型进程中，充分发挥集体经济组织即村经济合作社、村股份经济合作社在集体经济发展中的主体作用。2012 年，经北京市政府和海淀区政府批准的唐家岭产业园项目，就是利用集体土地建设的产业园，总用地面积 103680.97 平方米，总建设用地面积 63328.70平方米，总建筑面积 194090.33 平方米。唐家岭产业园项目由唐家岭村经济合作社开发建设，由清华大学建筑设计研究院有限公司进行设计，河北建设集团有限公司承建施工，建设总投资 11 亿元，分为 T04、T08 地块，建设有写字楼、商场、公租房、公共配套设施等产业，其中酒店建筑面积共计 24659.4 平方米，商业建筑面积共计 38642.39 平方米，配套设施底商总建筑面积共计5044.95平方米，公租房总建设面积73749.92平方米。

2011年4月，唐家岭村与西北旺镇镇级下属企业北京百旺种植园签订为期20年的土地租赁合同，租赁面积为448亩，年租金为1792000元。北京百旺种植园作为西北旺镇发展现代农业的排头兵，跳出传统农业发展思维，用科技创新赋予农业新的产能，着力打造高科技现代智慧农业，不断加大农业技术创新力度和成果转化，推进新技术和智能设备在农业领域的示范运用，建设了北京首家5G高架无土栽培草莓智能温室，运用5G通信技术，使用现代化农业设施设备，通过云计算和大数据系统处理和运算分析，做出最合理最经济高效的精准化控制，成功做到"产品＋设施"双升级，同时建成了自动化水培蔬菜生产区和"日光温室"种植模式的引入。西北旺镇以北京百旺种植园为基地，着力打造以技术为支撑、以品牌建设为抓手、以质量效益为目标，集科技交流、成果转化、试点示范、经济效益提升为一体的农业科创示范平台。

2019年唐家岭T04商场通过产权交易平台，以3055万元的交易价格完成了对外出租，现已开业，每天客流高达2万人左右。为解决商场周边停车难的问题上，唐家岭村股份社计划将共计13.5亩的两块闲置地开发，建设绿荫停车场。2020年唐家岭村股份社签订了8000多平方米的底商合同；T09底商也已规划好，正在打造唐家岭地区产业发展的特色亮点。截至2020年底，唐家岭集体经济总收入1亿多元，主要收入包括公租房租金收入49335785元，其他房屋租金收入39981808元，土地租金3088200元，其他收入6899199元（包括利息、生态林租地费用等）。

6. 坚持绿色发展理念，建设中关村森林公园

唐家岭村在城市化转型发展中，立足于服务中关村科学城建设，根据唐家岭地区的统一规划，在集体土地上大尺度建设了中关村森林公园。中关村森林公园北临航天城，南接中关村软件园，总面积5100亩，公园

分东、中、西三部分，东部以唐家岭村拆迁地为主，包括绿岛识林、老街印象、乡村童趣等景点；中部以唐家岭村菜地为主体，包括森林乐动、水木临风等景点；西部以土井村拆迁地为主体，包括古井槐荫等景点。中关村森林公园占用唐家岭村集体土地2400多亩，海淀区政府每年给予每亩1500元的土地租金。

中关村森林公园由海淀区西北旺镇百旺种植园统一负责管护，唐家岭村股份经济合作社与北京如景生态园林绿化公司合作，建立唐家岭绿化队，参与园林绿化维护工作，负责做好安保、防疫、养护等工作。

7. 撤销村委会，实现村庄治理社区化

随着城市化的快速推进，唐家岭村委会的职能不断弱化，社区治理功能强化，集体经济组织作用突显。2018年9月20日，根据相关规定，唐家岭村启动撤村改革工作，召开村民代表会议表决通过撤村改革方案。撤村方案确定2000年10月15日出生在唐家岭村的十八周岁以上村民享有选举权。2018年10月唐家岭村享有表决权的1617名村民参加投票表决，其中995人同意撤销唐家岭村委会建制，通过了唐家岭村撤村方案，并依照有关规定上报后正式撤销了唐家岭村。海淀区人民政府在2019年2月正式批复撤销唐家岭村民委员会建制。

这次撤村只是撤销村民委员会的行政建制，村级集体经济组织（集体产权制度改革后成立的是村股份经济合作社）仍然保留，继续依法经营管理农村集体资产。

早在2002年，唐家岭地区就设立了唐家岭社区居委会。目前社区居委会工作人员共13人，服务辖区内13000余人，其中户籍人口3326人。唐家岭撤村后，唐家岭村股份社与社区居委会联合办公，各司其职，共同推进工作。股份社的主要职能是发展壮大集体经济，促进集体资产保值增值，切实维护股东合法权益；居委会的职能是办理社区居民的公共事务和公益事业，组织开展社区便民利民服务、公益服务和志愿互助服务等。二者除上述工作职能上的区别外，在服务对象上也有区别，随着唐家岭村整建制农转非的完成，唐家岭股份社的股东全部为社区的居民，而社区的居民不一定都是股东。当社区在服务居民的过程中，若出现经费缺口的情况，股份社通过股东代表大会决议，可以向社区提供活动经费。

三、思考与启示

唐家岭村的城市化转型，既有许多值得肯定和借鉴的经验做法，也有不少需要提升和推广的创新探索，还有一些应当改革和突破之处，特别是现行的政策法律滞后于农村城市化实践的迫切需要，使农民城市化的成本过高，亟需与时俱进地推进改革创新和制度建设。

1. 集体产权制度改革是维护和发展农村集体和农民财产权利的有效方式

20 世纪 80 年代末、90 年代初以来，在工业化、城市化进程中，我国经济先发地区的城中村或城郊村为应对城市化的重大冲击而自发探索推行的农村集体产权制度改革，是改革开放以来农村基层干部群众的重大实践创新和政策创新，具有深远的制度进步意义。

北京市按照"撤村不撤社、资产变股权、农民当股东"的思路和原则推进农村集体产权制度改革，为农民着想，让农民参与，使农民得利，比较公平合理地维护了农村集体和农民群众的财产权利，坚持和发展了新型集体经济，这是城市化进程中城中村和城郊村实现城市化转型发展最为重要的基本经验。唐家岭村的城市化转型就是坚持和受益于这条基本经验。

但农村集体产权制度改革长期局限于地方层面的改革创新实践，国家层面的政策法律制度存在比较突出的滞后和缺位，特别是国家层面支持农村集体产权制度改革的税收政策法律建设滞后和缺位比较突出。农村集体产权制度改革过程中可能涉及的增值税、企业所得税、土地增值税、资产转移所涉税收、回迁房和农民安居工程所涉税收、集体收益分配税收（红利税）等，都缺乏相应的税收政策法律支持。为深化农村集体产权制度改革，国家层面应当尽快研究出台支持集体产权制度改革和农村集体经济发展的税收制度、财政制度、金融制度。应当减免农村集体产权制度改革中相关税收，加大财政对农村集体产权制度改革的支持，强化金融对农村集体产权制度改革的服务。

2. 农村集体经济组织是社区投资建设、经济发展和治理的重要主体

农村集体经济组织是城市化地区乡村十分重要的组织资源和组织力量。在农村城市化进程中，可以撤村，但不能撤社，这是农村城市化转型的一条宝贵经验。在城市化进程中，城乡接合部地区的城中村、城郊村的村委会功能不断弱化，但集体经济组织的功能和作用却不断得到壮大。

唐家岭村集体经济组织即产权改革前的村经济合作社、产权改革后的村股份经济合作社，在城市化转型发展中发挥了不可替代的重要作用，主要体现在三个方面：一是发挥了村庄投资开发建设主体作用。唐家岭村经济合作社（股份经济合作社）及其所属公司承担了唐家岭村腾退改造和投资开发建设的重要任务，保障了村集体和村民成为村庄城市化建设的主体。二是承担了集体经济发展壮大的主体责任。唐家岭村经济合作社（股份经济合作社）及其所属公司负责集体产业园区建设和其他集体经济发展责任，与那些将集体经济组织排除在外的村庄经济建设模式形成鲜明对比。三是发挥了社区治理的重要作用。无论是撤村前的村庄社区还是撤村后的城市社区，集体经济组织都是社区治理的重要主体之一，特别是在村庄城市化转型中，集体经济组织具有其他组织都

难以具备的文化纽带、情感维系、经济依赖、服务保障等生活共同体功能。

但集体经济组织的发展仍然面临不少问题，需要与时俱进地改革完善。一方面，从外部环境上说，需加快构建集体经济组织公平发展的制度环境。针对特别法人的定位，在加快推进国家层面集体经济组织立法的同时，应当高度重视和推进集体经济组织的地方法规和政策体系建设，通过法律制度建设保证集体经济组织及集体企业平等使用生产要素、公平参与市场竞争、同等受到法律保护，建立集体经济组织及集体企业与国有企事业单位一样公平的就业和社会保障政策制度体系。另一方面，从内部治理来说，应当高度重视集体经济组织内部治理体系和治理能力现代化建设，维护和发展集体经济组织成员的民主权利和财产权利。按照《农村集体经济组织示范章程（试行）》的要求，促进集体经济组织的规范化运行和管理；创新集体股权管理办法，促进封闭的集体股权、成员身份与开放的市场化、城市化、城乡一体化发展相适应，实现集体经济组织的可持续发展。

3. 集体建设用地入市是增强村庄自主发展的重大制度创新

在 2019 年 8 月 29 日第十三届全国人民代表大会常务委员会第十二次会议修改、2020 年 1 月 1 日起施行《土地管理法》之前，国家法律严格禁止农村集体建设用地直接入市。长期以来，城乡土地制度的不平等、建设用地指标使用的计划控制、土地增减挂钩（城镇建设用地增加与农村建设用地减少）等政策制度，成为限制农村经济正常繁荣发展的重要障碍。

2012 年唐家岭村经国土资源部门批准后在全国率先开展利用集体产业用地建设公租房试点，成为农村集体建设用地入市的最初探索，这为日后《土地管理法》相关内容的修改提供了重要的实践支持。修改后的《土地管理法》取消了限制农村集体建设用地入市的规定，允许农村集体建设用地直接入市，这是本次土地管理法修改的最大亮点。唐家岭村在城市化转型发展中既是农村集体建设用地入市的试点探索者，也是农村集体建设用地入市的真正受益者。农村集体建设用地入市是一项让多方受益的重大制度创新成果。一是实现了城乡接合部地区村庄从低端的"瓦片经济"向中高端的"租赁经济"的成功转型；二是为城乡接合部地区大量外来就业人口提供了相对体面和保障的居住需要；三是为发展壮大集体经济提供了有保障、低风险、可持续的收入来源。

随着新修订的《土地管理法》自 2020 年 1 月 1 日施行以及《土地管理法实施条例》自 2021 年 9 月 1 日起施行，已于 2004 年 7 月 1 日施行的《北京市建设征地补偿安置办法》与上位法及实际情况极不相符，亟需全面系统地加以修改。一是建议由市人大常委会组织开展《北京市建设征地补偿安置办法》的修改工作，以统筹兼顾，超越部门利益的羁绊，保障地方立法的公正性和权威性。二是适应乡村振兴和新型城市化发展的现实需要，调整和改变长期以来土地增减挂钩的政策做法，赋予、保障和规范城乡接合部地区村庄以及传统乡村地区产业用地的需求。三是保障农村集体经济组织利用集体经营性建设用地入市的自主权，规范集体经营性建设用地入市相关程序，制定公平合理的集体经营性建设用地入市税费法律法规政策，保障集体经济组织及其成员依法合理地享有集体经营性建设用地入市的收益。

4. 城乡一体化的制度供给是新型农村城市化的迫切需要

城市化与城乡一体化既相互联系，又有明显的区别。简单地说，城市化是针对乡村地区的特征来说的，就是乡村地区的农用土地、农业人口等涉农要素转变为城市地区非农土地、非农业人口等要素变化的过程和结果；城乡一体化是针对城乡二元结构来说的，就是破除城乡二元的土地制度、二元的户籍身份制度、二元的社会保障制度等制度体系，实现城乡制度统一、平等、开放的过程和结果。

对于传统城市化和新型城市化的内涵特征，政策理论界可能有不同的说法和界定。我们在本报告中认为，传统城市化就是在城乡二元体制中推进的城市化，其基本特征是坚持和承认城乡二元体制，以农村的巨额成本去购买和转为城市要素，从而达到农村变城市、农民变市民的过程；新型城市化就是在城乡一体化中推进的城市化，其基本特征是破除和改革城乡二元体制，以公平的制度变革，使城乡要素平等交换、自由流动，从而达到农村变城市、农民变市民的过程。

在城乡二元体制尚未破除的情况下，农村城市化模式的基本内容包括：一是通过政府强制征地，将农村集体土地变性为国有土地，然后在国有土地上进行开发建设；二是通过征地农转非或整建制农转非，将农业户籍身份转变为非农业户籍身份；三是农村集体和农民缴纳巨额费用，将转非农民纳入城镇社会保障体系，将征地超转人员的生活及医疗纳入民政保障体系之中。唐家岭村的城市化转型既体现了新型城市化的创新探索，又带有深刻的传统城市化模式的烙印。

新时期推进农村新型城市化，必须坚持和体现城乡一体化发展的根本要求，加强城乡一体的制度供给和政策实施，形成农村城市化新的发展模式，这个新的模式除了坚持和深化农村集体产权制度改革外，需要创新转变的主要有四个方面：

一是贯彻落实城乡统一的户籍制度改革政策，停止实行征地农转非和整建制农转非政策。2014年7月国务院《关于进一步推进户籍制度改革的意见》以及2016年9月北京市政府印发的《关于进一步推进户籍制度改革的实施意见》都明确规定建立城乡统一的户口登记制度，取消农业户口和非农业户口的划分，统一登记为居民户口。因此，征地农转非和整建制农转非已经失去了基本的政策前提，建议尽快修改《北京市建设征地补偿安置办法》中有关"逢征必转"的规定，不再实行征地农转非和整建制农转非。公安部门应当依据城乡统一的户口政策，免费将全市户籍居民户口统一更改登记为居民户口。全市城乡居民只有居住地和职业之分，不再有农业户口和非农业户口之别。

二是贯彻落实《土地管理法》和《土地管理法实施条例》，缩小征地范围，保障和规范集体建设用地入市。建议尽快修改《北京市建设征地补偿安置办法》有关建设征地的规定，严格遵守因公共利益需要征收农民集体土地的规定；明确和规范农村集体经济组织使用集体建设用地兴办企业或者与其他单位、个人以土地使用权入股、联营等形式共同举办企业的相关规定，保障和赋予农村集体经济组织更多的土地发展权，发展壮大集体经济，促进共同富裕。随着城市化和城乡一体化的发展，一个重要现象是，城市有农村集体土地，也有农业产业；农村则有国有土地，也有非农产业。因此有关"城市土地属于国有、城市郊区和农村土地属于集体所有"的静止性法律规定应当重新认识和调整。

三是加快推进和实现城乡基本公共服务均等化，改变"逢征必保"政策体系。在城乡统一的社会保障制度建立之前确立的"逢征必保"政策已经不合时宜，建议尽快废止《北京市建设征地补偿安置办法》有关"逢征必保"的规定及其延伸的超转人员生活和医疗保障规定，统一走城乡基本公共服务均等化之路。应当明确的是，不管是否被征地，农民都应平等享有社会保障的权利。因而应当按照城乡基本公共服务均等化的政策路径加快提高农民社会保障水平。建议将城镇职工和城乡居民两套基本医疗保险、基本养老保险政策，统一整合为不分城乡、身份和职业的基本医疗保险和基本养老保险。为加快补齐农民社会保障短板，建议从土地出让收入中设立专项资金用于提高农民社会保障水平，可以优先补齐撤村建居地区农民社会保障与市民社会保障的差距。

四是统筹推进城市化中的撤村与建居工作，将社区公共服务供给纳入公共财政保障体系。撤村与建居是城市化中的重大问题，涉及多个职能部门方方面面的工作，需要统筹兼顾，相互衔接。城市化进程中撤销村委会后，原村委会负责的社区公共管理和公共服务事务应当有序移交给社区居委会负责，相关公共产品供给费用应当纳入公共财政保障范围。撤村后保留和发展起来的集体经济组织在社区公共治理中承担重要职责，政府应当对集体经济组织所承担的社区公共服务给予相应的财政补贴，或减免相关税费，合理减轻集体经济组织的社会性负担。城乡接合部地区农村城市化后的基层治理演变为撤村建居强社格局，即在乡镇党委政府领导下的社区居委会、股份经济合作社合作治理格局，社区居委会、股份经济合作分别设立有党组织，社区居委会负责社区公共管理和公共服务，股份经济合作社负责社区集体经济发展事务，也参与社区公共治理服务。

农村城市化发展既是推动农村经济社会结构转型的重要力量，也是推动形成新型工农城乡关系的力量源泉。

调研组组长：张英洪

调研组成员：张英洪、侯晓博、夏宇、郭嘉杰、常延景

执笔人：张英洪

2021 年 12 月 26 日